U0034742

陳納德將軍與中國

Way of a Fighter:
the Memoirs of Claire Lee Chennault

陳納德

陳香梅／譯

陳納德將軍與中國【目錄】

第一章 故鄉生涯和初入軍隊

水深波浪闊，無使蛟龍得！
——杜甫

我和中國發生聯繫可以說是在美國阿肯色州（Arkansas）的一所病院裡開始。那是一九三七年的春天，我剛巧結束了二十年的軍隊生涯，也就是陸軍航空隊〔Army Air Corps，按，美國陸軍航空隊於一九四七年改組爲美國空軍（United States Air Force），本書所稱美國空軍，均指美國陸軍航空隊，以下同〕戰鬥機駕駛員的工作告一段落。我躺在美陸海軍醫院（Army-Navy General Hospital）的病榻上，患著慢性的重氣管炎，低血壓，聽覺不靈，和精神體質雙重衰弱等症。那時我已經是快要四十七歲的人，並且因爲體力減退（患著以上各種病症），不合繼續服務軍隊的條件，所以我就在那一年獲准退休。連我自己也夢想不到，在不到四個月之後，我竟飛越重洋，冒著日本戰鬥機和高射砲火，來到中國，參加剛好展開的中日戰爭。

這一個突然的轉變，在我底戰鬥生涯中似乎是註定了的。因爲我一生始終希望做一個軍人，可是除了飛行之外，我以前在軍隊中所做的工作均不甚合我的理想。我底先人是法國人，是十七世紀時期的新教徒，一七七八年離開了阿爾薩斯—羅蘭（Alsace-Lorraine，按，現通譯亞爾薩斯—洛林），隨著法國名將於斐葉（Lafayette, 1757-1834）元帥參加美國的革命戰爭，後來就移居到美國浮琴尼亞（Virginia）州的西南部。世代相傳漸向西移，經過田納西（Tennessee）和密士瑟必（Mississippi）兩州到路易斯安那（Louisiana）州平原的水鄉澤國落籍。一八四二年我底祖父在該州買了三百畝肥沃的田地，把他底後半生希望與精力完全寄托在種植棉花和成家立業之上。在西移中，陳納德這族人和德克薩斯（Texas）州的開山祖，山姆休斯頓（Sam Houston）家族也成了親戚。山姆休斯頓的母親和我底曾祖母是同胞姊妹，而我底生母耶茜・李（Jessie Lee），則是南北戰爭時代南部名將李將軍（Robert E. Lee）底族人，她底父親是浮琴尼亞州的軍醫（當代頗負聲譽的醫生），名叫威廉斯・華萊士・李（William Wallace Lee）。

我以一八九〇年生於德克薩斯州的康麥斯（Commerce），而我童年時代的光陰則大都消磨在密士瑟必河流域的路易斯安那州東北部，流連嬉戲於高大蔭深的橡樹叢與柏樹之間。這就是有名的密士瑟必河的泛濫地帶，直到如今，在那兒居住的人還不斷地與大自然的災禍鬥爭。那兒除了一望無際肥沃的棉田外，林間和野外還有許多狼、熊、鹿、野火雞和數不盡的獵物。當我五歲的那一年，我底母親就溘然與世長辭；我底父親，約翰・

史東活・陳納德（John Stonewall Chennault），身體壯健，一直活到八十歲。他對於我底嗜愛森林表示很深的同情，任隨我在森林裡嬉遊，有時我甚至整個星期住在野外，以一些鹹肉、小魚和麥餅之類的東西充飢。我在野外狩獵的結果很不錯，每當我從外面回家的時候，總是帶著整袋的野鳥和其他獵物供全家人的晚餐，我漸次像以打獵為生的獵人那樣熱中於打獵，這種熱望到而今我還保持著。我開始用溫吉士打來福鎗來打獵的時候年纔八歲，從那時始，我就隨處沉醉於狩獵與垂釣的樂趣中。春暖花開的時候，我常常垂釣於鄧薩斯（Tensas）河畔；秋末的季節我又好整以暇地在竹林間追獵野鹿。過去的十年中每次我從中國回到美國的時候，無論逗留時間的久暫，我總想辦法到故鄉路易斯安那州去垂釣一番，即使是幾小時的享受也好。有許多人在冬天的時候就終止釣魚，其實在我看來只因為他們不諳魚性，把許多好機會都無形中失掉了。

由於過慣了山水之間的生涯，養成了我底自信、自賴和自作決斷的性格。我剛到十二歲的時候就歡喜獨個兒去打獵釣魚。那時我底年紀太輕，沒有資格和成年人相處；而我又比與我同年的孩子們知道得多，沒有興趣和他們一起玩耍，於是我反形孤獨了。我每到野外的時候常自搭帳幕，自己找尋和烹煮食物，而對於獨自置身深林，並不當作什麼一回事。

當我十歲的那一年，我底父親再度結婚，這位繼母是我在吉爾伯特小學的教員綠蒂・

巴恩絲（Lottie Barnes）女士，這眞是一個再好沒有的選擇，——我早就喜愛這個人，因爲她生長於路易斯安那州的卡爾豪（Calhoun）附近的田莊，也是一個大自然的愛好者。當她未與我父親結婚之前，我們已常常一道出去騎馬、旅行或到郊外野餐。她常常鼓勵我去過我所酷愛的生活，並要我成爲一個有爲的人，她說我除了在打獵捕魚的技巧上比其他孩子高明外其他還不算什麼，我應當在同齡的兒童儕中做他們底學問上的領袖。五年之後，我這位唯一的可敬愛的良伴竟棄我而去，那時我年甫十五，重又感到可怕的孤獨，並且在以後的時光裡，再也找不到一位那樣使我全心地欽仰敬愛的人。

童年時代那種無羈無束、放浪形駭的生活和繼母所給予我的同情和愛的教養，把我的心性塑成了一種跟現代的社會似乎有點格格不入的典型。稚齡時雖然我不致離群獨處，但我從來不高興接受大孩子的指導，因此我寧願自行其是或在小孩子群中做首領，我歡喜教導他們，並且對於強凌弱、衆暴寡這種行爲時常挺身而出，扶弱鋤強。由於一種不自覺的衝動我常欲出人頭地。我於是要跑得快，跳得高，游得遠，潛得深；釣魚要大的，射獵要比別人準確；看書要比別的孩子多；在田裡工作要最賣力；在學校裡每門功課都要名列前茅；在壘球隊中是出色的選手；當籃球隊的中鋒，足球也玩得不錯；無論做什麼事我總要獨占鰲頭。另一方面我卻是一個既怕羞而又敏感於他人底批評的人，同時對於比我年紀大的人罕有信心。我具有一種好勝的天性，凡事愛做領袖，指示那些不大有能力的人，而當我在某項事功上獲致優勝時，可並不沾沾自喜或自傲。

我很年輕的時候就思慮過人，精力充沛，對任何問題都能當機立斷而見諸行動，我對於那些優柔寡斷的人很看不慣。這種獨斷獨行的個性於我以後的工作頗有不良的影響，因為我時常不能向我底上司詳述我底計劃。通常當我被迫向別人解釋我底計劃時，我就感到有點難堪，因而使我底一部分上司覺得我是易於衝動而不夠穩健。這完全是因為他們對於像我這樣能夠臨危不迫而妥籌善策，迅採行動的人缺乏認識的緣故。假如授我全權去主理一樁事情的話，其結果常是十分美滿的。

當我還是一個小學生的時候，我就時常在外祖父李醫生底書房裏，埋頭故紙堆中嚮往於古代希臘與羅馬的貝羅波尼斯（按：即 Peloponnesian War，通譯伯羅奔尼撤戰爭）與普尼克（按：即 Punica War，通譯布匿克戰爭）之戰。雖然我完全不知道希臘、迦太基與羅馬究竟位在何方，然而戰爭圖書中的大象、披甲的戰士，以及燃燒中的戰船可把我整個地吸引住了。

我歡喜歷史、地理和數學。我閱讀它們就如與我同齡的孩子們看漫畫一般。在小學時代的暑期裏，我常以自修增進旁的學識。十三歲的時候我就完成了中小學的學程，因為年紀太輕，沒有資格進大學，所以我就讀了一年預科。我小小的年紀就愛研究宗教，主要的原因是我可從聖經中找到許多有價值的史料，於是在十一歲那一年，我就正式受洗入教，爲浸信會教徒。

第一次受到軍事訓練是當我在路易斯安那州立大學讀一年級主修農科的時候。我雖然無意要做一個農人，不過我所受的中小學教育不允許我選修其他科目。我入大學只不過十四歲，和其他學生一樣，自從入了那被紅牆圍繞的校舍之後，軍事訓練成爲必修的科目。

入學後沒到幾天，我就受到舊生所給予新生的慣例愚弄：一位值日的高級同學把一桿短鎗交給我，要我值班，任務是把守宿舍的大門，不讓沒有通行證的同學隨意進出。當我煞有介事地在大門把守著時，住在二層樓的高級同學就從窗口把冷水向下傾倒。我雖衣服濕透，而還來往地走著方步，不過這接二連三的當頭冷水可激起了我無名之火，於是當吃中飯的鈴聲響時我就決意報復。一群餓虎似的高級同學，向著飯堂飛跑的時候，都遇到刺刀的擋駕。我橫眉冷視著他們，使他們無可奈何。這個玩笑實在開得太大了點，累得大家下午還餓著肚皮，到後來好不容易才找到值日生，把任務交卸後，才算解了挨餓同學的圍。

我曾報名投考西點軍校和海軍軍校，在一九〇九年就到安納波利斯（Annapolis）參加入學考試，看到那陰黯、灰牆的校舍，我底做海軍上將的熱望不覺冷了下來。經過兩日汗流浹背的考試，有位好心的人對我說：即使僥倖被錄取，也還要在這校舍內攻讀兩年，才可以正式受訓。看來這種刻板的生活，對於一個路易斯安那州的野孩子，實在太不相宜了，於是在最後的一場考試中，我故意交了白卷，然後給家中老父打一封電報，告訴他我已落選，同時將乘下一班的火車回家。

我在路易斯安那州立大學又發生了問題。因爲在鄧薩斯（Tensas）河上最理想的捕魚季節是初夏，而那時大學裏還未放暑假。我爲了急於到河上趕捕魚的季節。每年總是千方百計地在大考結束，得到學分之後找點錯事幹，使學校記過，把我開除，以求早一星期離校。秋季開學時再設法入校，總不免有點麻煩，但因爲我底成績優良，同時我底叔父納爾遜又是當時州中頗負聲望的教授，這一關往往能夠渡過。

不過我那屢試不爽的辦法有一次竟出了毛病。有一年學期將近結束的時候，我發現自己還差三個缺點才可以受開除的處分。於是我不擇手段，自告奮勇地偷出校門去買酒，以解那些酒鬼同學之渴，雖然我從未嘗過啤酒的滋味。當時我唯一的希望是遇到守衛時，和他衝突一場，可以藉此受記過而被驅逐出校。不幸天不作美，我從偷出校門至買了酒回來，竟遇不到一個會去報告我底犯規行爲的守衛，失望之餘，只好再出去找找，結果也不成功。

到了檢閱的時候，我遂故意把褲管捲起，希望再被記幾次過，但事情並不如理想般順利，那值班的長官看到我那副怪樣子後，馬上把我從隊中叫出來示衆，然後當著全體學員對我說：

「陳納德，你這一生休想做軍人！」

這個長官對我的壞印象，後來又傳給了一位沙爾門（H. H. Salmon, Jr.）上尉，他底名字我是永遠也忘不了的，因爲後來當我初次申請加入航空學校，學習飛行時，被沙爾門上尉所阻撓，並給我評語說：「該申請人未具備成爲成功的飛行員的必要條件。」

好在我底運氣不壞，前門不通，我就避開了沙爾門上尉的目光，從後門入了軍事航空學校。一九一一年一架搖擺不定的寇蒂斯雙翼式機（Curtiss pusher biplane），在路易斯安那州的博覽會上出現時，增強了我投身航空事業的志願。像當時許多青年人一樣，我追求著光明、希望、創造新的世界；另一方面我又神往於歷史所載的英烈事蹟，恨不身爲古人，好馳騁疆場，一顯男兒身手。那時開發西部已成明日黃花，更無紅印第安人作戰鬥的對象，我們青年人底前途，似乎非常黯淡。而就在這個沒有出路的時候，一種新奇的東西出現了：當一個炎夏，我在史利物坡（Shreveport）的上空看到一架原始的飛機時，我就決意去學習飛行。不過開頭我底志願就受到很多磨折，好多年來都顯得前途十分灰黯。

最後一年的大學生涯是在路易斯安那州的師範學校結束的。我第一個職業是在鄉村小學當教師，管教一群農戶的頑童。他們隨時使教師頭痛，以致無人願意澈底擔任這個苦差，而學期往往縮短。說起來笑話，有許多學生年紀比我大，個子比我高，然而我在下過一番苦功之後，總算把他們制服，這不能不說是我的主要成就。第二年我爲他們組織了壘球隊，使他們的精力得循正途發展，而且這壘球隊在路易斯安那州北部屢戰屢勝，所向無敵。我自己也參加球隊，和他們一同跑跳。鄉村教師的待遇雖很菲薄，但我頗自得其樂。鄉村學校在春季就結業，以便那些學生能夠及時回家幫助耕種，直到秋收後才再開學，這使我有充分時間去打獵，去垂釣。

我結了婚，並且有了兩個孩子，家庭經濟頓成問題，叫我不得不南遊找求收入較好的差事，我當過密士瑟比州比路色（Biloxi）商科學院的英文教員，路易斯維爾（Louisville）的青年會的體育教練，最後又於一九一六年在俄亥俄州阿克朗（Akron）城，專爲協約國製造汽車內外胎的工廠任職。當一九一七年四月美國對德宣戰時，我立即請求受飛行訓練而被拒絕。我那時年已廿七，又是兩個孩子的父親，加入空軍已有點超過標準年齡。

八月到來，我終於加入印地安納州的士官學校。到了是年十一月經過九十日的訓練，我已成爲一位陸軍中尉。第一份差事是被派到聖安東尼奧的特拉維斯要塞（Fort Travis, San Antonio）第九十師服務。離城不遠就有一個由棉田改成的機場，稱爲凱利（Kelly）機場，是通訊隊訓練飛行人員的地方。當凱利機場徵求志願飛行員時，我馬上跑到那兒去報名，心裏幻想著飛行的美夢。我加入通訊隊之後我還得隨著一批批由火車源源運來的新飛行員同受軍訓。我在凱利住了差不多一年，三次請求學習飛行都被拒絕，而最後一次是獲准了。

這時凱利機場方面的情形相當複雜，我就利用這機會去和幾個樂於指導的教練接近，向他們請教飛機的原理。查理・李昂（Charley Leonard）是一位老練的教官，常在課外給我飛行的指導；還有一位年輕的機師勞爾夫（Ralph）中尉也常常給與我獨自駕駛飛機的機會，他在場面起飛線上推動飛機後便攀下機身，讓我跳上去駕機起飛。

不久我被遠遠調到一個機場去做飛機檢查工作，檢查一切進出的飛機。我底工作是登記機場飛行的鐘點，有時遇著飛機飛行的鐘點不夠，我就乘機跳上機去，消磨另一個飛行的鐘點。

在那個時候飛行事業還不大發達，關於飛行方面的規則可說是鳳毛麟角。有一次我偶然想過幾天假期，便逕自駕了一架袖珍型機到達拉斯去盤桓了一個星期，這件事竟沒有一個人曉得。有一個機械士假冒飛行員加入了通訊隊，有一天當大家正在吃中飯的時候，他偷駕一架飛機，不料此公不諳飛行術，當他準備在勃魯克斯（Brooks）機場降落時，竟和一個大水桶相撞，這才被發覺。於是把他提審，而審判官竟找不出一條法律來制裁此種行動。

一九一八年秋天，我被派到長島的米契爾（Mitchell）機場去當第四十六戰鬥機隊的副官，候船開往法國。在十月裏的一個雨天，我們穿過明尼奧拉（Mineola）平原，身上帶著各種行軍用品，準備在花園市搭火車轉赴港口登船出國。離開目的地尚有一半路，整個隊伍忽然停止前進，而折返原路，原來停戰協定方在醞釀中，而全部出洋的船隻已完全停駛。

回到米契爾機場時，南方籍的軍官奉命馳赴浮琴尼亞州的蘭黎（Langley）機場，去戡平黑人工兵隊的叛變。動亂不旋踵平息後，然而當我還未離開蘭黎時，該地已發生了猖獗的流行性感冒，於是我們得把飛機從機棚中移出，來容納那麼多的患病士兵。我在一個有一百零二名病人的機棚中受檢疫。這種病的死亡率很大，當病人一息奄奄的時候馬上被抬出去，而將床位讓給那些新病人，接著災難又落到我頭上來了。一個下午我被抬到一個小房間裡，這是一個垂死的病人度過最後幾小時的地方。我鄰床的一位軍官就在當日黃昏的時分死去的。一位醫生和一位護士進來把他檢查了一番之後，就把他抬了出去，我看了差點兒失了知覺。當他們要離開房間的時候，那個醫生囑咐護士把門上了鎖，那護士抗議道：

「這一個還沒有死呢。」

「他在明天早晨之前就會死掉的，」那醫生這樣回答：「就把門鎖了吧！」

第二天的早晨我還活著，不過還是在那兒捱命，救我一命的是我底好友勞爾夫中尉。他從凱利到這兒來任憲兵副司令，藏有大量沒收來的好酒。勞爾夫給了我一夸爾的波旁牌酒，靠了這一點酒，我得以很快痊癒。不久我接到調回飛行學校的命令，便乘火車回到聖安東尼奧去。而停戰恰好在這時正式宣佈。數月後，勞爾夫中尉不幸竟在某一次飛機失事中喪命。

回到凱利，我首次作正式飛行，險些受了淘汰。在正式訓練開始前，我已有八十小時的私學飛行經驗，在這偷偷地獨自飛行的時候，已經染上一些不良的飛行習慣。不幸的是我找到一位教官包理康（Pop Liken），他是一個鹵莽頑固的傢伙，火氣之盛和我差不了多少。他最壞的一點，就是當見習生在飛行時有什麼不對的地方，他總不加以解釋，祇是暴跳如雷地把駕駛盤搶過來，以表示他底不滿。我警告他說假如下一次他再這樣做的話，我將拒絕駕駛，而讓他一個人去控制飛機。有一次當我們練習緊急降落時，他因一時意氣，又來那一套，我果然立刻離開崗位，讓他自己去獨行其是。包理康初還以爲我會平靜下來重新操縱的，不料我竟一切置之不理，於是那飛機就不受控制地急轉直下。至此這位先生方意識到骨子裏是我和他一樣地固執，只好自己來設法降落。飛機一著陸，他就急不及待地向機航組跑，去寫一紙淘汰我的建議書。

幸而淘汰處給我一個自新的機會，同時把我交付給一位優良機師愛里遜（Ernest M. Allison）。他是非常通情達理的人，他對於人生的認識並不比他對於航空的學識少，他在航空界很有點聲望，曾任波音公司試航駕駛員，中國航空公司（China National Aviation

Corporation）的駕駛員和機航組主任，現在中航公司在亞洲的機航事務，歸他一手掌管。

愛里遜在我可能是最後一次的見習飛行員時，傾聽我的訴說。過了一小時他指示我降落，便從飛機裏跑下來，叫我獨自飛行。叫我這個曾被申斥過的學生獨自飛行，這在飛行訓練中是不常有的事。

我第一次眞正對天空發生了喜愛，應該歸功於愛里遜先生。前此我所學的不過是些容易的因襲的老法子。自經愛里遜把飛機表演的技術教給我，我就著了迷般去學習，有如魚之得水了。愛里遜本人對於飛機技術表演很有經驗，但對於這種比較冒險的嘗試，他倒沒有多大的興趣。我呢，自始即樂此不疲。坐在飛機上天旋地轉，其味無窮。我把凡是愛里遜所曉得的都學習了，當一九一九年春天，我正式從飛行學校畢業出來的時候，我對於自己的成績很感滿意。——我已是一個戰鬥機駕駛員了。

因爲戰爭結束，一九二〇年我退出了軍伍，然而對於飛行始終未能忘懷。整個夏天我住在自己的棉莊附近，等候著好消息。因爲我申請參加新近組成的空軍機構（Army Air Service），以遂繼續飛行之志。是年秋天我是被錄取的一千名空軍軍官的一個，這個組織逐漸擴大，到第二次世界大戰時已擴大爲三百萬人的陸軍航空隊。

第二年夏天，由史巴茲（Carl Spaatz）少校統率的有名的空軍第一戰鬥機大隊，來到我駐防的德克薩斯州艾靈頓（Ellington）機場。這位少校後來歷任美國在歐洲和太平洋的戰略轟炸機隊的司令官，最後升任空軍上將，成爲指揮一個獨立的空軍的第一人。那時這隊伍所用的是法國的斯巴德（French Spads）小型機和英國的 SE-5 型機。這種飛機的機身都漆上了星條旗的標誌，該隊在歐洲西線戰績卓著。我們仍須使用外國飛機的原因，是迄一九二一年止，美國工廠還未製造出一種可與法德英各國媲美的戰鬥機。

我被這戰鬥機大隊錄用爲駕駛員，經短期學習後，即在法蘭克亨特（Frank Hunter）少校所領導下的著名的第九十四戰鬥隊工作。亨特少校是第一次世界大戰中的英雄，後來升爲少將，在英國指揮第八戰鬥總隊。隊上的有名人物有愛狄・黎肯伯加（Eddie Rickenbacker）上尉等。祖・康農（Joe Cannon）（後來是美國在義大利第十二航空隊的司令）和我是該大隊見習軍官第一班中的成績最優良者。

四個月來我們每天飛遍德克薩斯州，演習種種西線作戰的方式，諸如長時間的編隊飛行巡邏、覓敵作戰，和分成小隊俯衝猛攻敵機等等。當時我感到這種演習很不夠，若眞是在作戰的話，準會全盤皆輸。

我們都是初習飛行的人，從未參與戰爭，有一次我們就實行作戰演習，爲了使情景逼眞，祖・康農幾乎送了命。我對於應付敵機俯擊機尾時，旋轉機身避開感到不大妥當，於是我想到一種使敵機難於啣尾窮追的戰術，並立即試驗。由祖・康農駕駛 SE-5 型機攻擊唐・史特斯（Don Stace）和我底斯巴德型機。斯巴德型機爬升的性能不佳，而史特斯對於這種戰術也毫無經驗（他後來任美國駐日第七航空隊司令）。

當康農向我們俯攻時，我們的飛機翻了一個身就向上升起，當我正預備居高飛出的時候，不幸的事情可發生了。原來史特斯忽然改變了主意旋轉著機身，康農為了緊追，竟撞在史特斯的斯巴德式機上，這一來，兩機的機翼就成了碎片，紛紛向四處飄墜。

史特斯使用緊急降落法自己沒有受傷，康農的飛機全部解體，從五千尺高空失了魂似地向下掉，碎片紛飛。那時我們雖然也曾聽人講過降落傘這玩意兒，可是就從來沒有看見過。所以當祖・康農抱著飛機的殘骸跌到地面上的時候，我即回到機場上請求派一輛柩車，而不是一輛救護車，因為我想康農斷無生還之理。然而說也奇怪，康農竟還能勉力地走到了醫院的大門，他底脇骨斷了，下巴傷了，整個臉孔都不成人樣了，然而他得慶生還。

直至一九二三年我到夏威夷去的時候，才有機會研究新的航空戰術。我在珍珠港中心的福特島上的路加（Luke）機場工作，指揮第十九戰鬥機中隊約有三年之久。這機場現在為美國海軍所用，當一九四一年十二月七日珍珠港事變時，這機場是日本空襲的主要目標。那時我們所用的有MB-3型雙翼機和波音式雙引擎機。兩年以來，訓練成績非常之好，使那班反對發展航空的陸海軍官員們心懷嫉妒，我們當時自信足以應付一切。只有一次我們飛行失愼跌入海裏。我是一個能夠游一百碼的人，可是其中有一人則從來沒有下過水，於是我就要出盡氣力去救那些水中落難者，當我把他們都帶到岸上的時候，自己也累得相當可以了。

回顧當年在夏威夷的生活，可說是我在空軍中最快活的時光。那時我第一次做了指揮官。一個軍人對於他底第一項重任總是那樣偏愛，就如一個小子對於他底初戀一樣。更好的、更如意的事情或許會在以後發生，可是在我底心靈深處總盤踞著那種初戀似的記憶。那時我底一家大小都住在一起，我那個排行第六的最小兒子就是在夏威夷出生。我底身體也十分好，頎長而又堅實，日光浴使我底皮膚變為棕色，唇上留了一道黑色的小髫子，正是一個甚合理想的飛行員。試想我這個人長得又黑又結實，帶著黑髫子，穿著白制服，何等威風？後來當我在勃魯克斯機場當飛行教練的時候，我剃去了髫子，就是因為那副相貌嚇得我底學生們要命。

我差不多每天都訓練飛行，並領導我全隊鑽研各種新的戰術。我對飛行從沒有那樣喜愛過，而且當地有許多新奇的魚類供我垂釣，生活很是滿意。

當時只有兩樣麻煩使我們頭痛，那就是高射砲隊和海軍，他們極盡喝倒采的能事。在第一次世界大戰之後，那些昇平的日子裏，高射砲隊的哥兒們自視甚高。他們自以為高射砲手能打落任何一架飛機，而且當時那些砲手的指揮官又都是比空軍軍官們的階級高，所以一切軍中訓練都要依照砲兵的準則，而砲兵隊的人員就藉此頤指氣使空軍隊員。

我費了很多時間練習駕駛轟炸機，我底好友赫金伯加（Alfred Hegenberger）和我合作，拖著目標給地面上的砲手射擊。赫金伯加是一個輝煌的飛行員。他在和平時期就榮獲兩項優異飛行十字章，第一次是飛越從舊金山到夏威夷的太平洋，後來又因試驗盲目降落成功而再獲獎。十四航空隊時代他是我底參謀長，其後又以少將身分做了第十航空隊的司令。

有一天當第十九戰鬥機中隊正在歐湖（Oahu）島演習的當兒，我們發現沙灘上有一長列的高射砲陣地，向著赫金伯加所拖的目標射擊。我有意使他們看一下眞正的戰爭情形，因為我對於他們那種無聊的把戲已看得厭了。我在空中把機翼一轉，全隊飛機就向下俯衝，襲擊高射砲陣地。當我們飛臨沙灘上空的時候那些高射砲兵慌得紛紛找地方躲藏。我們的飛機在一百尺的上空往返地飛著，我則特意駕機追逐那上校指揮官。飛機離地不遠，因之那老頭兒的光頭我看得清清楚楚。他在沙灘上的狼狽情形實在有點滑稽，我從駕駛座上覷著他笑個不止。

當我們回到福特島的時候，機場上正起了騷動。高級司令部對於這種突如其來的侮辱表示憤慨。砲兵隊好像正在從事其一年一度的射擊演習，以便作正式報告，受過這擾亂之後，他們將要費不少時間去收拾一切，繼續工作。

「你曉得是那個幹的嗎？」我若無其事地問道。

「不曉得，」是基地司令的回答。「不過砲兵上校說是那個可惡的、長著又大又黑的鬍子的法國人幹的。」

因為這事我被禁足了一個星期，不過這是值得的。多年之後在漢口，我們用同一辦法對付日本鬼子的砲手，派出裝有砲位的米契爾（Mitchell）轟炸機和戰鬥機，向日本的砲位、探照燈和棧房區大肆轟炸掃射。

一九二五年海軍方面給與我們一種編隊作戰的訓練，假想艦載機進攻珍珠港，由空軍負保衛之責。這種經常的訓練一直維持到一九四一年。我對於他們的演習方式感到不大滿意。我不明白他們為什麼要在劇烈的空戰時結集飛機，集中火力，而不把力量分散，以與敵人作殊死戰。在那時只要你稍為玩一些花樣，打幾個旋轉，或是飛在他機之上，就足以使有些飛行員不寒而慄，為的是撞機的危險性太大了。

我把隊中兩個年紀最大，而最保守的飛行員召了來，對他們詳細解說我底理論及作戰方式，他們終於願意試驗一下。當他們試驗後發覺這戰術可由三架編隊的飛機運用，便完全同意我底見解。我們偷偷地練習著，居然有一天在路加機場作出人意外的表演。自此而後，凡是飛行員都要參加這種練習，否則就會被人恥笑。

我們第一次演習編隊攻擊時使海軍大大驚奇。一天下午，我們在歐瑚島外巡邏時，發現一中隊俯衝轟炸機在我們的上空飛行，似乎去轟炸珍珠港，一如十六年後日本的偷襲一樣。他們已看見了我們底飛機，可是還以爲我們飛得很低，不能發動攻擊。不料我們竟以整個編隊一齊上昇，啣著這些海軍轟炸機的尾巴，向他們從容追擊。大開汽門，衝散轟炸機的隊形，自己的隊形卻毫不紊亂。假如那一次不是演習而是眞的行動，那麼海軍轟炸機眞要被我們全部消滅，還不明白是誰在攻擊他們呢！

在那時夏威夷還沒有警報設備，是我們自己組織了一個警報機構，由兩個士兵在機場的水塔上看守。他們終日以望遠鏡向四面瞭望。他們可以望見四哩至六哩以內的飛機，以播音機向機場跑道發出警告，使我們有充分時間來準備迎擊。

在一個星期六的早晨，當我們把一切佈置好了之後，我們接到水塔上的報告說有一架海軍偵察機自海上飛來，我於是馬上起飛實行攻擊。我因爲飛得與那架海軍機距離太近，只覺我底螺旋槳好像要把它的舵打掉的樣子。我永遠不會忘記那個海軍駕駛員的表情，當他看見了我底螺旋槳離他底機尾不遠的時候簡直著了慌，於是他就把飛機直往下衝。我啣尾窮追著。他簡直失了控制，最後就跌墮海中。

那個飛行員受傷了，還受了在升級表上挪後十名的處分。使海軍司令憤怒的原因之一，大概是那海軍飛行員袋中的文件被陸軍救護人員看見了的緣故。其中有一紙海軍定於星期日發表的文告，宣佈在大演習期間航艦上的飛機對抗陸上的防禦飛機獲得全勝。這文告是大演習結束的卅一小時以前寫的。這海軍駕駛員就是奉命駕機到路加機場來，假裝投降，其任務是把假消息交給當地的記者，讓星期日的報紙給他們一些宣傳。那個時候陸軍正在草擬他們的文告。

當一切演習都結束了之後，海軍方面派人來查究，我根據我們所採用的戰鬥方式上了一紙報告。頗獲好評，並引起華盛頓當局的注意。

當我在夏威夷的任務完畢之後，我被派回到德克薩斯州的勃魯克斯機場。我第一次與蘇聯人接觸。當時我仍任飛行教官，後又任初級訓練班主任。並和一位工程師卡加明・齊德羅（Benjamin Chidlaw），一位聶可斯（Nichols）上士開始試驗降落傘部隊（paratrooper，按，傘兵）的技術。前此比利・米契爾（Billy Mitchell）准將已將這意見提出，我們的問題是設法找尋可用的技術而已。

最後我們把哈爾蘭（de Havilland）廠的雙座機排成一個V字形的隊形。每一架的後座載著一個傘兵，我則駕一架三引擎的運輸機飛在V字形的中央，機內裝滿了各種裝備。我們向著目的地進發，到達的時候傘兵馬上跳下去，彈藥機關鎗糧食飲水等則由運輸機用降落傘投下，剛好落在地上傘兵的中央。

我們對於這次的表演自覺非常滿意。可是當陸軍參謀總長森馬盧（Charles P. Summerall）少將於一九二八年來檢閱這種跳傘演習時，他看了一會就轉過頭來說：

「別再攪這些沒意思的把戲吧。」

言畢，他不把全部表演看完就抽身走開了。

森馬盧後來當比利・米琪爾案開審時也曾出庭發表不利於航空隊的言論。他說一個戰鬥機中隊可於四十八小時內組成，並說空軍的訓練也不需要汽油。這位老先生還有許多使人不滿的事。我記得當他在夏威夷任陸軍指揮官之時，曾視察過第十九戰鬥機中隊，我們在每一架單座戰鬥機前站一個駕駛員、一個機械士，排列好了之後就請他來看，他很不滿意，因爲每一架飛機之旁站著兩個人，而其中只有一個是有降落傘的。

幾星期之後，有一隊蘇聯的軍事考察團由巴於諾夫（Baranoff）將軍率領坐著汽車向機場而來，軍部命令我們把我們的一切讓他們看，於是我們又把降落傘表演了一番。

當蘇聯人乘汽車走了之後，只有一個留下，他自稱爲蘇聯駐美貿易公司的代表特地來訪問我的。他起先送了我幾箱伏特加酒、朱古力糖和香煙等禮品，隨後就講到正題：他問我願不願意到蘇聯去訓練降落傘部隊。

「算了吧，這是不可能的。」我說。「我是一個戰鬥機駕駛員，這些降落傘部隊只是一種附帶表演而已。」

「我們才不這樣想呢，你寫信給我，告訴我你底條件吧。」

那時我已在軍隊裏工作了九年，我是一個中尉，每月領取大約二百廿五元的薪金，包括飛行津貼，此外還有配給品和家庭宿舍。我於是回信給那個蘇聯人，故意提出很苛刻的條件，那就是訂定五年合同，每月薪金一千元，各項費用在外，要上校官階，同時有權駕駛任何蘇聯空軍飛機。

那個蘇聯人回電，問我什麼時候可以起程。

我轉覺爲難起來，只好以還家需時甚久爲詞，作緩兵之計。在以後幾個月裏他們仍是死纏著我。直至最後我把他們底來信原封退回。在那個時候我依然抱著滿腔熱望，要幫助自己底國家建立一個無與倫比的空軍。數月之後，軍部下令說：「不准再作降落傘訓練，我們要在還沒有人受傷之前停止這種無聊舉動。」

第二章 在空軍裡的歧遇

吾謀適不遇，勿謂知音稀。
——王維

自從參加了官方兩面的激烈論戰後，我底戰前的從軍生涯，至此也作了一個結束。那些冥頑不靈的海陸軍人員，對空軍的重要性始終抱著盲目反對的態度，使得每個飛行人員都深信今後的奮鬥，是需要抱著像「十字軍進軍」似的勇猛精神的。我們為使軍事首腦議員們領悟，空軍力量在戰鬥中乃勝負所繫，必須決定究竟讓空軍成為單獨的組織，還是由海陸軍部統率，就這一件工作，我們在第一次歐戰後也整整耗費了兩年的時間。要知戰前這些海陸軍的將領們總是愚鈍地反對空軍獨立的，說來真是一件傷感的事呢！

我為了空軍而加入奮鬥，這期間雖很短暫但確具決心。一九三四年，*ATLANTA* 的發行人克拉克・霍威爾（Clark Howell）被任命為聯邦飛行委員會（Federal Aviation Commission）的主席，這委員會的任務，是對空軍的力量作另一個定期性的調查；事實上，當時的社會輿論，對於平時這樣漫不經心地搞空軍，早已引起普遍的不安了。空軍戰術學校的地址是在阿拉巴曼（Alabama）州的馬斯威爾（Maxwell）機場。這學校裏有五位軍官志願前往華盛頓，並出席聯邦飛行委員會做證。五位軍官便是：羅拔・奧爾斯（Robert Olds），一位主張猛烈轟炸的先鋒，後來他畢生從事於組織戰時空運總隊，並訓練重轟炸機的人員，以從事德國境內的空戰。第二名是坎・華爾克（Ken Walker），他在所羅門島（Solomon）的拉布爾（Rabaul）上空作戰殉職。第三位是李喬治（Harold Lee George），繼承了奧爾斯的職位，而接掌戰時空運總隊，後來成爲秘魯國際航空公司的老板。第四位是杜安・威爾遜（Don Wilson），他後來是西南太平洋區空軍司令肯尼（George Kenney）將軍的參謀長。第五位是我本人了。其他的同學們都討論著戰略空軍的理論和實際。我的題目是帶點危險味的——一九三四年的演習。這些演習終於成爲壕塹戰的致命傷〔按：壕塹戰是由陸軍部參謀總部的吉爾本（C. E. Kilbourne）將軍所主持的〕，而且使陸、空軍部雙方的鬥爭更加趨於白熱化了。

這種演習並提供了一個在第二次世界大戰中常常遭遇到的問題——便是一支軍隊在猛烈砲火的還擊下，在充滿火藥氣味的海岸上作兩棲性的強行登陸。根據吉爾本將軍的計劃，藍軍的守備部隊應從大西洋沿岸的沙灘退守，使成不設防地帶，然後撤離海岸三十哩左右，挖掘戰壕，立下陣地堅守。至於擔任攻擊的紅軍，則毫未遭遇任何抵抗，順利登陸，並向陸地推進三十哩，直到遭遇了戰壕中的藍軍阻擊，才駐脚下來。這樣，一個壕塹戰爭開始進行了，一切還是抄襲著一九一七——一八年時的老文章。

這時，空軍的機隊在隔晚便出動，飛向東面陣地上空，準備猛炸紅軍的給養線和驅散紅軍的支援艦隊，但其計劃遭吉爾本將軍否決。他下令整個空軍，包括「重級轟炸機」在內，只能去轟炸敵人的壕溝陣地，但事實上，這種戰術在眞正的戰爭中是吃力不討好的。我們扮演的角色很可笑，令我們的空軍副司令威斯奧佛（Oscar Westover）少將不禁宣佈說，他今後決不再傻瓜似地「用頭來碰石牆」以期空軍能獲正確使用。

我們這次是預備在聯邦飛行委員會舉行執行會議時出席作證的。當我們大踏步進入會場的時候，吉爾本將軍和陸軍部的兩位秘書早已在座，等候我們作證時的記錄。我們都似乎感到官方已經設下圈套，想緊扼我們的頭頸似的，但我們既已決心來到，可也不容易妥協了。當會議席上討論戰略空軍的理論時，吉爾本一直是靜靜地坐在椅上，但當我結束我對那次演習的詳細分析時，他的態度顯然有了異樣，他的腳向上提起來，臉上泛起紅暈，和他那頭絲絲白髮，紅白交輝，相映成趣。他雖然沒有打算出席這個會議，但他堅持著，如果委員會准許的話，他願意答覆我們對這次演習的批評。他爲了掩飾他本人的失敗，猛烈地敲擊檯子，並用手指著我猛吼。在結論的時候，他狡猾地說：「這是僅有的辦法，才可以使兩軍當面對壘啊。」

「將軍，假如這個便是你計劃於未來戰爭中的最好方法，我相信，這或者是讓空軍來接手的一個時候呢。」我回答說。

幾個星期之後，我在軍官表冊上的名字便被刪去，這表冊上的軍官是預備保送入堪薩斯州里紋凡夫砲臺（Fort Leavenworth）的那所指揮參謀學校（Command and General Staff School）的。我的名字既被刪去，這便是說，我的陸軍生涯，從此將告一段落，因爲在平時一個軍官如果沒有獲得里紋凡夫砲臺那間學校的正式核准，他是沒有希望擢充爲指揮官或任何高級官員的。

早在四年前我已經被保送入浮琴尼亞州蘭黎機場的空軍戰術學校就讀，在畢業的時候，我隨校遷入馬斯威爾機場，並擔任講授戰鬥機戰鬥術的高級教官。在這方面，我又和人發生爭執，後來竟感覺到，即使航空界對我也是毫無希望的。

不用說，轟炸是空軍力量中的支柱，由於米琪爾將軍那個戰略轟炸的概念迅速發展，戰鬥隊的小伙子們，一下子便瘋狂地轉移過去，甚至成長得更龐大和迅速。在戰後的一些年頭裏，許多在西線活躍過的戰鬥機好手，都不約而同地改習轟炸了。在轟炸技術和戰略來說，眞有著驚人的進步，而戰鬥機方面，則幾乎全部受了漠視。因爲這個政策的影響，安諾德將軍在珍珠港之役的前夕，在西點軍校學生之前不得不承認說：「坦白地說罷，戰鬥機隊是祇有在無風地帶才能飄揚，才能發生作用啊！」

一九三一年，當我還是一名戰術學校的學生的時候，第一次世界大戰中的空軍名將畢塞爾（Clayton Bissell），還是講授著一九一八年的戰略。戰鬥機在西線上空那種「黎明巡邏」和「混戰」（dogfight）的戰術，是不適宜於抵禦新型轟炸機的。事實上，畢塞爾已經放棄了那個戰鬥機可以射落轟炸機的想頭了。他嚴肅地作一建議說，戰鬥機可以在上面投下一個球和錨鏈，希望能撞壞轟炸機的推進器。

不久，武裝犀利的馬丁 B-10（Martin B-10）轟炸機出現了，而義大利杜赫（Guilio Douhet, 1869-1930，通譯爲杜黑）將軍所作的《一九四X年之戰》（*The War of 194-*）一書也已問世，這書曾極力讚揚「轟炸至上」的理論，這一切，使愛好轟炸機的熱心鬥士更其瘋狂起來了。這事情是很明顯的，正當海軍部中「戰鬥艦」將領得勢的時候，空軍人員們怎會不傾倒於一個「轟炸機將軍」的稱號呢？

杜赫將軍那本書問世後，很快地便成了空軍中所重視的「聖經」。書中很清晰地描寫一幅大轟炸機群的圖畫，那些轟炸機隊不用護送，便朝目標飛去，敵人的戰鬥機雖然凌空迎擊，但在威武堂堂的陣容下，早已萎縮退避無所施其技了。那個時候，確實是有許多充份證據來支持這樣的一個理論的。「馬丁」廠轟炸機每小時的速率是二百三十五哩，配備五門小炮，較諸「波音」廠 P-26 式的二百二十五哩和兩門小炮，所謂的標準陸海軍的戰鬥機，自然是不可同日而語。由於戰鬥機戰術的被人漠視，加上沒有方法去獲得敵方的情報和追擊敵機，使戰鬥機更不容易與轟炸機抗衡了。

我既擔任了戰術的高級教官，對於怎樣使戰鬥技術趨於現代化一層，未免越加熱心起來。重轟炸機的隆隆巨響，並沒有引起我的注意，因爲我假如還要飛的話，我總是一個戰鬥機的駕駛員啊！根據我在夏威夷的經驗，使我深信一個良好的空軍是不能沒有戰鬥機的，所以在任何的未來戰爭中，戰鬥機將會像轟炸機同樣的扮演著重要的角色。不過，有一個原則是：必須配備靈活的有效的自衛武器，才可以抵抗敵人的攻擊。

我研究過第一次世界大戰的紀錄文件後，卻發現了我在夏威夷所採用的許多理論，早已被德國人採用了。波爾克（Oswald von Boelcke）是一個早年的德國空軍名宿，他可說是眞正的發明戰鬥機戰術的鼻祖了。他主張兩架戰鬥機可以編組作戰，他頗能把握他所發現的重大戰術意義。有一個軍事原理是這樣，至少自拿破崙時代以來，大家都默認著，便是敵我兩機間火力的差異（所有其他的因素都是相等的），並不等於飛機的數目差異，而等於飛機和數目的平方。這意思是波爾克的那兩機編組攻擊一架敵機的結果，並非是二對一，而是四對一的優勢。

一九一六年十月，波爾克和他的駕駛員駕機失事喪生，在這以前，他曾將他的理論講授給年輕的里卻杜汾（Manfred von Richtofen）。在一九一六年的冬季中，里卻杜汾帶了他的新型的「福克」式三翼機（Fokker Triplane），應用著波爾克的那套理論，創出著名的飛行馬戲班來了。一九一七年的春天，是良好的飛行氣候，里卻杜汾的馬戲班開始大演身手，飛機穿梭般像旋風似的來去，這種技術無疑是壓倒協約國的飛行員的。後來，里卻杜汾的馬戲班也可說是第一個眞正使用編組作戰的空軍部隊。事實上，祇有里卻杜汾被擊落，而戈林繼掌德國空軍之後，協約國的空軍才能將馬戲班擊敗下來，戈林卻輕視里卻杜汾那種編組作戰的戰術，而領導馬戲班回到那個別的「混戰」戰術，結果，便很快被對方予以殲滅了。

現代戰鬥機作戰的最大問題是情報工作。如果沒有一連串準確的情報，使戰鬥機知道敵方高速度的轟炸機的所在，而妄事起飛截擊的話，這無疑是大海撈針，難乎其難了。

不久，警報的制度便風行一時。那是由防空人員組成情報網，用電話作報告的。這情報網的主要功用，是給平民警告，好及時作躲避；至於供給情報與戰鬥機，使之從事截擊，還是次要的事。一般的命令是這樣寫法的：

「據報，敵轟炸機群已於上午九時飛抵某處上空，速即起飛，並予痛殲。」

那可能已經是九時十五分，而某處便是距離二十哩左右的地方。但當我們趕去目的地，因沒有發現敵機而頹然返歸時，我們不得不承認這事實，便是戰鬥機是無法截擊現代化的轟炸機的。一九三一年空軍舉行演習時，第一戰鬥機大隊的隊長是羅伊斯（Ralph Royce）少校，但在當時舉行的兩星期演習作戰中，他甚至連轟炸機隊由來特（Wright）機場起飛攻擊的事也沒有看到，而他本人後來還擢充少將，並在戰爭初期歷任要職呢。法蘭克（Walter Frank）少將是官方評判員，他作結論說：「由於轟炸機的速率增加，和體積的無限擴大，戰鬥機根本是無力去擔任截擊的任務了，所以，空軍隊的擁有戰鬥機隊，無異空有其表。」

後來，安諾德（Henry Harley "Hap" Arnold）（當時是個中校）在太平洋沿岸主持了一次空軍演習。他率領好幾個中隊由聖第亞哥（San Diego）起飛的「馬丁 B-10」式轟炸機，前往襲擊馬區（March）機場。根據嚴格的軍事條例，擔任守衛的戰鬥機隊便須起飛迎擊。他們一定要在機場列隊，等待司令機升空發令，然後才編成隊形，但在這一刹那，敵轟炸機隊早已發動攻勢，完成任務而離去了。所以時常發生這事，祇有很少數的戰鬥機，因爲個別的駐紮在其他地方，才趕及升空截擊。他們在獲悉敵機來襲的警報後，即行起飛迎戰。在這演習中，安諾德得了一個結論，便是戰鬥機在戰時是無濟於事的。那時戰術學校取了他的報告作爲研究。我卻作了一份長達八頁的反駁文章，批評安諾德的結論和建議，應該怎樣去主持一個戰鬥機隊。安諾德看見了，便寫信給學校方面查問說：

「這個混蛋陳納德是誰？」

我對於警報網和無線電設備的重要性，曾大聲疾呼，我說這是擔任守衛之責的戰鬥機隊所不可或缺的。來特機場那次演習失敗後，剛過兩年，另一次的空軍大演習又在一九三三年在諾克斯砲臺舉行的了。

這次演習的整個計劃，是由空軍部隊的軍官們設計的，其中並未有一個戰鬥機的駕駛員。轟炸機的根據地是在俄亥俄州的竇敦（Dayton），戰鬥機隊的根據地則在肯塔基（Kentucky）州的路易斯維爾。轟炸的目標是定了諾克斯砲臺（Ft. Knox）的陸軍根據地。轟炸機隊中並沒有戰鬥機，擔任守衛的戰鬥機隊則沒有轟炸機，但後者可以建立一個情報網，用電話來與路易斯維爾的戰鬥機隊部取得聯絡。

戰鬥機隊是日以繼夜地截擊轟炸機，並由高的、低的各種角度發動攻勢。在演習時期剛好進行一半之前，轟炸機的小伙子們高叫「條件不公平」，並開始限制擔任守衛的驅逐部隊的行動自由。

這次演習的結果，對任何一個頭腦開明的觀察家都是一目瞭然的。

（一）如果擔任守衛的驅逐機隊能夠及時起飛，列成陣容；又如果有著充份時間，起飛前往截擊區域，則驅逐機隊是可以截擊轟炸機隊的。

（二）深入敵方領土轟炸，是需要戰鬥機護送的，這樣可以減少重大損失，甚或不致使轟炸的任務歸於失敗。

由這演習中，我們獲得了兩個主要的教訓，但事實上，也同樣得著許多技術方面的改良和其他次要的教訓。那時，作爲空軍部隊臺柱的轟炸機隊的小伙子們，除了祇知鞠躬盡瘁地專心於杜赫空軍只要轟炸機的理論外，其他一切完全加以漠視。他們沒有理會這些演習的教訓，更不重視戰鬥機在戰時的重要性。最可憐的是：漠視這些教訓的空軍軍官們，在一九四二—四三年間卻負擔著統率空軍的重大責任，害得許多沒有護衛的B-24和B-17的美國轟炸機隊，都在歐洲上空被擊落而致喪生。他們是應該向這些空軍勇士們負責的，可憐後者至死還堅信著這個錯誤的理論，便是一架轟炸機的出擊，是不需要戰鬥機的護送。還有，這些軍官們竟然因爲這個空軍的成就而榮獲了獎章；事實上，在第一年的作戰中，這空軍便差不多全部被打垮了。一九四〇年的英倫之戰，幸而不是「美洲之戰」，因爲當時我們絕沒有像英國的「噴火」式機（Spitfire），在空中戰場爭取勝利呢。

我認爲，如果平時不能使這類軍官對他們自己的錯誤負責，則就我們的整個國防是有極大危險性的。我們必須在平時發展我們的技術設備，和訓練我們的空軍人員。我們不能在戰事發生以後才理會這些事，我們也不能在戰事開始時很快的便把一種主要的技術設備改成別一種。我們的空軍領袖們，在平時就應該有充份的理想、眼光和經驗，去領導空軍技術的發展和人員的訓練。爲著責任問題，第二次大戰中的幾次主要失敗或者錯誤，是確曾經過一番調查的。其實，我們祇要獲得了最後勝利，美國人民總會寬洪大量地原諒他們的錯誤。但這裏的一個問題是，如果我們再度被人佔先發動攻勢，而我們又得倚賴著那批短視的庸弱無能的領袖們，屆時誰又敢保證說，我們一定能夠獲取下一次的勝利呢？

來特機場演習後的第二年，三個流動式的由騎兵馱載的無線電機在機場出現了，那是由有訓練的偵察員負責管理的，這樣使警報網強化了許多，而且第一戰鬥機大隊也因此能截擊每一架來進攻的轟炸機了。有許多次是這樣，轟炸機在同樣的任務中，總是受到戰鬥機隊不止一次的截擊。我在空軍戰術學校的大部份時間，都耗費在研究英德兩國所發展的警報網制度方面，並多方修改補充，以協助戰鬥機隊的截擊。這些演習舉行完後，我便執筆寫《防禦性追擊的任務》（*The Role of Defensive Pursuit*）一書了。這本書說明了有關防禦性飛機的各種原則和因素，不管是單座的戰鬥機也好，雙座的戰鬥機也好，一概包括在內。美國軍部從未眞正接受過我的建議，但中國空軍部自一九四一年以迄一九四五年的對日作戰期間，卻完全依照著我的意思，而後來竟然成爲中國空軍警報網中一個組織和活動的基礎，立下功勞可不小呢。如果同樣的一個警報網，能夠在菲律賓設立，則一九四一年的駐菲美國空軍，或者便不致於遭受迅速被殲的厄運了。

另一個愚蠢的論戰，便是戰鬥機究竟是否需要增加飛行距離的一個問題。轟炸機隊的小伙子們說，他們出動轟炸某一個目標時，絕對不需要戰鬥機的護送，戰鬥機的唯一的眞正功用，不過是像猴子在棍子上似地玩把戲，可以說是多餘的，因爲他們遭遇敵方轟炸機的攻擊時，往往便掉頭竄返防地了。但我所持的見解全然不同，我認爲戰鬥機的需要增加飛行距離，不但是爲了長程的任務，而且還要使他們能夠在敵人後方施行長程的俯衝轟炸和掃射。除了我之外，另有一個主張建立長程飛行戰鬥機隊的人，便是薛維斯基（Alexander P. de Seversky）。空軍部的首腦們都認爲他是狂妄的。這件事一直延至一九四三年才見分曉，因爲那年沒有護航的美國B-17轟炸機，在德境內從事空襲時，竟被德戰鬥機痛殲淨盡。是這樣的一個結果，才使當局肯專心於發展長程護航的戰鬥機。事實上，在一九四三年結束時，要沒有長程護航的戰鬥機的話，美空軍的白晝空襲德國，準會遭受慘敗的。

此外，我也爲戰鬥機爭取更多的火力而大聲呼籲。一九三六年，來特機場的軍器工程師，曾嘲笑過這樣的一個建議，說是四門三零口徑的小炮，能夠在飛機上通過一隻推進器而同時開火。事實上，他們確認爲在一個推進機上，同時發四門炮是不可能的事，但在一九三七年十一月，我卻發現一架蘇聯式飛機在中國領空對日作戰時，著實是四門小炮齊發的。

尤其重要的，是我曾經強調列隊作戰和密切合作的重要性，並且使之成爲所有戰鬥機戰術中的一個基本的原則。有一次，戰術學校的校長寇里（John F. Curry）少將看到海軍的幾個傢伙在空中賣弄，他們原是空中演藝之流，所以是很不錯的樣子，寇里少將熬不住了，便和我商議組織一個空軍競技隊，預備打垮他們。我組織這個小隊的辦法是很簡單的，我約同校中所有的學生，祇要他們能夠在我的機翼傍邊緊釘三十分鐘之久，便算合格入選了。結果，祇有三個駕駛員是入選的，一個是年輕的少尉，名叫漢賽爾（Haywood (Possum) Hansell），另外兩個上士便是：紅頭髮滿面雀斑的路克・威廉遜（John H. (Luke) Williamson）和壯碩的比利・麥唐納（Billy MacDonald）。第一年之後，漢賽爾退出競技隊，由麥唐納補了他的位置。

在密士瑟比州的麥康（Macon）機場舉行初次表演後的當晚，我們便在一間小酒吧裏飲酒高歌，因爲「三人飛行小組」由路易斯安那州的棉田機場，以至克利夫蘭的全國航空競技場，都曾經巡迴地表演過。我們依照書中所載的每一個賣藝者流該會耍弄的花樣去做。我們玩翻跟斗、旋轉、反翼飛行，各式各樣，應有盡有。

同年路克威廉遜和比利麥唐納的空軍生涯也在此時宣告結束，路克和比利都曾受過飛行訓練，是空軍裏的准尉。在空軍裏服務一年之後都獲准退伍。後來因爲他們加入正規軍，於是又重新加入軍隊服務，被錄用爲上士，以爲可以藉此加入軍隊。可是到了一九三五年他們與軍隊的最後聯繫也宣告脫節。事情是這樣的，爲他們參加軍官考試之後，在五十二名錄取生中他們被摒棄了。這並不是因爲他們的能力不夠，而是因爲空軍裏主見太深了。他們都是優秀的飛行員，我覺得像他們那種人才乃是我們空軍裏所確實需要的。當時爲了打抱不平，當地《蒙哥馬利廣知報》（*Montgomery Advertiser*）曾指出這種有欠公允的措施，完全是因爲那些高級軍官們太妒才了，因他們自己缺乏飛行能力。

我對路克和比利並不是有意誇獎，因爲他們都曾在中國與我共事有很卓越的成績。一九三六年正月，當我們這飛行小組在邁亞密（Miami）地方作臨別表演時，有些參觀者把我們看中了，其中一個是中國空軍裏的毛邦初將軍，另外一個是羅伊·霍勃魯克（Roy Holbrook），他後來到中國當飛行教官。其後他曾來信給我，請我介紹幾位飛行人員到中國當教練，我於是就提出路克和比利，路克和比利受召之後乃與一些有飛行經驗的人起程赴中國。

當路克和比利在太平洋上之時，我底健康也日漸動搖，我當時日夜工作不停，心疲力倦，對於飛行也感到沒有心情，後來我飛行之時都有副駕駛坐在後面以防不測，不久我就被調到第二十戰鬥機大隊，在哈孟（Millard Harmon）上校麾下任事，而同年秋，我就被令停止飛行送到醫院裏去了。

在一九三六年冬至一九三七年春，我整個時光都消磨在病床上，就在這個時期我得有空閑回顧四十七年的過去，計劃未來。我感到非常頹喪，因爲我曾到處流轉而一無所成。這使我回憶到童年時代的所見。我曾眼見密士瑟比河的急流把好好地一隻船沖爲碎片；我也曾看見有些童年時代的友人因犯法而死於亂槍之下；我也曾看見有些人受黃熱病的侵襲而慘死。而好多至今還生存的人，則有不少仍在與天時地利掙扎靠棉田過日子。我有時想像到假如自己不幸而身爲其中之一員時，就覺得非要尋出路不可，當空軍示意要我退休之時我就接納了。當時曾有一些飛機工廠聘我工作，可是我自己實在無意再作馮婦了。

貼著中國郵票的信來了，他帶來了比利・麥唐納，路克・威廉遜和羅伊・霍勃魯克的消息，這使我很感興趣。當時英美日之間的關係正在微妙的演變中，不過大家都不願說起，並不像現在我們談及蘇聯那樣起勁。日本蠶食中國已有四年之久，可是大家都好像不關痛癢。

從他們的來信中我知道了中國在成長中，她正在掙扎著，準備抵抗。而就在那個時候，在受訓練的中國空軍有問題了，美國和意國分歧勢力之間，由美人主持的空軍學校有不少困難，而墨索里尼正想危害中國。後來還是蔣夫人起而主持空軍，任航委會主席，組織了中國空軍。中國就像從漩渦中找到一條出路。

最後，蔣夫人的召書來了，問我是否願意來華任職。月薪一千美元，此外還有津貼、汽車、司機、譯員，並有權駕駛中國空軍的任何飛機。我答應了。

一九三七年三月二十日我把家眷安頓在路易斯安那州之後，就於四月一日由舊金山起程赴華。

第三章　到中國去

明月出天山，蒼茫雲海間。長風幾萬里，吹度玉門關。

——李白

當加斐爾（Garfield）總統號郵船，停泊於日本神戶口岸時，我就丟下行李，溜上岸去，讓行李隨原船到上海。這時候，比利．麥唐納已在碼頭上迎接我。看到他的舉止和態度，我對於這個足跡初到的新世界，便已有了金一個主動的輪廓。他是藉著一個寫明其職業爲藝團副經理的護照到日本來的。

爲了他曾當過中國空軍的教官，比利在日本，便成了一個不受歡迎的人。那時要向在中國的日本領事館直接申請護照簽證，是難於登天的事。預料得到的是一個直截了當的拒絕，而即使護照拿到手，也還要受到秘密警察所派遣的無孔不入的特務追蹤。所以比利才僞裝身分，弄個藝團副經理的名義，而這個藝團也已經註冊，可在日本境內長期旅行。比利所持的護照既是藝團的，因之他的旅程也帶著習慣的形式。他混在藝團裏，到日本各地的戲院獻技，一直未被發覺。等我一到，他就把藝團丟在大阪，趕來神戶與我相見了。

我們這次到日本來的目的是要向那些日本的職業「遊客」們回敬，因為當時，有一些日本人借旅行為名，帶著冒牌的德國照相機和望遠鏡，在美國到處遊歷，暗中注意著海港和飛機場。我們租了一輛敞篷的旅行車，把照相機藏在大衣下面，就此出發。用我們那種飛行員的慣技測量位置與目標的視力，去視察這個國家。不上幾天功夫，這個地狹人稠的島國，已差不多給我們的足跡踏遍。在我們的筆記簿上，充滿了關於建築物、工業區、輪船航線等的資料，同時更記載著某些工業區以可異的速度擴充發展，有為戰爭工業基地之可能。

我們週遊京都、大阪和神戶之後，又乘船週遊瀨戶內海，詳細地記下了這個重工業化的島國的一切。它擁有許多新的戰爭工具。我們在日本航業兩大要港門司和馬關稍作勾留，便橫越黃海，到上海去了。這一次，我們所攝取的照片成績甚佳，但那僅是有效地蒐集目標資料的開端吧了。令我大為驚異的倒是四年之後，我發覺我們那時所得的和筆記鏡頭中，關於日本各種目標的情報，其材料竟比美國戰爭部（War Department）所保存的還要豐富。華府方面關於日本的情報眞是少得可憐，即在珍珠港事件之後，他們專記日本陸海軍飛機的秘密手冊，大部還是空空如也。一九四二年春天，當占美・杜立德（Jimmy Doolittle）將軍計劃第一次轟炸東京，需要指示目標的參考資料時，他發覺華府陸軍部的檔案竟毫無用處。於是他只得親自去訪問戰前曾在日本設立分號的美國商店，這才得到一些所需的情報。

當我們抵達上海的時候，中國正在六月初的悶熱天氣之中。外國租界還在治外法權餘光的庇護下。幾十年來，大多數的久居中國的人都習於搾取內地的財富，用來點綴上海，繁榮上海，一片歌舞昇平。叫人把上海表面上的安謐，誤爲艷陽天，而不知它卻是死氣沉沉，狂飈四合的中心點。雖然一九三二年中日淞滬之戰的遺蹟還歷歷在目，但現在你若談到戰爭，就會被人訕笑，認爲不識時務。在那些高貴的外國夜總會中，人們所談的多半是內地的「騷動不安」如何減少了他們商業上的利潤而已。至於我呢，可一直不去理會這些談論。當時頗有一些外國人，竟說他們希望日本人會給中國人一個教訓，以恢復這個國家的秩序呢。

在上海，我會見了蔣夫人和委員長底私人顧問端納（W.H.Donald）。他們正是邀我來華出力的兩個人。這個臉色紅潤，頭髮棕赤的不可思議的澳洲人——端納，好多年來以新聞記者的身分漫遊中國，擔任過各個地方軍政首長的顧問。他不吃中式飯菜，也不學中國話，但他比多數人更認識中國和亞洲的強權政爭。當他充任少帥張學良的親信顧問時，他便開始在中國歷史上扮演著一個重要的角色。當時的張學良是東三省的統治者，本是一個醉生夢死、不圖振作而受制於日本人的袴絝子弟，是由端納的力量，他一變而爲一個有力量的領袖人物，以致反使日本人侵入東北，以刀尖將他驅出。

若以一九三六年耶誕前後蔣委員長在西安蒙難的史實來看，我就毫不奇怪地承認端納是此次事變中的解圍者了。原來在西安事變之前，通過少帥的關係，端納已擔任蔣委員長的私人顧問。於是不久之後，他就從南京飛到西安，做了解圍的人。從此中國政治上錯綜複雜的脆弱局面，乃轉而爲堅強的團結陣線。而這也是中國近代史上第一次的短暫團結局面呢！說起來那實在是中國的不幸。當一九四〇年，端納想打倒那些政府中居高位的反動份子，而歸於失敗時，他便被趕出中國。端納是難與東方環境妥協的，他以西方人的作風，公開與敵人作戰，所以在他加入中國的奮鬥中，常有與有彈性的海綿作戰之感——降服它，使它讓步並不困難，但防範稍一疏忽，它便又恢復原狀了。

端納既已把握了空軍在現代戰爭中佔決定性的重要，於是他成了我的最有力的支持者。他意識到當這個平靜的時期，中國急需建立起一支強大的空軍。於是他介紹我深入中國政府的內層，在那兒，錯綜複雜的關係猶如輪盤一樣的複雜，他更介紹我認識了蔣委員長，直接呈遞我的建議方案。也賴端納，在戰前居間於我與蔣夫人之間，調整我們彼此間不同的意見。我常常想，假若沒有端納的無限制的幫助和了解，我在中國必難有任何成就；而且，毫無疑義，由於看不慣西方人對東方情調那種膚淺的輕視，我也許早就折返老家，不會再逗留在中國了。

一九四一年，當日本在太平洋上掀起風暴時，端納在菲律賓被關進俘虜營中，整整關了三個年頭。在那裡，日本人並未發覺他的特殊身分，及至戰爭結束，他方折返中國，從事回憶錄的寫作。一九四七年，當我以一個非軍人的身分再回到中國時，在上海又遇到他，這也就是在他將近離開人世之前。他的健康，完全被半飢餓的俘虜營生活所毀了，死神已在他臉上刻下了深深的印痕。但他在表面上仍是愉快的，並且寫作甚勤，一直到死神的來到。

一個炎熱的午後，羅伊・霍勃魯克來找我，把我帶到法租界的一所大廈內，去見我的新的僱用者——蔣夫人。接見的人說蔣夫人已出去了，於是便邀我們到一間幽靜涼爽的內室中去等待她回來。忽然之間，一個穿著流行的巴黎式長袍的年輕女子輕步跑了進來，這是一個洋溢著熱情與活力的女子，照我當時推測，那是羅伊的一位年輕朋友吧，便仍安坐不動，可是，羅伊把我推了一把，隨即向她說道：「夫人，我可以介紹陳納德上校給你嗎？」原來這比我想像中要年輕二十歲的女人就是蔣夫人！她講的英語，帶著南方尾音。這初次的見面印象使我至今尚在迷惑之中。那天晚上，我在日記上寫道：「她將永遠是我的女王。」於是從此之後，我便隨她一道工作，經過了那悠長的慘淡的抗戰的歲月。其間曾有多少次失敗，及至現在抗戰勝利，由於和平尚未完成，只令人感到更加痛苦與失望。由於與她共事多年的經驗，使我相信，她是世界上最完美傑出和有決斷的女人之一。

她雖然儀態萬方，具有十足的女性美，而在那戰爭爆發的沉悶的日子裏，她卻以全力從事工作。她擔負起沉重的責任，對於當時空軍所有的痲煩問題，沉著應付。她希望空軍能趕快成立起來，成爲一個眞正能有所行動的中國空軍。她想知道中國空軍的實況，我允許在二個月內交卷，可是後來卻因爲種種阻撓，終未完成我對空軍的報告。

蔣夫人要我去南京開始工作，於是我邀了舊部比利・麥唐納，駕駛兩架從杭州空軍學校取來的道格拉斯廠雙翼機（Douglas biplane）向南京進發，美國人機械士史密斯（C.B. Smith），坐在我的後座上。以前本是青年會秘書，後來當我留中國時，一直做我的秘書的舒伯炎上校則坐在比利的後座上。這次飛南京，還是自從前一年秋天美空軍停止我的飛行以來，我的第一次飛行呢。當我們飛行在空中的時候，我和比利是如何的歡暢啊！廣闊黃泥色的揚子江，泛流在我們的下面，竟然使我們以爲是飛行在密士瑟必河的上空呢。但是一片耀目綠色，使我意識到那是稻田，而運河的錯綜分佈以及平板的黑色的農村屋舍，也提醒我這是中國。我們的飛機頭也指向南京，中國的首都。

到了南京，我才開始了解何以蔣夫人要那麼著急的理由，雖然當時的上海尚沉醉於靠不住的安全感之中，可是南京卻沸騰著政治上的不安和騷動，這種不安與騷動，反映出了自華北以迄廣東的局面漸緊張。學生們在街上示威遊行，反對日本；而從北方，也傳來了日本人偷運走私入關，並綁架和毆打那些阻此此種不法行爲的關員的消息；而且，日本更提出新的要求，要在中國領土內訓練軍隊，駐軍華北鐵路線；至於南方，對日經濟絕交的情緒也熾熱起來了。

這時在南京，我才第一次領略到中國空軍的情形。嚴格地說起來，對於東方而言，航空係由西方輸入的。第一次大戰之前，由於法國航空顧問團的幫助，日本已建立了空軍。而中國人飛行的技術，卻是混合了英美法俄以及意大利的航空技術而成的。中國過去幾十年的內戰，每一個地方軍閥都有幾架外國飛機和外國駕駛員來對抗敵人。

直到日本佔領東三省，一九三二年淞滬之戰以後，中國政府才想到建設空軍的不容遲緩了。日本的海軍力量，顯然很可以將中國對外交通的門路截斷；中國顯然唯有建立空軍，方可解除日本海軍的威脅。蔣夫人的長兄宋子文，是首倡建立中國空軍的人。由於他的主張，聘請了由傑克．爵埃特（Jack Jouett）上校（後來擔任美國航空商會會長）領導的非官方美國顧問團，到中國來建立起了空軍學校。採取美國辦法，而爲現代中國空軍打下了基礎。爵埃特和大約二十個空軍軍官連羅伊．霍勃魯克在內，便在杭州從事訓練中國駕駛員，那是一九三二年。當時並向美國訂購大量教練機，作戰飛機，航空用汽油以及一切裝備，繼爵埃特顧問團之後，運入中國。但不久之後，爵埃特顧問團的工作，就擱淺了。原因是一九三四年，福建省叛變，美國人拒絕協助中央政府的平亂工作。因爲叛亂者據守古老的、有很厚城牆的城中，除了由空中投以炸彈，無法驅他們外出。於是毛邦初將軍便率領五六架脆弱的中國空軍飛機去擊破了這些叛徒們的巢穴，便利步兵進攻，而使蔣委員長對於軍事航空第一次發生積極興趣。

爵埃特顧問團拒絕協助轟炸，很使中央政府不滿；而在同時，意大利人也在從事爭取成長中的中國空軍市場。於是就在同年，宋子文的姊夫同時也是他的勁敵的孔祥熙博士，爲了請求借貸和軍需等的援助，去歐洲遊歷。到了意大利，便大受黑衣首相墨索里尼（Mussolini）的招待。當時的墨相，正大事擴展意大利空軍，苦無經費，於是飯飽酒足之餘，對於孔博士所述的中國空軍的可憐狀態，便慨然應允：「那麼就派遣我的一些空軍弟兄來幫助你們好了！」這一建議的結果，於是弟兄們就組成一個正式的顧問團，其中包括了四十個空軍駕駛員，由斯坎羅尼（Scaroni）將軍率領，此外還有一百個工程師和機械士，他們在中國成立了工廠，以便裝配意大利飛機。

意大利的「弟兄們」一到中國，美國人便毫無立足之地。因爲爵埃特的技術並無官方支持，而係純由私人合作聘用的團體。於是爵埃特期滿回國，杭州空軍學校由中國人自己接辦，只挽留了幾個美國人做教官。而這就是一九三六年的夏天比利和路克威廉遜所加入的團體。

一九三四年，由於當時與中央政府敵對的廣東政府的空軍逃到南京；於是中央政府的空軍力量是大大加強了。廣東的空軍們，只要駕駛著他們的飛機飛行到南京，馬上便可以升官。蔣委員長很高興得到他們，但同時也爲了怕他們又飛回去而煩心。這時候，航空委員會的主任是陸軍出身的周至柔將軍，他是蔣委員長的親信老朋友，他主要的任務乃在保持空軍力量的效忠致用，以及防止他們有什麼背逃的思想發生。

就在這時候，我來到了中國。這時候，中國的空軍，完全控制在意大利人手中。意大利的航空駕駛員們，穿著制服在南京街頭大搖大擺。斯坎羅尼將軍的制服上掛著勳章和金絲肩章，坐在一輛大的黑色汽車裡馳奔街頭。就是這些繁文褥節和漂亮的禮貌，意大利人給予中國人的印象是遠比美國人的粗魯率直來得更好。於是意大利人在中國完成了一樁好交易；這顧問團並不向中國政府領費用，而是由庚子賠款中意大利的一份來支付的。中國向意大利大量訂購軍用飛機，以數百萬美元計的價款，剛好利於意大利擴充發展航空工業，以便準備戰爭。意大利官方與中國統帥部的接近，給予墨索里尼的親信們一個玩弄軸心把戲幫助日本侵略中國的好機會。意大利人和當時在中國的德國軍事代表團相反，他們是極盡破壞中國的能事。

▶周至柔。

意大利人儘管是在中國航空界掀起了一場很大的風浪，他們在加強中國空軍實力方面，實際是一無所成。意大利人在洛陽創辦的空軍學校是獨一無二的，每一個空軍學生只要習完正式駕駛員的訓練課程，不問其能力如何，都可以畢業。這種教練方法，與美國人的教練方針，恰好成了一個強烈的對照。因爲美國人的方法是在初級訓練中便淘汰不合者，只予那些學力最好的學生以畢業證書。中國的空軍學生，乃係由中國的上層階級的家庭選拔出來的；當他們被美國人主持的杭州空軍學校淘汰出來時，便引起他們的家長對蔣委員長的抗議，使他困惱萬分。而現在意大利人的這種教育方針，剛好解決了這個中國的社會問題，卻毀了中國的空軍。意大利人這種爲害中國空軍的教育法留下的影響，一直繼續到太平洋之戰爆發，一九四二年第一批在美國受訓的中國空軍回到中國的時候爲止。

意大利在南昌建的飛機裝配廠也是一種奸計。其裝配出來的大量的斐亞特式戰鬥機（Fiat fighter），實已證明在作戰中是一種害人的陷阱。至於那些薩伏亞馬奇蒂式的轟炸機（Savoia-Marchetti bomber），則完全是廢物，中國人也只能把它們作運輸機用。

中國航空委員會的離奇古怪的辦事方法，也是意大利人訂下來的。從來沒有一架飛機因任何原因而在正式簿冊上註銷。有些飛機已經全毀，已經折毀或者竟完全是廢物，可是仍列在飛機的簿冊上，因此在紙面上看來，空軍的實力簡直驚人。此外還有一項典型的行徑是，發起民衆捐款購買飛機，用一個城市的名字來命名。結果開到獻機大會中陳列的都是同一架飛機，只是機身上的城市名稱時時改漆而已。至於買飛機的錢到那裏去了，那是誰也不曉得的事。其結果是當中國抗戰開始時，航空委員會簿冊上登記的飛機有五百架，但是只有九十一架可用以作戰。

據我所知，意大利人破壞中國空軍陰謀的最後證據是他們曾經詳細調查中國空軍的情況，而當他們的調查工作完成後不到兩個月，蘆溝橋之戰就發生了。意大利人更勸中國不要再買作戰飛機，只買教練機。所以後來戰爭起了，第一個正式向中國提出和平方案的是墨索里尼，而中國的賣國賊汪精衛在漢口時也曾利用意大利大使館，維持與日本的通訊往來，也就不足為奇了。

當七七事變消息傳來之時，我正在洛陽意大利人創辦的學生百分之百可以畢業的空軍學校參觀，於是我立刻電告蔣委員長，向他表示，只要他有用我的地方，我無不應命。我這一行動有三項主要理由：

（一）我從未逃避戰鬥。

（二）經過這幾年來在課室中空戰理論的爭辯，我希望給它們一個在戰鬥上的試驗機會。

（三）我認為現在中國對日之戰，是一個美國也將捲及的太平洋之戰的序幕。所以我覺得在戰爭的早期中我對日本認識愈多，能給予更多的損害，則最終對於我自己的祖國的貢獻也愈大。

兩天之後，我就在西安得到蔣委員長的答覆了：

「感謝你的自願投效，我已接受了，請即遄赴南昌，主持該地戰鬥機隊的最後作戰訓練。」

南昌是位於鄱陽湖邊上的江西省會，素以精緻的磁器以及夏天炎熱著名。飛機場上沙塵滾滾，在很遠的地方便很容易辨識的。夜間偶有雷雨下降，可是那種雨是連地下的灰塵也濕不透，反使天氣悶熱得像洗土耳其浴。這些時候，我常覺得自己像一個蒸籠中的螃蟹。當時我住在牯嶺堂旅館，伙食眞是壞得透頂。後來美國空軍來華服務時，每逢聽到他們抱怨伙食，我便常以在南昌這一段時期所經歷的口味告訴他們。而且，我向他們忠實保證：現在他們所吃的東西，沒有一件比當時的牯嶺堂口味更壞。

當時南昌的空軍，係由毛邦初將軍擔任指揮。他曾留學俄國，是一個優秀的駕駛員。他是我所遇到的和藹可親的中國人之一。我們儘管在許多事件上意見不一致，可是仍保持著良好的友誼。在那既熱又多灰土、令人沮喪的飛機場工作之後，我與他常以冰啤酒與冰西瓜來消磨我們的夜晚。這就是我對南昌唯一愉快的回憶了。

那時候，中國有三個可以作戰用的戰鬥機隊：有一隊是配有寇蒂斯廠鷹三型雙翼機（Curtiss Hawk-3 biplane）的，主要是作俯衝轟炸之用；其他兩隊，一隊是鷹二型（Hawk-2）；另一隊則為斐亞特式與 P-26 兩種。P-26 式的飛機是良好的戰鬥機，美國戰鬥機的進步緩慢，舉一例即可證明：一九四一年，已經是中日戰爭的第四個年頭了，日本襲擊菲律賓，當時美國可以用來抗拒的飛機仍是P-26式。

當時在南昌的作戰訓練，簡直是我永遠不能忘記的一個惡夢。只有幾個在美國生長的廣東華僑和幾個爵埃特顧問團所辦的杭州空軍學校畢業的飛行員，可以勝任戰鬥。至於其餘的，尤其是意大利人訓練出來的，不僅不能幫忙，簡直是累贅，人們以爲能夠作戰的戰鬥機駕駛員在駕著初級教練機出去時，便在空中打旋，終於摔死。某一天，那泥濘的機場上，竟有五架飛機在著陸時摔壞。記得當時我在日記本上寫下道：「中國的空軍還沒有準備好作戰。」這實在不是虛言。

當毛將軍、比利和我在南昌努力整頓這些戰鬥機隊之時，中國的抗戰情緒已轉入沸點。仲夏的太陽焦炙了多灰土的北方平原，也蒸發了揚子江流域的農村，中國的民氣甚至比這更熱烈。

當抗戰的狂熱高升時，蔣委員長安靜的坐在鄱陽湖西岸的夏都——牯嶺。他在籌劃如何對付日益嚴重的進退維谷局面。就像一個熟手的撲克牌家，在攤牌之前正在查點手中的牌。可是擺在他面前的局面，並不令人樂觀。

中國擁有高位置的海軍將領在國際的海軍聚會上總居於首位，但是其少數的砲艇卻只能等待被日本的強大海軍消滅。蔣委員長的德國軍事顧問，雖曾給他訓練好一支精銳的軍隊，約有八萬人，有完好的裝備、步伐齊整，但這支軍隊，用來對付地方軍閥固然是綽有餘裕，可是要用來迎拒日本配備優良的百萬精兵，那就難操勝券了。最後，蔣委員長也考慮到他的羽毛未豐的空軍，中國的空軍還不滿五歲呢。

毛將軍與我應蔣委員長夫婦之召，上牯嶺開會，於是我們便僱了兩頂轎子來代步，爬那又高又陡的山坡。看起來好像是預料到此去的命運一樣，毛將軍額上所不斷湧出的汗珠，不下於抬我的轎夫在綳緊了的背上所湧出的汗水。

蔣委員長在他那座平房裏掛著簾子的走廊上接見我們。這座平房，隱在松樹叢的蔭影之中，蔣夫人向他介紹了我，他微笑著以西方的禮節與我握手相見。

寒喧過後，蔣委員長就轉向毛將軍，嚴厲地用斷斷續續的中國話詰問他關於空軍的情況。這時候，蔣夫人與我站在一旁，她代我翻譯他們的對話。

「可以作戰的第一線飛機共有多少？」蔣委員長向他厲聲問道。

「九十一架，委座。」毛將軍回答。

這時候，蔣委員長的面孔變得通紅，我想他快要爆發了，他在走廊上大踏步走來走去，然後說了一大串帶齒音的中國話。蔣夫人中止翻譯。毛將軍面無人色，立正不動，眼睛直視著前面。

「蔣委員長在恐嚇他要槍斃他呢！」蔣夫人向我耳語道。「航空委員會的紀錄是第一線可以作戰用的飛機有五百架。」

這是我認識蔣委員長八年以來，所沒有再見過的震怒。最後，火氣壓抑下去了一點，他轉向我用中國話問道：

「據你所知情形到底如何？」蔣夫人爲我譯成英語。

「毛將軍報告的數字是對的。」我答道。

「繼續講下去！」蔣夫人催促我道：「告訴他實在情形。」

這樣，便鼓勵了我陳述我所知道的今日中國空軍情形。當蔣夫人譯述我的觀察時，蔣委員長的腳步放慢了。我大概談了二十分鐘，於是蔣夫人暗示我止住。這時候，蔣委員長便急急離開走廊進入室內去了，毛將軍仍保持著他的直立姿態。蔣夫人便獲得其所需權力，以整頓航委會。我也建立了我絕對坦白的聲譽的基礎。牯嶺這一會議，建立了我和蔣委員長之間的良好關係。以後不論遇著怎樣棘手或是不愉快的問題，他總信賴我供給他坦白的事實；只要我能使他相信我的建議於抗戰有益，他無不採納。與他共處時，我似乎成了他衡量是否於抗戰有助的唯一準則了——當我使他相信這對於美國駕駛員的救助

▶毛邦初。

和獲得目標情報有所必要的時候，他甚至讓我和共黨以及其他黨派的領袖直接往來。

在我們此次會議之後不幾天，蔣委員長便打破沉默，發表演說提出警告稱：若此次中國選擇了戰爭，則必是一個長期、艱苦和流血的鬥爭；而且決不能半途而廢。這時候，他的政策，仍然是對日本人作可能最小的妥協，以便有更多的時間來建立中國的軍事力量和國內團結。這實在不是一種投合民望的政策。接著，蔣委員長便離牯嶺轉返南京，我也接到他召見的通知。這時候的南京，正在一種狂熱的不安之中。在街上，有人在叫賣防毒面具；屋頂和公共汽車身上，都刷上防空的灰色；學生們高唱：「寧為玉碎，勿為瓦全！」報紙上怒吼：「起來抵抗！不再妥協。」公務員們，捐獻一日所得給國家充戰費，而最了不得的卻是，本來各行其是的各派領袖們群集南京，來看蔣委員長。當時這些富有歷史性的會議之中，我和端納是僅有的外國人，而當時舉行會議的地方，也就是八年之後，日本人正式投降簽字的中央軍校呢！有力的領袖們一一來見蔣委員長，提出他們的要求。這其中，有鋼軍老將白崇禧，是當時西南方面中最能幹的軍人，還有雲南獨眼將軍龍雲；山西模範主席閻錫山，他是力行他自創的農業社會主義的人；以及圓圓面孔的廣東省代表余漢謀；居戰略要地的山東省主席韓復榘；有名的基督將軍馮玉祥；還有魚米之鄉的湖南省主席何鍵；邊僻的四川省主席劉湘；以及曾違抗中央命令，一九三二年在上海一度抗日的十九路軍軍長蔡廷鍇；和當時在北平附近與日本軍作戰過的廿九軍將領石敬亭諸人。幽暗的燈光下，古銅色的臉孔上閃耀著汗珠，群集於蔣委員長之前，他們一致的志願是：

「請領導我們對日抗戰，我們保證將以軍隊忠誠作戰到底。」

這是中國近代史中第一次的團結，那曾被日本人不費吹灰之力弄得四分五裂的局面，現在堅固的凝成不可動搖的磐石了。可嘆的是這團結的局面又是多麼的短暫啊！

八月六日會議開完，決定是「抗戰」！這時蔣委員長發表簡短的談話稱：「即使中國對抗戰尚未有充分準備，而且要滅亡，這次亦決不再讓步了！」空軍移向北方，在那裏，大戰爭旦夕便可爆發。我們的基地將設在開封，這是黃河流域的一個主要鐵路中心，黃河是當時已在日本人的包圍中的北平與南京之間的一道天然防線。我回到南昌去，預備與戰鬥機群一道北上。而就在這時候，蔣夫人的緊急召令來了，她要我到她自牯嶺返京途中的九江去見她。我的裝有全部衣服的箱子已經由薩伏亞式機運往開封了，身邊只留下一條卡其短袴和一件綠色的運動衫，還有一頂鴨舌帽，我就這樣趕到九江去見蔣夫人。她正在極大的激動之中，她說：「日本人正在準備佔領上海！」上海是長江流域的重心，也就是中國的精華，若日本人要佔領上海，中國人必得抵抗，她並且說，蔣委員長的那支德國人訓練出來的最好的部隊，已在開拔上海途中。

「你必須馬上到上海去，警告美國的官方人員，及早疏散他們的僑民和保護他們自己的財產。」

我指給她看我身上的短袴和襯衫，那是不能穿到上海去的。於是蔣夫人遞了一把鈔票給我說：「買些新的好了，請你儘快趕往上海！」

朱理斯・巴爾（Julius Barr）駕蔣委員長的專機把我載到南京。然後我由京乘夜車到上海。那已是在最末的一批日僑撤離南京之後。這是暴風雨之前夜，沿長江流域的日僑，都奔向上海的日軍機關槍下，以求保護。我一到上海就買了一套白衣服和一雙白鞋子，這是一套外國人的標準夏裝。於是便去美國領事館，充任災禍的預言者，駐上海總領事克雷倫士・高思（Clarence E. Gauss），那天早上，他有一些要公待處理，於是在我等了一小時之後，由一個小官員來接見我。他對我的警告表示不信，並且向我保證，上海決無戰爭可能。又說道：「難道你竟不知道一切小接觸都在北方嗎？」

由領事館出來，我又到中國航空公司的辦公室去，想再和畢士比（H.M.Bixby）以及我的老教官愛里遜談談這個問題。他們都很驚訝。聽了我的話後，他們答應我，假若戰爭發生，我可以從他們的人員裏徵募駕駛員。然而據他們想，決不會有什麼戰爭的。再次，我又跑去美國第四海軍陸戰隊軍營拜訪司令官海軍上校巴克（Buck），他很禮貌地接見我，但他也堅決相信，在上海決不會有戰事。就在這種情形之下，我只找到一個外國人，他相信了我的報告，這就是瑞典公使貝佛萊（Baron Beck-Fries）男爵。他聽了我帶來的蔣夫人的警告之後，便離開茶會，把我帶來的消息警告瑞典僑民並促公使館人員準備應變。後來，日本人果然到上海來了，他送我一隻精美的銀質小瓶，以表謝意。

到了星期三，我便看見由日本海軍基地吳港開入黃浦江的日艦，但是似乎沒有人感覺驚異。是夜，我就乘夜車返京，心裏想，蔣夫人是否是神經過敏。但火車開到中途，忽然停止，丟下了所有的乘客。而中國軍隊則一擁上車，然後開返上海。於是我進一步相信，上海將要發生事變了。京滬路上，好幾次班車都被充作軍用。最後，我終於爬上了去南京的車子歸返首都。

而就在這時候，蔣夫人因爲兩天來沒有得到我的消息，便憂慮起來，恐有意外，於是派了比利駕著道格拉斯廠的雙座機來接我。星期四早上，他在上海虹橋機場著陸時，機場的管理人「美國人」李，跑出來對他說：「快點離開！昨天晚上我們在機場打死了一個日本軍官和一個日本士兵，市內戰事已開始了！」

比利不聽警告，還借了李的車子去市區找我。這時候，中國的老百姓已經成群的湧進了租界，以保安全，而華界是被遺棄了。於是比利就在那天下午飛回南京，報告我失蹤了。他返京覆命，恰恰就在我步入蔣夫人辦公室之前。

第三天晚上，是八月十三，禮拜五，在南京有一個重要的軍事會議，在軍官學校舉行。像往常一樣，端納與我列席一旁，由蔣夫人任翻譯。在會議上，領袖們的觀察是：日本人對上海的威脅是想使中國人忽略了北方的戰事。中國將領因爲曾於一九三一年，浴血抗戰，擋住了日軍，所以認爲在上海比北方較易抵抗，在北方的平原上，日本人的裝甲車和坦克的機動性，中國步兵是很難擋得住的。

正在開會時，有一封電報送來給蔣委員長。他拆讀後，即遞與夫人，然後向會議報告。蔣夫人嗚咽著用英語道：「他們在砲轟上海市中心呢！他們在屠殺我們的老百姓！在屠殺我們的老百姓！」

我向她道：「那麼，你們準備怎麼辦？」

她拭去眼淚，把頭一仰，慨然答道：「我們要打。」

於是這一會議便告結束，大家分頭忙著去準備作戰。

北方的幾個空軍部隊，都飛回京，駐在南京附近。蔣夫人問我星期六可以做些什麼。我建議用俯衝轟炸與高空轟炸，去襲擊日本軍艦。這些日艦正以重砲掩護其步兵作戰。這時候，蔣夫人才忽然發現還沒有一個中國空軍軍官知道如何計劃及組織作戰任務。於是她便請我擔任。我便在毫無準備，而且對於雙方實力，只具有空洞的知曉之下，擔負起我的第一次計劃作戰的任務。經過二十年的作戰演習之後，我終於負起了管理的責任了。於是比利與我便馳赴中國空軍總部，參閱地圖，計劃作戰，在那裏一直留到第二天早上四點鐘。我們不知道，我們這次的通宵計劃，竟爲上海著名的「黑色禮拜六」，作了一個佈置。這一番景象，對於還沒有經驗一千架飛機的襲擊或原子彈的世界，自然是震動一時的事。

我決定了以寇蒂斯廠霍克型俯衝轟炸機去炸日本巡洋艦，更以諾斯洛普廠輕轟炸機去炸日本海軍司令部。然後再襲擊那隻泊在黃浦江中的重巡洋艦出雲號，這隻軍艦，正泊在公共租界邊上的日本領事館對面。

在那悲慘的一天所發生的事實眞相至今還沒有發表出來過。原來中國的轟炸機隊員，素來是受固定的空中速度和七千五百英尺的高度投彈的訓練的。那天他們所奉到的命令是：去轟炸出雲艦時，必須避免飛越公共租界。因爲我們都曉得，這是五方雜處的地區，假若惹起國際糾紛，將予中國以麻煩。那天，上海的天氣很壞，不宜於高空投彈。於是這些中國轟炸機人員們便想，與其此來不能完成任務，便不妨試行低飛，在一千五百尺的高度，超過他們所習慣了的速度來投彈。這一來，不但違反了要避開公共租界的命令，更因爲新的速度與高度，而將目標瞄錯了。結果是，他們投下的炸彈，距出雲艦還有一點路，而在公共租界的市中心爆炸了。兩枚一千一百磅重的炸彈，落在最熱鬧的愛多亞路與南京路上。有一枚沒有爆炸，另外一枚則炸死了九百五十個各種國籍的人民，還有一千一百五十人受了傷。這一枚重一千一百磅的炸彈，使一個擁擠的城市所遭受的破壞，對世界應該是一個警告；但是，在事實上，這僅僅使報紙用頭條標題鬧了一下之後，隨即便被忘卻了。那一天所投下的別的炸彈，還震破了美國巡洋艦「奧古斯達」（Augusta）號的玻璃。出雲艦卻倖免於難。

我只睡了幾個小時，清晨便起身，駕著一架無武裝的戰鬥機由南京起飛，以中立國人的身分去看看上海的空襲。才離開南京，便碰到暴風雨，我便沿著長江在極低的雲層中飛行。當我看出有三架中國飛機已在揚子江重整隊形，另有三架很快向上爬昇時，我便放棄到上海的希望了。這時候就在他們的下面，我看見了一隻軍艦，艦首上噴著白色浪花，以最快速力在開行。煙囪中噴出濃煙，灰色的甲板上，高射砲在閃著光。中國飛機正在俯衝向她進逼。我俯衝下去看看這艘軍艦的國別。但說時遲、那時快，就在那時候，船上發出一個巨大的烟幕。我就急忙去隱在她的烟幕後，投以急速的一瞥，就在高射砲的閃爍中，我看見後甲板上有一個巨大的標誌，原來是英國的巡洋艦「坎伯蘭」（Cumberland）號。我再冒著砲火在艦上空打一個轉身，確認是英艦無訛後，趕快把機頭轉向南京。我知道另外一個國際事件正在醞釀中。飛返南京之後，我才有餘緒來檢視飛機兩翼上所中的彈痕。著陸之後，我指出所中的彈眼給史米斯和我的武器專家羅福．華生（Rolfe Watson）看。

「趕快把這飛機裝上機關槍！」我咆哮道。「下一次若再有人向我射擊，我必還擊了！」

第四章　戰爭，戰爭

山雨欲來風滿樓

——許渾

星期天有一個颱風的尾巴襲擊上海，帶來了暴風雨，於是這個流血過多的都市，才有一個舐敷傷口的機會。空戰也轉移到南京，那時日本的轟炸機都以臺灣北部爲根據地，他們的第一個任務是：在禮拜六那天炸毀杭州的空軍學校。在這時候，他們的無線電就大事宣傳說是炸毀空軍學校之後就要轟炸南京了！同時又警告各國的外交使節，及早退出南京，以免受無妄之災。

當時的美國大使是納爾遜・詹森（Nelson Johnson），他對於這些事最敏感。南京第一次發出警報，他就和外交人員下軍艦躲避，因爲他曾接到美國政府命令，叫他竭力避免捲入漩渦。所以他自然不敢稍事疏忽，以免被日機傷害。否則將違反了美國政府力求避免國際糾紛的本意，就難免受到華盛頓方面的責難了。

那時有不少的美國新聞記者到南京來，想看看日本如何威脅中國。我就在首都飯店的屋頂上爲他們預備好一個很好的看臺。有一天我們剛吃完中飯，第一聲警報響了，這是報告說日機已自臺灣出發飛向南京了。這時我們就在屋頂上，遠眺四方，灰白的城牆，綠色滿地的機場，紫金山麓下的中山陵，都歷歷在望。天氣是悶熱的，浮雲離開地面只有五千公尺，中國的飛機，卻在白雲之上一萬公尺的高空，看起來就像飛翔在花叢上的大蜜蜂呢！

從北面來的日本轟炸機是雙引擎，單尾的，共有十八架。他們竄出雲層即將隊形散開，直撲向目的區，機上裝著的機關鎗，不停的向各方掃射，距我們的頭頂僅二千尺左右而已。這是我生平第一次看見漆著紅色太陽的銀翼，這種肆無忌憚的態度，我相信不論任何聯合國的機師見了都會驚異。他們對自己的戰略這樣自信，竟是藐視一切防禦的樣子呢！

這些日本飛機在轟炸了空無一物的飛機場之後，就不見了。看起來好像是消失在雲端，毫未受損。於是同觀的記者都轉向我，現出輕視的樣子，當我正在爲他們解釋說日機的襲擊，得助於低厚雲層的掩護時；忽聽得一陣開足馬力的引擎咆哮，其中又夾雜著重機關鎗聲。我們才回到旅館的會客室，就接到中國空軍總部的來電，說日本的七架轟炸機已被擊落了！這個消息，使在座的美國記者群懷疑萬分！於是我們就馬上跳上汽車，上機場看個究竟。千眞萬確，出城只一哩，我們就看見三架轟炸機向上直冒的黑煙了！

於是這些記者們才心滿意足，回去寫他們的新聞去了。我則繼續數下去，結果找到八架被擊毀的機骸。這時候，中國的戰鬥機環繞著城東飛翔，日本的轟炸機則竄入雲霄，直向臺灣而去。

其實在事實上，中國對於類似的襲擊，可說是足堪應付。七月底，我已在南京、上海、杭州這三個恰成鼎足之勢的據點裝設了空中警網，保護首都。這是一個澳洲的電訊工程師麥雷（Austin Malley），以老式的馬斯威爾電磁場（Maxwell Field），利用電話和電報，助我裝成的。這就是著名的中國空中警報網的雛形，後來發展到須僱用百萬以上的男女工作人員服務來保護這自由的中國。這個裝置，在南京上空，效用顯著，使日機無法施展。

當我們逗留在南昌的最後期間，比利麥唐納和威廉生曾選出一批傑出的中國機師，特地施以如何抵抗轟炸機的訓練。這些日本人似乎都讀過杜赫所著的書，並且完全相信上面所講的每一句話。所以我們敢於肯定，日機來轟炸是不用戰鬥機保護的。日本的戰略家們對於戰鬥機老是十分藐視，就像從前我在馬斯威爾機場同事們一樣。可是我可以證明，不論杜赫將軍，不論日本人們，不論我的老朋友喬治・威爾遜，以及華克諸人，他們都完全錯了！路克與比利，訓練中國空軍時，是以我們的飛行技藝團的戰術來訓練他們的。就是說以三架戰鬥機來圍攻敵機，一架在上，一架在下，第三架則養精蓄銳，以從事最後攻擊。並且教他們對敵機不必太注意機身，而應注意對方的引擎，因爲引擎一有所失，油箱就會起火，殃及機身。

日本轟炸機在五天之內來了三次。濃煙消失之後，有三隊最好的轟炸機被消滅——五十四架飛機以及飛行人員。其中有四十架的殘骸在中國境內陸續發現，其餘的則都被損傷，狼狽飛返臺灣。於是日本無戰鬥機護隨的白晝轟炸就此告一段落。

當日寇重又向南京蠢動時，我們趕忙的把夜襲的防禦都佈置好，蔣委員長並下令，把所有的高射砲和探照燈都集中於空軍，以便我們控制使用。於是在一天之內，黃鎮球將軍把幾十架的探照燈，分佈城郊，以備萬一。黃司令是留德的砲術專家，可算是當時中國數一數二的砲手。他有精明能幹的頭腦，對於兵法和戰術，尤能當機立斷。我們在中國的防空上，一共同事九年，雖然因爲中國種種交通設備和人才缺乏，可是對於任何供應，黃將軍終是有求必應的。

那時距雷達的發明尙遠，飛機在夜間飛行的設備很差，對於夜襲更談不上，一切目標都只有憑機師的肉眼去觀察。唯一的辦法，是用探照燈分佈於目標所在的區域，探索可能範圍內的敵機。一架敵機被發現了，地上工作人員就從燈光到燈光傳達過去，一直到範圍所及。這一來，飛得比較低的戰鬥機，利用這一亮光，就可以對之瞄準了。但假若轟炸機人員要向下觀看，這樣強烈的燈火，就會使他睁不開眼。這是一種古老的方法，使刺目的光芒和漆黑的夜混在一起，分散觀察力。曾經有好幾次，我順著探照燈的光芒急轉向上，直趨轟炸機。好像猴子順著竹竿上爬一樣，非常逼近敵機，致使我們的地勤人員認爲我們必和敵機相撞，這時我們就可以在五十呎以內，敵人看不見我們之下，攻擊他的機腹。

同時我們的課程還是照常進行。雖然我不能太肯定的說，中國的飛行員能夠在黑板或翻譯的口授中學到些什麼，但是我卻注意到一個姓劉的駕駛員（譯者按：似爲劉粹剛），在我講授時，他總是在一本小冊子上，不停的記錄著。而且，每一堂課後，他也總從我的譯員口中，詳細地詢問許多問題。於是很快地，他就成了我的得意門生。最初兩夜出去迎戰，就擊下了三架日機，成績可與約翰・愛列生（Johnny Alison）媲美。愛列生是一個來華的美籍機師，後爲一商船的副秘書，他是一個很了不起的人才，可是劉卻也很可與之並比。然而可惜的很，沒有幾個月之後，劉君就在南京上空因寡不敵衆爲國犧牲了。

日本人給與我們三天的時間來準備一切。第三夜他們單機雙機地飛來直鬧了一個整夜，使我們簡直無法入睡，可是他們卻安全逃回。第二夜劉擊下了一架日機。第三夜來了十三架，被我們擊落了七架。於是夜襲就此告結，而我亦累得再忍受不住了。

現在我想提一提的是黃仁霖將軍，一個具有聖誕老人的身材而頗具風趣的人物。他是哥倫比亞出身的博士，那時他在擔任招待外賓之職。後來則幾乎所有來華作戰的美軍，飲食起居，都由他負責籌辦接待，自一九三七年起，他的任務是接待我和我的同僚們。

在日機來襲的前夜，他就告訴我們說，他已爲我們預備了一所很清緻的宿舍，此後他更幫助我們搬出首都飯店，遷入這位於山坡的華麗的住宅。在以前我們的居處很擁擠，現在則在我們工作回來之後，感到綽有餘裕了。在我們剛遷入的頭兩夜，日本人在附近投了幾個炸彈，但我們並不理會。可是到了第三夜，情形卻不同了。當我們剛走出屋子想去看看夜戰時，突然一枚炸彈投下，落在我們住屋的一旁。瞬時間，第二枚又致命地落下來，投中我們的居處。比利和我都在火藥和彈片橫飛的情況下伏在地上！第二天，在牆上到處都可找到彈痕。

第二天黃仁霖將軍來訪我們。他似乎得意得很！因爲日機一直在追蹤蔣委員長，而黃竟將他們魚目混珠地蒙蔽了！因爲當時蔣委員長幾乎每天在我們的居處辦公，而其實他每晚總是移居到數里以外松林中的一間小屋裏，這樣，日軍間諜就一直以爲他住在我們這兒了。而事實上，這兒都是外籍官佐們。所以我曾說，當時我們是住在一個裝滿香餌的陷阱之中。

夜間轟炸損失幾乎都在百分之五十以上。這在日本人的眼光中，是一個頗爲可觀的損失。所以在這以後六個星期中南京一直相安無事。直到十月，他們又來了！這時我覺得他們已討論研究過杜赫的學說了。因爲這次是二十七架戰鬥機率領著九架轟炸機。他們的九十六型的單翼機，在十六架中國戰鬥機迎擊中，打下了中國飛機十一架。這樣他們就易於轟炸了。

日本人由於最初在南京的損失，於是就要求在華的美國空軍人員離開中國。美國國務院自然樂於接受他們的要求。於是便不但要我和我的助手返國，就是為民航的中國航空公司服務的美籍飛行員，亦在歸國之列。當我第一次接到上述的通知時，我在我的日記簿上寫道：

「設想——我是一個中國人。」

於是我對當時上海的美國領事克雷倫士・高思（後爲駐華大使）的警告毫不理會。這樣使得高思無可奈何，便以上海的美國僑民會長帶了武裝的衛士來拘捕我作威脅，更提出軍事法庭審判和我將失去公民權之類的警告。但是我卻請居間的朋友轉達他說：只要中國境內的日本人有一天都被驅出，那我就會很樂意的離開中國。記得以後有一天清晨，我駕車到機場附近的辦公室去，中途我們的車子被好幾個鎗上駕著刺刀的中國兵擋住了。雖然我的翻譯舒上校一再勸解，可是他們仍反覆搜檢我的文件，這樣在我到達辦公室的途中，幾乎每隔一百碼即遇到同樣情形，於是我就請舒上校出去打聽原因，直接問到蔣委員長的辦公室，方知那些兵士是爲沿途保護我，以免外籍僑民的打擾。後來我發覺是端納曉得高思的威脅，因此設法使美國僑民會長無法拘捕我。

自從離開那陷阱式的住所後，我們就住在南京的鄉村總會內。那時詹森大使和俄大使、意大使在比利、華生、史密斯諸人以及我的一個瑞士籍的無線電專家赫利．舒特（Harry Sutter）等從機場回來差不多的時間到那裏吃晚飯，於是他們常會展開下列談話：

「他們是誰？」墨索里尼的忠僕故意問道。

「在我看來，他們好像是羅宋人（Russian）。」這是詹森標準的回答。

「南京的所有的俄國人我都認識，」這時候，俄國大使常會這樣附和著說：「要是他們不是俄國人，則又是什麼人呢？」

直到那些外交官離開總會之前，我們總是等待在樓上的臥房裏，然後才下樓去吃飯。我與詹森以及使館裏的低級人員們有幾次一道共餐。但在正式場合，我總是隱藏著。

由於高思的威脅，我在南京就不常出面。於是在美國就謠言紛紜。其中尤以說我在中國匿名作戰一節，使我萬分不快。因爲要使馬斯威爾機場的朋友們知道我的立場，於是我就寫了一封不改初衷的信給阿拉巴馬州蒙哥馬利城的《蒙哥馬利廣知報》說：

> 中國一直在以為美國和美國人民是『對中國人民』的友誼和同情為毫無私心的唯一大國和人民。因此，我們的貨物儘管是價格較高，我們在中國的貿易中仍佔有很大的部份。
>
> 中國此時正為太平洋各國在作戰，（信不信由你！）而美國的官員和人民，就在日本屠戮上海之始，急切地離開了中國。此種情形，中國人民無論如何不能了解。
>
> 我很奇怪，為什麼我竟會被認為在匿名作戰！難道我不敢用我的眞名來表示憤恨

這個侵略和戰爭嗎？對於為什麼我二十年來如一日地獻身於空軍，我實無心要再作申明。現在，我更毫無猶豫地要負起這個日本帝國主義對一個和平民族的侵略的反抗責任來。所以，我可以向你保證：你絕對可以永遠直呼我的眞名字！

飛行員路克．威爾遜，迫於官方命令，便帶著他的妻子回美國去了。那時中國航空公司的美籍飛行員，亦有一小部份離去，但大部仍在日本人的槍彈威脅下留著。他們冒著最惡劣的飛行氣候，爲自由中國服務，使其得以與世界各國保持聯繫。

我在中國的職務，並無固定官銜，其實我一直做著航空委員會秘書長的顧問。秘書長一職先是蔣夫人，後來是宋子文，直到一九四二年的春天，珍珠港事變四個月之後，我再回到美軍服現役之前，除了被名爲一個退伍的上尉而外，我還是沒有什麼正式職位。就是後來我率領美國的志願隊時，名義亦是中央銀行的顧問。至於我的護照上，職業則是農夫。在我留在中國工作的五年中，我也沒有簽過一張合同，因爲蔣委員長的話，就是契約了。

雖然中國空軍在我多次的領導之下作戰，可是我只建議而並不發令。這些建議，蔣委員長常批以「照辦無誤」。後來我才知道，他的命令的「無誤」兩字就是說誤了就要槍斃的。

雖然我在每一個戰鬥中總是準備得很好，可是亦常有許多意外的問題發生，使我束手無策。例如說：有些駕駛員他們不肯拋棄被擊毀的飛機跳傘降落，他們以爲，生還失機是有失體面的事；儘管我一直在勸告他們說生命要比面子寶貴多了。此外還有許多煩人的事，如沒有相當的機器和工程人員來修築跑道；每次作戰的計劃總是草草而成；以及跟那些從未打過獵的砲手去瞄準目標；還要挽救那些無心違令的飛行員的生命。這種種，正好像把我的美國人的無耐性，放在韌性的中國的石砧上不斷的搓磨。好幾次我感到灰心厭恨不想幹了，可是每一次終是又決心幹下去，我做事是一定要貫澈到底的。可是在開頭的幾個星期中，我有許多天在日記中唯一記下的字則是「算了！」

我們作戰的準備剛有點眉目，日本人已在上海建立了空軍根據地，他們的航空母艦就停泊在長江口。轟炸機則以舟山群島、吳淞和復興島爲出發點，只需五分鐘就可飛到目的地。他們一切的航空設備，都遠超乎中國之上。

在我教他們夜間俯衝轟炸之前，爲了避免損失，我們都是在晨昏出動的，這種戰術就是估計出敵人驅逐艦的規模，然後把飛機飛離地面三千五百尺，這高度使敵人的輕型高射砲射不到，重高射砲又嫌太低，不易施以射擊；然後耐心地尋著，直到我們在翼下望得見目標，再俯衝下去；這時一面暗中自己報數，等至數到十五時，就可以在與地面很接近的地方投彈，任務一完，安全飛回。

當第一架中國飛機飛向日本艦隊時，他們戒備甚嚴。探照燈與高射砲齊發，但日本人的射擊似乎太高了，只有一次擊落我們的俯衝轟炸機一架。我們在南京淪陷之前幾乎每夜去空襲，可是他們從未得知這是什麼戰術。

據我所知，這是世界首創的夜間俯衝轟炸呢！

記得有一夜，中國飛機曾以三枚五百磅的炸彈去炸毀了日本的軍艦出雲號，烟硝起處，船身已起火並引發爆炸。可是三天之後，出雲艦仍安然出沒於黃浦江中。然而我仍確定：我們已把她炸毀了，現在出現的是她的姊妹號。因爲據我所知，這兩隻軍艦都係一九〇四年，日本人從俄國人手中得來的，直至後來戰爭結束，在日本海軍統計中很明白的載著：出雲艦已在吳港沉於海底，至於其姊妹艦則不知去向。

因爲日本艦隊封鎖了廣東一帶的海岸，於是我們就以諾斯洛普廠製的輕轟炸機去對付它們。日本人對於他們的海軍素來驕傲非凡，所以這幾次很希望炸沉牠幾艘軍艦，殺殺她的威風。同時更可啓封海口，使急需的美國航空物資得以通行無阻。於是我們在沿海五十里都施以轟炸，也居然炸毀了幾艘。可是敵方的戰鬥機把我們的飛機都擊落了，只餘中隊長陳君一人。一天早晨，他單身從漢口起飛，但也在離開南京二十哩的距離，被敵人擊落了。在這些黑暗的日子中諾斯洛普機實可代表中國所有機隊的命運，飛機和訓練都這樣低劣，又沒有補充，其早日被消滅自屬必然。

當十月間日本轟炸機又光臨南京時，還有戰鬥機保護而來。這一次，起飛迎戰的中國飛機都像蒼蠅一樣地被擊下了。有一些狼狽逃回。這種情形，並不能完全責難飛行員。日本飛機幾乎每天出動一百架以上來轟炸南京，使這苦難的首都成為一片焦土。那時蔣夫人，冒著生命的危險，幾次三番地來機場慰問這些捨身為國的空中戰士，這對於他們，實在是一服很好的興奮劑。這種工作，雖然是非常傷腦筋的，可是蔣夫人則始終如一。她每次來總是替戰士們預備熱茶，傾聽戰士們講述著出征經過。有一天清晨，蔣夫人與我們一道守候著去上海夜襲的飛機，那天天氣很好，十一架飛機都安全而回了。當看到這些飛機掠過機場的時候，她眞是高興得什麼似的。但非常不幸，她的快樂僅僅曇花一現，儘管天氣很好，可是下降時第一架卻墜毀在稻田上，隨即第二架在地上翻身，青烟直起，第三架總算安全降落了，可是第四架則又著火，墜在其餘機骸之上。結果下來，十一架飛機有五架全毀，殉難的機師共有四個。這時目睹當時情形的蔣夫人不禁聲淚俱下了。

「怎麼辦呢?怎麼辦呢?」她嗚咽道：「我們已出了最高的代價，買了最好的飛機，並曾盡了最大的力量來訓練他們。可是他們卻活活的死在我的面前，這叫我怎麼辦呢?」這就是意大利人在洛陽的空軍學校訓練出來的畢業生，蔣夫人亦親自目擊了。

南京一直在恐怖狀態中。只要是天氣晴朗的日子，幾乎整日都有日本普通轟炸機和俯衝轟炸機的光臨，把一個熱鬧的城市弄得血肉橫飛，屍骸狠藉。紫金山旁的鄉村總會，位於長江流域，可以俯瞰全城。我們每天清晨早餐時，談話中心總是：「不知今天他們什麼時候來？」當時南京的老百姓們總是在黎明，轟炸未開始之前，就起來作買賣了。清晨的街頭，商店內就擠滿了人；人力車聲，小販的叫賣聲，自行車與公共汽車並竄；滿街充滿著雜物味，以及從飯館、酒店、點心鋪和甜食店發出來的種種香味。有些百貨商店內，敲敲打打，樂聲大作，門口則飄揚著彩招，那是在大減價。可是，這一切的喧鬧，都隨著第一聲警報而消散；警報一響，所有的人們都把買賣結束，奔向防空洞去了。

警報之後，我們也便驅車趕赴機場。這時街上已空落落地一片安靜，這情形，又好像在期待著什麼似的，到了機場，只聽見飛機的起飛聲，其後又寂然，只等待日機的來臨。

第二次警報又響了，警報器聲、銅鑼聲、鐘聲和軍號聲，表示敵機臨空了！隨即，馬達的咆哮，愈來愈近，愈來愈響。我們用望遠鏡向天空看去，一陣白烟起後，告訴我們敵機行蹤；而短短的幾秒鐘之間，又有幾百條性命犧牲了！

中國的戰鬥機直向日機衝去，雙方在空中交戰。轟炸機轉了一個身，我們可以看到地面上黑烟塵土直往上冒，然後擴散於天空之間。可是烟塵一過，轟炸又開始了，門窗震裂，又是灰塵滾滾，其中還夾雜著高射砲的聲音。最遭殃的是那些木屋和竹棚區。炸彈爆炸處，湧升上去的雲塵，籠罩著地上狼藉的死傷者，就像墓石一樣。最後，警報又響了，但這是解除警報。現在知道敵機已去遠了，才暫時可以安靜下來。

我曾在南京上空看到不少的奇蹟，記得有一次，一架被擊中的日本戰鬥機旋轉不停，直到牠失去控制而撞落地面。又有一次，中國的砲手們以〇・三七耗的高射砲射擊日機，結果是一箭雙鵰，機尾冒烟起火，火燄直向翼外噴射，只見兩個機師跳傘而出，可是傘上亦著了火，我眼看著牠像流星一樣的墜落地上。這是新聞記者們最好的資料，而攝影記者則認爲這個鏡頭較之以前德意兩國的飛機空襲西班牙的首都馬德里和巴薩龍納城時更爲精彩。至於我，這種火祭以前亦曾見過。

在上海之戰以前，我曾在南京參觀過一種小型飛機的展覽，一架輕快的單翼機——鷹特別式（Hawk Special）——在美國製造是列入 P-36 型。我第一次試飛時，對牠就有極大的愛好。後來蔣夫人花了五萬五千元美金，爲我買了一架，作爲我個人專機。

我第一次被日本人射擊，就是乘著這架小飛機。由於這一次，我學到了一些戰略和教訓，由此以後得以拯救了不少在華作戰的美國空軍性命呢！

在揚子江流域的天空，我們可以很容易地看出美國飛機和日本飛機的相異之處來。日機身輕，並有水上飛機設備，故起落出沒靈便萬分；然而萬一被擊毀，就完全燬滅，毫無用處。所以日本飛機一直在大量製造，因爲殘骸無從再修理使用。

至於我所用的 P-36 美國飛機呢，行動固然不十分靈便，可是持久、堅固、火力強，俯衝時極速。我們把機上非屬必要的「鐵器」都拆掉，以增加其速力。

中國的陸空之間，向來很少聯絡，所以飛機的無線電亦被搬走了。於是我把我的又厚又重的紅毯子放在機師座位後面的無線電間內。這樣曾經有好幾次，我打開了毯子使日本人射來的子彈失卻了效用。

十個月的作戰，一切似乎都很順利。可是這種鷹式的小飛機，卻遭到了厄運。一個試飛的美國飛行員駕駛著，被日本人擊中引擎，於是修好後再起飛，便不中用了。

早期的日本駕駛員們的技術都很不差。他們都是良好的機械性飛行員，但缺乏個人的主動力，因此在原有計劃失效時，便莫知所措。他們以前在「滿洲國」曾與俄國人及中國人對壘，就有過不少血戰經驗，後來在長江流域上空，經多次戰爭磨練，眞是所向無敵。當一九四一至四二年之間在富有經驗的引導和監督之下，一群零式戰鬥機和三菱式轟炸機一直在太平洋上打著勝仗。直到第一批美國志願空軍到緬甸作戰，他們才遇到了勁敵。

美國的志願空軍打得很不錯，他們的戰術是，先以一架飛機去吸引日機的注意力，然後以埋伏在日光中的飛機去圍攻日機。有好幾次，日機就像松鼠籠內轉動著的輪盤一樣，無能突圍而出，於是他們就可對之施以迎頭痛擊了。這實在是一個令人興奮的鏡頭，這種以彈射擊的空戰，我在早年就知道可以採用，但是在這樣近的距離來掃射，在我卻是並不十分習慣的事。

在中國的上空，拆去一些重裝備的「鷹特」是最輕快的飛機了！於是我們就很廣泛的使用牠。那時比利、毛邦初和黃泮揚（John Wong）諸人和我常以之來在沿岸一帶搜察日軍和軍艦。有一天比利偵察到了日本的航空母艦竜驤號（按，原文作 Rykuku，應爲 Ryujo 之誤）在長江口外，於是他就要中國的俯衝轟炸機來施以一番痛炸，這是該艦在一九四二年的中途島之戰沉沒前，最初一次遭受打擊。至此，我們才知空中偵察的價值。這才會使在上海附近基地的日本的戰鬥機集中全力來摧毀我們的鷹式機。可是，他們雖然不斷地來騷擾鷹式機，並得不到什麼結果。許多次我們仍照常以鷹式機去南京、南昌以及漢口一帶觀察空戰。

十月是暗淡的一個月，中國軍隊將日軍驅出上海的最後努力終於失敗。領導上海抗戰的華特．斯登（Walter Stennes），一個身軀高大金髮碧眼的德國人，他是蔣委員長很重用的軍事顧問。他指揮著蔣委員長的敎導總隊和空運中隊，並主張在軍隊退出上海之前，來一次夜襲，使日本人無法運用重砲。夜襲之前兩天，我和斯登對準了表，以便一切依時進行。最後一夜，雙方展開了肉搏，中國軍隊把日本的海軍陸戰隊和水手趕到黃浦江邊，日軍幾乎無力支持了。可是中國軍因後援和彈藥不足，終于無法支持而退卻。

在上海失利期間，蔣夫人因汽車失事受傷。她的蒙古籍的司機因爲低飛的飛機威脅，致轉彎不愼而將車傾覆。蔣夫人受傷很重，於是對於一切工作都只得暫時放棄。至於她此次的傷，至今猶未完全復元。

這時候，中國的空軍亦似乎走到了盡頭了。以八十架戰鬥機開始戰鬥的空軍陣容，結果此時剩下的數目，還不足十二架！許多優秀的飛行員，死的死，傷的傷，殘餘下來的只有坐待宰割。他們當然會有一天又重新入伍作戰，但要等到什麼時候，卻尚不可知呢！

上海的失陷和空軍的慘敗，使中國人民深信長期抗戰是免不了的了。據一般外籍人士觀察，只要再打三個月，日本必獲勝利無疑。但當我知道中國政府已準備遷都內地時，對中國人民及其領袖，不覺肅然起敬，而寄以新的希望。他們知道，丟了上海，就是丟了整個長江流域。他們準備從長江流域退卻二千里，進入四川山地，那地方，在四千年的中國歷史中，從沒有侵略者能攻進去過。即使是元朝的蒙古騎兵，在向南進攻直抵緬甸時，也經過四川。那時中央政府一部分又遷移到了漢口，但最後的目的地仍在重慶。大家都知道，漢口不過是到四川的中途站而已。那時我們的鷹式機仍是照常出去偵察作報告，看沿著鐵路的敵軍如何進展。到十二月初聽到南京城裏的砲聲，每一個人都知道完了！墨索里尼就在這時召他的空軍顧問團回國，這無非促蔣委員長接受投降條件。於是蔣委員長便令我在南京陷落之前兩天離去，他自己則不論日本如何威脅，仍以堅忍意志，支持到最後一天才離開他的陷落了的首都。我在半夜裏去到彈痕纍纍的機場駕上鷹式機起飛，不覺首次感到軟弱無力。當我的飛機離開南京城，緋色的太陽正在冉冉升起，不多一刻，就把這行將陷落的首都映成一片血紅。

第五章　和蘇聯人在一起工作

縱令言諾暫相許，總是悠悠行路心。

——張謂

當那些駐華的美國外交官員們正忙於促使美國空軍人員離開中國時，蘇聯的空軍就到中國來了。他們派來四隊戰鬥機，兩隊轟炸機，裝備都很完全，準備抵抗日本。他們來時是一九三七年的秋天，正當南京行將失陷時。直到一九三九年秋天，歐戰爆發前數月方才離去。所以他們逗留在中國的時期是整整一年半。

日本襲擊上海不久，中國就正式向列強求援，但當時只有蘇聯有所反應；然而蘇聯此舉，決非輕舉妄動，自有他們底一番打算。因爲自一九二七年之後，蔣委員長便大事清黨，將蘇聯所支持的中國共產黨員，清除了數千名之多，而且二十年來，他一直未鬆懈於剿共，所以蘇聯實無所愛於蔣委員長。蘇聯這時援助他，完全由於他代表最強大的抗日力量，而置急需外援的共產黨於不顧。原來二十年來，日本在西伯利亞邊境，無數次劍拔弩張，日俄戰爭，大有一觸即發之勢。而就在這時候，中國豎起抗日的大纛，蔣委員長就是唯一的抗日領袖，蘇聯對於能夠作戰並削弱日本實力的任何人，都是願予援助的。當日本進襲珍珠港，使美國當局對中國抗日戰爭，予以更多注意時，美國對於蘇聯對中國的政策，應已有很多研究。如果這樣，美國必可避免許多錯誤，免得使其對華政策，引起中國的分裂與內戰。

這時候，蘇聯貸款與中國二千萬美元，除了空軍人員與高射砲之外，更派來四百架作戰飛機。他們替中國開辦空軍學校，此外為了便利運輸供應，更從俄國的土耳其斯坦經新疆至中國西北，開了一條公路。雖然這條公路的開闢並未大事宣揚，但實際上從這條路運抵中國的戰時物資，卻遠超過由赫赫有名的滇緬路所輸入的數量。於是日本人就進兵內蒙，威脅蘇聯對中國的供應，而蘇聯也即派裝甲部隊一師、轟炸機一中隊到新疆來，保護這條公路，使日本無法施展。所以，從一九三七年夏天，中國抗戰開始，直至一九四二年底，中國的外援大部來自蘇聯，因此使我不解的是，何以日本對於英美對中國的外交政策，不斷施以恫嚇，而獨對蘇聯當時堂而皇之地派遣空軍到中國來助戰，卻從未正式有所抗議呢？

當蘇聯援助中國之間，美國正在把大量的廢鐵和飛機所用的汽油售與日本，無形中協助日本對中國作不斷轟炸。那時蘇聯在中國的空軍係由他們自己的軍官指揮，並充分配備地勤人員及物資。這位將軍名阿沙諾夫（Asanov），他指揮到中國來的遠征部隊，並在具體計劃上，與中國的毛將軍、周將軍和我一道工作。在聯務上我們相處得很好。公餘之暇，他們則留在旅館內，一如後來到中國來的美國人一樣。那時黃仁霖將軍領導的戰地服務團，從新疆的哈密至南京，一路上設立了俄國旅館，這些俄國旅館，都有他們自己的守衛，有伏特加酒和中國妓女。所以他們在公餘都可盡情享受作樂。這些曾住過蘇聯軍人的中國城市，後來住的是美國空軍，可是美國空軍們可沒有蘇聯空軍那樣放肆。

在值班時，蘇聯的軍風紀是鐵似的，與我們美國人在無事時便很閒散的態度，甚至在小屋內玩撲克的作風迥然有異，他們總是全副武裝的直殭殭的站立著。還有，他們停放飛機的方式是環繞著機場而停的，只要一聽見警報，便瘋狂地四方起飛，而這種起飛法，極易發生飛機互撞的意外，以致使我好幾次寧可留在地面冒被炸的危險，也不這樣爭先恐後亂飛。至於蘇聯的飛行員們，一般的是有韌性而富有活力，他們能經得起接連廿四小時的防守或戰鬥，甚至通宵狂飲而不眠，我實在還沒見過與這類似的民族呢！他們都比美國的飛行員年紀大而較成熟，對戰事似乎永不疲倦。他們經常穿著便服，而把紅軍官階徽章綴於其上，當他們回國去時，即有升遷機會，他們的大部薪俸，是存在蘇聯，等回國時花用。

至於他們的戰爭行動，是不可思議的；有幾天他們不願出戰，一切都非常鬆懈；但等他們決定出戰時，則全軍出動，其勢大有即足以覆沒敵人之概。他們有一點與日本人相似，就是過分呆板注重紀律，這樣常使他們失策，每遇日機來襲，他們就群起迎戰。若當領隊飛機被擊強迫降落，則其餘的亦隨之降落，於是這時日本轟炸機就來了，便對剛降落的機群加以一個大掃蕩。假若日本人知道俄國空軍準備得很好時，他們便避免出擊。

我平生見過最精彩的空戰是在南京和漢口上空日俄之戰，那時俄國人使用的戰鬥機是I-15的雙翼機，係由波音廠P-12改良而來，動力特大，附有四架機關槍。此外還有I-16的短小結實的單翼機，那是仿照著名的杜立特（Jimmy Doolittle）將軍Gee Bee輕快機造的。他們以這兩種飛機相輔作戰，I-15司戰鬥，而I-16則用於快速度勤務。戰前中國積聚下來的美、意、德、法等國飛機都在作戰中犧牲完了，中國飛行員駕駛俄國轟炸機和戰鬥機有兩年之久，直到一九四二年春天，美國的租借飛機到達中國時爲止。

有一天下午，九架日本雙翼戰鬥機到南京上空來散發勸降的傳單，於是五個蘇聯空軍和一個中國空軍起飛迎戰。首先一名蘇聯空軍被擊下，那個中國空軍也棄機逃脫，於是只剩下了四個蘇聯空軍來對付日本人。這個精彩的戰鬥場面，足足在上空繼續二十分鐘之久，雙方都棋逢對手，不肯放鬆一步。據一般空戰情形，幾秒鐘內兩方即可分出高下，最多也不過需幾分鐘之久。可是這一戰，雙方卻整整相持了半個鐘頭，曾有幾分鐘，雙方都曾達於千鈞一髮的危機了。到了後來，日機漸漸轉於俄機之間來，作環繞狀的襲擊，這一來情勢更趨緊張，於是俄機受了這一擊，其中一架便向下潛避，而日機亦即追下。

忽然這俄機一個轉身，冷不防反過來襲擊日機，這算是我第一次看見蘇聯飛機能靈活運用戰術，通力合作，來應付敵人。不多時雙方才戰罷收兵，各自飛開。我守在機場，眼看那俄籍機師爬出他的座位來，那是一個六尺高的漢子，頭上蓬髮豎立，就和一把成熟了的麥穗一樣。襯衫濕漉漉地緊貼在背上，就像剛才洗過淋浴一般，而且，中了彈的大腿，正在汩汩地流著血。

另外一次，也是在南京上空，一個俄國人對付三個日本人。結果是在他被擊下之前，他把他們三個統統擊傷。

蘇聯空軍並曾予日本空軍以一次極猛烈的打擊。南京失陷之後，漢口便成爲他們的主要目標了。一九三八年的春天，我們很有把握地預料，他們爲了慶祝日皇裕仁的生辰，一定要乘機來對這臨時的國都來一次大轟炸。於是我們便開了一個準備會議，參加的有蘇聯軍司令、毛將軍、周將軍，幾個蔣委員長的助理人員和我。日本空軍雖曾到漢口來與蘇空軍對壘過，可是次數並不算多。這一次，我們爲了要誘他們在四月廿九日日皇生日這天來襲，就特別安排了一個空城計。四月廿八這天，漢口所有的俄國飛機和中國飛機，統統繞城低飛，使城中每一個人都注意到他們的起飛，而且後來向南昌飛去了。那時候，漢口的日本間諜，多得像小客棧里的臭蟲一樣，於是馬上把這個消息去報效去了。

一小時之後，這些僞裝飛往南昌的飛機，卻毫無消息地偷偷飛返漢口。我與比利·

麥唐納曾登高樓遠望，聽不見亦看不見他們何時回來。

果然，第二天早餐時分，便有警報。據情報說有敵機十五架來自南京，廿七架來自蕪湖。當時日本把蕪湖作爲進襲漢口的加油站，而每次他們由漢口折返蕪湖時，總是狼狽不堪。我們看準了這一點，於是便佈置了一個將使牠更狠狽的局面。我們先安排了二十個中國空軍人員駕駛蘇聯飛機，翱翔漢口上空與他們周旋，目的在儘量消耗他們的汽油，然後把主力放在漢口以東三十哩之地，然後就在由漢口往蕪湖方向，四十個蘇聯空軍人員在那兒等待，等他們從漢口汽油用完了回來時迎住廝殺。

日機果然來了，他們先在武昌上空，然後我們的中國空軍與之週旋，但這些鬼子並不戀戰，才幾分鐘，我就看見他們重整隊伍想回去了。中國空軍奮力擊下幾架，但其餘的都很有秩序地平安折返了。這當兒，我想到那在等待著他們的四十個像饞鷹一樣的蘇聯勁敵，不禁莞爾。

這一戰，蘇聯空軍的成績非常完美，第一步，他們先把目標戰鬥機從轟炸機分開，一隊攻轟炸機，另一隊攻戰鬥機。這時日本戰鬥機因汽油快完，無法迎戰。結果，雖然有三架轟炸機逃回去了，但是戰鬥機卻無一架回得了蕪湖。於是這一天的出戰記錄是：將三十九架日機擊落三十六架，這一隊中蘇合組的機群，中國機隊損失了九架飛機，死了四個飛行員，蘇聯機隊則損了兩架飛機，人皆平安無恙。但是那天晚上，日本無線電卻得意地宣佈，曾在漢口上空擊落中國飛機五十二架，作爲對日皇的生日慶祝禮！

蘇聯把中國作爲對抗日本的預備基地，猶如他們在西班牙對抗德意兩國一樣。他們的空軍每六個月便掉換一批，以便大家都有機會經驗一下實際戰爭。在戰爭中，他們的機關鎗和瞄準器有重大改進。我敢說，由於這一次他們參加中國作戰，使他們的空軍以後在歐洲作戰得益不少。他們機關鎗管的加長以及瞄準器的改善，後來在歐洲使德空軍死掉不少飛行員。

在作戰初期，我便有一點很驚奇的發現：就是日本用以構造戰鬥機的鋁質，又輕又薄，看起來似乎可用手指把牠戳破。於是我在教授中國空軍時，便再三囑咐道：「我們的飛機比日本的飛機做得堅固多了，以後若與日機接觸時，你們可纏住他們的雙翼，然後開足油門去撞，這樣一來，就可把他們的兩翼撞毀，而於己身無損。」其中一個姓袁的空軍人員，便向我詳細盤問了這種辦法。有一天，他的機會終於來了，日本來了三架海軍轟炸機，於是我們便派袁和另外兩個空軍起飛迎敵，袁第一次發射，就一團糟，於是他就決定嘗試這個戰術，一頭撞了去。那架日本機就斜了身子，開始還擊。原來這轟炸機係一種老式的堅固的飛機，牠的笨重的兩翼，反而撕破了袁機的小翼。直破機尾，油箱砸碎，把袁的飛機弄得團團轉，大翻筋斗，於是袁趕快來一個迫降，飛機便像流星一樣的直墜了下來，人總算僥倖沒有受傷。

於是第二天一早，他便跑到辦公室來見我，神情沮喪，眼睛還貼著膠布。一進來便譏刺地對我說：「你教我去撞，你看這一下可好了！」我就對他說：「我是教你撞單翼的小飛機，這絕對不會出岔；誰知你卻選中了最笨重的日本轟炸機去撞！」

後來有好幾次，別的空軍以這種戰術去撞日本單翼機，都非常成功，而自己只受輕微損傷。再後來又有一個美國空軍在仰光上空以自己的P-40的機翼去撞零式機的兩翼，結果自己只損傷三尺機翼，而對方卻機毀人亡。當時這種戰術，使蘇俄空軍發生了很大的興趣。更因爲他們的機關槍管短，必須要在距日機五十英尺之內方能掃射，所以這種戰術對他們將更爲方便。

蘇聯的轟炸機是SB-2和SB-3的雙引擎機，火力不強，不能載很多炸彈，但這種飛機有一種特點，使日本人困惑不置。原來他們的排汽管是裝置在機翼之上的，故當其在高空飛行時，聲音向上擴散，下面無從發覺。有一天，他們去炸長江口的九江，在二萬四千尺的高空飛行，而日本人的戰鬥機則飛在一萬七千呎的空中去迎戰。要不是炸彈已經在下面爆炸，日機還不知他們的來臨呢。所以當天晚上，日本人在無線電中抱怨連天地說：「現在中國人在使用一種無形無聲的轟炸機了！」

蘇聯的轟炸機去炸臺灣是一九三八年的五月，就在中國空軍駕了馬丁廠B-10機去炸日本，獲得盟國空軍最先出襲日本的榮譽之後。蘇機這次去炸臺灣，我幫助他們計劃以臺北的飛機裝配廠爲其目標。

和這些蘇聯人一起工作，只有一次使我感覺困難。那天我和阿沙諾夫將軍、周至柔將軍在南昌的機場開一個會議，因爲我們說的是三國的語言，故用了三個不同的譒譯。我們討論的僅僅是關於氣候的問題，可是卻鬧了大半個鐘頭之久。而且，我們正在談的時候，空襲警報響了，蘇聯飛機急忙起飛。不久，我看見第二個紅球又掛起了（這表示飛機已經入境），但這時阿沙諾夫將軍與周將軍都還毫無表示。於是我就由我的譒譯向阿沙諾夫將軍提議說，我們應該離機場，躲避一下，但他卻回答：「不行，除非周將軍離開，我決不能離開，有失面子！」

於是我又轉向周將軍提議，但周將軍也回答道：「不成，若阿沙諾夫將軍不離開，我不能首先離開，有失面子！」

於是我便對我的譒譯秘書舒伯炎中校大聲叫道：

「告訴他們，我寧可喪失面子，而不願丟了性命！」一面說，我一面衝向一個當時我們用來權充防空洞的墳地去了。到了墳地，我又大喊他們。我站在一個墳堆的頂上觀看空戰，而未看見日機投彈。及至爆炸聲響了，我被震下墳堆，周將軍恰恰就躲在我的下面。

第六章 在昆明

滇池一片秋，風急野雲浮。

雲南是亞洲腹地的一塊小地方，至今尚有中世紀的遺風。地理大部是由赭石，碧綠的湖，高原所形成，因此亦成爲世界屋脊之一部份，因牠位於中國的最西南部，所以無形中成爲與西藏、印度、緬甸，和安南的自然疆界。

雲南的交通，雖是這一次抗戰後才勃興起來的，可是遠在古代，早就是中亞細亞的十字路口了。在馬可勃羅（Marco Polo）的遊記中，亦曾提到：「雲南是古代從北平到緬甸北部的孟拱（Mogaung）去採辦珠寶玉石的唯一大道。」

原來遠在七世紀之前，緬甸國王的裝甲象隊就曾和忽必烈汗的蒙古騎兵在雲南高原作過戰。滿清時代，雲南成了這帝國最遠的駐守地。歷代皇朝曾花了幾百年的功夫，以我們美國人從事征服印第安人那種戰鬥精神去戰爭，企圖來征服這裏的土著民族。

雲南最著名的出產是火腿、銅以及錫礦。還有雲南玀玀民族，亦以兇猛著名，他們深居叢山峻嶺之間，但常下山來劫掠馬匹、女人和鹽。滿淸時代，雲南是京城犯人們充軍流配的地方，流亡者們的逃命之所。當朝的君王亦常把他們年幼的弟弟派到這兒任督撫，以免他們與聞宮廷的黑幕。所以還特在雲南的省會昆明這個地方，為他們造了王府，以及今日在昆明市中心成為名勝的翠湖，以慰遣這些皇裔們的鄉愁。

一九三八年，長江流域的空戰正在劇烈進行的當兒，我便到昆明來了。那時蔣夫人再三鼓勵我以美國的辦法做模範，來振興失敗了的中國空軍。因為那些在過去南京緊張的日子和意大利訓練出來的駕駛員墜機的往事，都未能使她去懷；所以她一再催促我暫時丟開實際的戰爭，而從事於戰術的訓練工作。當我覺得不能不答應這項要求時，我便請求在美國空軍恢復現役，雖然這樣我的薪俸要減低不少。這一年來，我曾經歷過不少戰爭，並且不斷地應用我自己的理論和戰術，於是我便想，假若以我的這些實際經驗去教授美國空軍，也許比在這個山國里（指雲南）教授中國空軍更能收效。於是我便上了呈文回美，可是批下來的覆文是：「目前沒有經費，退伍軍官無法恢復現役。」

於是挨到一九四〇年十一月，我再回華府服務。我既曾在中國實地觀察了三年，所以對於日本人的空軍戰略技術等類，都保留下詳細記載。舉凡日本空軍的有關戰鬥轟炸訓練，我無一不備作參考。這時候的美國戰時當局，正在忙著研究歐洲地圖，而忽略中國，卻連一張完整的中國地圖，也未置備。在這種情形之下，於是我就去把那些長官們請來，在戰事會議室中把我在中國搜集所得的日機轟炸照片指給他們看。因爲我以爲，把自己所知的一切貢獻與空軍，作戰事準備，這是一個美國公民，尤其是一個退伍軍官的職責。

而且我相信，當時國家正需要有經驗的教授來領導訓練大小戰鬥員。我對當局的種種建議，雖然被採納了；可是他們要等到一位孟羅砲術學校的教官被解僱後才可見諸實施。於是我便想，與其在這個學校教授無信仰和不感興趣的學生，不如早些回到中國去以應實際需要。於是，我便成爲當時第一個自美國到中國來的軍官。

這一次回到昆明，便一直住下來整整七年。這是我的行動主要基地，也可說是我的第二故鄉。記得我剛到昆明時，這不過是一個落後的東方小城，只有法國人建築的從安南通到昆明的滇越鐵路，便於他們每年夏季，到這涼爽乾燥的地方來避暑。一到夏天，昆明湖里浮滿了在水上起居的船戶們，在過去的幾世紀中，昆明亦有了些轉變，那些以藍頭巾包著頭的土著民族，常趕著成群的騾子，載著些鹽錫以及鴉片，穿過了窄狹的山道，來做買賣。在昆明，用石子舖成的街道上，破舊的馬車隆隆作響。還常可看見水牛、小車和成群的肥豬，在街頭的樹蔭下經過。欖青色的樹叢中，法國鄉村式的小屋，這裏那裏，三三兩兩，到處可見，火車的叫聲與人力車的鈴聲，是常可聽到的交響曲。

在郊外，當潮溼的雨季來臨時，田里都長滿了綠色的稻秧；冬季，則代之以大豆、麥子和金黃的花朵。至於田隴上，則是一片白色的罌粟花（即鴉片），雖然當局一再禁止，然至目前爲止，昆明仍爲鴉片的大宗輸出地。

中國空軍訓練學校位於綠色的機場附近，恰當城與湖之間。隔著湖，就是一層顯明的紅色懸崖，這成爲機場的一個標誌，幫助了十萬以上美國飛行員們起飛和降落，人人對它都非常熟悉。當時和我在一道的軍官們，大都是強壯而淘氣的一群青年小伙子，他們都技術高超，而又忠於職守，他們中有幾個曾犧牲於任務中。他們幫著我盡了最大的力量來訓練中國空軍。其中有結了婚的，則這些年輕的妻子也來自迢迢千里，陪她們丈夫住在荒僻的山區內，甚至有的住在船上，毫無怨言地照顧家務。

教授實在是一件困難的事，但卻頗有益處。由於教學，本來東西兩個文化不同的民族，卻漸漸地調和了。以致有許多新來的美國人，對於我和中國人的融洽，深表詫異，以爲我有什麼與中國人生活的處世秘訣。其實這無非從經驗得來，雖然仍不免有苦惱之處，但我對他們，卻可收循循善誘之功。

記得我教授中國學生的困難，已遠始於中國抗戰初期。那時我應蔣委員長之邀，在南昌視察轟炸機部隊，那是美國製的格林馬丁廠（Glenn Martin）的 B-10 轟炸機，可是我從未見過那樣毫無熱忱的懶洋洋的飛行員。他們都把家眷帶在南昌，只貪享家庭的安樂，而無興趣於飛行。從他們的態度上看來，好像他們已經是最優越的駕駛員，用不著再有什麼實習了。每天在起飛之前，他們幾乎毫不準備，於是後來蔣委員長就下令與毛將軍，以後必須實習。迫於毛將軍之命，總算起飛，但所謂起飛，是打了幾個迴旋就降落地面的把戲。在跑道上，他們關了汽門，故意斜降，使這重轟炸機滑下，轟然有聲。於是結果是發動機打彎，機翼破碎，機身裂爲兩半，引擎都鬆落下來，飛機直趨地面。但驚人的卻是飛機已四分五裂之下，隊長卻安然步出，而且劈頭就以冷靜與不屑的口氣對我和毛將軍叫道：「看！這就是所謂的實習了！」我們兩人都是當時毀機的目擊者。

不久之後，上海之戰開始，我們就組織了轟炸機隊，去抵抗長江口的日本海軍的軍艦與補給艦。我們本來的計劃是：較快的馬丁廠機與較慢的亨克爾（Heinkel）機合作，同時出發，並以P-26戰鬥機來掩護飛行。會齊後再去進攻目標，可是馬丁機的指揮者不贊成這種合作，他別有用意地離開亨克爾機而去胡亂投彈，就安全折返。而亨克爾呢，在負氣的石中校的領導之下，直向日艦進攻，結果雖然五架中毀了三架，可是卻炸沉了兩艘日艦。至於兩架生還的亨克爾機連石中校在內，都被日本戰鬥機很厲害地擊傷了。

這一次，馬丁機隊的隊長受了撤職查辦的處分，而中校牽連受罰；因爲兩機隊未能合作，他亦有責任。我雖竭力爲中校辯護，亦屬無效。後來有個聰明人提議說：「以石未能服從合作這一點來說，應該降一級；但他的勇敢進攻，卻應該升兩級。」

中國對於外國顧問，尤其對外國的技術人員，往往倚賴性很重。可是遇到什麼事情出了亂子，卻又把責任推到外國人頭上。記得當我在昆明的時候，宋子文博士從重慶跑到昆明來，有一次他來訪我，告訴我說，中國政府內有人批評他，說他推薦了太多的外國顧問到中國來。那天我們正在沿著那條肥沃的農人們藉以灌溉的河邊散步，宋子文一面蹴著河邊雲南特有的紅土，一面繼續說道：「他們還怪我介紹外國顧問，但這條今日用來灌溉的河流，不就是在七百年前，元朝的君主從帕米爾聘來的阿拉伯工程師開闢的嗎？」

當我在中國的最初幾年，與蔣委員長和蔣夫人之間，亦常不能融洽共事，主要的原因是我這個西方人缺乏東方人的那種耐性。無論對於什麼事情，他們似乎都比我想得深，看得遠。我則求實效，我切盼的是從事專門人才的訓練，但以中國人的眼光看來，卻以爲幾架飛機，幾個飛行員，就是空軍了。一切的設備和保養是這樣差，一開頭便使我陷於困難之中，但尤其麻煩的是供應問題，這個問題，直到戰事完畢，仍使我頭痛無法得到解決。於是當時我從無辦法之中想到一個辦法。不再和蔣夫人商討了，便直截了當上了一個辭呈，說我在此無法幹下去，很是灰心，想回美國去了。

「不行！你不能去！你儘可以將你的困難告訴我，我們會設法爲你解決的。」這是她的回答。

於是在她的催促之下，我勉強交出了我的難題。而她也著實費了些精力去爲我解決。在最初的幾個月中，我幾乎每星期都有辭呈遞上去，但就在這時期中，中國的空軍亦有了相當的進步了。

我之缺乏耐性，對於蔣夫人，不啻是她背上揹著的一個沉重的十字架。有一天她要我們同她去見蔣委員長，以便把我工作上無法開展的困難使他知道。於是我便毫不留情地把中國空軍的缺乏效率，冗長地對他加以陳述。他聽著蔣夫人的翻譯，約有三十分鐘之久。於是他聳了聳肩膀，咕嚕了幾句話，就離開了。蔣夫人就譯給我聽道：「他說你告訴他的事他都知道，他知道這些人的確不好！」

於是我就反駁道：「他既是知道，那爲什麼不設法補救？」

於是她回答道：「他說：中國人是他必須共同共事的人，假若因爲犯了過錯而將他們都免職，那麼他還有誰呢？」

直到數年之後，我召集了一些人才，在中國組織了美國空軍時，我才確實知道蔣委員長的困難了，他缺乏忠誠有才能的幹部，只好使他們互相督促，以求收到一些成效，有時去掉幾個首腦人物，以警戒那些人說：他的忍耐性是有限度的。

這種情形，從漢口失陷以至珍珠港之戰爆發，我才開始對蔣委員長的品格有了一個新的認識與估價。那段漫長而艱苦的歲月，一切都是那麼渺茫，但他卻毫不猶疑地相信自由中國之復興。

他在內地各省往來奔波，振奮疲憊的士氣，他對人民的呼籲是：

「假若必要的話，我們的抗戰即使繼續一百年亦不會停止！我們雖然目前節節失敗，但我們所要的是最後的勝利！中國決不屈服的！」

儘管如此，日本人卻從未中斷他們對蔣委員長的種種誘降手段；希望使他屈服。處於當時中國單獨作戰，一切外援隔絕的情形之下，假若一個意志比較薄弱的人，便會很容易動搖。日本人總認為蔣委員長如不和他們合作，他們對中國總是沒有辦法的。他們一直拿中國無辦法。

賄賂是中國人情上一個嚴重的問題。在合法的勒索，專誠的送禮，大規模的舞弊之間，西方人實在難於辨別。關於這個送禮的問題，我初到中國來時，蔣委員長便劃定一筆錢，給我作「送禮」之用，以便在政界人士中，我可以比較容易走動。我認為應該避免這種東方的習俗。我不接受亦不送與別人禮物，因為這在西方人的規矩看來，即等於賄賂。當萬不得已時，我也只限於自來水筆，活動鉛筆，和一些所費有限的小巧東西。我所收到的禮物，卻有來自中國各地的名產，尤其是那種美味異常的辣椒醬，簡直可與美國路易斯安那州的出品媲美。

漸漸地，我與中國人相處久了，在許多小枝節上亦不免同化。但在比較重要的關鍵上，我仍堅持原來的主張，要美國人與中國人在人事上相處無間，確需付出相當的精力時間做代價，而這也正是許多美國人所不願浪費的。但是後來我以為這亦很值得，因為這很幫助我完成了許多要做的事。

當中國抗戰剛開始時，中國社會的基礎，陷於一種改革的混亂狀態中。一派是中國固有傳統文化的保守者；一派是受西洋科學文明洗禮的革新派。這兩派鬥爭的結果，促成了中國的進步。

當時中國的空軍雖不強大，但在當時中國這種相持的勢力上卻佔重要的一環。那些由意大利人訓練出來的舊部隊，他們對飛行非常淡漠，但卻善於逢迎，盡量使生活舒適快樂而不思上進，對於這一批，想要他們上勁，自然是無希望的；可是那些年輕的在昆明空軍學校招考訓練出來的就不同了，那完全是另外一種典型，他們是在抗戰中長大的，並曾身受過日本人的迫害，一九三七年南京失陷，他們曾在半饑餓狀態中達十八個月之久，然後才來到昆明。他們先在雲南的學校作空軍學生，後來又到美國去學飛行，後來一直等到中美混合大隊組成，他們才有機會對日本作戰，但那已經是一九四四年的春天了，所以前後算起來，他們是整整等了七年之久。

當我埋頭於雲南的空軍學校作訓練問題研究時，我感到在今日爲中國造就空軍的領導人才，實甚於訓練飛行人員的重要，所以這也就是我堅持著主張送他們到美國去訓練的原因，希望他們能受美國工業技術及民主空氣的薰陶。

值得一提的是現在中國空軍總司令周至柔將軍，當時他是空軍訓練學校的主任，我們的工作曾得到他不少幫助，要沒有他不折不撓的支持，就不會有如許成就。雖然他常常不明白我們的動機，可是他仍供應我們的需要。一九四〇年，他升爲航空委員會主任，但對於我，仍繼續其誠懇的、友誼的支持，而我亦傾全力於訓練裝備和供應中國空軍的需要以回報。迨至戰爭末期，中國空軍不論在那一方面，都算優秀的人才。若給以同樣配備，我認爲他們必遠超日本空軍之上。

在昆明時，空軍方面的問題，不斷發生。我們早在一九三七年向美國訂購的寇蒂斯萊特廠（Curtiss-Wright）鷹75（Hawk-75）飛機，直至一九三八年仲夏，日本侵入廣州之前，才經由廣州運抵後方。可是這批飛機，因爲出廠裝運之前並未試飛過，所以牠的速度比原來我們在合同上訂定的要慢許多。沒有辦法，於是寇蒂斯萊特廠只有派他們的工程師遠涉重洋，到昆明來調整他們原來吹噓的速度。及至弄好之後，已經是冬天了。於是中國學員們便以之試飛，可是不到一個月工夫，三隊倒有兩隊出了事。嶄新的飛機，便遭受如此損失。蔣委員長知道了，大爲震怒，於是便令那其餘的鷹式機駕駛員到我這兒來由我訓練。

記得第一次出事是在晴和可愛的正月，那天只吹著微微的風。但在這樣一個非常適宜於飛行的天氣裏，居然十二架飛機有六架墜落在我面前。我憤怒極了，於是下令美國教官們把這些駕駛員用基本教練機，加以個別測驗。因爲這些駕駛員都是中國的空軍軍官，周將軍對於我是否有權這樣做表示疑問，他去電重慶請示，但蔣委員長的回電支持了我。於是從那天起，我就正式執行我的職權。但這絲毫未妨礙我與周將軍的交情，我們一直是好朋友，他一直是我得力的老同事。

至於這些駕駛員，檢查的結果是：有的竟只有一個模糊的關於起飛的基本知識，而大多數都缺乏訓練。於是我把他們淘汰了一半，其餘的那一半送回空軍學校去，並加以基本訓練，以期增長他們的飛行技術。我這樣一做，可以說是中國空軍史上的首次淘汰運動，這完全是得力於蔣委員長的支持，我才能採用美國的辦法。

當時對於我們的訓練學校和空軍基地，日本人毫不放鬆地加以威脅。日本飛機由海南島起飛，經常地前來轟炸昆明，我的住所被炸毀，辦公室前的籃球場亦被炸彈掘起了大坑，飛行員中罹難的亦不少。那時我們授課和訓練都只能在清晨，日本飛機未來之前，或是敵機離去的午後，假若是機場未被摧毀得很厲害的話。就在這種情形之下，有一時期我們還缺乏汽油，飛機在地上整整休息了一個月之久。後來總算由法國人築成的滇越路上由海防運來救急了。由於中國政治效率的拖延疏忽與怠惰，我們永遠無法得到所需要的供應，加以日機不斷的轟炸與威脅之下，我們就這樣一直作著不斷的努力與掙扎。

第七章 艱巨的日子

天將降大任於斯人也，必先苦其心志，勞其筋骨……

——孟子

一九三九年初，日本開始陸續轟炸中國每一人口較多的都市，藉以全力擊破中國抵抗的後方。漢口陷落，戰事進入僵局。中國軍隊後退，憑天險抵抗，日本是不能而且不肯用最高代價，在陸地上進攻而擊敗中國軍隊的。

在華北，中國的部隊憑濁流滾滾的黃河來抵禦；在華中又以長江三峽來阻止日本海軍進攻四川及重慶；在華南，日本不願冒季節性洪水及崎嶇的地形進攻廣東內地，只佔據廣州週圍的一片區域；於是日本又發動和平攻勢，首要目標在蔣委員長，其次企圖引誘中國人民傾向南京僞汪精衛政府，但結果均遭失敗。

日本爲求實現這個軍事上和外交上的攻勢，遂想以空軍轟炸來使中國人民屈服。用空軍破壞一個民族的意志及抵抗能力的理論，是杜赫學說的另一頁，當然這比沒有戰鬥機掩護的轟炸機是高明的多，因爲只有空軍可跨越過黃河及長江三峽，並且可飛過廣東省大山，轟炸自由中國的心臟地帶。

日本於一九三九年一月初轟炸重慶，但彈落在距重慶廿英哩之遙，並無損失，重慶城仍籠罩在嚴冷而陰濕的大霧中。春天期間內，日本在中國各處發動轟炸攻勢，一如慶祝節日的大砲仗。自臺灣出發的轟炸機轟炸中國沿海，只福州一處即遭五十次以上的空襲。日本在廣州訓練的空軍學生參加轟炸華東華南，後來這些地方如柳州、南寧、桂林、建甌和贛州則變成美國空軍攻勢的跳板，而日本在海南島的海軍飛機則想催毀我們在雲南的訓練基地。

日本對於讓中國在不受困擾之下孕育一支空軍多少存點畏懼，天氣良好，日本飛機幾乎每日必空襲昆明。我們在昆明，機場僅有敎練機及很少的短程高射砲。在昆明，我們的空軍訓練須在黎明或者下午四五點鐘，因爲這兩個時間空襲較少。敵人轟炸機炸死軍營中的受訓學生，炸毀我的房子及炸斃數千市民，我的辦公室幾遭粉碎。

重慶冬天霧季過去，整個山城暴露出來，憑長江嘉陵江的交叉，可一覽戰時首都無遺。彼時我正在重慶，注意日本飛機再度來襲，五月初天氣晴朗，日本飛機來襲，彼時已有完備的空襲警報設備，但人民均不願躲避，有警報時，他們回家閉門等候，我在一敎會的小山上用望遠鏡及照相機觀望和攝影，後來這地方變成美軍總部。

日本廿七架轟炸機列成V字形隊伍，將要投彈時，他們並肩排列一行，其神速精密，很使我佩服，炸彈落下，數百燃燒彈掀起全城大火，延續三日未熄。

我前往火燒的市區協助救火隊用手搖抽水機撲滅火焰，當時情形實如以花園中的水管帶來救森林的大火。竹屋木房的爆炸，使火焰擴大，直燒至江邊爲止。翌日日本廿七架又來，在未熄的火焰上投彈。這一次日本想不到遭遇了第一架裝有鋼砲攻擊的飛機，國際機隊的一個駕駛員魏基爾（George Weiger）駕一架寇蒂斯 P-36 驅逐機，在機翼下裝有丹麥的麥迪生（Madsen）小砲，據報他先用砲擊毀四架日本飛機，他在長江下游的一處機場降落，翌日他設法回重慶，結果飛機失事喪命。

一九四〇年夏天，日本對重慶大規模轟炸又開始，天天有九十架到一百架轟炸重慶。我去訪問保衛重慶的空軍，他們告訴我，他們採用「蘇聯」的戰術。

我問：「蘇聯戰術是何意思？」我所看到蘇聯戰術是使戰鬥機飛在敵機後面五十英尺再加以攻擊。駕駛員告訴我：「我們飛的高度是一萬八千英尺，日本飛機的高度是一萬五千英尺，我們俯衝攻擊。」我笑謂：「你們那樣不能擊中一架轟炸機。」「是的。」他們承認，「但是他們也打不著我們。」

一九四〇年秋天，日本使用新製造的零式飛機空襲重慶，在二萬七千英尺高空飛行，他們擊落中國飛機，而中國飛機尚不知爲何物所擊。被擊落的飛機就是「鷹式」（Hawk），那是我們在昆明所訓練出來的。

由於這種情形，使我大傷腦筋，在中國空防缺乏之下，日本飛機則任意橫行，日本飛行員曾在成都機場降落（成都爲彼時自由中國腹地，後來變成美國超級堡壘基地），放火縱燒俄式飛機及僞裝起來的教練機，其他日本飛機在機場上空盤旋，迫使中國飛機不得起飛。日本大隊飛機在中國東部各大城市不斷低飛盤旋，並不投彈，目的在延長空襲時間，使人民恐怖，而對抵抗發生疑問，這是一個強而有力的宣傳，因此，在炸彈威脅下區域內的中國人漸有和平聲浪，直至珍珠港事件發生爲止。

十月中旬我應蔣委員長電召赴重慶，因重慶有空襲，我的運輸機無法降落，我只有飛到附近另一機場降落。我初遇蔣委員長時，我發覺他對日本的轟炸感覺不安，他認爲非有強大的空軍不能制止日本的飛機的襲擊。

蔣委員長解釋他有一個制止日本轟炸計劃，購買美國新式飛機及僱用美國飛行員駕駛。我當時如何想呢？

我是悲觀的，因爲除美國陸海軍自用的飛機之外，美國飛機已給歐洲訂購完了。我覺得美國沒有好的飛機出賣，我對於 P-40 沒有信心，因爲它比起日本零式機重而太慢，其水冷式引擎也不適於作戰。

蔣委員長對我的意見不甚注意，「你必須即去美國。」他說：「設法照你的意見去實現這方案，儘最大力量去買飛機及僱用美國駕駛員。」毛邦初將軍陪我去美，我們奉命到了華盛頓就要向宋子文報到，兩天後我即到了香港候飛剪號機（Pan American Airways clipper）去美。

日本飛機每日以一百至一百五十架轟炸機空襲重慶，我在估計她的後備力量之後，相信他再來一次攤牌時，可以出動五百架轟炸機。我估計如有經驗的美國駕駛員駕駛最新的戰鬥機，最初可以五比一的比率，但此種估計結果證明太低，其實後來飛虎隊和日本飛機交戰結果，其比例爲十二比一。這一消耗率是任何空軍都受不了的。我想藉重慶上空打擊日機的方法，使其損失極重，致在整個中國的轟炸計劃無法進行。

在華盛頓我向精明而博學的宋子文報到，宋子文彼時正致力向美國請援的工作。宋子文在中國的地位僅次於蔣委員長，哈佛大學畢業，一個精明的理財家，宋氏算是瞭解其本國及美國情形一樣熟悉的人。

▶宋子文。

宋氏是在一九二七年國民黨建立中華民國的柱石之一，年歲很輕時，即掌握革命軍的財政，因之，蔣委員長的革命軍，在糧餉方面都比北洋軍隊好。宋氏因受美國教育，故在政治事業中很難與蔣委員長和諧，蔣委員長具有中國的敬老傳統。是以宋氏一會兒成爲政府中的第二位要員，一會兒又出亡國外，其實他在近代中國政治史裏所佔的地位極重要。

一九四〇至一九四一的冬天，宋子文在美國的工作，是很重大的。美國人民只學駝鳥埋首沙中，少數有國際眼光的，也只注意歐洲，並不注意中國。成百成千人員入加拿大，參加加拿大空軍在歐作戰，整個遠東完全被遺忘，到中國作空軍志願人員簡直是幻想，我每次向美國人民提到志願隊事，他們雖不明言，卻總以爲我是瘋子。

我抵達華盛頓之夜，宋邀我和兩位著名記者晚餐，這兩位對遠東情勢均極熟悉，一位是《芝加哥日報》（*Chicago Daily News*）毛勒（Edgar Ansel Mowrer），一位於《紐約前鋒論壇報》（*The New York Herald Tribune*）的艾索普（Joseph Wright Alsop Jr.）。我提到日本於一九四〇年秋天用零式飛機轟炸重慶，欲求消滅日空軍，必須用美國最好戰鬥機方可爲力，他們聽了我這番話，都甚震驚。

這兩位記者描述美國受英國的壓力不小，美國新飛機一出廠即運往英國，德國空軍在英倫之戰失利後，正猛襲倫敦的碼頭區域。在英的美國觀察家對此都很悲觀。他們兩位認爲中國沒有機會打入英國的取得飛機優先權之內，所以我的志願隊計劃，很少成功希望。後來不到九個月，艾索普穿上了海軍裝，看見了第一個美國志願隊（American Volunteer Group,A.V.G.）的第一架 P-40 在仰光候運途中。

後來我去訪問我原來空軍部隊中的熟友，他們對於我這個運動亦極不相信，他們這些人所訂的作戰計劃全是關於歐洲的，當我於一九三九年訪安諾德將軍時，他命我對空軍將士講解中日空戰情形。

美國對於遠東日常情報並不注意，我這時全部時間在中國，我覺得我以退役空軍軍官身分，應將遠東軍事情報報告於美國政府首長。中日戰爭初起之日，我在日本飛機殘骸上搜集了新式的裝備，美大使館情報官員承認此種搜集極爲重要，我將這些東西交給他時，有一個條件，就是必須先交給美國空軍，然後再交與海軍。他認爲在南京陷落以前，最安全的地方是巴納號（Panay）軍艦，不料兩日後巴納號被日本飛機炸沉，而搜集的東西也沉於水底，戰後雖想打撈，但因日久爲泥砂所陷，無法著手。

在珍珠港事件前，我曾貢獻其他情報，如一九三九年中國鹵獲一架完整的日本中島九七式戰機（Nakajima Ki-27，Type 97，簡稱九七戰，盟軍代號爲 Nate）送到成都，我駕駛它加以試驗，比較它與寇蒂斯 P-36，英國的「角鬥士」（Gloucester Gladiator）式及俄國 I-16 性能如何，承中國政府協助，我仔細注意各部份，並攝取很多照片。這種飛機是 Oscar 機的前身，據後來飛虎隊一般駕駛員說，它比零式還討厭，因爲它爬的高，轉彎轉的快，這是一架素質很好的飛機。當我一九三九年在華盛頓時，我將這種飛機情況交給陸軍部情報處，數月後我得到陸軍部的謝函，並告我已交與「飛機專家」研究，他們認爲製造此類性能的飛機是不可能的。

我從未發現這些「飛機專家」是那一些人，一九四〇年任空軍情報官的漢賽爾（"Possum" Hansell）查出九七戰機檔案業已遺失，所以空軍從未看到這部份資料。一九四〇年我又寄回日本零式飛機資料，這種零式機速度甚高，每小時可飛三百廿二英里，腹下加裝油箱航程可達一千一百英里，六分鐘內可飛高至一萬六千英尺，有二十耗口徑小砲，有四架七．七機關槍。珍珠港事件發生時，美空軍根本無零式機之紀錄，直至菲律賓作戰時，始遭遇之。

一九四一年五月，美國高級軍事觀察員始來中國考察。彼時我曾請求他們准陸海軍的駕駛員，向菲律賓部隊暫時請假，參加中國航空公司任副駕駛員，以便明瞭中國地理情形，但無結果。

雖然美國空軍總部對歐戰感覺興趣，但我發現其高級設計人員都未能領略英倫之戰的教訓。此時無論在倫敦及飛虎隊在昆明都感覺無驅逐機保護轟炸機之苦。

一九四〇年初我再請求恢復空軍現役，並請求安諾德將軍給我以戰鬥機戰術教練之職，於是安諾德將軍命我去門羅（Monrae）要塞砲兵學校任空軍教官，後來又奉急命調我至華盛頓任空軍聯絡官，我報告安諾德將軍，我不希望做這些事，而希望回到空軍裏去工作，渠謂依照規章，退役軍官不能參加軍隊及戰術等工作，這種規章至今日仍在，可是在戰爭期間，我曾違反了規定，因爲我在中國指揮美國空軍作了三年戰。

一九四〇年冬我回華盛頓以後，奎塞達（Elwood R.Quesada，嗣任歐洲第九戰術航空隊司令）邀我任沿海砲兵方面的職務，並允我升遷少校，我未同意。

在華盛頓我多半時間在中國國防供應公司（China Defense Supplies, Incorporated）工作，我更希望不久可入美國陸軍任將官。

關於美國空軍志願隊的計劃，已於一九四一年一月間交與宋子文，彼時大家預料日本將向新加坡，荷屬東印度及菲律賓進兵，實際上日本於一九四〇年九月即有意南進，因爲日軍精銳亦撤走換以新兵及僞軍，法國崩潰後，日本開始攫取越南，然後又在河內海防裝備南進部隊。

日本通知荷蘭，日本海軍要求取用荷屬東印度石油，油款照日元支付，尤其日本與蘇聯有了互不侵犯條約後，她更大膽南進，無後顧之憂。

我的計劃是在中國建設一小型裝備良好的空軍，這樣可切斷日本在大陸上的供應線及其前進部隊，並且對其南進攻勢亦可予以打擊。但此重要計劃，在一九四一年時，尚不能爲美國當局所注意，到了一九四三年才開始欣賞我的方案，而欣賞此計劃者並非軍人，乃係兩文人，即羅斯福（Franklin Roosevelt）總統及邱吉爾（Winston Churchill）首相，他們堅持這個方案。

第一個階段，可以轟炸臺灣、海南島、廣州及越南的日本機場港口及駐軍，如果轟炸成功，可以阻止日本進攻計劃。

第二個階段，轟炸日本本土，用燃燒彈炸燬日本帝國重工業心臟的本州和九州。日本最初的轟炸即以燃燒彈焚燬東方的城市，日本在一九三九年及一九四〇年轟燬重慶房屋後，中國兵工署長俞大維曾造成一些粗製燃燒彈，但不太好。在一九四〇年初，我致函安諾德將軍指出用五磅燃燒彈轟炸東方城市極有價值。安諾德將軍覆函謂，美國空軍正致力於高空轟炸軍事目標的戰略，用燃燒彈轟炸城市是與國策相抵觸的。一九四一年初，居理博士（Dr. Lauchlin Currie）在重慶，經我請求又函安諾德，安諾德將軍告以美國空軍沒有燃燒彈。四年後，第廿航空隊 B-29 以一年工夫用高空爆炸彈轟炸日本，以後李梅（Curtis LeMay）將軍在五千公尺以燃燒彈猛炸日本工業區域。

爲執行我的戰略計劃，在華東近海區，我需要三個空軍基地，有美國戰鬥機、轟炸機及美國的老練駕駛員以領導中國人員。一九四一年空軍力量的方案是三百五十架戰鬥機，一百五十架轟炸機可用於近海一帶，到一九四二年可增加七百架戰鬥機及三百架轟炸機，彼時寇蒂斯廠的P-40及共和廠的P-43爲美國最新出品。

供應問題爲中國最迫切之事，一九四一年初滇緬路爲中國惟一的國外運輸線，每月一萬七千頓的運輸力量還可以增加，華西鐵路之建築可希望增加供應自香港走私進來之軍用品，以供應華東前線部隊之用。

我在華盛頓中國供應公司苦悶數月，因爲這種計劃特別，故須事先準備周詳，關於軍營招待所、廁所、水電及猪、牛、羊肉、鷄、鷄蛋等均得準備妥善，然後美空軍人員一到即可使用。

此外關於彈藥、氧氣、飛行制服、卡車、機關槍管、醫藥、打字機、護目鏡、剃刀片等我都申請購備，宋子文允諾照購。後來飛虎隊結束時，我們曾以許多足可供在華東美軍使用一年的藥品交給中國政府，尤其消炎藥片，彼時中國極爲缺乏，飛虎隊存貯甚多也。

我走遍全國參觀飛機工廠，中國所訂購的，是共和廠的P-43機和洛克希德廠（Lockheed）的哈德遜型（Hudson）轟炸機，但後來很少運到中國，飛虎隊對於中國極爲需要，第一可擊敗襲擊重慶的日本飛機，第二可保護供應路線的滇緬路。

建立空軍力量的方法，其進步之速較爲預料的尤快，及至冬季，中國政府在白宮已有幾個有力的朋友，居里博士由中國返華府主張援華，尤其贊助我的建立空軍計劃，居里博士博學且對事情均有縝密計劃，其次爲總統的顧問柯克瀾（Thomas Corcoran），他助我的力量尤大，宋子文個人的兩個好友，一是海軍部長諾克斯（Frank Knox），一是財長摩根索（Henry Morgenthau），他們在內閣裏積極主張此一計劃。

我到華盛頓，即有友人介紹我會見諾克斯，等我向他報告以後，他叫他的高級官員及海軍司令去聽我的報告，他說：「在此方面我無何權威，我是一個文人，但是我要求你們聽一聽他所說的問題。」

諾克斯渴望有海軍的航空人員參加飛虎隊，並極注意選拔參加飛虎隊的人員，當我一九四三年回華府時，他同我談了數小時，檢討參加飛虎隊的海軍人員，並且竭力使他們繼續爲海軍航空隊工作，這種情形在陸軍航空隊是辦不到的。諾克斯爲飛虎隊在內閣裏極力陳辭，並且打銷幾位海軍陸軍將領的反對意見。

飛機是一個最大的問題。美國飛機剛剛開始增產，中國一向喜歡購買寇蒂斯廠的飛機，所以我的老友寇蒂斯機廠副總經理萊特（Burdette Wright）向我提出一項建議，說 P-40B 在當時並非爲良好飛機，但比沒有好，同時彼時也只有這種飛機可買。這種飛機只適合英國使用，尤其關於無線電必須在英國裝備，所以我們買了這種飛機，無線電設備即無法解決。中國供應公司因無軍用無線電設備可購，只好購買商用無線電設備，是以又爲我們作戰增加一層困難。此種無線電器材雖好，但作戰時則不適合，因之後來在最緊張時常使用不靈。

飛機上沒有槍枝瞄準器炸彈架等，因此我們花了很多時間來補救這些缺點。但是飛虎隊的成就非常顯著，因為飛虎隊員所使用的瞄準器均為中國自造，並無美國及英國空軍所用瞄準器之精良。

一九四一年一月，宋子文、摩根索說服英國接受寇蒂斯的交易，二月飛機在紐約碼頭準備待運仰光，此時寇蒂斯公司代理人鮑萊（William D. Pawley）在中國推銷寇蒂斯飛機，他和中國政府組織中央飛機製造公司，目的在製造飛機。

鮑萊要在中國所購飛機中，取得百分之十的佣金，摩根索部長於一九四一年四月一日召集會議攤牌，開會後整日爭辯，中國方面為急於獲得飛機，深願付鮑萊之款，而摩氏堅決反對，並欲打倒鮑萊。摩氏聲稱欲以寇蒂斯廠的合同作為軍用合同，但鮑氏無所恐懼，最後中國代表建議一折衷案，付鮑萊廿五萬美金，組織中央飛機製造公司（Central Aircraft Manufacturing Company, CAMCO）裝配、試驗並修理飛機。因之該公司乃在緬甸接壤中國境內的壘允（Loi-Wing）設一個裝備廠，那裏的地點極合理想。

四月底飛機由挪威船承運，不幸第一架飛機因該船吊鈎斷裂而毀於紐約港內。

關於人員徵用問題困難太多，美國陸軍方面反對，我則設法勸服他們，尤其關於戰術情報及裝備方面之獲得，投下一批人員是很值得的。比方許多國常藉機會在其他國家測驗空軍戰鬥力量；如俄國在西班牙和中國，如德意之在西班牙，但卒不爲所聽。一九四一年四月居里和我同去看安諾德將軍，他是最反對此一計劃，他不能借用任何人員，因恐影響美國空軍之發展，並且他反對在任何國家組織空軍力量。後來任太平洋海軍航空隊司令的海軍航空署長陶威斯（Jack Towers）也反對此計劃，因恐影響其海軍發展。在此四面楚歌之中，有一少尉艾力遜（Johnny Alison）飛一架P-40到華盛頓給中美人士參觀，表演之後，備受中國代表之贊譽，等他降落後，中國代表指該機而言曰：「這種飛機我們需要百架。」而我則指艾氏說：「你們需要這種人一百個。」

後來艾氏來中國，他成爲一個最有成績的中隊長，最後他升任駐菲律賓第五航空隊的軍令官，指揮七百架飛機作戰，戰後他是主管航空的商務部助理次長，年齡才卅五歲。

艾氏這種駕駛員是美國志願隊所需要的，但需有一百架飛機始可爲力。後來羅斯福總統直接干涉，注意陸海軍的空軍人員之調用，一九四一年四月十五日發出一個未公佈的命令，准許陸海軍的後備航空軍官及大兵加入中國的飛虎隊。

因爲一切仍在秘密進行中，用人亦要謹慎，後來中央飛機製造公司與中國在美之國防供應公司訂一合同，凡關於美國志願隊的財務均由公司管理，飛虎隊被稱爲前線訓練部隊，我被稱爲監理人。

愛德華茲（Richard Aldworth）係已退伍的美國陸軍航空駕駛員，加入美國志願隊主管招募隊員工作，但因舊傷仍未癒，乃由艾文尼（Rutledge Irvine）、柯來本（Harry Claiborne）及布朗（Senton L. Brown）等輔助工作，他們三人在美國均為管理美國各處基地之工作人員。

他們三人來華工作係與公司簽定一年合約，任務是製造、修理及使用飛機等工作，彼等之薪金每月係由二百五十元至七百五十元，如有洩漏機密及不合作等情，可即解職。但直到飛虎隊結束時，我只解僱一人，然而並非由洩漏機密情形所致。

駕駛員擊毀日本一架飛機可有獎金五百元一事，在合約內並未規定。然而飛虎隊員則風聞如果能證實擊毀一架日本飛機，中國政府將賞金五百元。後來此事果然變成事實，並且以後能證實擊毀地面飛機一架亦賞金五百元。

我對人員之錄用本擬分別加以研究，但因急於用人作戰，遂未果。我們曾努力自安諾德將軍總部請六位空軍軍官來工作，但他不肯，我減到三位，最後只請一位來任行政工作。然而安諾德仍認為此種情形對於他空軍之發展有莫大影響，此後一直到一九四三年中，才有空軍軍官被派到中國來。

國務院護照科，一科員對我的身分有一最後的確定，因我申請護照時，我以農人身分申請，這位科員表示懷疑：

「在路易斯安納州我有田地，我依它生活。」這是我對他的聲明，因此我就是一個農人。

他堅持請我變更職業，後來打電話給白宮之後，他才相信我是一個農人。

我於中國七七抗戰四週年紀念日乘飛機至舊金山，在旅舘內遇到飛虎隊的一部人員，大家均穿著便衣，當時誰也想不到在不久的將來，即會在遠東創造歷史。第一批人係於七月十日搭荷蘭輪船首途，日本的情報單位，並未被以音樂家、學生、銀行家等以及農人身分的一群旅客所瞞住，因此她的廣播即宣佈美國空軍志願隊，已由舊金山乘船前往中國作戰，並且說，這隻船永遠不能到達中國，必被炸沉。

船至夏威夷以西，旅客已認出有兩隻軍艦跟隨。海軍的駕駛員認爲是美國的兩艘巡洋艦，再過幾日就有荷蘭軍艦保護這隻船至新加坡。

我於七月八日偕蔣委員長的顧問拉鐵摩爾（Owen Lattimore）搭泛美飛剪號機離舊金山。啓程前我接到確訊，即總統已批准第二批飛虎隊的轟炸隊員，計有一百個駕駛員及一百八十一個機關槍手，以及空中報務員等，限一九四一年十一月到中國，同時須有同數人員於一九四二年一月到中國。飛機啓飛後我非常愉快，我第一次對於打擊日軍的戰鬥懷有信心，因爲我用以擊潰日軍的所有東西均已如願到手。黃昏時，我益具信心，因爲目睹前面漸沉入海洋的血紅太陽，實在是一個象徵。

第八章 鋼鐵是怎樣鍊成的

但使龍城飛將在，不教胡馬度陰山。

——王昌齡

一九四一年夏我重返遠東，當時我對那些在數月之後，經歷考驗時，這樣容易崩潰的盟國遠東防衛，已經看見一點。在離開舊金山的六十天之內，我在亞洲戰場上空飛行了兩千多哩，利用那時間，把千頭萬緒的志願軍計劃作縝密的檢討，以便應付戰爭。

夏威夷仍是我舊時服務的第十九戰鬥機中隊的基地，那裏是我的第一站，該中隊所用的是P-40和P-36機，後來於十二月七日在機場上全部被日人炸毀。駐夏威夷戰鬥機隊長戴維森（Howard Davidson，後任美駐印度及緬甸第十航空隊司令）在機群間和我暢飲數次，他告訴我關於P-40的種種不好，此外還告訴我許多驚人的消息。據他說飛機推進軸承常常生銹，而致飛機發生毛病，不能起飛。

離開夏威夷之後，機上人員把飛剪號機艙的窗布緊緊地拉上；而私人的攝影機也都爲了軍事安全起見而被沒收了。事實上，沿途飛行所經之地，所見除了中途島上凌波飛逐的小鳥，威克島岸黑黝的海鷗，以及隱埋在關島樹林中簡陋的草舍外，一無所有。在中途島非軍人身分的工人正在建造著用壓碎珊瑚舖成的跑道，但此外任何地方都沒有構築防禦工事的跡象，更無任何異乎尋常的準備，後來那些築路工人大部都被日人捉去而遭殘殺。

在馬尼拉，我和喬治（George）及柯萊格特（Claggett）兩將軍住在一起，他們兩人在幾個月前曾經訪問過中國，他們把美國志願隊極力推薦給陸軍部，認為它是一個考驗人員和改進裝備的優良方法。喬治有意和我一塊兒到中國去參加志願隊，但美國軍部拒絕了他的請求。

香港，她在悶熱里昏昏地瞌睡，雖然香港離中國大陸僅距一砲之遙，可是那些駐守在這殖民地上的防衛者卻毫不介意，他們對於那強大的敵人只有輕蔑而已。以香港為起點，我開始了遙遠的旅程，自此之後，我便應用那只有空中旅行才可能的跨越，穿梭于中國、緬甸與馬來亞之間。中航機載了我從香港到重慶去見蔣委員長，把那志願隊計劃的意外成就向他報告。那時重慶正遭受初次的夏季轟炸，硝煙處處，為此之故我們急於要利用美國志願隊來安定陪都，而蔣委員長也很渴望發動那久候的空戰。於是我西飛成都，準備把舊俄國飛行學校的彈藥和炸彈運到重慶去。七月廿三日我乘了中國空軍的運輸機到仰光去，在那兒我見到屬於志願隊的 P-40 型戰鬥機仍然裝在箱子里，安放在碼頭上，而它們是六月底就已起卸的。

這年夏天，我在緬甸有三項任務：首先，我得找地方來集合並訓練我的隊伍；其次便是以種種方式去尋求借貸，甚至偷取人家的零件；因爲在作戰與飛行雙方面；我們都非常需要它們；再其次便是找時間來把參差不齊的志願人員訓練成一支犀利的戰鬥隊伍。

在華盛頓三個月的爭論使我們的原定計劃被迫放棄，我們本來打算在是年春天以昆明爲基地，開始訓練隊伍，以便初夏來臨他們即可飛到重慶作戰。然而爲了從紐約運來的飛機遲遲不到，一切也就無法進行。雨季到來，飛機場也就變爲泥沼，後來還是由鮑萊幫忙，向英國空軍借了仰光的鋪石機場，這是我在雨季訓練空軍的唯一希望了。

美國志願隊和戰鬥機在緬甸出現，使那時正在非洲大西洋，和本土上空搏鬪的英國人遇到國際難題，英國官方的遠東政策是避免和日本發生衝突，或引起任何足以令到日本人有所藉口，進一步從事侵略行動。可是，當飛虎隊抵達緬甸，英方卻異常地幫忙，並且把他們的政策伸張到極限，以便供給我們所需要的東西。在那一段期間里，假如沒有英國的幫忙，志願隊幾乎不可能具有作戰的條件。一九四一年四月，英方政府通告宋子文說，志願隊可以在緬甸集合和試飛，但無論如何，在英國旗下，實際的作戰訓練則不能通融。爲了這問題，中國空軍的毛邦初將軍、鮑萊、鮑萊的弟弟埃第和我在仰光齊集，一同去和緬甸總督陶曼・史密斯（Sir Reginald Hugh Dorman-Smith）爵士、緬甸的英軍司令麥略

（D.K.McLeod）中將、空軍指揮官曼寧（E.R.Manning）上校等會商。史密斯和麥略對於我們是非常肯幫忙和同情；可是後來志願隊與那個瘦弱蒼白的澳籍後備役軍官曼寧空軍上校發生了許多磨擦，據曼寧看來飛虎隊只是一支非正規軍，以非正規空軍而駐紮到他所管轄的地方，實在使他厭煩。

毛邦初將軍因此事而爲中國申辯，他說：日本既然拒絕承認和中國正式宣戰，那麼美國的志願隊依法也不能被認爲戰鬥員，而且事實上志願隊在緬甸的行動也並未破壞中立，最後直到十月下旬（那時志願隊到達緬甸已經很久），倫敦方面才取消前議，准許我們在緬甸作戰鬥訓練，但附帶的條件是：緬甸機場不能被用作攻擊日人和日本盟友暹邏（泰國）的基地。

仰光會議之後，中國政府租得英空軍的開道（Kyedaw）機場，那機場新築成不久，也未動用，離東瓜（Toungoo，其他譯名有：同古、冬瓜、東烏、東吁、棠孤）不過六哩。東瓜在仰光以北一百七十里，雨季時候也可應用，機場有四千尺的瀝青跑道和麻栗木營房。

東瓜租約一經簽定，第一批志願人員即于七月廿八日抵達仰光，我在碼頭上會見他們，並用火車送他們到東瓜去，東瓜方面卡尼（Boatner Carney）正匆忙地爲他們佈置營帳，他當時剛從昆明飛行學校出來，是我唯一的僚屬。是年夏天，我千方百計地從印度及中國各方面募集一些可能借重的任何美國人，以便有人來負責各部門。

我在東方第二次的長征目的地是新加坡，爲了想得到英國空軍上將布魯克波普翰（Sir Robert Brooke-Popham）的准許，以便志願隊可在東瓜作 P-40 型機槍射擊地上目標的掃射練習。緬甸英軍當局深恐射擊會引起當地的騷動，所以除非接到新加坡方面的命令，他們總不肯作任何主張。對於布魯克波普翰爵士和他底助手葡福特（Pulford）空軍少將，我漸漸發生敬悦之忱。他們正從事建立英國在遠東的防禦工事，而這種工作是幾乎沒有希望的。因爲英國在遠東的人力物力優先順序都次於大西洋、中東、俄國，甚至連伊朗和伊拉克都比不上。但他們盡力支撐志願隊，甚至把他們那非常貧乏的裝備之一部供給我們使用。

對於新加坡英空軍將領們對日人的見解，我很不以爲然，因爲他們以爲日人是不堪一擊的，對於這一點我至感遺憾。藉了他們在不列顛之役所獲得的經驗，英空軍的將士們感覺有對付日本空軍的信心。不幸的是英國的情報工作正如美國的一樣壞，其結果，英國空軍對於日本的空中戰術竟沒有確實的認識。

爲應蔣委員長的緊急召見，我急忙飛回重慶，恰好重慶遇著最厲害的轟炸；每天，日本人以一百五十架飛機來威脅這沒有防禦的陪都——重慶。他們想在南進開始之前，以此做爲威迫中國投降的最後努力；同時他們也正利用重慶作最後的空軍作戰訓練，——那些日本空軍經此之後便從新加坡至夏威夷，橫掃太平洋天空。我在八月八日抵達重慶，當我正準備前往蔣委員長郊外的官邸去時，就遇到兩次空襲，有一次我正在長江中心的渡船上。第二天，我在三次警報的間隙里和美、英、俄各國的武官會商。翌晨，我在上午二時便起床，坐著轎子，開始長途旅行。我由英國武官的家裏出發，打算在天未亮之前趕到中航機場去。然而，警報又響了，當第一批日本轟炸機退去的時候，天已大亮，而我們則仍在中途；不久，第二批日機又來襲，轎夫驚慌，於是不顧一切急忙躲入稻田里，不管我的死活，我無奈，只好徒步到南岸的渡船碼頭，不幸又遇著第三次空襲，我只好坐在翻轉了的小船上靜候。重慶完全是一片荒涼，街上連一條狗都看不見，最後，一個舟子從上流棹舟而來，他把我渡過河之後，討價五十元，我遍搜袋子，只得大洋五元和一些零星美元以及印度盧比，我們的「五」和「五十」之爭吸引了許多群衆，他們是從河岸挖成的防空洞里跑出來的，一個講英語的中國人從群衆裏走出，自願調解，我把名片給他，他把它譯爲中文，向群衆解釋我是中國政府里的外籍軍事顧問，並發表冗長的演說，於是群衆歡呼了，而那舟子也就默然而退。我繼續由城裏步行到中航機場去，想看看是否可以乘得著離渝的飛機，在途中我遇著楊格（Arthur Young），他是美國人，那時是政府里的經濟顧問，他正駛車往鄉間避警報，但他卻吩咐司機把我送到機場去，然後再回來接他。到了機場，中航公司的職員通知我說，飛機早在第一次警報時飛走，並且「不再回來了」。

我於是只好繼續駛往求精中學雷布（Rape）博士的辦事處去，這總比較再渡長江爲妥當，可是他們都已下鄉躲警報去了，只留下一個廚子和一個不願離開的老女僕。轟炸又再開始，這樣日夜地繼續下去，七十二小時幾乎沒有間歇，電話線和電線都被炸毀了，又沒有水，只有冷飯吃。第二天，一串炸彈在附近爆炸，炸彈碎片射入房子里，於是我們也只好躲到附近山邊的洞穴里去了。我坐在那邊，聽到斷續的隆隆炸彈聲，我想到爲了種種阻礙，以致不能把志願隊及時組成來阻止重慶所遭受的折磨，心中異常憤怒。當時唯一的安慰就是那些足以粉碎日本空中攻勢的駕駛員和飛機已經在亞洲了。直至八月廿二日我才能離開那滿佈彈痕的重慶，回到東瓜，初次和美國志願隊會面。當我抵達之時，那邊的情緒非常不安，我首先批准五個駕駛員的辭呈，他們都想重返美國，入航空公司做事。

東瓜和美國平時的陸軍或海軍駐地大不相同，跑道給泥沼和瘴氣出沒的森林環繞著，淤積的、腐壞的草木密蓋林間，發出一股酸臭令人不舒服的氣味。傾盆的季候雨，大雷雨和酷熱的氣氛交互而來，使人有在土耳其浴的暖氣中之感。潮濕和青苔深入各處，包伙食的緬甸辦館的食物又壞得很，這些都是大家不愉快的主因。

營房是新而通風的，但各種毒蟲隨風而至，又沒有裝有門窗上的鐵絲網和電燈，甚至走遍全緬甸，半尺的鐵絲網也買不到。我們知道英空軍所以在雨季里捨棄開道機場的原因，就是因爲歐洲人不能夠抵抗惡劣的氣候所致。在這兒我該感謝宋子文博士醫藥供應的豐富和我們三人醫務組——詹特里（Tom Gentry）醫生、李查斯（Lewis Richards）醫生和浦勒伏（Sam Prevo）醫生——的努力，使我們居然能夠在這瘟疫區裏繼續訓練工作，而沒有染到嚴重的疾病。當英軍總司令布魯克波普翰到開道機場來視察美國志願隊的時候，他首先注意我們的疾病表，在他觀察飛機之前，他先巡視那間英空軍所建築的大醫院，當他只看見一個病人時，他大為驚奇，而且那病人是一名機械士，正在上一天割了扁桃腺。

後來鮑萊自他的壘允工廠里派了三個英國人和幾個中國機械士供我們使用，協助我們在仰光附近的明加拉敦（Mingaladon）機場上裝配 P-40 型機。可是一切無線電、氧氣設備及武器等等就要東瓜的機械隊安裝了。

在英國人定期視察開道機場的某一次，葡福特空軍少將說：「這簡直是不可相信的，只不過一個月以前你帶著一個簡單的箱子抵達仰光，而現在你卻有了一支隨時可以應戰的戰鬥隊了。」

我對葡福特說，現時還談不到應戰，而我們前頭還有繁重的訓練時期，我得把敵人的一切詭計教給我們的駕駛員——怎樣應用他們的裝備，使其發揮最大效能，怎樣作戰和保持生命應付每日作戰。後者是極端重要的，因為我們的隊伍是這麼少，而補充又是這麼困難，我們不得不極力減輕自己的作戰損失，同時還得加重敵人的損失，這眞是一件不容易的任務哩。

我主要的遺憾是駕駛員們對於戰鬥機P-40的不正確認識，在駕駛員們離開美國之前，P-40對比較沒有經驗的駕駛員們早有「殺人者」之稱。他們對於P-40之理解完全基於當時散佈於軍用機場的謠言說：P-40有特異的飛行性能，降落艱難，並且所裝置的發動機也是較次等的，因此大多數的駕駛員都相信它是「不好」的戰鬥機。當那些來華的駕駛員路過泗水新加坡和仰光看見荷蘭人和英國人正忙於裝備著美國製的水牛式機（Brewster Buffaloe）時他們不禁喃喃訴怨：「爲了所有最好的飛機都在租借法案之下給了英國和荷蘭，美國人只好用次等貨色作戰，倒霉之至！」當英國空軍的駕駛員駕了水牛式機到東瓜來的時候，我們都沒有和他們作假想空戰的興緻。事實上，水牛式無論在那一方面來看都較P-40爲劣，特別是上昇的速度和裝備。它只有兩挺〇・三〇口徑的機槍，而P-40卻有四挺〇・三〇和兩挺〇・五〇的機槍。最後英國空軍對於P-40的譏諷愈來愈尖銳、露骨，以至不能漠然置之。於是一場空戰便在一位來自美國華盛頓的空軍施令（Erik Shilling）和一位英國空軍的駕駛員之間決定了。出

▲Curtiss公司的P-40E戰機。

乎意料之外，施令一直佔上風，死纏著他的對手不放，這可把 P-40 的估價提高了。當美國人看見水牛式機在日本人大舉襲擊仰光之時，像蒼蠅般墜下，乃更深信 P-40 的威力。於是 P-40 的數目大增。至後來，英國皇家空軍要求把霍克颶風式（Hawker Hurricane）機換 P-40，志願隊的駕駛員們馬上就拒絕了。

是年初秋，志願隊在東瓜活動的消息傳遍了東方，我們便大受英美官員及各報社通訊員到來訪問之苦。我們既沒有可用的人員去歡迎訪客，又沒有空閒的時間向他們解釋我們正進行著什麼工作。我們所能做到的只是帶他們巡遊場地，並供給他們和我們同樣的膳宿。再說我們也不需要美國聯邦調查局的探子來興風作浪，例如：這地區是沒有軍紀的，我們是沒有空餘的飛機及飛機零件的，有些駕駛員曾為了驚恐和不滿而離去等等都是他們作情報時的好材料。老實說，在訓練期間隊員們的宿舍紀律是非常隨便的，那種氣氛又有如在大學裏足球賽前夕的緊張。一個美國某大報館的著名國外通訊員走近兵營時曾遭受過一陣啤酒瓶的襲擊；又有一次飛虎隊的醫官詹特里要半夜起床，替某一駕駛員縫治頭顱的傷口，那機師不幸給同僚們選作襲擊的目標，被玻璃水瓶打到頭破血流。那些年輕的小伙子們時常為了一點小事件就攪到天翻地覆。

我對於那班意氣軒昂的、充滿了冒險性的志願戰鬥員和地勤人員的處理方針與觀念，和軍隊裏的傳統方法背道而馳。我試用美式的民主作風，及簡單的手法來替代那傳統的嚴格的軍風紀，嚴格的軍紀只在空中作戰時使用；在地面上，我們儘可能地生活得像一個正常的美國公民。大多數有關集體生活的事情都開會討論，用「少數服從多數」的規例來決議，每一個人都可以自由發表意見。我們經常每週集會一次，利用這集會來決定大小事情，諸如夜間電燈熄滅以後酒吧仍准開放多久，或其他生活問題等等。我們沒有看守室，並廢除軍隊中的敬禮制度，倘若有僚屬向我敬禮的話，我也照樣還敬的，不過大多數的人看見我仍是行敬禮的；凡是損壞公物的有罰金制度，罰金在一百元以下，由軍佐和中隊長共同商擬後決定。

我處理飛虎隊所用的新方法在外人看來沒有什麼了不起；反之，舊派軍人心裏是不贊成的；而軍事觀察家們也認爲我們沒有軍紀，並視爲烏合之衆；倫敦和華盛頓官方所接到有關我們的官方報告非常之壞，傳遍仰光的官方報導也不見好；美國駐華軍事代表團里的霍伊特（Ross Hoyt）上校和古森伯（Roy Grusenberg）少校爲我們寫了許多壞報告，因爲他們是極端保守，對於像志願隊那種標新立異的組織既不贊成，而且對於我們的特殊戰術也不了解。相反的，代表團的團長馬格魯德（John Magruder）准將卻在他權力所到的範圍裏很樂意地予我們以幫忙。

十一月初，我接到宋子文博士的電報說：「美陸軍部接訊謂貴隊非至一九四二年二月不能準備完成，且將不能支持二週之作戰云云，願聞臺教。」

我電覆蔣委員長和宋博士說：志願隊在一九四一年十一月之末便準備妥當了，而且能夠支持到不需要作戰的時候，但我們卻急需各項飛機零件，以便待機而動。

最令我們傷腦筋的是零件問題，直至日本投降之日，我們仍被這問題所困惱。中國政府向美國的寇蒂斯萊特公司買了一百架 P-40 型戰鬥機，卻未有配合這批飛機的零件。該公司的副總經理萊特告訴我說，他的公司曾接受航空隊命令，只製造全架可飛的飛機，而不理會零件的生產，但是沒有零件飛機是不能長久飛行的。這也是德國空軍和日本空軍所犯的同一錯誤。他們全靠整架飛機去補充，而不顧慮到已在機場上的飛機需要零件來補充。很僥倖，我們的航空隊能夠在不可藥救之前發覺它的錯誤，但那發現對我們的幫助是太遲了。萊特通知我說在一九四三年一月之前，我們不能希冀任何的 P-40 零件。很可憐，在東瓜的飛行訓練期間，我們消耗了許多零件，諸如尾輪輪胎、電開關、無線電眞空管、氧氣瓶、炭化器、點火栓、電池，和其他許多數不清隱蔽而又重要的、使飛機飛行的附件都是我們所急切需要的。秋天裏，我們從成都至新加坡，聲東擊西地去懇請、求借，以致於偷竊那些飛機零件。曾經有一次十幾名志願隊員都散佈於加爾各答至馬尼拉間去找尋我們能用得著的任何東西。布魯克波普翰曾在新加坡給與我們一批水牛式的零件，但不幸的是它們並不適合 P-40 之用。

我們的難題既然無法解決，我便派艾索普到新加坡去看看，有何辦法從英國空軍那兒得到一些援助，不過他們除了在職守上給我們一點協助外，也沒有什麼切實的結果。後來還是艾索普獻議，寫信給駐馬尼拉的麥克阿瑟（Douglas MacArthur）將軍，希望在他那兒可以得到一些東西。布魯克波普翰對於這項提議表示同意了，於是艾索普便一夜不睡地在布林克上校（Francis Brink，後升爲准將，當時是美國駐星洲的軍事觀察家。）的辦公室裏起草函件，並由布魯克波普翰簽了字。正當艾索普準備搭專機起程到馬尼拉的時候，鮑萊突然露面，並且聲稱我已授權給他主理這事，其實我完全沒有這個意思。於是鮑萊就帶了艾索普寫就的那封信前往馬尼拉，因爲那封信，我們的 P-40 得到急需的輪胎供應。可是鮑萊對於我們的實在情形不太淸楚，而留在馬尼拉的 P-40 零件並不多，一誤再誤，於是我們其他所急需的零件便姍姍其來了。

艾索普返到東瓜，告訴我關於鮑萊那種不需要的參預，我很感懊惱，後來由於馬格魯德將軍和剛好自美返國的宋子文博士提議，我乃決定派艾索普到馬尼拉去，企圖設法取得鮑萊未能獲得的零件。當其時，麥克阿瑟將軍所給予我們的飛機輪胎對於我們是異常珍貴的，因爲我們所有的飛機大部份在訓練期間都把輪胎損壞了，不能起飛。美國亞洲艦隊司令海軍上將哈特（Thomas Hart）借給我們三架海軍巡邏轟炸機，先把輪胎由馬尼拉送到新加坡去，復由新加坡以船趕運到仰光來。當軍界爭以諷笑志願隊爲風尙的時期，麥克阿瑟將軍等那種堅強而英明的信任，對於我們眞是強而有力的鼓舞，他也可以說是後來飛虎隊戰鬥力主要支持者之一。

華盛頓的中國國防供應公司的職員，特別是柯可蘭（David Corcoran）、魏勞爾（Whiting Willauer）、楊門（William Youngman），和浦來斯（Harry Price）等對於迅速供應工作，做得很有成效。他們後來曾積集一批P-40的零件，於十二月初旬，用泛美飛剪號把他們運過太平洋來。不幸的是，正當飛剪號在一九四一年十二月七日早晨準備飛離威克島的時候，便接到日本人攻擊珍珠港的消息。於是那大批零件只好在威克島卸下，我們志願隊因此落了個空。當飛剪號飛回美國的時候，帶回了一批在威克島工作的工務員，而我們所應得的P-40的零件就棄置在威克島，後來日人佔領威克島，這批物資也失落了。直至一九四二年三月，一架泛美飛剪號繞道飛抵加爾各答，載來兩噸燃燒藥和一些P-40的零件，我們才算得到了一些東西。在這之前，志願隊從未得到來自美國的半盎士供應品。後來中航公司又把那批寶貴的東西從加爾各答趕運到昆明，這算是橫越中印駝峰初期間的創舉呢。

在緬甸方面，我們不斷地和英軍當局發生麻煩，緬甸的機場在技術上本是屬於英國空軍管轄權之內的，但緬甸的軍方，政府與緬甸人之間的不斷衝突對我們的飛行訓練增加很多困難。我們被禁止使用美國武裝衛兵守衛營幕和裝備，也不許雇用緬人做衛兵；土人們常常蟻集在機場上，看我們的活動，於是乎替敵人做間諜和破壞工作的機會是無限的。很多次我看到一些黃袍和尚在我們的飛機之間徘徊，他們是強烈反英而且有間諜嫌疑的；有時還有些緬甸土人站在門檻里盯著我工作，我就只好把他們逐出去。後來我們獲准雇用徒手的緬甸守衛，可是他們是沒有用的，最後駐節在東瓜的北撣（North Shan）陸軍司令史葛脫（Bruce Scott）少將特以私人名義派了些廓爾喀族武裝衛兵前來，這才算把緬甸土人擋了駕。還有更討厭的事是曼寧空軍上校的為難，他嚴格地墨守英國空軍和平期間的法則，給與我們很多不便。舉一個例來說，假如沒有仰光英空軍總部的書面同意，我是不能隨便安裝一盞電燈，或是移動一根木頭的。有一次爲了想自費建造一座槍靶，以便訓練機槍的瞄準學習，從接洽以至獲准，共費時三月。因爲在英國空軍的手冊里是沒有這項工程的，而且他們也不明白爲什麼我們對槍械的準確性如此關懷。

在留居東瓜的整整五個月裏，我們從來沒有機會和在仰光或遠東任何地方的英國空軍通無線電訊，因爲英方拒絕把英國空軍的密碼給我，也不肯接受志願隊的密碼，以便通訊。我們無奈，只得被迫倚賴那些似乎對英人不很忠實的緬甸土人所辦的電報局，或是公共長途電話局。我曾請求派遣我的無線電設備及人員到仰光以便建立電臺，與英國空軍直接通訊，可是也被他們直率地拒絕了。

後來靠了布魯克波普翰底力量，從駐緬甸的英國空軍那兒借來了相當數目的飛機汽油和彈藥，那些彈藥是用以配合我們裝備在 P-40 上的〇・三〇三口徑的英國機槍的。我們還借到了一架英空軍的空中攝影機，英空軍的機械士爲我們草率地安裝在一架 P-40 上，後來我們也沒有壁還。在那一年當中這架攝影機使我們能作一切在亞洲的攝影偵察，布魯克波普翰和葡福特對我們盡力幫忙。自從我們抵達遠東後，他們便是志願軍的熱烈支持者。是年初秋，他們把飛機汽油優先從荷屬東印度載運到仰光來，結果，當戰爭來臨而供應斷絕的時候，仰光仍蓄有一百萬加侖汽油。十一月，布魯克波普翰又擬派一中隊的水牛式戰鬥機和一中隊的勃倫罕式（Blenheim）轟炸機，由英國空軍志願人員駕駛在我的指揮下服務；可是當這計劃正在進行的時候，日本人就進攻馬來亞，於是英國人要徵用他們所有的飛機，而這計劃也就成爲泡影。其他對我們幫忙很大的英國人是英國駐華大使，後來又任英國駐美大使的卡爾爵士（Sir Archibald Clark-Kerr），他爲人爽直，不打官話。他准許我們把志願隊在緬甸的準備移過華界而不受海關和當地收稅員的延阻。

緬甸的雨季雖在十一月結束，但涼快而晴朗的天氣並不能帶來往昔的舒暢，緬甸的緊張情勢與日俱增，這像是旋緊螺絲扣，已把那緊張而不安定的神經拉緊了一般。

開道機場只隔泰國邊境六十哩，早在一九三九年日本工程師已在泰國建築了一連串的空軍基地，以便利日本人隨時要佔領那些機場時，可以就從泰國發出大規模的空中攻勢。泰國政府多年來週旋於英法兩大帝國主義之間，早已不勝甚苦，顯然會對日本人的援助，隨時表示歡迎的。

在我們和泰國機場之間，是一個寂寞的英國公務員，他駐紮在離邊境不遠的一個森林崗位上，他的配備是一架望遠鏡，和一架電話機，簡單得可憐。從七月底起我已極力遊說曼寧預早設立緬甸防空警報網，可是曼寧很怕在沿邊界的森林區里任用緬甸人做監視哨，因爲他們反英成性，不堪信任，可是他又沒有其他可以任用的人員。曼寧宣稱，在東瓜與邊界之間的唯一監視哨具有適宜的警報裝置，他並應允送一架空襲警報機給我們，可是當那所謂空襲警報機運到時，原來是一隻船上用的破舊銅鐘。

十一月底兩副雷達儀器運抵緬甸，裝設在毛淡棉和仰光兩地，控制著到緬甸南部的門戶，但在東瓜，我們卻得不到它的保衛。再說雷達站是藉緬甸人辦理的民用長途電話局來和各機場聯繫的，而那些緬甸人常常要花一點鐘的時間才能接通一次空襲警報的消息。

其實，不需要任何特殊情報，我們已可以知道一九四一年秋亞洲的危機已達沸點。秘密地集中或是秘密地準備一種軍事行動是不可能的，日本人對此當然也不能例外。自一九三七年以來，他們在中國海岸以下的一切動態都充分地表示他們的企圖。當一九四一年秋美國實行禁止汽油運往日本的時候，密切注意中日戰事的人都清楚地意識到日本很快就會展開突擊以取得石油的，因爲它假如不這樣做，它只好縮回到甲殼裏了，而且，是年秋，有許多證據表明日本是在準備進攻的。

以前日本駐守在中國佔領區的精銳師團都被調回日本和臺灣去了，而替代他們的位置的是汪精衛的僞軍。在廣州、海防、海南島和臺灣等軍事要地，日軍調動頻繁，中國人對日本海岸以南的日本海軍活動也不時有報導。

十一月間，我們已接到情報說日本把零式機停放在越南南部接近西貢的法國機場上面了。而且，那時在越南的日本飛機已由七十四架而增加到二百四十五架。布魯克波普翰也有報告說：十一月的最後一週間，晚上常有怪機在馬來亞的上空出現云云。不過英國空軍的戰鬥機對於那些顯然屬於日本的偵察機竟毫無辦法。

布魯克波普翰當時也很想對越南南部的金蘭灣作空中偵察，因爲那兒日本海軍的活動日形增加，規模如何，實堪尋味。後來，事實證明金蘭灣確是一個重要基地。數星期後，日本兩棲部隊對馬來亞暹邏的進軍，便是以金蘭灣爲出發點。

在新加坡，英國空軍的加泰林那型（Catalina）水上飛機速力太慢，不適宜於偵察工作，於是布魯克波普翰便請求麥克阿瑟將軍借用波音廠的B-17機，自菲律賓出發偵察。麥克阿瑟將軍抱歉地答覆說，華盛頓方面不允許他這樣做。局面已漸形成，一切已不再是秘密：日本正在準備隨時發動向荷印諸島和太平洋岸的大小攻勢。我於十月廿四日派出首批戰鬥機巡邏隊，飛臨泰國機場上空，此後日人對於我們即存有戒心。我們的戰鬥機在泰國機場上空三萬尺飛行，可以看到下面機場上的沙塵滾滾，在乾燥的季節里，甚至一架腳踏車從機場橫過也會引起一陣塵埃的。有時，當我們的飛機看到塵埃之時，即低飛視察，嗡嗡之聲，常常盤旋於機場的棕樹上。每當月色皎潔之夜，最利於轟炸的時候，我必定派使我們的戰鬥機巡邏隊在高空戒備。由十一月中旬起，我便開始在指揮塔里消磨我的黃昏，直至天亮爲止。

每天晚上，醫生詹特里和我坐在指揮塔里，抽著煙斗，緊張而沉默。我們看著那巨大的瀑布在山嶺的另一邊，像白色羽衣般奔流而下，橫過山谷，直向泰國邊境逝去。當黑暗過甚，連那白色的瀑布也看不到時，我們便爬下來，到宿舍裏去爭取那數小時若斷若續的睡眠，以便在上午四點鐘，黎明未來臨以前，繼續監守。

十二月八日那一天，我在指揮塔里的守望於早晨十一時完結。因爲我們的位置是在國際換日線的較遠的一邊，所以我們的日曆是較夏威夷和美國早一天的。當我步行過機場的時候，我們的一個無線電人員，橫過草地，向我這邊猛衝過來，他手裏拿著一封電報。那是由美國無線電新聞報告自珍珠港收得來的消息——太平洋戰爭的浪潮終於捲到我們這裏來了，日本襲擊珍珠港，美日戰事終於爆發了！

第九章　我頭痛的事

古之所謂豪傑之士者，必有過人之節，人情有所不能忍者，匹夫見辱，拔劍而起，挺身而鬥，此不足為勇也。天下有大勇者，卒然臨之而不驚，無故加之而不怒，此其所挾持者甚大，而其志甚遠也……

——蘇軾

在我三十年的飛行，將近十年的作戰中，我頂傷腦筋的時候是日本偷襲珍珠港以後的最初的數週，我擔心日人會乘我們不備，襲擊在緬甸東瓜的美國志願隊。自從十月中旬志願隊開始形成作戰部隊的規模，我下令我機首次對泰國境內日人所建的機場從事第一次空中偵察以來，我便一直懷有這種恐懼。我曉得日本人深知我隊的情況，而且曉得他們如認爲志願隊對於他們在中國的行動，是一項眞正的威脅，是不會顧忌緬甸的中立的。珍珠港事件之後，我認爲日人來襲東瓜已屬必然，所以已想到使我的飛機可以及時起飛迎擊。我在對日人的長期作戰中，總設身處地去猜想日本空軍指揮官可能採取的戰術。我的經驗證明，我對於他們的估價大體都高了一點。

在東瓜的美志願隊人員將近半數是海軍人員，其中有許多曾在珍珠港服役。我自己因爲曾在夏威夷指揮第十九戰鬥機中隊，對於當地的情形也有一點記憶。我覺得職業軍人對於由和平轉變爲戰爭如果沒有準備，致爲敵所乘，是不能有任何藉口可以自解的。如果我也像菲律賓和夏威夷的空軍指揮官一樣，讓我的飛機停在地上面被敵人炸毀，我以後永遠也不會有臉見人了。

日人的偷襲珍珠港使我面臨計劃的突然改變。我在東瓜的戰鬥機雖已準備隨時作戰，其他方面的情形卻異常危殆。我們除了麥克阿瑟將軍以及哈特將軍從菲律賓送來的 P-40 機輪胎之外，根本沒有作戰後用以修理飛機的零件。供給第二批美國志願隊的赫德遜式轟炸機仍停在加利福尼亞州布爾班克的洛克希德廠機場。它們立即被美空軍接收過去，在一九四二年夏末運抵中國交給中國空軍之前，我們一直沒有聽見過關於它們的消息。大批已在海上首途來緬的轟炸機飛行員也被命令轉到澳洲，加入美國陸軍。第一批來緬補充的戰鬥機駕駛員也遭到同樣的命運。

事態立即表現得很明顯，滇緬路的兩端都必須加以保衛，因爲進口港的仰光以及中國境內的主要集散點昆明如遭空襲破壞，那麼日人就可以很低廉而又有效的方法來叉住中國的咽喉，而又不致妨礙其在遙遠的南太平洋的攻勢。仰光是物資仍可運入中國的唯一通路，昆明則是中國境內最重要的咽喉地區，控制著物資運交前線中國各部隊的分配。

同盟國之間自始便有歧見。蔣委員長願以最精銳的部隊六師以及所有重型摩托化砲兵協助英國保衛緬甸。英國拒絕了，在一九四三年三月仰光陷落、英國終於相信他們需要幫助之前，中國軍隊一直留在雲南。可是英國人對於美國志願隊卻沒有表現這一拒絕態度，他們力促將整個志願隊調到仰光，在英空軍指揮之下作戰。

我反對這一調動，正如英國人拒絕中國地面部隊入緬一樣堅決。是年秋初我和曼寧上校商談仰光的空防問題。當時他沒有空襲情報網，其戰鬥機基地，距仰光十哩的明加拉敦機場，也只有一條跑道。我建議他在仰光以西築一些供疏散用的機場，並在新機場與泰國邊境之間設置許多對空監視哨，以特別電話及無線電聯絡。如果有這些設備，我們的戰鬥機便可以從容在仰光上空迎擊敵機，使日機無法進襲仰光以西的機場。我在對日的長期作戰中已經曉得，如果沒有充分的情報網並有一個在日機航程所不及的主要基地，從事空戰實無異自殺。可是曼寧卻認爲他這一條在日機航程內的跑道已經夠了，而且信賴他那雷達與長途電話配合的辦法。曼寧爲其所部英空軍所訂的戰術，我認爲也是自殺戰術。如果在他的指揮下作戰，我便將失去對於志願隊的指揮權，迫使我的飛行員去接受他的愚蠢的命令。在這一段期間中，我們一直在談判將志願隊的全部或一部移駐仰光，曼寧拒絕讓我進入他的作戰指揮室，或熟悉我們假定要在仰光空防方面共同使用的任何設備。

我們最後商定一項蔣委員長和英方都感滿意的協議，美志願隊有一中隊協助英空軍保衛仰光，其他兩中隊駐在滇緬路的終點昆明，我們在昆明有充分的情報網和疏散用的機場。在仰光的一個中隊仍由我直接指揮，只在作戰上受緬境英空軍高級指揮官的節制。這樣，美國駕駛員雖在英空軍的戰略指揮之下，仍可自由運用其本身的戰術。曼寧應爲該中隊在仰光預備宿舍、運輸工具、食物和通訊，可是他後來並未做到。

珍珠港的後一天（在遠東是十二月九日）我們有六次誤發警報。十二月十日，泰國向日本「屈服」，敵人的軍隊、船艦和飛機紛紛湧入曼谷，建立基地爲攻擊緬甸與馬來亞之用。我派謝令（Erik Shilling）駕一架裝上英空軍空中攝影機的 P-40 機到曼谷上空作攝影偵察。這架飛機把重裝備都拆掉了，比普通的 P-40 機每小時快十八哩，可以多昇高三千呎，但遠不及高速力且能作高空飛行的日本攝影飛機。謝令在兩架普通的 P-40 機保護之下，從二萬六千呎的高處將曼谷的碼頭和機場都拍攝下來。

我看見他所攝的照片時大吃一驚。沿湄南河的碼頭上擠滿了敵人的運輸艦，正在起卸軍隊和補給品。市外的唐蒙（Don Maung）機場盡是日機，機翼並機翼地停著，等待分散到比較接近緬甸的前進基地去。有十二架轟炸機便可以在二十分鐘內打破日空軍的攻勢。這只是戰爭中因爲缺少幾架飛機而喪失了一個國家的多次事例之一。

歐爾遜（Arvid Olson）指揮的志願隊第三中隊於十二月十二日開抵明加拉敦機場協助英

空軍保衛仰光。東瓜方面還有未受充分作戰訓練的駕駛員廿五人，以及在修理中的P-40機十二架，可是當昆明來電說，日機於十二月十八日轟炸該市時，我們調動的時間顯已來臨。

志願隊在作戰方面立即必須使用的設備都是可以空運的。基地人員和補給品則乘卡車沿滇緬路北行。中航公司的運輸機三架於十八日下午降落東瓜。把我、我的作戰僚屬、氧氣筒、彈藥以及作戰必需的零件於次日黎明前都運往昆明。

第一、第二兩中隊十八日下午由東瓜飛抵昆明，中途在臘戍降落加油。在東瓜起飛時，第一中隊先昇空巡邏，掩護第二中隊起飛，到了昆明是第一中隊先降落，加油，準備隨時作戰，然後第二中隊才降落。

十九日黎明時分，我們在昆明已有三十四架P-40機隨時可以作戰，戰鬥機指揮部立即和雲南全省警報網、中國方面抄收日本指揮作戰無線電報並設法加以譯出的密電室取得聯絡。自從十月中旬以來，這是我第一次感覺呼吸得舒暢些。

十二月十九日很平靜地過去，P-40機三次巡邏雲南偵察，但未發現敵蹤。二十日上午九時四十五分，由中國密電室通來的特別電話在響。是中國空軍第五路司令兼美志願隊華籍參謀長王叔銘上校打來的。他說：「十架日本轟炸機在老街附近越過雲南邊境向西北進展。」

自此以來，雲南上空之戰即便展開，敵方轟炸機深入中國境內時，雲南各地的情報網便立即傳來消息。

「X-10 臺聞沉重的引擎聲。」

「P-8 臺上空發現不明飛機。」

「C-23 臺上空雲層上有許多飛機的聲音。」

我們的戰鬥機指揮室錄得的各項方位報告加起來，便可以曉得敵方轟炸機已在昆明約五十哩之地，它們大概會從那一點開始盤旋並實施佯攻戰術，使我們的情報網陷於困惑，然後它們才開始對目標作最後的衝刺。

我下令第二中隊擔任截擊。傑克．紐寇克（Jack Newkirk）率四架飛機搜索敵方轟炸機，吉姆．霍華（Jim Howard）另率四架飛機在昆明上空作防禦性的巡邏。羅伯．山德爾（Robert Sandell）所指揮的第一中隊十六架飛機則在昆明川西作後備隊，準備在決定性的時刻參加作戰。

我發射紅色的信號槍，命第二和第一兩中隊起飛，然後便和執行官哈維．葛林樓（Harvey Greenlaw）以及翻譯官舒伯炎上校乘車到府瞰機場一處斜坡的墳地上的防空室裏指揮作戰，那裏也有一套無線電機及電話。我們在黑暗中利用葛林樓手中的火柴微光研究作戰計劃，舒伯炎則和中國的情報網通電話。外面是昆明高原冬天的爽朗天氣，一萬呎上空有一片片的閒雲在飄盪。南方來的氣候報告說，有很厚的黑雲壓著山峰。

這是我等候了四年多的決定性時刻——美國駕駛員駕著美國戰鬥機，在中國地面情報網協助之下，即將對付一個日本空軍的編隊。我覺得中國的命運正寄託於在雲南的冬季天空飛翔的P-40機駕駛室之中，我渴望著能夠年輕十年，能夠在駕駛室裏，而不是在防空洞裏俯屈著，嘗著那氧氣面具的淡淡的橡皮味兒，從射擊瞄準器的紅環中間窺看著頭上的無盡穹蒼。

忽然，聲音打破了軋軋作響的無線電的沉悶。

「他來了。」

「不，不，他們不會是日機的。」

「看看那些紅球吧！」

「幹它們！」

之後，忽然萬籟俱寂，我命令山德爾的後備中隊沿著日機可能的航線，向距昆明東南約三十哩的宜良衝去，這時，無線電再也收不到什麼。中國情報網報告說敵人轟炸機已經改變了路徑，而向印度支那方面竄走了，我們聽到機鎗聲，而大量日本炸彈墜落宜良附近的山野的報導也收到了。沒有什麼事好做，只有回到機場去等候罷了。

中國人民逐漸從他們在墳場間的躲避地方湧回城裏去，並不相信沒有炸彈落過。霍華在昆明上空的警戒隊也降陸了。他們沒有看到什麼。紐寇克的分隊也飛回來了，他們首次和敵人接觸竟而空狂熱一場都覺得懊惱，他們已經看到十架灰色雙引擎的日本轟炸機的編隊，但在猶疑不決的幾秒鐘內是很難相信那些轟炸機，果然是日本的，那些轟炸機倉皇卸落他們的炸彈，俯下他們的機頭，匆忙地向印度支那遁去，那時，紐寇克的分隊一定神，立刻開火，那群轟炸機相距太遠了──每個人都以為它們太遠了，除了雷克特（Ed Rector）之外，最後當其他駕駛員們最後看到雷克特的時候，他仍開足油門猛趕日機。

最後山德爾的中隊零零落落地歸來，聽到風在他們的子彈膛裏呼呼作響，看到他們緩緩地著地，我們便知道他們已經參與戰鬥了，他們曾看到日本機群在昆明東南三十哩的宜良上空穿過稠密的雲層作全面的退卻，而雷克特仍然在追逐。

當 P-40 作俯衝攻擊的時候，每個人都因激動而多少近于瘋狂了，一切東瓜的功課都忘卻了，沒有聯絡──只有一團混戰，每個駕駛員都同意 P-40 不會互相射擊，實屬僥倖之至，跟著，在一百三十哩的來回戰鬥裏，駕駛員們嘗試偏轉九十度的射擊和其他瘋狂的戰術，烏爾夫（Fritz Wolf）打落兩架轟炸機之後，因為他的機鎗不靈了，便大大地埋怨他的裝配鎗械者，可是，當他著陸而檢查鎗支的時候，他發覺了他們不過是彈藥用完罷了，當 P-40 機離去的時候，三架日本轟炸機已經燃燒著跌下去了，其餘的冒著煙，程度各有不同，雷克特是志願隊的唯一受傷者。他的長途追逐使他用盡汽油，逼他迫降昆明東郊的禾田裏，受了輕微的傷損。

回到機場上，大多數的機師都太興奮了，以致不能一貫地敘述。

「得了，小伙子們。」我告訴那些興奮的駕駛員們：「你們幹得好，可是還未算最好。下次全部幹掉他們吧！」

我集合他們在指揮棚裏，達一小時，然後才讓他們吃中飯，我們詳細無遺地把這一次戰鬥檢討，指出他們錯誤的地方，並且忠告他們下次要怎樣把敵機全部擊落，直到一九四五年春季爲止，我還未知道在那美志願隊第一次的戰鬥裏山德爾距擊落全部敵機還差多少。

美志願隊駕駛員畢紹普（Lewis Bishop）在宜良戰役之後五個月被擊落，而在印度支那做了俘虜。他遇著那個率領那次空襲的日本飛行員，交談之下，那日本飛行員說他是那次出擊的獨一生還者。十架轟炸機中有九架不能飛返基地云。

畢紹普當了三年俘虜，最後他在由上海被運往東北途中，從開行著的火車上跳車逃脫，一九四五年初，他到昆明見我，寫下了美志願隊初次作戰的故事的最後注腳。

在美志願隊保衛昆明的期間裏，日本空軍永不敢再來轟炸了，許多個月後，他們只竄擾昆明防空網的邊緣，在邊境投下幾顆炸彈，但不敢飛近昆明。我們的邊境警戒機擊落半打這些膽小的襲擊者，在一九四二年春季，我們採取攻勢，深入印度支那作戰，實行俯衝轟炸和掃射，日本在第一次挫敗後等候了十六個月才在一九四三年春季投擲另一次的攻擊，那時，他們知道我正在華盛頓參加英美聯合參謀部的三方面會議，那一次他配上三十架戰鬥機來掩護他們的轟炸機。

雖說美志願隊在中國上空浴血苦戰，而它的「飛虎隊」的英名都是爲了它在仰光上空的作戰而得來的，在美志願隊在仰光作戰十星期裏，冷靜的統計顯示出它的力量是，在五架至廿架可用的P-40機之間變化著的，這弱小的隊伍在緬甸南部與泰國和總數逾千架左右的日本飛機週旋，在三十一次的遭遇戰裏，他們擊毀二百一十七架飛機，可能擊毀四十三架，我們在作戰裏的損失是四名駕駛員在空中被擊斃，一名在掃射中斃命，一名被俘虜，十四架P-40機被擊毀。在同時期裏，和志願隊並肩作戰的英空軍擊毀了敵機七十四架，可能擊毀三十三架，損失水牛式和颶風式共廿二架。

英國首相邱吉爾，把統計加上他的辭藻，打電報給緬甸總督說：「此等美國人在緬甸禾田上空的勝利在性質上（如果不是在規模上的話）是能夠和不列顛之戰，皇家空軍在肯特忽布草園地（hop fields of Kent）上空所獲得的相媲美。」

英空軍少將史蒂文森（D.F. Stevenson，他是在一九四二年二月代替曼寧的）留意到在不列顛之戰裏英國機對德國機是一和四之比，而在緬甸上空英美戰鬥機對日本機的比例是由一比四至一比十四。

日本人開始空襲仰光的力量是一百五十架戰鬥機和轟炸機，它們的基地是泰國南部的新機場，在緬甸，盟軍所能集合的祇是志願隊的 P-40 機，英空軍的水牛式二十架，幾架印度空軍的舊式黎桑德（Lysanders）機和幾架虎蛾式（Tiger Moth）練習機。正如我所預料，英空軍作爲情報網的雷達和電話的配合並不能供給適當的情報。許多次，我們的駕駛員所能接到的唯一情報祇是慌忙的電話，「轟炸機在頭上了」，或者是英空軍爭先昇高警戒的嘈雜聲和滾滾沙塵而已。爲了這不行的情報，許多美志願隊的截擊是在敵人完成轟炸而離開目標後才做的，當英空軍表示它的唯一支持它的警報的企圖包括供給前進地上部隊應用反光鏡以發佈警告信號的時候，我力爭把志願隊從一個我認爲不需要地暴露的位置撤退。後來只爲了英美聯合參謀部和蔣委員長的沉重壓力，我才沒有這樣做。

在仰光戰役開始前不久，美志願隊從鮑萊（William D. Pawle）那裏遭受了最後的打擊。鮑萊和中國政府間的合同規定我能夠去向鮑萊的中央飛機製造公司要求技術人員、工具，和材料來修理美志願隊的損壞的 P-40 機。九月，在中國航空委員會主任周至柔將軍的會議裏，大家贊同在怒江之西的一切美志願隊修理工作可由中央飛機製造公司位于滇緬交界的壘允廠主理，而在昆明的中國空軍的修機廠則處理在怒江以東的一切事宜。

爲了損壞的飛機從東瓜訓練的時候起已開始累積起來了，我幾次向鮑萊請求，請他由他的壘允廠派送人員和材料來修理它們。幾個人員給派到東瓜來了，但決定只在那裏做應急的工作，並且把損壞得厲害的飛機由滇緬鐵路先運到臘戍，再由那邊用貨車運到壘允廠去，但它們抵達後又很少給人家修理。

中央飛機製造公司從事裝配寇蒂斯萊特廠的二十一型戰鬥機和一些鮑萊賣給中國政府的練習機。鮑萊聲稱修理志願隊的飛機便會妨礙他的裝配程序云云。我辯稱替有經驗的飛行員修理那證明可以作戰的飛機是應該比較裝配練習機和在試驗中的戰鬥機優先辦理的。我們也不同意把一個志願隊中隊駐在壘允去保護他的工廠，在那時敵人空襲壘允的或然率是太希罕了，而不足重視的。

在十二月中旬鮑萊發出命令給在壘允的他的美籍雇員，禁止他們接觸志願隊飛機，跟著他用無線電通知我說自一月一日起該公司便不再修理志願隊的P-40機了，我覆電說鮑萊不能做這樣工作，是很遺憾的事，但我們自己會設法的。

中製公司修理基地的喪失對本隊是一個嚴重打擊，因爲我們已在仰光戰鬥著哩。我把這事情報告在重慶的蔣委員長，他命令中製公司的華籍經理陳上校繼續修理志願隊飛機，陳上校替我們做了優秀的工作，直至那間廠面臨日本人對雲南的進軍，而自動燒掉放棄爲止。中國政府取得鮑萊在中央飛機製造公司的權益，而他飛到印度去了；那邊，他早已開始建立第二間飛機工廠。

我曾經懷疑鮑萊會像日本人一樣，完全相信英美情報說志願隊不能支持兩週的作戰。

無論如何，在當他有機會去給予志願隊以最急需的緩助的幾個場合裏，他卻表現出我認爲最缺乏合作的態度來。只在志願隊的戰鬥紀錄已令這個機構馳名世界了之後，鮑萊才盡力去使他自己和它聯成一起，甚至爲了企圖獲取飛虎社（那是唯一眞正的志願隊舊人主辦的戰後組織）的名譽社員一席，他自願捐出一萬美元做該社的基金，他的建議給社員們直截了當的拒絕了，他們顯然感覺到在一九四一年、四二年的黑暗時期裏，幾架修理完竣的 P-40 較之一張戰後的支票會對他們有價值得多哩。在搞完一連串戰時製造業的冒險後，鮑萊便進入外交界，出任駐秘魯和巴西的大使了。沒有疑義的，他發覺那爲了他「組織發虎隊」而賞賜他的勳章對他的新工作很有用哩！

聖誕節前兩天，日本人用二十架戰鬥機掩護五十四架轟炸機，對仰光作初次空中閃擊，戰鬥機和轟炸機的比率之低顯示他們是有自信心的，而且預計盟軍空防不會給他們什麼麻煩。明加拉敦機場沒有警報發出。第三中隊偶然地被命令飛離機場，正當仍在昇空的時候，他們就得到英空軍的通知說「敵機自東方飛來了。」日機在給志願隊看到他們的隊形之前已經完成轟炸，在飛返途中了。日本戰鬥機向城區俯衝，掃射著那些擠在街上看空襲的市民群，一隊轟炸機進擊明加拉敦機場，其他的便沿著碼頭下蛋，在跟著來的一場短促戰鬥裏，美國人射落六架日機，自己損失兩名駕駛員——尼爾．馬丁（Neil Martin）給四架日本戰鬥機擊中，還有亨利．吉爾伯（Henry Gilbert）給轟炸機的機頂砲塔擊毀了，英空軍卻沒有交鋒接觸。

這次空襲把驚惶帶給仰光。走得動的有錢人都向印度逃命去了。緬甸土人暴動、搶掠，而且開始暗算著離群的英國人，一些本地廚子和僕人都由明加拉敦逃跑了，使得志願隊連膳團也沒有了；兩天來，他們主要是靠霉壞麵包和罐裝啤酒活命——啤酒的存貯量似乎是很豐足。

在一個晴朗無雲的而有著一百一十五度的日光下溫度的聖誕節，日本人回來解決仰光了。他們預算六十架轟炸機和三十架戰鬥機便能夠勝任愉快，這一次十二架 P-40 機在高空等候著，並衝入日本的隊形裏，當他們向城市飛行的時候，像「一群划艇襲擊著西班牙的無敵艦隊啊！」一個在地下的觀察者描繪這一攻擊說。英空軍後來出動了十六架水牛式機參戰。

「很像射鴨子一樣。」中隊長歐爾遜打電來昆明給我說：「我們打下十五架轟炸機和九架戰鬥機，若果我們全隊都在這裏的話，會能夠使整個日本空軍都沒有力量出動哩！」

美志願隊的損失是飛機兩架，兩個駕駛員都安全跳出了。英空軍打下七架日本飛機，損失九架水牛式機和六名駕駛員。

在可紀念的聖誕節裏鮑萊恰好也在仰光，顯然他對志願隊的態度上多少有點回心轉意了，他在仰光裝滿一輛貨車的食物和酒類，趕到明加拉敦，送給第三中隊做聖誕餐，叢林外的燃燒著的日本飛機的煙仍然昇騰著，第三中隊人員在環繞機場邊緣的榕樹蔭下蹲坐，同吃火腿和鷄肉的大餐，無拘無束地用啤酒和威士忌酒潤喉，而本隊其餘的人員卻在北面八百哩外的嚴霜滿地的昆明高原吃雲南鴨子，飲米酒哩。

聖誕節戰役後，第三中隊衹剩十一架可用的 P-40 機而已。歐爾遜飛電求援，我便派紐寇克率領第二中隊幫他，在二月份的第一個星期裏，移轉工作完成了，而日本人對仰光力攻的方式是顯而易見的。

當日本人結集力量準備另一次大規模的日間襲擊的時候，他們必派遣夜間轟炸機去騷擾仰光，整晚用單機分次竄入，以收最大的騷擾效果。志願隊在堵截它們方面並不成功。英空軍卻略有成就。其時志願隊採取攻勢，搜索敵人在泰國的機場，去粉碎他們在地上的飛機。紐寇克和希爾（Hill）幾次率領對日人機場的早期掃射攻擊。

當志願隊的 P-40 機力戰以確保仰光港口開放的時候，我們的地勤員正像水獺般在碼頭上工作著，把租借物資裝在運輸貨車上，以備沿滇緬路運到中國去。正在這個時期間，在日本人風頭火勢的攻擊下，滇緬路每月運輸二萬噸往中國。這些在仰光陷落以前運走的供應品，使得志願隊在每一條和這多難的大地相接的交通線都給敵人截斷了的時候，仍能夠繼續作戰。在那狂熱的幾星期裏，志願隊的各式非飛行人員，包括我們的隨軍牧師佛利曼（Paul Frillman）在內，都在仰光碼頭像腳伕般流其大汗。

一月的最後一星期，日本人準備對仰光再來一次打擊，自一月廿三至廿八日這個緬甸的港口即受六次大襲擊，每次的飛機多至一百架，日本的飛機編隊已經把戰鬥機的比率改變成三與一之比，來掩護少數轟炸了，這表示他們尊敬英美戰鬥機的駕駛員。

一月廿三日和廿四日，日本嘗試一串的「連珠打擊」來打垮志願隊，他們首先用戰機橫掃，打算把盟軍戰鬥機趕上天空而耗盡了他們的燃料，然後正當志願隊和英空軍在地面上油時第二批依時趕到，實施重擊。這是好法子，但，它是無效。志願隊的地面人員對 P-40 的添油和上子彈工作是太敏捷了，所以在第二批敵機出現前，P-40 便能夠立刻再戰了。一月廿八日，日本人便只派遣戰鬥機大編隊來襲了。這次攻勢的紀錄是五十架日機被擊落，志願隊損失兩名駕駛員和英空軍駕駛員十名被擊斃。

紐寇克發電來昆明說：「我們所遭遇之困難、工作和戰鬥愈多，我們的士氣愈旺盛，現在中隊的精神實在堅強得很。」

無論第二中隊的士氣怎樣旺盛，他們已剩十架 P-40 機了。這樣，我派遣山德爾和第一中隊到仰光負起重擔。日本人的地上部隊對緬甸的攻擊已在一月末週開始了，顯然，英國人沒有兵員、裝備或統率人材來遏止它。

在我一九四一年夏季離開美國之前，我托幾位在路易斯安那州的朋友替我留意報紙，並把任何有關志願隊的圖文剪出寄給我。現在，從各州報紙剪來的東西源源而來，而同寅們便很詫異地發覺了他們已世界知名，榮獲「飛虎」（Flying Tigers）的雅號了。

我們馳名的標記絕不是起源于志願隊的，我們的機師由一幅《印度圖畫週報》（*India Illustrated Weekly*）裏的彩色圖片抄襲了那鯊魚牙齒的圖樣，而把它塗在他們的P-40機頭上——那幅圖片是顯示駐利比亞沙漠的英空軍的鯊魚頭P-40的。甚至在以前，德國空軍也有塗鯊魚牙齒在它的梅塞施密特210（Messerschmitt 210）式戰鬥機上的。配合一個液涼式的引擎的突出的機頭，這眞是最適合而可怖的設計了。至于「飛虎」兩字怎樣從鯊魚頭的P-40演變而來，我永不明白。無論如何，我們發覺被賜嘉名後，未免有點驚異哩。直至志願隊行將解散之前，我們沒有任何的隊徽。爲了華盛頓的中國國防供應公司（Chinese Defense Supplies）的請求，好萊塢華德狄斯耐（Walt Disney）公司羅伊．威廉（Roy Williams）設計了我們的隊徽，它包括一隻有翼的虎飛過一個表示勝利的V字。

雖說飛虎的勝利在屢戰屢敗的盟國間成爲大書特書的

▶飛虎隊P-40機。

頭頁新聞，我留意到有許多傾向，竟然把我們的成就歸功于「蠻勁」，或某些令到美國人在空中以一當十的神秘特質，而忽略了那些作爲我們的勝利的眞正基礎的具體事實。

無論它後來的缺憾怎樣，寇蒂斯萊特廠的P-40對于仰光空戰實是一種優秀的戰鬥機，——一切戰役都在二萬呎以下進行的。在那些高度裏，P-40比較颶風式好些而抵禦日本陸軍的中島九七式戰機和海軍型的零式機是最好不過了，那兩挺〇・五〇口徑機槍使P-40得到犀利而快發的火力，實非英國的或日本製的飛機所能望其項背，機師的裝甲救了許多P-40機師的性命，而它沉重紮實的構造，雖有不大靈便之弊，卻具有戰地保養和損壞修理上的利益，P-40在受了那會能夠令一架日機不能再用的損壞之後，能夠重被修理。

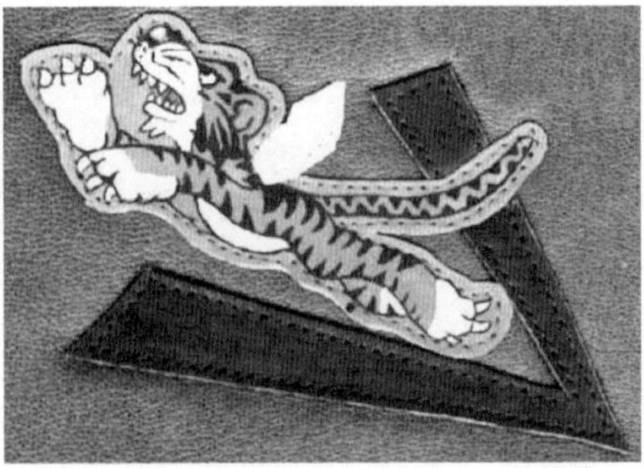

▶飛虎隊隊徽。

地勤人員是一個主要因素，而爲大多數駐當地報紙通訊員所忽視的，就是爲了地上人員對P-40修理、加油、上子彈的神速，才能使志願隊沒有給日本人的「連珠打擊」擊敗，地勤人員表現在修理那些作戰受損的P-40的天才和精力，我並未見過有並駕齊驅的，超越過的更不用說了。

他們在仰光的成績是多方面象徵的，因爲在一切未來的冗長的戰爭歲月裏，美國的補給就是我們的最後凱旋門的一塊拱心石。直至仰光之戰的末日止，我們的地勤人員每天都設法使到最低限度有十架 P-40 可以隨時作戰，恰好成爲對比的是：英空軍司令官史蒂文森少將埋怨他的補給人員說，在一月份抵達的一隊三十架的颶風式機到二月中旬便只剩得十一架可應戰的了，到三月更只剩六架了云云，我永不贊許戰鬥機用液涼式的引擎的，但我們 P-40 的阿力森（Allison）引擎確好過製造人替它們宣傳的。

我們在仰光的統率也是優秀的，所有在那邊指揮的六位中隊長——歐爾遜、山德爾和紐寇克（在他們陣亡前）、希爾（"Tex" Hill）、尼爾（Bob Neale）都是卓越的領袖。希爾和歐爾遜之晉昇上校和指揮陸軍航空隊戰鬥機群作戰或美空軍之授給尼爾中校（他初入志願隊時是一個海軍少尉）都不是偶然的。

尤其重要的是那種典型美國式的聯絡，在其中有大量個人才華的「用武地」，但每一個人都奔赴一個共同的目標，你能夠在秋天星期六下午的足球隊裏看到它，將來，我們得應用同樣的合作密切的聯絡去在下一次戰爭裏指揮導引飛彈（guided-missile）或按紐式作戰的隊伍，或使我們度過和平期間的險阻。

在二月裏爲了我每年必患的慢性支氣管炎的侵襲我臥病昆明，而所擬定的仰光之行，也只得取銷了。我時而小病于機場辦事處，時而纏綿于雲南大學志願隊宿舍的病床上，一架無線電機按裝在臥榻之旁，這樣我能夠聽到駕駛員在仰光上空作戰間的談話，就是從無線電裏，我聽到二月四日日機襲東瓜的消息，他們在上午六時來襲，沒有警報。一切人員都熟睡著，指揮所和一個機庫給直接命中，毀壞了三架在修理中的 P-40，半打英空軍的勃倫罕機著火，若在八星期前這很容易會是美志願隊的厄運。

在二月中旬新加坡陷落之後，日本人把那些驅逐英空軍出馬來亞天空外的精銳部隊，轉移到泰國，去參加對仰光的空襲，這些增援把可能用來攻擊仰光的敵機力量增高至四百架，在月底前他們用著二百架飛機一天去猛擊那城市。

就是在這階段裏幾架由尼爾的第一中隊飛行員駕駛的破爛 P-40 機寫下了志願隊仰光戰史的最慘淡的一章，自山德爾因在明加拉敦試飛一架修理後的 P-40 而不幸逝去後，尼爾已晉昇第一中隊長，因為仰光陷落的跡象日漸顯現，尼爾便不再保留破損的飛機在明加拉敦了，祇令它們北飛或由火車北運而已。大約也是這個時候我命令尼爾停止一切掃射和掩護轟炸機的出動，為了 P-40 引擎的惡劣狀況——那些引擎許久沒有受檢查了。

鯊魚頭式機時見北飛，且不再出現于泰國機場上或掩護英空軍轟炸機……這事實引起美志願隊已經撤離仰光的謠言，尼爾電請實際疏散的命令，我覆電說：「耗用裝備，極力保存人員，帶最後一瓶氧氣退卻。」

尼爾照字面行事，只有 P-40 九架，他等待新加坡飛來的強大日本機群的最末一次白晝襲擊。英空軍的實力也削弱了，所有水牛式機已因作戰或意外而損失淨盡了。三十架颶風式機低減至一打可動用的。由加爾各答橫渡到仰光的十八架颶風式和噴火式的新增援在秦山裏毀損喪失了十一個駕駛員，當日本人在二月廿六日開始他們最後的空襲的時候，祇有十五架盟軍戰鬥機對付一百六十六架敵機的攻擊罷了；他們在二十五日連戰三場，結果志願隊打落日機廿四架。第二天更壞了；有敵機二百架飛臨仰光。那時減到剩六架P-40機的志願隊擊下十八架日機，兩天來擊落敵機的總數達四十三架，自己則毫無損失。

在那幾乎經常空戰的兩天裏，尼爾的中隊造成戰鬥機英勇戰史之一頁，有最好的裝備也許會有光輝的勝利的，可是，在尼爾和他的駕駛員們作戰的情況下，這眞是不可相信的勳業哩。烏爾夫正在仰光最後之戰開始前離開仰光，他把當時情況描寫得很清楚：

在仰光的飛機幾乎是不能飛的，輪胎給消磨和曬烘，不斷地爆裂，甚為缺乏。蓄電池的極版變薄了。把它們灌電後，一天內又再失效了。在仰光已找不到普勒斯敦牌（Prestone）的潤滑油。英國人毀壞了蓄電器灌電和氧氣儲備站，並沒有預先警告我們，令我們能早事存貯。我們完全缺乏補助的變換齒輪，而它們在飛機裏每天損壞著。

各種新鮮食物絕對缺乏，我們只有靠罐頭。食水難得，城市自來水大都給切斷了。

在機場的沙塵大大地弄污了P–40的引擎，它阻塞炭化器如是之厲害以致當引擎停止了，再加各種壓力就發生危險，整個炭化系統要在地面清理，可是它們只經過一天出動後，便壞到非常了。引擎停止的傾向使空戰和地面掃射都有困難。兩天前，八架因空襲而昇空的飛機只得五架能夠離地而已。

仰光的情勢漸危險了。當局已釋放罪犯、瘋狂者和痲瘋病人，以便他們防衛自己。土人曾衝入無守衛的酒類貯藏室，情況甚危險。不斷地有刀傷和殺人事件，幾晚前有三個英國人在近碼頭處被害，商店全部關門了。城裏最少有二十五座建築熊熊地燒著，一切的救火車都在幾星期前由普羅姆公路（Prome Road）撤到曼德勒去了。

我們和英國情報部門唯一的接觸是約十天前某官員的蒞臨訪問，英空軍與英國陸軍間似乎很少合作，而英空軍和我們間更少了。似乎日本人確已渡過西湯河（Sittang River，只距仰光八十哩），但我們沒有得到什麼消息……

在二月廿七日夜裏英空軍把雷達裝置撤離仰光，並未預先通知志願隊。對於尼爾那不過是最後之「一點壓力」。第二天早晨，他從所剩下的飛機裏派遣六架 P-40 掩護志願隊的最後運輸車離開仰光，他和史密斯（R. T. Smith，後來是美空軍戰鬥機大隊長）留著去最後搜索數天前在森林上空跳傘的志願隊駕駛員。尼爾拆除他的無線電，擴大行李間以便若果那駕駛員受傷歸來時安放一張帆布床。尼爾和史密斯在二月廿八日流著大汗等待失蹤駕駛員賴波特（Edward Liebolt）的消息。第二天日本人截斷那最後由仰光撤退的路線普羅姆公路了。尼爾和史密斯塞兩箱威士忌入行李間內，立即飛往北面二百哩的勿魏（Magwe）去。兩天後，日本軍進佔仰光。

緬南之戰結束了。

第十章　怒江上

五月渡瀘，深入不毛
——諸葛亮

北緬爭奪戰是一場災難：它幾乎打垮了中國並播撒下中英美盟國間不協調的苦澀的種子。那血腥鬥爭的最悲慘的一面，是盟國的缺乏團結，在緬甸戰爭的第一個月裏，一切力量集中在亞洲大陸上對抗日本人的希望都毀滅了，直至戰事完結，中、英、美人都各自奔赴其目標，所謂合作也實在薄弱得可憐！

在珍珠港之前的數月裏美國在華之威望高逾一切，對美國援華聯合會（United China Relief）的慷慨捐輸和一般美國報紙的輿情，使得中國領袖和民衆一致相信美國人是同情他們爲獨立而反抗歐亞帝國主義而鬥爭的，而羅斯福總統個人對亞洲問題與日俱增的關注，更把具體的援助增加在精神的支持上，這些程序是——擴張租借法案派遣美軍代表團，供給美國志願隊飛機和駕駛員，和堅決應允派美國轟炸機和日本作戰。可是在珍珠港後數月，這威望大部消失，爲了美國一連串的軍事挫敗，尤其最大的還是爲了遠東的美國高級官員的態度——他們對待中國人老是像一八七零年的邊疆砲兵司令處理友善而不可靠的印第安人部落一樣。雖說那時中國的廣大群衆把美國當做他們對前途唯一的希望。我們在亞洲的官方代表們所傳播的美國政策，已經在現代中國的領袖間，惹起一種滋長而潛伏著的懷疑了。

在日本人「玉成」了中英美同盟後的中美首次官式接觸裏，最高級美國軍人已經有了不用圓通手段處理遠東事情的不幸傾向。在這情勢下，沒有事情會比這更壞的了，我曾參加東南亞盟軍最高統帥魏菲爾（Sir Archibald Wavell）元帥和那時在同地區的美國空軍司令中將布勒特（George Howard Brett）一九四一年十二月廿一日在重慶，和蔣委員長的會議。

由開頭起氛圍似已不太友善，因爲蔣委員長和蔣夫人對英國政府封鎖滇緬路以免獲罪日本人的決策（這是當他們本土最緊急時所採取的）；仍然大感憤慨。路雖是重新開放了，可是創痛也隨之而來了。布勒特開始便誤事，他多少有點笨拙地問蔣夫人，她曾否聽過一個名字比他的更英國化的。「George Howard Brett，」他反覆著：「你能夠想出什麼較英國化的東西嗎？」

「不，我不清楚！」蔣夫人冷若冰霜地回答，轉身就走，留給布勒特以僅僅一瞥的背影。

布勒特不能夠看出那令人發生「美國領袖是和英國人聯成一氣以對中國」的印象底

危險性，至於魏菲爾元帥呢，他是我在戰爭時能有幸相晤的漂亮人物之一，可是他太偏執自己的緊急的問題，以至忽略了全部有關情勢的心理學了。中國畢竟比其他盟國作戰較久，受苦較深而犧牲也遠較重大，但魏菲爾老是只記著緬甸之受威脅，而代替了給人家一種在共同目標上合作底印象。他讓事情顯露出，他像只對能夠從中國的資源裏抽出多少來防衛緬甸的問題發生興趣。

英美情報組織經常地而並非時常沒有理由地發出關於中國的不安全的警告，令到事情更感複雜。雖說魏菲爾堅持想知道蔣委員長會替他做什麼，而他卻十分不願解釋什麼是英美盟國準備替蔣委員長做的。魏菲爾拒絕討論盟軍戰爭計劃，也拒絕研討援助中國的程序問題。在長時間討論緬甸軍事問題後，他宣稱他將發出報導敘述蔣委員長已同意供給或屬必需的軍隊和其他物資。那是情詞各執的眞正爆炸，在它的過程中，蔣委員長已將會議記錄電告羅斯福總統。那時，我認爲蔣委員長的大發雷霆是應該的，雖說後來我獲知有許多可怖的壓力和錯誤的先見，致令一個像魏菲爾一樣尺度的人發生這樣不知目的和操切的態度。

雖然事情是這樣，蔣委員長仍願調最精銳的軍隊兩軍輔以機械化的重砲隊，共同保衛緬甸。如我前面所敘述的，這獻議，當時給英國人沒趣地拒絕了，直至緬南陷落之後爲止。

一九四一—四二年冬天，我看到中國第五軍與第六軍的步兵和砲兵，在雲南紮營，等候英人准許入緬作戰，其時仰光美國志願隊的無線電每天答答作響，報導著英國人在緬甸的防衛日趨瓦解的消息。當仰光危急時，英人始准許華人入緬。瘦削而嚴峻的史迪威中將（Joseph Warren Stilwell）也再在亞洲戰場上出現了。

史迪威似乎很適合中國的工作崗位，他以前曾因職務關係兩次漫遊中國，而且中國話講得不十分壞，他是馬歇爾參謀總長（George Marshall）的多年密友且獲得國防部〔按：美國開國後設有戰爭部（War Department），相當於國防部前身，戰爭部至 1947 年改組爲國防部（Department of Defense）〕無限的支持。但當史迪威在亞洲肩負艱鉅使命的時候，他具備了三件令他不利的東西：一種是對空軍強烈的偏見加上對任何比步槍和刺刀較複雜的武器的怯懦底懷疑；一種是以「通商口岸」式的對待中國人的態度，認爲他們是沒有外國指示便沒有能力去處理自己的事情的劣等民族，和一種對於在聯合戰爭裏最高軍事位置的外交多面性的忽視。還有他的職員中羅致了小部份所謂「中國通」的人，他們對這廣大的國家和人民的認識，仍不能脫離戰前在天津的美國第十三步兵營的觀點的老套。

史迪威的赴華使命，在戰爭期間對一個職業軍人，確實是件最艱鉅的外交工作，甚至馬歇爾的戰後訪華的使命，比較當時史迪威所不斷地遭遇的棘手問題還要簡單得多。

他是樸質不文的軍官，一個極端勇敢的人，當他在敵人火力下指揮軍隊的時候，看來像十分閒適，十分有本領，他之被派扮演一個和他的訓練，與特質不符的角色，眞是件不幸的事。在他應付不熟習問題的不斷奮鬥當中，他對必需合作的其他領袖，未免倔強。他在一九四二年二月下旬之蒞臨中國，受到中國領袖們普遍歡迎，乃是他們震於他的三星階級，他對華語的熟悉，和瘦削而頑強的飽經戰役者的外表。

在他策劃動用在緬華軍的首次會議裏，蔣委員長、蔣夫人和我都曾參加。蔣委員長授權給他指揮那時正在進軍緬北的中國第五、第六兩軍，這是實踐對羅斯福總統的諾言，允許在華的美國高級官員指揮華軍作戰，祇在緬甸屢敗之後，蔣委員長對史迪威的信心才消失，而堅決拒絕把再多的軍隊給他指揮，而且，有時還對仍在史迪威名義下指揮的各師軍隊發布命令哩。

蔣夫人，在和史迪威首次會議之後，她興高彩烈地把著史迪威和我的手臂，帶領我們步出會議室外的平臺，她告訴我們說她是何等的快樂，爲了得到兩個美國軍事領袖的幫忙，又說史迪威和我應怎樣地合作無間，她對我們指揮下的中美作戰效果的希望又怎樣的高。

史迪威獻議以西湯（Sittang）河流域的華軍進行攻勢，其目的在把仰光的日軍截斷，和分散在緬敵軍的力量。蔣委員長很快即批准史氏的計劃，但告誡絕不許變更華軍之攻勢。蔣委員長不願把他的軍隊浪費在守勢裏，而養精蓄銳等待最有決定性的時候，來作反擊，他鄭重授命史氏，別給任何事情變易他的攻勢。而史氏當時即承諾並服從了這個命令。這攻勢的定期約於四月十五日開始，我們即訂定志願隊支持華軍的詳細計劃來配合，且規定了特殊密碼和訊號以應付首次中美聯合作戰的需要。

緬甸是一連串的深谷，由此迤延至南，中間爲巉巖的但並非不可飛越的山脈隔開。山谷沿北面中印疆界開始，南下逐漸擴大成爲河口和三角洲，當日本人攻略仰光的時候，他們已面對著那橫割自然的河流防禦線工作，但在他們對緬北的新攻勢裏卻沒有遭遇這樣的阻礙，因爲我們的進軍是依著緬甸的一切天然交通線的。在三月初緬南戰場相當平靜，日本人在鞏固對仰光的掌握，而華軍在西湯流域的東瓜附近也守著盟軍前線的左翼，英軍則在伊洛瓦底江流域守著右翼，以防衛到曼德勒（Mandalay）的通路和富饒的仁安羌（Yenanyang）油田，在日本人進擊緬北前的沉寂裏，英國最高指揮當局似乎單獨地不表關懷，他們以爲日本人取得仰光港口已躊躕滿志了，無論日本人進軍緬北的戰略可能性在英軍指揮官們看來是怎樣的渺茫，倫敦的邱吉爾首相的眼睛是雪亮的，他四月裏對衆議院說：

> 他們（日本人）的最好計劃是會由緬甸向北推進，直趨中國，以解決中國人的抵抗和偉大的中國領袖蔣委員長。我們還沒有看見任何和這一見解不符的日本人行動，現在已有幾項行動足以支持它（見解）了。當然啦，打垮了中國，日本將更擴充他的利益，中國是日本人能夠在一九四二年裏獲得主要決定的唯一地方。

經過短期的安靜之後，日本空軍和美志願隊、英空軍的混合隊間的實力較量在緬北上空繼續進行。

敵人現在有十四個空軍聯隊駐紮在緬甸和泰國，共擁有飛機四百二十架至五百架，盟國空軍卻只有三十架可用的戰機和一打勃倫罕式轟炸機，仰光上空的戰役是兩個空中部隊在高空中有計劃的火併，大家都希望在空中決一雌雄。緬北空戰的性質轉變到不斷企圖攻擊對方停在地面上的飛機。日本人在空戰中損失太慘重了，以致不想再來一次，而我們所有可用的戰鬥機也太少，不能予強大的敵人空中隊伍以更多的致命打擊，這種情形後來成爲太平洋戰爭的一種特性；最有決定性的空戰是由攻擊者對在地面上敵人的奇襲打出來的。

如平常一樣美志願隊在這新搏鬥裏發動初次的一擊。志願隊和英空軍的前進隊伍都駐在距仰光北約二百五十哩勿魏（Magwe）的未完成的機場上，我們仍然用我們在東瓜的舊訓練機場（那時由華軍防衛著），做一個加油站，以伸展深入泰國和緬甸的 P-40 偵察活動的範圍。

美志願隊的黎德（Bill Reed）和詹斯德（Ken Jernstedt）於三月十九日自東瓜出發作偵察飛行時，他們發覺距毛淡棉機場外約十哩的地方有一條新築成的戰鬥機跑道，廿架戰鬥機正排成一線地停躺著，這兩名機師即各作低空掃射六次，但自己並沒有給半顆子彈打著，當飛離時，他們數得出機場上已有十五個火頭。

飛過毛淡棉機場時，他們再次掃射，燒毀了三架轟炸機和一架運輸機，造成美志願隊裏最高的個人戰績，日本人顯然沒有想到我們的轟炸機會能夠這樣深入他們的土地的。

第二天，英空軍的勃倫罕機和颶風式機在明加拉敦的舊機場上作低空轟炸和掃射的攻擊，突襲在機場上的敵機五十架。有些日本零式機立即騰空對勃倫罕機猛擊，但英空軍的戰績是擊落零式機十二架，又十六架轟炸機和戰鬥機在地上被毀掉了。

日本人給這兩拳打痛了，便開始對勿魏全面攻擊，企圖遏止盟國空軍在緬甸的努力。勿魏的形勢是十分適宜於奇襲的。英空軍正應用機場來做疏散約三千英人和印度人的空運站。

早在二月廿四日我的駕駛員們已報告說：「機場甚難用於作戰，因英空軍正應用兩架 DC-2 機、三架哈德遜和一打的勃倫罕機疏散英空軍人員往印度，這些運輸機繼續不停地起落。」

這交通的擠軋因適當警報的缺乏而更形複雜，由仰光攜來的雷達裝置正在勿魏使用著，但它祇能掩護東南方的通路，而且祇發出由明加拉敦來的攻擊的警報而已。在西方，沒有地上監視哨網，僅有一架英空軍勃倫罕機盤旋於勿魏之西一萬尺外（幾達八十哩），算是唯一的對泰國來的襲擊的警報。既然公開招致「災禍」，「災禍」自然蜂擁而至了。

三月廿一日正午過後不久，日本人的攻擊開始了，跟著二十五小時內二百六十六架敵機，包括一百六十六架中型重轟炸機；猛擊勿魏，遭遇很少的抵抗。

第一次空襲有敵機二批共有轟炸機二十七架，由二十架零式機掩護者，在警報後兩分鐘即行襲擊。P-40和颶風式各兩架，昇空襲落了敵機四架，但後來因寡不敵衆，敵方炸彈乃給盟軍飛機和人員帶來無情的打擊，中炸彈碎片重傷的有十多人，一架P-40給掃射而著火焚燒，六架颶風式給炸成粉碎，而大部在機場上的上滿油和炸彈的勃倫罕機也被毀滅了。我由昆明電告勿魏：「明天希望謹防繼來的空襲。」

但，日本人幾乎在我們的勿魏分隊剛看完我的電報之後，便立刻回來了。上午八點鐘，他們再來攻擊，並沒有警報。雷達機已用以防範著西方的通路，並且也要在極遠偵察到敵人的機群。可是，在最緊急的當兒，雷達站和勿魏的戰鬥機指揮所的聯絡突然中斷，而日本飛機便不知不覺地咆哮而至了。沒有一架盟機飛離機場，轟炸機炸完後，零式機低飛掃射多次，直至彈盡爲止。當火熄後，祇剩三架可飛的P-40，二十五架颶風式機只有四架能昇空而已。那三架P-40恰好在三月廿二日下午最後的空襲開始之前及時離開勿魏，我們的地上人員由貨車沿滇緬路北上疏散，在日暮之前，殘餘的颶風式盡退到孟加拉灣上的阿恰布（Akyab）去了，那邊在五天後一次敵人的奇襲裏全部英空軍實力在地面上又給打垮了，除了那派往壘允參加美志願軍的八架颶風式機外，英空軍以緬甸為基地的作戰力都在勿魏和阿恰布兩地的災難裏完全消失了。

在他的緬甸戰役的官方報告裏，英空軍少將史蒂文森（D.F. Stevenson）說過這樣有關美志願隊的話：「在緬甸之役裏戰鬥的主要衝擊，均由美國空軍志願隊 P-40 機各中隊承受之，他們在戰場上堪稱巨擘：駕駛員訓練有素，配備亦屬精良，大部在緬甸被毀的敵機，均是他們擊落的。他們行動的英勇獲得兩軍的欽慕。」

沒有人在看過英空軍在緬南作戰後能夠不讚頌他們作戰的勇敢的，這些英國的、澳洲的、紐西蘭的駕駛員抵禦每次仰光的空襲時，絕不理會他們的飛機較劣和戰術的不適用，其作風贏得和他們並肩作戰的美志願隊駕駛員們無限欽仰。同時，英空軍飛行員們駕駛他們古舊的、緩慢的和裝甲不厚的勃倫罕轟炸機屢次遠征，深入敵人土地，對足以使他們不能飛返的危難雖有深切的認識，亦在所不計。

我們在勿魏的生還者卻到壘允去，而我在昆明離開病榻去計劃一次反擊，由勿魏來的敘述指出日本襲擊者是從泰國麻栗樹林裏的極北部清邁（Chiengmai）與藍邦（Lampang）兩機場飛來的。在仰光失陷以前，我們一直使這些機場在我們長期監視下，並注意到它很少調動。在勿魏，我們為了戒備的鬆懈而付出代價委實太重了。

第一、第二兩中隊的「選手」飛往泰國去，以資報復，尼爾（Bob Neale）和包莫頓（Greg

Boyington）率領第一中隊的P-40六架，鈕寇克（Newkirk）則率領第二中隊的四機編隊。三月廿三日早晨離開昆明後，他們降落壘允添油，等到薄暮，溜入黑河（Heho）和南桑（Namsang）兩個英空軍近泰境的前進基地，他們恰好在天黑之前降落那邊，再次添油爭取一次短時間而時斷時續的睡眠，然後於上午四點鐘在一些載重車頭燈和煤油燈的光線下起飛。P-40機抵達日本機場時，正在曙光普照其目標之後。

尼爾的小隊發覺到清邁的日本人正準備再度窺視勿魏，有四十多架戰鬥機和轟炸機很整齊地排成一線，開動著引擎，地勤人員也正做著最後的工作，以備它們昇空，而許多飛行員站近在他們的飛機邊。P-40大展身手了，沒有一架飛機能夠許其飛離機場，裝滿油的敵機即刻像黃燐火柴般的焚燒著，飛行員和地勤人員在暴露的機場上狼奔豕突，想找地方去躲避，但，全都給擊倒了；連兵營、機庫、油庫也都給掃射而起火。當P-40飛離返防的時候，機場正給一片煙幕籠罩著，最低限度在機場上能見到有二十架飛機在焚燒著，還有十架已被炸毀，不能修理。這是報復勿魏之仇，但我們也付出很重的代價——犧牲了兩位最優秀的駕駛員。

鈕寇克的小隊在橫掃藍邦後跟著和尼爾會師途中襲擊藍邦清邁公路，一所兵房起火了。載重車運輸隊也被掃射，而鈕寇克還向一架輕裝甲車俯衝，於是日本人還擊了。突然，鈕寇克的P-40急旋而下，摔在路上，著火焚燒。尼爾小隊的一名駕駛員麥加里（William

McGarry），在清邁給地面上砲火擊中了，在泰國境跳傘落下，他安全著陸，徘徊於麻栗樹叢林里，達二十八小時，才看到其他的人。那時他甚至歡迎來捕捉他的泰國巡警，泰國警察局沒有把麥加里移交給日本人，使他在曼谷民事監獄裏渡過了餘下的戰爭時光，幾次給十四航空隊在附近投下爆炸的炸彈所震撼。直到一九四五年初，和泰國地下組織合作的戰略情報局人員才把麥加里救回昆明……

雖說我們對清邁的報復攻擊，令我們失去了兩個卓越駕駛員的服務，可是我們以所獲的戰果來論，是很值得的。後來的報導顯示我們已破壞了整個敵人空中聯隊的有效作戰力，那些殘存者便被撤回日本去而另由人員和飛機去補充了，而其他曾襲擊勿魏的日本機隊被迫採取守勢，死守不出，而英國人便能夠恢復在機場空運英印人員的疏散工作。史蒂文森空軍少將曾給我這樣一信：「感謝你們在清邁的英勇擊襲所給予我們的喘息時間。」

我們的壘允新基地是進入緬北的中國軍隊流動警報網的單位保護的，在中國空軍吉、查兩上尉指導之下，有十八個這樣的單位供給壘允以完善的警報，直至他們給盟軍撤退的狂潮捲去的時候爲止。壘允是位於雲南山谷間的一所奇幻的美國雛形，有小巧玲瓏而建築精確的飛機製造廠。一行行精緻的白色洋房，和一間鄉村俱樂部，它有極大的玻璃窗，憑窗遠眺雲山，眼界爲之一廣；這些東西和那弱不禁風的竹造指揮棚成了一強烈的對比——第三中隊的隊部就駐在棚裏，門前有草率漆成的招牌！

「歐爾遜公司——專門消滅日人——日夜營業。」

二十架零式機四月八日首次突襲壘允，但未收大效。應感謝完善的警報。我們十一架 P-40 和四架英空軍的颶風式及時昇空迎戰，在一小時的機場上空激戰裏，有十架敵機和兩架颶風式被擊落了，我們停在機場的兩架 P-40 也被毀。

有幾天，天氣情況使得壘允的無線電在天亮前的幾小時裏暫時失效。四月十日，五架零式機在無線電靜默當中溜入，於天亮前攻擊機場，企圖倣效我們對清邁的襲擊。但他們飛近樹頂，匆忙掃射場地，尚未澈底達成任務，即行遁去了。

九架 P-40 被擊中了，但仍能夠飛行，在上午十一時二十七架轟炸機再想來完成任務之時都能及時飛返空中，那些轟炸機在稠密雲層之上盤旋，而我們的戰鬥機爲了等待更多的掃射者都在雲層下飛行著，轟炸機沒有敢接觸即便竄走。但在下午三點鐘，二十架日本戰鬥機又回來作他們另一次的攻擊了，P-40 和颶風機又再昇高迎擊，八架零式機被擊落，我方毫無損失。

四月廿九日的日皇生辰快到了，我再三思量：他們在緬甸的空軍一定會幻想著，應該送那一種生辰禮物給他呢。從我以前在日皇生辰的慶祝裏所獲得的經驗，可理解到日本人必然會在四月廿九日來襲的，也許他們會早一天來向我們突擊，而給予他們充裕的時間去製造二十九日的帝國戰報的。

在日皇生辰的前一週裏，雙引擎的敵人偵察機在壘允上空特別活躍，P-40 巡邏隊在五天內曾擊落他們四架，另有幾架被逃脫，二十八日早，我派五架機入緬甸，偵察敵空軍基地，據他們報告說敵人巡邏機隊散佈天空，而沿空中全線的敵人，有極端活躍的跡象。這證實我的推斷：他們顯然準備對壘允將施以重大的一擊，以便及時在日皇生辰裏宣稱飛虎隊已給打垮了。所有其餘的 P-40 都給我派到高空去巡察那將來光顧壘允的轟炸機的可能路線。且防衛著第二個可能的目標——臘戍。爲免受敵人轟炸我們唯一的壘允跑道的影響起見；我命令各小隊於任務完成後逕飛返芒市方面甚少動用的草地機場，那是滇緬路通過的一個深廣的山谷。

志願隊很缺乏氧氣，只有希爾率領的五架在高空飛行的飛機有充足的貯存能夠在任何長久的時間裏逗留於一萬五千呎高空，其他由歐爾遜所率領的十架 P-40 不得不徘徊於一萬尺和一萬二千尺之間。一小時後，最後的 P-40 消失於山嶺上直飛緬甸去了。另外三架美國空軍的 DC-3 運輸機降落壘允，帶來彈藥和汽油，雖說我們十分需要這些物資，但我卻跑到場地裏，把他們揮走。

「把運輸機飛離機場吧，」我向身材魁梧的海恩斯上校（Caleb V. Haynes，DC-3 的正駕駛）大聲呼叫著：「這兒將有空襲了！」海恩斯不相信地望著那空空如也的防空警報杆，口裏咕嚕著，大約說想卸貨和吃午餐，正當我們辯論的時候，第一個紅球已掛在空襲警報杆上了。

「一球警報，」我向海恩斯大聲說：「這表示已看到轟炸機北飛了！」不用再說什麼，在一陣風塵裏，他溜了，他向他的副駕駛說：「陳納德這傢伙必定能嗅到日本人的！」

在曼德勒和臘戍的中途，希爾看到廿七架綠色斑駁的敵轟炸機正沿滇緬鐵路北飛。大約在同時，臘戍無線電答答作響：「敵機空襲臘戍」。歐爾遜的小隊的一半向臘戍飛去，同時，其餘的和希爾的小隊混合，向著轟炸機俯衝而下，在他們接近日本人的當兒，P-40的駕駛員看到一群銀色的零式轟炸機前後雜亂無章地飛著。

日本戰鬥機想集合成隊形抵擋P-40的衝擊，可是他們應付首次的攻擊時，隊形還極淩亂。兩戰鬥機群在激烈火拼，戰火蔓延著整個空中。轟炸機乘時翱翔壘允上空，未遇阻擊。他們在跑道上炸成許多洞穴，使它暫時不能應用。在臘戍之南的來回戰鬥裏，歐爾遜和希爾的小隊擊落了十六架零式機，本身並無損失。而在臘戍上空的第三小隊再射落六架。我想一份誠實的日皇生辰公報，會宣佈二十二對零的飛虎隊戰績的。在我的記憶裏，這次和一九三八年漢口上空的中俄慶祝同是對日皇的最適宜崇敬哩！

在沒有被炸的芒市著陸的駕駛員聽到壘允跑道在第二天早晨前暫不能應用和中國民工正塡補洞穴壓實路面的消息，都覺得十分驚異。那時，他們和海恩斯所見略同，都相信我能夠「嗅著日本人」了。

四月廿九日，日本人進軍臘戌，飛虎隊便撤離壘允，我們留下二十二架P-40的燒焦殘骸，它們本在壘允廠修理的，爲了無法往昆明去，迫得把它們燒掉了。五月一日日本地上部隊首次進駐壘允，而飛虎隊，則轉進到保山和雲南驛。

當我們在壘允的最後期間裏，飛虎隊經歷著它唯一嚴重的紀律上的危難，所有軍事專家們都預言軍紀（包括戰時對「開小差」的死刑處罰）的缺乏將會是飛虎隊解體的主因。我自開始即斷言，除了「畏縮不前者處死刑」的威脅外，未嘗沒有其他的方法來維持一個在戰鬥中的志願軍集團的。珍珠港後不久，我們仍在東瓜，可是戰時紀律的問題發生了。

我告訴我的隊員：「我們認爲祇有經驗豐富與學有專長，能在困難中工作的人，才會獲准參加美國志願隊，我們認爲給這個運用自如的機構，所聘用的人員都有充份的軍事訓練和常識去實行自重，和把適當的尊敬和禮貌對待其他範疇的人們——這是一個良好的工作者或軍人對他人的尊敬，這種尊敬在一切良好公民組織裏，實是普通得很，而在軍事機構裏，便用嚴格的守則來強制施行了。我們沒有想到用嚴厲的規律或守則，來推動志願隊同寅間的相互的禮貌和尊敬是必需的，也沒有爲這目的而雇用的人員。本隊負責者已經極力避免公佈這樣的規律，因爲他相信他們對本隊大部人員是不需要的——這些人員早已自我證明他們是能幹的，有效率的負責任而有禮貌的了。」

爲了責任的完成（這些責任是在原來的中央飛機製造公司約裏，和爲本隊多數通過所訂定的規章裏有特殊規定的），而創制的簡單規則，由一特別小組執行實施；小組由資深的駕駛員和參謀構成，時常開會議，他們聽取控告和答辯，且通過判決，或判罰款，或遇情節重大時，向我提供處理之建議。我在檢查志願隊特殊命令的檔案時，注意到很多這些小組的判決實例：

駕駛員——不自珍攝，罰款一百元

無線電員——值班時擅離職守，罰款二百元

——屢次在警戒任務中酗酒，擬予以「不光榮的撤職」處分

地勤長——毆辱一名志願隊華籍人員，罰款一百元

這些和其他許多的例子代表隊員們給他們的戰友的審判，我不變地全力支持這些擬議，這是在一個軍事機關裏前所未見的公平而民主的制度。

其他的紀律問題是不光榮的撤職，由我在東瓜的第一個星期起至重慶的最後的慘淡的星期止，這問題都存在著，在珍珠港事件前，十二名飛行員和六名地勤人員被撤差了（在

十二月八日我還沒有判過「不光榮撤職」的處分），有些因爲他們祇用志願軍的名義來逃避兵役，其他因爲對前途漸生恐懼。珍珠港事件後，十名飛行員和三十七名地勤人員被不光榮撤職——大多數因爲在不同情況下的「開小差」；有些因爲懦怯，有些因爲長期的戰鬥使得他們超越了個人的忍受限度。在仰光的英勇戰鬥後，飛行員們的體質變得很壞，戰鬥的損失是輕微的，但出動的損失卻犧牲了許多飛行員和飛機。

有一天下午在明加拉敦，七架 P-40 在滾滾沙塵裏滑行時，竟給毀壞了。有幾架跌落炸彈穴裏，其他的在塵土飛揚裏相撞。五架 P-40 在掩護蔣委員長的運輸機途中，於雲南的惡劣天氣里迷路，而在省內各地摔下來，只有兩架能夠修理。三架 P-40 突然在黑河降落，英國人不能認出那是 P-40，拒絕從跑道上移開油桶障礙物，迫令飛機降落稻田裏。我們的大隊在東瓜的初次行動中；一架飛機爲了機件的故障而摔地，一架卻向一輛籠罩在塵埃裏的車子撞去，在昆明的訓練不斷犧牲掉沒有經驗的駕駛員和毀壞飛機。

至四月十九日，本隊實力已減至二百五十一人和三十六架能作戰的飛機，三十九架在修理中，四十一架在作戰中或出動的意外事件中損失了。在六個月的劇鬥期間，我們只得到這二十架 P-40E 的補充飛機。它們有〇・五〇口徑的機槍六挺，安裝著可拋棄的機底油箱，翼下炸彈架，和有略快的最高速率，想獲得它們，我們得從戰鬥中抽調十名最好的駕駛員搭乘英國海外航空公司（BOAC）和泛美航空公司（PAL）的飛機到非洲黃金海岸的塔柯拉第（Takoradi）去。

他們和泛美公司飛行員把飛機從塔柯拉第飛到昆明來，在二月間運到塔柯拉第供給志願隊的五十架 P-40E 式機裏，只有二十架能從機械上的故障，駕駛員的過失，和在埃及的第九航空隊、在印度的第十航空隊的需求底陷阱「生還」飛抵中國。六月間，另外的六十八架 P-40E 由美國航空母艦「遊騎兵」（Ranger）號運抵塔柯拉第。

這批飛機在一九四二年秋天抵達中國的不及全數三分之一，在戰爭開始後，我們所收到的零件只有二千磅的螺線管、電花栓炭化器、電磁石等，可沒有補充的駕駛員到中國來。

爲了維持我們日形減少的各級人員，中國雲南航空學校的美籍教官參加志願隊，充任作戰駕駛員。每一種擬從美國官方獲取的努力都遭受冰冷的駁斥或完全不理。

我們亟需多些飛機和零件繼續戰鬥，直到美國陸軍的官員們攜帶手提包，驕傲地來往於中印間，佔據實貴的飛機貨位，我們不禁一致憤恨，隊員們漸發生一種強烈的感覺，以爲他們已給美國所棄，給這些不關心戰局前途的人民所丟掉，一個一個地葬身異域了。這種感覺對於各地的美國戰鬥人員是共通的，直至戰爭的最後期間爲止。我對美國不聞不問的政策的憤懣正如任何隊員一樣，早在三月十七日，我打電報給在華盛頓的宋子文博士：

時隔三月又半，陸軍部仍不能利用在華時機，對敵採取空中攻勢，至感懊喪。苟能于十二月踐約將機運到，今後必能予敵重創，本隊尚未獲得人員補充，所得祇是閣下運來之物資耳。

要求參謀人員五人，亦被拒絕，然數逾五十之人員已派予馬格魯德瑟暨史迪威矣，彼輩多無所事事者，私忖欲有效合作，應即選派熟悉中印緬事及日人戰略者統率遠東空軍。

志願隊參與陸軍事，無異議。惟果有此需要，則宜全盤擘劃始可。志願隊可用者只一中隊，戰果當微也。可行之策未立，從遠東各航隊作補充增援之計，亦付缺如，將來動向亦未決定，陸空官員不時來訪，有草率計劃，然實施無權。鄙議均被漠視，非立有行動，志願隊與本人之效勞恐於四月十五日終止矣，敢請解散人員或另派幹員領率。余將遄返祖國，以陸軍部之礙事而遲疑，呆滯而袖手之政策宣示國民，乃憂國者之責也，願聞臺教。

志願隊的士氣因緬甸的地上情勢而更形低落，四月中旬，日軍又再猛攻在東瓜附近華軍和橫跨通路上的英軍。

蔣委員長需要志願隊給予在緬甸華軍以空中掩護，在缺乏陸空交通，有訓練的，和地面部隊連絡的空中人員，及經常報導地面情勢的可靠的情報之下，給予地上部隊以密切的空中支援，實際是行不通的。中國部隊的草率的訊號和簡略報告，結果時常使得盟機掃射華軍或把日本的高射砲陣地誤認做盟軍陣地。爲代替空中的密切掩護起見，蔣委員長創立了振奮士氣出勤的辦法，其目的在使部隊能看到他們自己飛機的青天白日和鯊魚的標記。日本人已經盡力使用重轟炸機、俯衝轟炸機、戰鬥機來支持他們的攻勢，缺乏盟機的掩護是中國部隊間的最重要的士氣問題。

史迪威，這時正指揮在緬甸的全部中國軍隊，仍然迷戀著一九一四年對於飛機的觀念，以爲它不過是偵察敵人的一種工具而已。他不斷地要求對日本前線位置作空中偵察——那是一種高速度 P-40 式飛機在低空飛行所不能完成的工作，除非它們把自己變成陷入日本高射砲陣地和戰鬥機駕駛員的砲火網裏的泥鴿子。史迪威對空中出動的技術是這麼的不瞭解，所以他嚴肅地要求美志願隊用一架緩慢的初級練習機，在機的後座上載乘他，在前線低空飛行，這樣他能夠就他的部隊的調動得到較好的主意。倘若史迪威是準備這麼容易地去結束其軍事生涯的話，我們的飛行員卻不是如此。他們以種種遁詞使那架史迪威要求乘坐的初級練習機不能起飛。

士氣，低空偵察，和我們對敵人機場的掃射出動，使到壘允機場的飛行員間的離心情緒爲之沸騰。這些出動的情勢又非常危險。這時，緬甸的森林四處都有巨大的森林火災，火是鬱悶地緩慢地燒著，把整個北緬籠罩在一片灰幕下，甚至在最晴朗的日子裏，一萬呎以下就要盲目飛行了。在這樣的煙霧裏，維持隊形是不可能的，轉了一轉，兩翼的駕駛員便脫了陣，隊形也散了，日本戰鬥機巡邏隊在前線上是全力出動的，P-40機在低空一給「捉」著了，便難望有什麼抵抗零式機的機會。

有些「振奮士氣出勤」，給人家從上面衝下來，挨近身旁攻擊，有些「出勤者」，爲了缺乏地面部隊的可靠情報，竟飛入據報是友軍陣地的日本高射砲火網裏。日本人在他們的主要機場周圍敏捷地佈置了強有力的防空陣地，低飛掃射就得挨自動武器的強大密集火力，面臨猛烈的地上砲火而飛近森林樹梢去做數小時的快速掃射，是沒有什麼趣味的。

四月二十日，當命令頒下；要掩護勃倫罕轟炸機到清邁去的時候，機師們怨忿的情緒達到了頂點。自從損失了鈕寇克和麥加里起，那目標已蒙受惡名了，而行動遲緩的勃倫罕機，預料在目標區將有很久的停留，所有在壘允的飛行員都集商對該項命令抗議，因爲他們對於掃射，激勵士氣和低空偵察都厭倦了，他們宣稱他們曾簽名作戰且仍願防衛自己的機場，對抗敵人襲擊。可是，除非他們能夠在飛機和機師的補充上獲得明顯的支持，他們看不出擔負這種九死一生的任務去採取攻勢，有什麼意義。有些責備我不應爲了妄想隻手單拳打勝仗而把他們犧牲。其他的人認爲我太容易屈服於蔣委員長和史迪威，爲了那些沒有結果的低空飛行而施的壓力之下。最後，他們起草一張請願書，拒絕飛襲清邁的任務，並擬聯名提出辭職。於是便把這請願書傳遍在壘允的第二第三中隊的二十八個駕駛員。每一個人都簽了名，直至它傳到希爾手裏為止。

希爾起立發言了，他說我們起頭本是一群受僱傭者，去留是不成問題的，但因為美國已進入戰爭，形勢就變了，這不再是私人考慮的問題，而是有關國家生存的。希爾自願率領五個辭職的駕駛員——雷克特（Ed Rector）、海德曼（Bob Hedman）、施爾（Frank Schiel）、雷尼斯（R.J "Catfish" Raines）完成這飛行任務。他們於是離開壘允，可是卻因氣候惡劣，勃倫罕機不能集合而折返。

當飛行員異動的消息傳到自仰光轉進後在昆明休息的第一中隊的時候，尼爾便電告壘允說：「若果那群王八蛋不願給你飛的話，我便帶我的弟兄來接替。」

足有三日三夜，我們在正式會議或非正式的軍營小組談話裏辯論這個問題；我個人同意飛行員們的看法，這些任務是有不必要的危險，除了掃射敵人機場外，得不到可補償的結果。而且，地面部隊在煙霧裏甚至很難辨別一架在一萬呎的空中的戰鬥機的標記的，在空中視察森林掩蔽的部隊也沒有什麼用處。但，既然這些命令是由我的直接上司——蔣委員長和史迪威頒來的，我迫得不顧一己私見而把它們執行了。我已經寫了一封私人信給蔣夫人，指出激勵士氣和偵察飛行的無成果和它們對飛行員士氣的嚴重影響，請她把實情轉呈蔣委員長使大隊能專致力於對付敵機和給養線。

她的答覆在「異動」的最高潮的四月廿三日收到：

「委座同意志願隊對攻擊我軍的敵機作戰而不作低空偵察。」

最後，二十三個飛行員提出辭職，我警告他們如果不遵守我的命令，即須被不光榮的撤職。我未特別聲明那些命令是否包括激勵士氣，或低空偵察的任務，那些任務永未發生。雖然，無論何時我們找到一個能使冒險有利可獲的目標，我們仍然照舊去掃射的。辭職雖告提出，但希爾小隊和尼爾中隊的堅決立場，使得不滿份子都洩了氣，沒有人堅持要對他們的辭職作一決定，我也避免對它們批准。

在獵獲日本偵察機的興奮裏（那個星期壘允上空是多麼活躍）及從日皇生辰狩獵裏，準備的「異動」這件事幾乎給忘記了。也沒有人對我的命令再有什麼疑問，除了幾名已超越他們個人的「斷點」，（按，此指精神或體力已不能再支持作戰之意——譯者）且已坦白承認之外，整個大隊以日本人在四月廿八日所發現的威力，重上戰鬥之路。

第十一章 滇緬戰役

大風起兮雲飛揚，威加海內兮歸故鄉，安得猛士兮守四方

——漢高祖

一九四二年緬甸悲劇的最後一幕，是在怒江峽谷間天然的大競技場上演出的。怒江從喜馬拉雅山終年不化的雪堆中湍流而下，在滇省西南部山巒的堅牢岩石上劃開了一道深可一哩的罅縫，而後落於寬濶的緬甸山谷裏。滇緬公路（Burma Road）由臘戍向東北繞行，聳越怒江峽谷的西巔，經過三十五條由人工鑿成的堅石中的羊腸小徑，向下爬到那給水沖蝕的險峻峭壁。從那怒江滾滾黑水上的浮橋頭要跨越垂直一哩之地，便得走二十哩蜿蜒的路。江的東岸，這條路重又委蛇而登保山高原的巉岩。一九四二年五月初，日本人就在怒江峽谷邊悉力進行著一次殺手性的打擊，而幾乎實現了邱吉爾所說的中國是日本能在年底以前獲取的戰略上唯一的地方之預言。

日軍在緬南的新攻勢即是怒江危機的前奏。仰光陷落後，日人以四艘航空母艦爲一隊海軍的前驅，要掃除英國在孟加拉灣的海上勢力。他們的艦載機得安達曼島（Andaman

Island）的長距離水上偵察機之助，炸沉駛向加爾各答的貨船；擊傷海上的一個驅逐艦隊；攻擊錫蘭的海軍基地；並使加爾各答不再成爲主要的補給港。至三月中旬，盟國已經放棄了加港，退入印度離西部一千餘哩外的孟買喀拉蚩港，這一來，盟國整個的補給責任，便落到了紊雜而軌距不同的印度鐵路系統上了。

在空襲掩護之下，日人調了運輸艦四十艘，載運二師步兵和一支輕裝甲部隊在仰光登陸。這就使敵人在緬甸戰役中首次佔了人數上的優勢。他們儘量利用此一優勢，連續發動多次極合時宜的攻擊，旨在聲東擊西，擾亂盟軍的陣腳，好叫他們的裝甲部隊側攻已經動搖的一翼。面對著這新威脅的，是據守伊洛瓦底河谷的亞歷山大（Harold Alexander）將軍（已因敦克爾克一役知名）麾下的英軍，和西湯河谷中由史迪威指揮的華軍。兩軍給山脈隔絕，因而兩前線間的交通大感不便。駐防於東瓜（前美國志願隊訓練基地）一帶的華軍，首先遭受攻擊。戰事在那起火的鎭內拉鋸了三天，最後華軍且戰且退，引誘日軍向平蠻北進。那就是史迪威本人選爲反攻地點的平原，他正率華軍主力嚴陣以待，同時，日軍又突擊防守伊洛瓦底江畔仁安羌油田的英軍，一面急攻側翼，一面封鎖通向曼德勒的公路，把整團英軍圍困起來。英軍於是使史迪威倉皇地捐棄了自己的反攻計劃，把麾下唯一的中國裝甲部隊和一個步兵師調去援救英軍。中國軍隊解了日軍對仁安羌之圍，可是史迪威急急地將援軍調回平蠻的時候，日軍卻猛攻華軍前線，這前線因史迪威

▶史迪威。

撤調軍隊，已脆弱得很，而慘敗的局面，遂形成了。日軍擊潰了華軍兵力單薄的一翼後，即遣裝甲部隊從缺口穿入，更向北作機械化的進軍，使盟軍全線瓦解而退至緬北的死谷裏去。於是乎緬甸的防守很快地變成了很失體面的潰敗，僅有零星的華軍部隊與敵接觸，其餘的盟軍——英美和中國——則紛紛逃出緬甸，像賽跑般唯恐不速了。

史迪威馳救受圍英軍之舉，當時他也自以爲在軍事上是得策的。但蔣委員長可永遠不會寬恕史迪威爲了搶救數千名英軍犧牲了他的反攻。就蔣委員長看來，只要給日軍以決定的打擊，任何犧牲都不能算大。在一九三八年，他就曾遠謀深慮地把成千成萬的華軍當釣餌犧牲，引誘日軍到臺兒莊的血腥陷阱裏而聚殲他們一整個師團。同年他又曾下令炸毀黃河堤防，以阻日軍在華北的前進，雖則他深知千千萬萬華軍和平民將與侵略者同歸於盡。四年以來，他目覩著城鎮內的人民像蒼蠅般在那炸後起火燃燒的廢墟中死掉。在一個有著像蔣委員長那樣的經驗和涵養的人看來，史迪威不支持華軍反攻，未免過於剛愎自用，並且欠缺了軍事經驗。從此蔣委員長對於史迪威的作戰指揮能力，就不大看得起，而他對史迪威個人的方正品格的信仰，也開始動搖了。假若史迪威是一個中國將領的話，那麼以他這樣的舉措，他不消說要受槍決處分的。由於蔣委員長不再給他無限制的支持，還囑咐中國戰地司令官以後非經中國軍令部批准，不得奉史迪威命令調動軍隊。縱使交通方面，這種政策也會引起戰地上的混亂情況。蔣委員長一直沒有收回這個命令，在其後幾個艱苦年頭間，這更成了不斷發生磨擦的癥結。

由於日本裝甲部隊在華軍陣地背後大肆活動而伊洛瓦底和西湯兩線並受新的壓力之故，盟軍的抵抗力乃像牛油一樣在酷熱的緬甸太陽下溶解，撤退一變而爲潰敗了。前此盟軍間的一點合作精神，也在潰退的混亂中消失了。英國第七裝甲師的大部份坦克車，都還是完好的，但因爲沒有到印度的通路，都毀掉了。如其把這些坦克車駛上滇緬路，那它們對中國抗戰的價值，眞是寸鐵寸金呢。中國人和英國人爲運輸工具爭執了一場。史迪威的一小組美國軍官脫離了中國陸軍，在曼德勒以北約五十哩的瑞保（Shwebo）集合。緬甸土人在英國統治下垂八十年，此時便像野狼般到森林中襲劫敗退的盟軍，截擊孤立者，掠奪並焚毀外人財產，又肆意暗殺以發洩他們的積怨。

到了四月二十九日，日本裝甲部隊已長驅直入臘戍，受到華軍小小的抵抗。計在十八日中，日軍差不多進展了三百里，比季候風還來得快。盟軍司令官都以爲五月初旬的雨季一來，即足以使推進的日軍陷入泥淖，而今則似此沾沾自喜的臆測，也歸於破滅了。同日史迪威命令海恩斯上校從重慶駕駛一架 DC-3 型的運輸機到瑞保來把史迪威和其部屬撤至中國。史迪威又在四月三十日打電報到壘允給我道：

「我機由渝首途飛瑞保，已到否?壘允機場能否再供用數日?余即擬返彼間。能爲余備客車二輛以供壘允至臘戍途次暫時之用否?」

我覆電說我們將給他預備卡車和軍用車各一輛在滇緬路上的芒市備用，那兒還有美國志願隊的第三中隊護送他的飛機。

五月一日我致電史迪威：

「華軍已撤出壘允。美志願隊今擬離此。請取道芒市赴臘戍。志願隊即日移往昆明。」

當日史迪威回了電：

「擬仍留前線。」

這便是三週來從史迪威那兒得到的最後消息。五月一日海恩斯駕 DC-3 型機飛瑞保。史迪威拒絕上機，而命令海恩斯把他的一班部屬運到印度去設立一個臨時司令部。次日史迪威便開始了他那馳名的自緬甸出走，二十天後出現在印度的伊姆法爾（Imphal），以典型的低調申訴惑亂世界人士道：「我們挨了一頓好打。」

在全世界對於將近六十高齡的史迪威長途叢林跋涉，所表現的驚人肉體忍耐力的同聲讚嘆當中，他這種出走的舉動，對他那身爲美國高級將官兼蔣委員長私人參謀長的地位，是否值得如此做，可給一般人忽略了。蔣委員長那兒料想到他的參謀長會叫他麾下的華軍頓成無頭之蛇，孤軍作戰，而在中國的運命於怒江峽谷邊搖搖不定的三星期內，他自己故意不通音訊呢。我也一直不解爲什麼史迪威不願意跟海恩斯一同飛走。乘那DC3型機，不過幾小時就可到印度，不上六個鐘頭就可抵重慶。在任何一處，他都可以視情勢之所需而從事收集華軍的抵抗力量。在森林中除對他同行的隊伍外，他對其他任何人可能都毫無益處，設使史迪威是一連、一營或一團之長，其基本職責是部隊的就地指揮，那末他的出走，自堪嘉尙。然而像他那樣負有美國在亞洲的高級軍官和中華民國的參謀長兩重大任，他對於這些更大責任的漠視，倒是一種令人驚愕的舉措哩。這都叫蔣委員長更有懷疑史迪威的判斷力的根據了。由我和史迪威相處的經驗，我相信他總把自己看作僅僅是一名普通的戰士，而不大瞭解或者沒有耐心負起了他那軍人外交家的基本責任，依我想來，他那種軍事思想是只能打幾次勝仗而不能贏得戰爭勝利的。

在史迪威跋涉於緬甸森林的當兒，中國正面臨著自首都陷落以來最黯淡的日子。日軍在進抵臘戍時，本來大大踏著傳統兵法上的孤軍深入的危險。但他們並不因襲兵法來獲取在亞洲的初步勝利。日軍進展極速，來不及組織後方的補給線。他們駐屯於村落郊外，利用鹵獲來的英軍和華軍卡車運輸，而以臘戍附近的中國軍火庫中的武器和彈藥補給軍隊。日軍並未喘息一下來鞏固他們在臘戍的立足點，就長驅直上中國境內滇緬路。這些日軍逢著堅決的抵抗時固然不耐久戰，但是他們配備優良，足以擊潰微小的抵抗力量，而挾其機械化裝備神速挺進。

繼臘戍失陷之後，緬甸東北部的華軍，全部解體。許多官兵循入山區，小隊伍則在含著敵意的緬甸人間殺開一條血路，在日本裝甲部隊前面飛奔。中國兵在臘戍汽車場徵用民用卡車和汽車，加速往怒江退卻。曲折的狹路上常常塞滿了廢棄物和難民群。華軍兩團扼守滇緬交界以南的九谷（Kutkai），把日軍堵住在一條小徑上達三天之久，才被日軍從南翼包抄。在邊鎮畹町，就在那不上兩個月以前曾歡迎過華軍入緬的枯萎花牌坊的陰影下，也發生了小接觸。畹町一役之後，所有華軍的抗力，就隨著戰敗的氣氛消失了。

我們從壘允匆遽撤退的時候，迫得將二十二架毀壞了的 P-40 型機的軀殼付諸一炬，等日軍前哨於五月二日到達機場，它們還在冒煙。翌日，尼爾沿滇緬路飛行偵察時，在畹町發見了敵人的斥候裝甲車一隊。除了一座斷橋和美志願隊而外，日軍到昆明便一無障礙了。

退出壘允之後，美志願隊主力就以昆明爲根據地，同時尼爾部下的五架 P-40 型機則進駐保山，保護陸續由緬甸運出的志願隊的卡車。約在昆明保山中途的雲南驛機場設有一個無線電和服務分站，美航空隊運輸機曾在四月初旬將大量航空汽油自印度運至彼處。

於是我們便利用雲南驛爲到緬北去的飛機的加油站。

滇省的警報網在日軍推進聲中迅快地崩潰了。我們在緬北的機動隊都被捲入那湧入中國的抗戰低潮中。服務於滇省內正常警報網的電臺人員，已有一個多月沒領到中國政府的薪餉。日軍前哨佔據了幾個電臺。敵方特工人員又賄賂其他電臺停止發電報，於是在五月四日那天，日轟炸機五十架突襲保山，把該鎮弄成了一個血腥火光的屠場。成千成萬如潮地由緬甸逃出的難民擠滿該鎮，死在彈下和火里的有好幾百人，志願隊駕駛員班・佛希（Ben Foshee）跑向他的 P-40 型機時，也被彈片炸死。志願隊駕駛員中僅有查萊・龐德（Charley Bond）駕機起飛，射落了離城的敵機兩架，及至回城降落時，卻受到日戰鬥機三架的突擊。他的飛機在飛機場上空中彈起火，查萊從一千尺高空躍出，還沒著地身子已給灼傷得很重了。

第二天我們實行戰時距離最長的有計劃截擊之一——從昆明至保山二百四十五哩，在保山上空突擊日機，纔黎明時分我派 P-40 型機九架去加油，聽候命令。晨九時四十五分，昆明的中國密電室截獲日本無線電訊，說日轟炸機一隊已離明加拉敦起飛，而另一隊正準備由清邁出發，按普通每小時一百五十哩的飛行速度計算，相當明顯地那兩隊日機都不能直達昆明。兩隊可能約在同時抵達保山。在黑河（Heho）和南桑（Namsang）機場可能有戰鬥機起飛護送，但不會變更了往保山的路線。我因下令雲南驛戰鬥機到保山上空巡邏，並且告訴他們，日機預計在十二時三十分可到。那些P-40型機在二萬三千尺高空巡邏，居然把第一批在保山上空一萬八千尺繞飛準備襲擊的日機錯過了。

我在昆明守候於我的無線電旁，注視手錶上的秒針在轉動。十二時四十五分光景，我聽得保山地面無線電員拉爾夫・沙塞（Ralph Sasser）叫將起來：

「它們在掃射機場——還有轟炸機呢。」

那時P-40型機就似小獵犬追逐野兔一樣嗅尋獵物。是沙塞的聲音又從空中傳來：

「啊——它們像蒼蠅一樣掉下來了。」

「誰？」我問他道。

「不知道——纔出去過第二次。一定是日機——它們在燃燒。三架剛正在空中著火。」

P-40型機射落來襲的戰鬥機八架後，及時昇高，衝進了第二批由少數戰鬥機掩護的轟炸機間。那批轟炸機，一看見昇高迎戰的P-40型機，連投彈都不敢，就掉尾而逃。

同日，日軍前進部隊正向怒江峽谷西邊挺進。在怒江西岸的路上，成千上萬的中國難民和士兵卻還在徬徨著。據我們駕駛員的報告，日軍摩托化部隊移上了路的中央，在一群群的無武裝的中國士兵和平民之間前進。這就是在戰爭期間我幾次大爲震駭的一次。如其日軍打進昆明，其對中國的戰爭便可告一結束。日軍一旦入滇，則中國唯一可能的補給線將是由蘇聯橫越土耳其斯坦和蒙古的沙漠。而盟國的援助一告斷絕，中國的抗戰將有如一個百孔千瘡的肺般崩潰了。那末日本即可以獲得亞洲的廣大根據地，繼續把軍事勢力伸展到印度和西伯利亞去。那時蘇聯的地位正因德軍猛犯伏爾加河（Volga）而動搖，英人正在喀拉蚩建立龐大基地準備收容蒙哥馬利（Bernard Montgomery）第八軍敗衆的殘餘，如果德將隆美爾（Erwin J.E. Rommel）佔領了尼羅河三角洲的話。日軍侵印彷佛迫在眉睫，而美國也失掉了菲律賓。

面對著一個凡是臨陣軍人總會遭逢到的嚴重決斷，我終於頒下了犧牲少數拯救多數的命令。我們本來不願意轟炸並掃射怒江西岸的難民，但如果我們要阻挫日軍，就勢須殺戮沿路的一些無辜者了。五月六日，我電告在渝的蔣夫人說：

「最近消息謂五月五日下午三時日軍已到怒江西岸。橋已毀。日軍到處未遇抵抗，因軍民均倉皇沿路東逃。情勢危殆，除非毀壞路橋以決心加強抵抗，日軍可乘卡車抵昆。鑒於怒江西岸中國卡車多落日軍手中，請委座下令攻擊怒江與龍陵城間之目標。」

蔣夫人電覆：

「委座命閣下傾美志願隊之全力襲擊怒江與龍陵間之卡車船艇等。請轉告志願隊謂余感念其忠誠，在目前危急關頭，尤宜加倍努力。請繼續攻擊，特別是怒江上之船艇及運輸工具。情勢一起變化時，當另電告。」

至五月六日中午，日裝甲車隊的先頭部隊（包括砲兵和由卡車載運的步兵）已達怒江西岸。因爲跨江的橋樑已遭破壞，日軍只得停留江濱，把卡車、裝甲車和大砲排列於沿著西岸懸崖長達二十哩的彎曲路上。他們在那兒等候一個工程隊到來，好搭浮橋渡江。

使我們可以有效攻擊敵人的，是最近纔從非洲運到的新P-40E型機。最近曾在菲島和荷印受到空中的慘敗的劉易士・海德・布勒列頓（Lewis Hyde Brereton）少將，那時正在印度組織美國第十航空隊，想將我們的P-40E型機扣下來。幸得蔣委員長向羅斯福總統力爭，布勒列頓才不得不把那些中國用現金在美購得的P-40E型機歸還到中國人手裏。

這些P-40E型機翼下裝有彈架，我們的兩個裝備設計員，洛伊・何夫曼（Roy Hoffman）和查萊・貝斯登（Charley Baisden），又臨時在機腹裝置另一個彈架，可帶一枚五百七十磅重俄國製的高度爆炸彈，這種炸彈在中國是極多的。在P-40E型機未到之前好幾個月，我們一再在P-40B型機上試驗自製的彈藥，但沒有成功。我們試驗了每一樣東西，像以裝滿汽油的威士忌酒瓶當作燒夷彈投下，把鉛皮彈自信號彈筒中推出等等，我本人也費掉許多時間在昆明我們的機器廠內，要設計一個可用於P-40B型機上的外彈架。美志願隊不能向敵人投彈的最嚴重的弱點，直至E型機來到時才不存在。

顯然地，唯一認識我們切需轟炸機的人們還是我在路易斯安那州的同鄉，他們發起「爲陳納德置一架轟炸機」的運動而籌募得美元一五、一〇九元三角六分。不想陸軍部卻告訴他們說，頂小的轟炸機售價也好多倍於一萬五千元，況且幾年中轟炸機的生產，已經分配好了。前路易斯安那州的州長諾伊（James A. Noe）只好把那筆錢送給蔣夫人去救濟中國戰時難童。

美志願隊的駕駛員，有幾個以前是海軍航空母艦「遊騎兵」號的俯衝轟炸機駕駛員，都很想對日軍一顯身手。德士・希爾（"Tex" Hill）、愛特・雷克特、湯姆・瓊斯（Tom Jones）、弗蘭克・洛拉（Frank Lawlor）、劉易士・畢紹普（Lewis Bishop）、林克・洛夫林（Link Laughlin）、弗蘭克・施爾（Frank Schiel）和羅勃・李杜（Bob Little）等都紛紛自動參加轟炸的任務。五月七日天纔破曉，一班志願隊飛行員便出發去阻止怒江邊勝利的日軍的前進。——對於這種工作，在緬的中英聯軍，是曾經慘痛地失敗過。

德士・希爾率領著 P-40E 型機四架，翼下彈架上裝好了殺傷彈，機腹下又有俄製的巨大毀滅彈，由四架 P-40B 型機護送。除希爾外，還有湯姆・瓊斯、愛特・雷克特和弗蘭克・洛拉，都是海軍駕駛員。掩護機則是分由亞維特・奧爾遜（Arvid Olson）、史密斯（R. T. Smith）、埃烈克・謝令（全是前美陸軍航空隊駕駛員）和湯姆・海伍德（Tom Haywood，前海軍陸戰隊駕駛員）駕駛的。此一出擊使命，可說是美海陸空軍真正聯合的表現，這，就是我們國防機構中的總統命令和國會決議案，到而今也還不能夠促成的呢。當八架 P-40 型機進向保山高原之際，在南方漸漸湧起了一大片藍色低層的雨雲，預示著已瀰漫緬南的雨季即將來到。德士・希爾在保山上空繞飛幾分鐘，研究前途的氣候。然後決然地率隊向南穿過那帶著冰屑的疊疊雲層。一刻鐘後，飛機從大簸動狀況出現在一碧如洗的長空中，前頭就是泥黃的怒江和西崖外高黎貢山紫色的山脈了。爲了風雨纔過，平時即在大晴天還塵霧蔽眼，此刻的視界卻是多麼清明。

日軍的工兵團已經到達，正在從卡車上把浮橋架到水涯。其餘的士兵則在那越過陰暗石壁盤繞如泥淖的蜿蜒路上。在日軍經緬甸前進的時期內，叢林把他們有效地掩護起來，使志願隊無法施以掃射。但在怒江岸的曠地上，他們就像蒼蠅給黏在捕蠅紙上——狹路的邊是石壁。德士・希爾率領轟炸機，以峽谷頂端爲目標，用俄製的毀滅彈俯衝轟炸，欲炸崩山坡，堵塞日軍的歸路。

俯衝轟炸把路局部阻塞之後，希爾再率機用殺傷彈轟擊卡車。隨後他們又反覆以二十四枝五〇口徑的機鎗掃射沿筆直的公路段上的日軍。及至轟炸機彈藥耗盡，那批居高掩護的飛機，又飛下來在無抵抗的日軍身上射完最後一彈，焚毀浮橋和一切架橋設備。四天間我們全力猛撲怒江峽谷和那遠至緬甸邊界的滇緬路。周至柔將軍把三架寇蒂斯鷹三型俯衝轟炸機和十二架俄製SB-3型雙引擎轟炸機借給我們，都由中國飛行員駕駛。那SB-3型機曾一度由昆明出擊。回來的時候，已不堪使用，不能再起飛了，現在它們還正在分佈於田間的障壁裏銹爛。日軍由緬甸派遣另一個輕坦克車隊去護送更多的摩托化步兵。

弗蘭克・施爾率機在龍陵以下突襲，用炸彈和機鎗砲火把他們擊潰了。沿途每一個可以掩蔽日軍的村鎮，全受到轟炸和焚燒。我們又曾襲擊滿載汽油的日軍卡車隊，結果至少有五十處汽油火焰沖霄。到了五月十一日，唯一沿滇緬路的軍事交通是倒退向緬甸去。於是在五月十二日我有話好電告蔣夫人了：

「志願隊飛機昨日轟炸並掃射七十五至一百輛日軍南退卡車。殿後日軍正進入畹町，其先頭部隊則在鎮南。卡車二十輛被焚，損毀者亦復不少。日軍隊中輕坦克車曾還擊。沿途至怒江之偵察機發現相距甚遠始有一輛卡車。畹町以北殆已無大於一營之日軍單位，今晨偵察怒江西岸，已無敵蹤。」

五月十八日當史迪威從森林出現到印度的伊姆法爾，怒江危機已成了過去，日軍在西岸的高地掘壕，華軍也在東岸深溝高壘，雙方相持不下。志願隊繼續困擾日軍，直至五月中旬雨季使飛行不可能時爲止。怒江西岸燒成焦炭的浮橋，便是日軍入滇的高潮的記號。日軍一日在西岸，就一日是一種有力的威脅，但是我們對其補給線和軍火庫的不斷襲擊，卻使得他們一直不能集中充分的人力再作蠢動，膠著狀態持續了兩個年頭。至一九四四年夏，衛立煌的中國遠征軍，得美國第十四航空隊之助，才渡越怒江，開始了代價不小的遲緩攻勢，終於把日軍驅回緬甸去。

志願隊總算把華軍在怒江上的頹勢挽回了，然而前途的展望依舊陰沉。中國和盟國間的陸路交通，除掉那條經土耳其斯坦至蘇聯的「絲路」外，已完全斷絕。那時蘇聯正在史太林格勒前掙扎圖存，就是這條老路也無所用。唯一別的交通希望便祇有那經由印度阿薩密流域和昆明高原間積層壓頂、氣候莫測的崇山峻嶺而已。到戰爭結束時止，補給始終是中國最嚴重的問題。

緬甸慘敗，對於亞洲戰爭的形勢有很大的影響。日軍孤立了中國，使盟國以現代化裝備供給華軍和以中國巨大人力應付日軍最弱一環的美夢，頓成泡影。這不但使中國門戶只有空路可通，而且加速了在一九三八至四一年戰事膠著期間開始醞釀的內部經濟政治的崩解。

中國由緬甸潰敗所得的另一後果，是史迪威妄想揩去緬甸敗績的污點。這種情形影響中美軍事設計凡三年之久，甚且再次把中國帶到怒江峽谷畔的毀滅的邊緣，好不容易才逃過去。史迪威到了六月四日才向在渝的蔣委員長報到。當時他提出一個特別的建議，主張整編全部華軍，上校以上職位一概由美國軍官擔任，這個計劃給蔣委員堅決地拒絕了。但它還一直成爲史迪威在他負責中緬印戰區軍事的後期內的眞正目標。而那也就是他和蔣委員長最後決裂的原因。

到了一九四二年五月杪，把志願隊歸併入美國陸軍航空隊之舉，早已成了一個惱人的問題，就是中國唯一有效的防空力量，看看也要被剝奪去了。遠在一九四一年十二月三十日，志願隊歸併於美軍一事，已經核准施行，可是那許多挾著馬格魯德和史迪威的使命在亞洲匆匆飛來飛去的美國軍官，並未在這方面幹下一點兒事來。直到三月廿九日我才奉召赴渝，與蔣委員長、蔣夫人、史迪威和克來敦・畢塞爾（Clayton Bissell）開會商討。畢塞爾原是來華協助處理杜立特轟炸東京的計劃的，卻就此當起了史迪威的空軍助手來。

畢塞爾籌備在華接待空襲東京的轟炸機的行爲，絲毫沒有變更了我在一九三一年隨他在空軍戰術學校學習戰鬥機戰術時對他的觀感。畢塞爾對於他的任務，嚴守秘密，竟然不想把他要做的事同任何中國空軍負責軍官和我本人商量商量。結果當杜立特轟炸機群被迫改變計劃而在黑夜和惡劣天氣中飛臨中國境內的時候，乃無一人準備過去接待他們。華東的廣泛警戒網無法與美轟炸機取得連絡，以導引它們飛越不熟悉的平原。如其我能先得到通知，那只消把一個志願隊的地面電臺和華東警戒網連接起來，就可以呼喚大多數飛機在友方機場降落。事實上，他們不是墜毀，就是在黑暗中跳出機身。杜立特本人在日軍陣地附近跳下，差點兒被擒。另一架飛機飛過好幾個友方機場，在日軍佔領的鄱陽湖上失事，飛行員全數受俘，終被押往上海執行槍決。現在雖說時過境遷，我對於那措置失當之處，依然耿耿於懷。

關於許多在華美國人士對中國抗戰的離奇的片面看法，杜立特空襲即是一好例子。這次空襲所引起的結果，是日軍派遣十萬遠征軍，以大量空軍爲輔，去攫奪他們以爲曾給杜立特用過的機場，以及一隊預定繼杜立特空襲之後，從華東機場出炸日本的B-17型和B-24型機。這些轟炸機曾給布勒列頓調至印度，隨便用以空襲安達曼群島。在遠征期間，日本人又設法叫中國人不敢再幫助美國飛行人員。

志願隊的功績，很快地由東方式的有線電報傳遍了全中國。在美國飛機未出現於華東之前，那地區的美飛行員的威望，許久來是很高的。凡是可供降陸之用的中國地帶，村民們都在每一次日機來襲後自動把炸彈落地所陷的大穴塡平，這樣志願隊飛機一旦在此出現，即可以利用跑道。在一九四四年夏美國第十四航空隊尋覓前進基地時，我們在沿海省份發現了很多當地中國居民爲預期航空隊之來而保持了三年多的跑道。

在三個月的戰役中，日軍浴血深入華東腹地二百哩，蹂躪著二萬方哩的地域，破壞降落用的機場，並消滅每一個稍稍涉及協助杜立特空襲機的嫌疑的人們。舉凡空襲機曾過的鄉村，民居都給燒掉，人民慘遭屠殺，連小童也無一倖存。有一個相當大的城市，也只因居民曾踴躍塡平附近機場中炸彈所陷的窟窿，而被夷爲平地。在衢縣、玉山和麗水的機場，受到澈底的破壞，要修理倒不如重建新的來得容易。在日軍前進之先，日機空襲逾六百次。三月以來，中國士兵和平民死亡達二十五萬衆。中國人對杜立特空襲付出如此可怕的代價，但也一直未出怨言。而在戰爭後期，他們在淪陷區協助美國飛行員的努力，也未曾稍懈。今日還活著的成千成百的美國駕駛員們，其生命實得中國農民、游擊隊和軍人的賜與。他們深知一旦給日人偵知，他們自身、家屬和村民都不免有殺身之禍，然而他們還嚮導駕駛員和空勤人員到安全區去。但一些美國在昆明和重慶的非戰鬥人員竟大言不慚地助長一種論調，把他們幻想的個人的不安適歸咎於中國人不肯犧牲去打日本。這使得親歷其境的中國人聽罷氣憤填胸。

一九四二年夏，在華軍方把日軍驅回沿海地區去的時期內，我接到了許多空中支援華軍的要求。我於是派遣剩下的幾架 P-40 型機去協助他們。可是命令過杜立特空襲的華府策略家，對於中國方面所提出的增派美機協助反攻的迫切要求，卻並不在意。而當時許多駐渝的美國軍官，也沒有一個肯設法去前線視察，好把關於這個軍事大計的實情報告華府。

我得了蔣委員長的支持，強烈地反對美國志願隊的歸併。志願隊有著一個正規陸軍或海軍的數量相等的戰鬥機隊所無法比擬的作戰記錄。我覺得祇爲換一換制服而犧牲了本隊的精神和經驗，是一種罪惡，志願隊乃是一個無與倫比的組織，受過負擔某一項任務的特殊訓練，而曾表現著令人難以置信的成功。它的作戰記錄，證明著我的理論的健全，除若干我的空軍同僚外，人人都感滿意。

陸軍方面對於歸併一事的藉口，是要供應一個非正規的組織在公文上太過麻煩。在三月廿九日的重慶會議中，畢塞爾和史迪威明確地表示，倘若志願隊不接受歸併的話，就要斷絕此後對它的補給。除非志願隊穿軍服作戰，那它就連作戰的權利也沒有，我本人是任何環境下都不願意退出戰爭的，只得答應接受正式的軍職。我向史迪威聲明，我的部下必須能為自己的立場說話。

當前發生的問題之一，就是在華新空軍單位的指揮。我想以我在華的悠久經驗，加上了志願隊的作戰紀錄，考慮那職位的人選，我該列為第一人，大概總不是過份。當時指揮美陸軍航空隊的安諾德將軍果然不久就叫我擔任這一職位了。一九四二年二月十三日，我收到了由宋子文博士轉來的華府總統助理居里的電報一通：

「安諾德認為君為第一流戰鬥人員，並對美志願隊大加讚許。唯渠欲由其部屬統轄較大之機構。哈蒙（Millard Fillmore "Miff" Harmon）無法他調，希基（Larry Hickey）復非其屬員，是則僅畢塞爾一人而已。哈蒙謂畢塞爾現已改採君之戰術意見。畢塞爾能從美軍方面取得更多物資，此對於較大機構之效能，殊為重要。吾人感覺所建設之新機構大可一試。蓋以好的戰術與好的物資援助同為中國之所需求故也。望君合作參與。君晉昇准將，即可發表。」

我曾經主張過哈蒙少將和希基上校也可以為指揮人選，因為我有些兒不相信安諾德會讓我這麼一個非正統的軍人來擔當要職。希基和哈蒙都相信戰鬥機在空戰中是有地位的，而我倒忘不掉畢塞爾的可悲的戰術學理論，就是說戰鬥機攻擊轟炸機最成功的方法，只有投下一種附有鏈條的球去糾纏引擎。

我自己擔任現役軍職的命令，在四月九日收到，把我從上尉升至臨時上校，再過九天，又晉級臨時准將。然雖在正規軍裏頭我比畢塞爾資格老，但他升為准將早了我一天，因此倒比我的資格老了。那是一個古老的而仍生效的美軍慣例。

蔣委員長捨不得與志願隊分手，因為就他過去與盟國在一起的經驗，中國人出了軍隊，鎗砲和血肉，結果只換得空洞的諾言和盟國軍官。直到史迪威鄭重答應以一個完整的美國駐華戰鬥機大隊代替志願隊後，他才同意解散志願隊。史迪威又答應蔣委員長說，在戰爭期間我仍將以美國高級空軍指揮官身分留華。兩個諾言他都沒遵守。在蔣委員長解散志願隊的那一天，預定取而代之的第二十三戰鬥機大隊祇包括十二名空軍駕駛員，十五名地勤人員，而一架飛機也沒有。

在重慶商談的時候，史迪威和畢塞爾似乎只一心一意要解散志願隊，因之他們所表關切的，便不外是怎樣以彼代此，或在華不用它作戰吧了。在這次會議裏，就跟其他主題相同的會議一樣，一逢談論及陸軍的威信，作戰效能的問題馬上變成次要了。他們差不多都可悲地堅持在四月三十日解散志願隊，可是我為了深曉陸軍部的「惰性」，遂提議七月四日為「解散日」——十足相信著代替物可在那天之前產生出來。蔣夫人支持我這意見，於是大家都在微笑和握手中同意了，我獨鬱鬱寡歡。

志願隊對於加入正式軍隊，絲毫不感熱烈。那些隊員都是後備人員，他們參加志願隊大多是爲逃避嚴格紀律和正規軍人的歧視。到了四月，歸併的條款在壘允和昆明公佈時，他們都有點厭倦了戰爭，同時抱怨著美國不能供給剩餘零件和補充飛機。而陸軍航空隊的DC-3型機，偏偏在中國來去匆匆，載著攜杖挾袋，趾高氣揚的高級軍官。他們把每一架載滿「高官要員」的運輸機看作許多火門栓，氧氣瓶，輪胎和炭化器。當他們眼看著同伴們因缺少這些東西而撞機死去的時候，他們的痛恨是可想而知的。如若他們在重到戰場之前奉准請假三十天，那末他們大都願意服務到合同期滿，並且接受歸併的條款。到七月裏合同失效時爲止，他們算來已在最惡劣的境況中服務國外一年而作戰七個月了。畢塞爾要我親口請求隊員放棄告假的心意，我率直地拒絕而且告訴他，志願隊應得並需要一點休息。畢塞爾因爲知道陸軍部不能在七月四日的期限前代替志願隊，不免絕望起來，要我允許他在昆明對團員發表談話。恰在怒江戰役之後，隊員們便在雲南大學的禮堂裏集合了。我事先警告畢塞爾說，他或許會受到不大斯文的接待，然而他很有自信，他簡括地說明著他以爲隊員應該繼續留華的理由後，就把那不容反駁的大道理拿出來了……

「又假如你們之中任何人不想加入軍隊的話，我敢保證你們一踏上了美國的國土，就有徵兵局的人員在等候著你們。」

隊員們倒彬彬有禮，他們鴉雀無聲地木然坐著，過後他們單獨或分組來見我，說著同樣的話：「如果那便是陸軍部所要對待我們的例子，我們寧不加入軍隊。」其後志願隊駕駛員喬治．巴士頓（George Paxton）在華盛頓軍務室內告訴一班驚訝的空軍要員說，他認爲「畢塞爾將軍舉動像一隻……」，他這話足可以代表多數人的心情。

當陸海軍聯合改編委員會巡視志願隊各中隊的時候，他們在志願隊全部二百五十員中發現祇有五名駕駛員和二十二名地勤人員情願無限期地駐留中國。

情形眞糟得很，海恩斯上校只好在六月二十三日以改編委員之一的名義致電史迪威：「就目前觀察，余以爲志願隊歸併事宜，殊應展期至十月一日，而現有合同則予延續，否則我軍事活動必陷於嚴重險境。改編委員會對此項方案，力表同意。」

海恩斯的忠告，未受注意。志願隊的歸併早已被向全世界宣佈爲七月四日美空軍新聞的一項。中國人的愛惜面子是無獨有偶了。

正當雨季快要光臨華西的時候，我們曾在五月十二日偸襲過河內一次，突襲一群停於嘉蘭（Gia Lam）機場的戰鬥機，其中十五架焚毀，二十架損壞，我們祇有駕駛員約翰．杜諾凡（John Donovan）一名死於高射炮火之下。杜諾凡是年紀較輕需要更受訓練的駕駛員中的一個。他自動要隨隊出發，我相信他已訓練有素也就讓他去了。蔣委員長在夏季主要的顧慮，便是重慶的空防，因爲轟炸的時令即將開始。我冒險地想把日人從重慶嚇跑，而在華東出其不意地襲擊他們，那兒他們正在作著再來一次一年一度慘炸不設防城市的準備。

六月五日，美志願隊部和兩中隊飛機移到了距重慶二十哩的白市驛機場。一連三天我們全隊飛機在重慶低空飛鳴示威。到那時候我想日人已經得到了志願隊準備保衛重慶的情報。於是我只留下四架奉命每天在渝空軋軋作聲的P-40型機和一個充滿了漆好的竹製P-40型機的白市驛機場，而下令兩中隊中（一隊留守昆明）餘下來的飛機全部飛入衡陽、零陵、桂林的華東線，我們就可以遍炸漢口、廣州一帶敵人的主要空軍基地。第一回飛過桂林的時候，十一架P-40型機打下了十八架來襲日機中的十二架。空戰在華東戰場全線展開了。我們在漢、穗兩地俯衝轟炸敵人機場和船隻，協助華軍在贛反攻，同時擊退了反擊我們機場的日機，而創了在七月四日以前毀日機共二百九十九架的紀錄。志願隊在華東出現後，日人施諸城市的恐怖轟炸，立時停止。從此，日人的目標是機場，再不是城市了。

七月四日志願隊在空中紀念它最末的一日，那天它在衡陽擊落了敵戰鬥機五架，又護送著美空軍的B-25型機去轟炸廣州天河機場。我整日在白市驛草擬公文。當晚我們驅車到中國高齡主席林森的家裏去，受到他的招待。原定的野餐因雨取消，宴會只好搬回屋裏。孔夫人和孫夫人送給我一幅蔣委員長夫婦和我合影的油畫。我們演奏音樂，喝不含酒精的混合飲料，直至深夜十一時，方才在微雨中乘車回返我們在白市驛的宿舍去。在午夜時分，美國志願隊遂成為歷史上的名詞了。

軍事專家們所預測其作戰不會持續至三週的志願隊，居然在緬甸、中國、泰國和越南上空打了七個月的仗，摧毀日機二九九架，此外可能還有一五三架被毀。志願隊卻只在空中喪機十二架，在地喪機六十一架，包括在壘允焚毀的二十二架在內。駕駛員四名在空戰中殉職，六名死於高射砲，二名在地上被炸身亡，三名被俘，還有十名因失事死亡。雖然日人在他們的廣播中曾表示將把志願隊俘虜當「匪徒」般鎗斃，但他們對待我們的三名俘虜，卻跟正式英美戰俘無別。我以為那是敵人對我們的組織的真實敬意的一種表現。

志願隊隊員，多數受過中國政府的獎章，其中十名駕駛員且曾得英美兩國的優異飛行十字章。我本人的獎章，則有中國的雲麾勛章，不列顛帝國勛章和美國優異服務章。我們 P-40 型機的閃光的鯊魚齒和飛虎的標誌，算是馳名全球的了。

志願隊曾和日空軍作戰了五十多次，從未敗過一仗。它和英空軍合作，維持仰光和滇緬路的交通達二十個另半月的寶貴時光，使物資源源流入中國。它又用不及三分之一的戰鬥力量挽救了中國在怒江上最後的崩潰。單憑它的威名便足以使日轟炸機望重慶而卻步。它使華東城市免於連年來的恐怖轟炸，而最後在中美士氣低落得可怕的時候，它給予了不可估計的鼓舞。凡此種種，祇耗費了中國八百萬元——薪餉和人事費用約三百萬元，飛機和裝備約五百萬元。結帳後我寫信給宋子文博士，抱歉地說，我們用費超過了原來的預算。他覆信道：

「美志願隊乃中國從來最妥善之投資事業。足下竟以所付代價為慮，殊使余覺汗顏。」

志願隊給了像我這麼的一個空軍軍官最大的機會去行動，絕對自由地募集訓練那樣一班人，且叫我大感滿足。這樣我不特能夠證實我的方法的健全，同時我這麼做法，對於對付我所深惡痛絕的敵人的共同目標，也有顯著的貢獻。我的雙重痛恨，祇是環境不曾容許我傾全隊之力跟敵人大打一仗和陸軍部迫令志願隊解散而已。

這兒我還要為志願隊的歷史，下兩個註腳。第一個是五十五名志願隊駕駛員和地勤人員在七月四日陸軍部仍不能供給飛機員時，都不忍坐視中國防空力量的完全崩壞，自願繼續留華作戰二週，雖說他們在合同上祇負起中國城市的防空任務，可是他們都自動參與深入敵境的俯衝轟炸，掃射和護送轟炸機隊的使命。他們中有兩名在志願隊攻勢出擊時殉職，那就是和我們的紅髮護士埃瑪・福斯特（Emma J. Foster）結婚的約翰・斐塔區（John Petach）和阿納德・沈伯靈（Arnold Shamblin）。

第二個註腳在兩封信裏，一封是從安諾德將軍來的，另一封則來自志願隊駕駛員弗蘭克・施爾，他以陸軍少校身分繼續在駐華美軍中服役。

一九四二年八月十四日，安諾德從華盛頓寫信到白市驛給我說：

茲有欲為君告者，余方親自指導募集刻下在美之前美志願隊隊員加入陸軍航空隊，此可謂足下所執行之艱鉅任務產生舉世著名之效果後具體之一例。吾人所以為航空隊徵用彼曹者，蓋不忍見足下所灌輸於彼曹之技術，經驗與能力無致用之地也。

施爾的信是兩週前在昆明寫的：

昨埃烈克・謝令來此少作勾留，所述消息殊屬令人心痛。三兩日前所有在印度非洲之空運指揮部官員均接獲華府來電，謂前美志願隊隊員絕不能享有優先權。此舉使包括烈德・斐塔區（約翰・斐塔區夫人）（其時有孕）之最後一批人員滯留印度。渠等正盡力設法購得船票。余對此事殊覺費解。我等固非因愛國觀念而蒞此，然我等對國家效勞，亦匪淺鮮。凡此其竟不受公認與報酬乎？

弗蘭克・施爾如今長眠在俯臨昆明的小山上。他要將從臺灣攝取的照片底版送到我司令部，所乘的飛機不幸撞毀在風雨交加山間。時爲一九四二年十二月八日，給他寫下了整整一年的作戰紀錄。

第十二章 飛虎的成長及其功績（上）

大江東去，浪淘盡，千古風流人物，故壘西邊，人道是三國周郎赤壁。亂石崩雲，驚濤裂岸，捲起千堆雪。江山如畫，一時多少豪傑。遙想公瑾當年，小喬初嫁了，雄姿英發。羽扇綸巾，談笑間強虜灰飛煙滅。故國神遊，多情應笑我，早生華髮。人生如夢，一樽還酹江月。

——蘇東坡

在一九四二年夏季的時候，美國駐華空軍（China Air Task Force，C.A.T.F.，通稱美國空軍駐華特遣隊、駐華空軍特遣隊）在戰鬥中湊合成功了。它所用的器材都是在中國剩餘的一點東西。美國駐華空軍，可稱爲在印度德里的第十航空隊的繼子，所用的人員、飛機、電花栓和汽車等都是費九牛二虎之力得來的。

史迪威曾鄭重地答應過蔣委員長說要用分爲四中隊有一百架飛機的一整個戰鬥機大隊來代替美國志願隊。在交代的那天——一九四二年七月四日——蔣委員長發現史迪威把經驗豐富的志願隊員換來大半只在紙上存在的第二十三戰鬥機大隊的三個新編中隊。

事實上美陸軍祇供給了十二個生手駕駛員和二十個職員及機械士。第二十三戰鬥機大隊的裝備都是中國人花錢爲志願隊去買來的。陸軍部未供給戰鬥機、卡車、吉普車、無線電、管理或保養器材，甚至於也沒有多給一條制服褲子或是一個有經驗的大隊長。尼爾（Bob Neale）從前是志願隊的資深中隊長，現在還派他指揮第二十三大隊。他帶著該大隊作戰到七月十九日，以後就由史各脫（Robert L. Scott Jr.）上校代替了。陸軍給二十三大隊的地上裝備在一九四三年夏才運到印度。次年秋才運到中國。

二十三大隊的第四個中隊是用欺騙手段弄來的。第十航空隊第五十一戰鬥機大隊的十六戰鬥機中隊，因爲雨季停頓在印度的阿薩密山谷。在這山谷中，整個的夏季，飛機是不能活動的。我請它們逐一地飛到中國來「找點經驗」，就不放他們回去了。這樣在六、七兩月，我把整個中隊都誘到白市驛來了，不再放還。第十六中隊內有很多「乳鷹」式機（Kitty Hawks, P-40E）和老資格的駕駛員。在志願隊隊員離開中國之後，十六中隊有經驗的駕駛員——約翰・艾力孫（Johnny Alison）、艾得・高斯（Ed Goss）、約翰・倫巴（Johnny Lombard）、海瑞・楊（Harry Young）、喬治・海滋來（George Hazlett）——成爲駐華美國空軍主要的戰鬥員了。十六中隊在中國駐留到戰爭結束爲止，和第廿三大隊的七十四、七十五及七十六等中隊共同作過幾次最激烈的戰爭。

美國駐華空軍正式接收志願隊之時，羅斯福總統激勵志願隊的文告仍舊在司令部的佈告板上隨風吹動。這個文告是一九四二年四月廿三日，兩個月以前寫的。那紙張幾乎和我們的新戰鬥機大隊一樣殘破。文告中說：

美國志願隊的特殊英勇及高超辦事能力實在是全美國的榮耀。我們很瞭解志願隊員在物資缺乏及困苦情況下工作的情形。

我們正派送大量飛機，充實第二十三大隊的力量，並要在將來的重要時期中，保持它的力量。陸空兩方面的人員正在來華途中，將來還有更多的人員前來。美國現在正以最大努力使供應物資運到國外服務人員手中。不幸的是，我們已經損失了很多飛機，有的在印度洋中沉了，有的沒入澳大利亞西部海中，所以我們未能及時派機。現在飛機很迅速的派到各地了。

在此替代人員得到你們的經驗，訓練及傳統精神之後，志願隊隊員都應有一個星期去休息。我們正計劃在新人員已經受到澈底訓練之後，把挑選好的志願隊人員召回美國，或送到其他戰場，訓練新成立的單位，給與他們戰鬥的經驗和訓練。

你們的總統非常關切地想使第二十三大隊得到充分的補給，以備在即將來臨的重要時期中得全力活動。我對於該隊的舉世皆知之功績引以為榮，並且期望在該隊重新裝備之後，迅速恢復它的戰鬥力。佛蘭克林．羅斯福

公平地講起來，我以後聽說，這個偉大的人物關於中國的眞情實況，備受欺矇。他發現這些欺矇之後，對馬歇爾及安諾德將軍大發雷霆。這樣一來，我做事就更加困難起

來，因爲這兩位老兄都以爲我把消息報告給總統的。在美國駐華空軍隊時期，羅斯福之姪，前志願隊員阿斯璞，曾把實情詳細報告給宋子文博士，所以陸軍部那些僞造的報告，也就現了原形了。從香港日軍拘留營逃出來後，阿斯璞就到中國來，作宋子文的中國國防供應公司的代表（China Defense Supplies, Inc.）。宋博士把阿斯璞的眞實報告送給海力・霍浦金斯（Harry Hopkins），霍氏就把報告轉呈給羅斯福總統。

陸軍部爲掩護對志願隊的奇特處理起見，就藉口軍事秘密，結束了志願隊而改編爲美國駐華空軍隊。這項消息日本在上海和西貢的電臺每夜都很準確地廣播，並詳述改組的情節。和往常一樣，祇有美國人得不到事實的眞況，陸軍部一直在裝作志願隊的改制進行得非常順利的樣子。在一九四五年一月間陸軍部長史汀生（Henry L. Stimson）寫信給國會的衆院軍事委員會說，二百五十名志願隊員中，二百人都在一九四二年七月四日加入陸軍。陸軍部的紀錄中則只找出五個參謀人員、五個駕駛員和十九個地勤人員在那天加入軍隊。

第二十三大隊是在戰鬥中組成的唯一戰鬥機隊，開始時它狼狽不堪，可是後來變成美國駐華空軍的骨幹，並且是世界上出名的戰鬥機隊。它和肯尼（George Kenney）將軍的第五航空隊的第四十九戰鬥機大隊同爲與日軍作戰歷史最悠久的戰鬥機隊。在它三年作戰期內，二十三大隊擊毀了九百四十一架敵機，而且總是保持著比五比一還好的優勝。

一九四二年夏季，二十三大隊的飛機是志願隊的五十一架身經百戰的老飛機——三十一架P-40B型機，二十架P-40E型機。其中僅二十九架能飛，若在美國的訓練機場上，這些飛機早就被送到爛廢鐵堆中去了；在中國它們卻要作戰。直到一九四三年十二月，志願隊用過的最後一架P-40B才進入昆明的廢鐵堆裏去了——它們是兩年半以前在仰光裝成的。十六中隊的飛機以及十五架補充飛機是二十三大隊唯一在秋天以前到達中國的飛機。爲使工作不停頓起見，我們從中國空軍那裏拿到十架P-43型機，用作戰鬥。P-43型機是P-47型機戰前的老樣，上面沒有自動封閉的汽油箱和裝甲板。雖然安諾德將軍時常誇耀說，給美國空軍各單位的飛機都是新的。而新陸軍部給中國的飛機——如果它們能到中國的話——都是P-40K型機，大半都已經在練習或戰鬥時飛過幾百小時了。有些P-40型機，到中國來的時候，駕駛員座上都印著卍字，證明它們曾與德國空軍作過戰。一年多以後，第一批P-51A型機到中國來的時候，它們在美國的訓練場上都受過一百到一百五十小時的摔打了，然後再給我的駕駛員作戰鬥用。

日本人每年都能有一種新型機出現，並且能派遣兩三種新型飛機，在戰鬥季節和我們在華東作戰，直到一九四四年的秋天爲止，我們主要的作戰都是以P-40型機爲主。在中國的駕駛員以爲並沒有新式飛機製造出來。希爾在第二次中國服務後回到美國時，他看見最後的一架P-40型機在布法羅（Buffalo）的寇蒂斯萊特（Curtiss-Wright）廠中裝配成功，布爾寫信來說他簡直不能相信。

到中國來之後，P-40型機是一個中等高度的白日戰鬥機，同時又是優良的低飛掃射機。因爲我們沒有別的東西——我們祇可用它作空軍所應做的一切事情。我們駕駛員之中有一個很流行的笑話說：「如果我們有一架潛望鏡，我們能用P-40型機作潛水艇。」

雖然P-40型機並沒有夜航裝備，可是我們卻用它作夜間戰鬥機和轟炸機；爲要增加它的效率，我們讓P-40型機載各種我們所能找到的炸彈，而且用它作俯衝轟炸機、跳躍轟炸機，和低飛散佈附降落傘的殺傷彈的飛機。在中國，軍隊被圍困沒有糧食和彈藥的時候，P-40型機就投下了步鎗彈、大米、豬肉等，救濟他們。要是一個機械士或幹部人員想到其他機場有緊急任務的話，他就爬進一架P-40型機的貨倉中，在狹窄而黑暗的貨堆中飛到目的地。

在長距離P-38型攝影機到達中國之前，一架P-40型機，上面裝置了志願隊期間所借來的英國空軍照相機，就擔任了所有的空軍攝影和偵察。在一九四四年秋天，P-51B型機來代替P-40型機時，我們對P-40型機的失掉，並不感覺難過。可是中國人看起來，鯊魚頭的P-40型機就是拯救他們脫離日本恐怖轟炸的象徵；同時也是中國在緊急關頭得到美國援助的標記。

除少數的例外，陸軍派到中國來第一批駕駛員和那些到中國來的飛機倒是很相配。

他們證明了戰鬥機駕駛員不能像快餐的德國肉餅一樣快的做出來，不管需要是怎樣緊急。這些駕駛員大半是戰時短期訓練班裏出來的，他們之中有很多人因爲所知無幾而致作戰犧牲。他們沒有射擊練習，沒有航行經驗，僅僅曉得一點隊形飛行，他們大半都未曾飛行過一架 P-40 型機。第一批來的五個人坦白地承認他們不敢飛去作戰，而被送到美國空運指揮部去了。另一批據說是在印度的第五十一大隊選出來的。第五十一大隊的巴爾（Johnny Barr）上尉以後告訴我說：他曾受命淘汰該大隊不良人員，作轟炸機及運輸機的副駕駛，但是這些人卻被第十航空隊派到中國來作戰鬥機駕駛員了。一天早晨，一架 DC-3 型機把二十一個空運隊員載到昆明來補充二十三大隊的飛行人員之缺。史各脫上校把他們集中到司令部裏，叫那些飛行過三百小時以上的駕駛員舉起手來。沒有一隻手舉起來。史各脫告訴他們：「對不起諸位，很抱歉我們這兒用不著你們。」當天下午就把他們隨原機經駝峰送回印度去了。

生手的駕駛員對我們是雙重負擔，我們沒有時間、汽油或是飛機來在中國訓練他們。把他們派去作戰的時候簡直可以使熟手駕駛員的生命發生危險，因爲他們不但不能保持隊形而且缺乏飛行能力。經驗豐富的熟手和生手駕駛員聯合起來，這實在比日本都危險。我們損失的飛機，十三架中就有十二架是因出事而毀掉的，只有一架是被敵人所毀。我們把那些最生手的駕駛員集中在昆明的七十四中隊，在那裏志願隊的老手施爾少校可以訓練他們。在十七天內這些生手駕駛員在昆明機場著陸時毀掉了十八架 P-40 型機，即使中國的空軍訓練學校也從未有如此壞的表現。

有幾個在一九四二年到中國來的駕駛員卻非常特出，但是他們大部都不是參加美駐華空軍隊戰鬥而來的。要是我們每天的活動報告上表示他們在作戰，在德里的第十航空隊司令部就會來電抗議。畢塞爾對於參謀工作和活動報告是吹毛求疵的人物，在夏天的時候，他送一批年輕活潑的西點畢業生來，說是取消志願隊「呆板污點」同時改進美國駐華空軍隊的紀律和幹部成績。這種措施簡直是一個大笑話，他的年輕的西點生變成了我們的幾個良好的戰鬥機隊的首領，他們不但不把在西點軍校的紀律傳給我們，而且反而學了我們志願隊的傳統精神。

強壯而隨便的文生〔Clinton D.(Casey) Vincent〕上校原是到中國來給我作參謀長的。他在美國駐華空軍隊住了幾星期之後，我忠告他說：

「開綏（Casey，文生別名）你頂好到華東去一下，看看事情是怎樣做的，然後再命令別的人怎樣做。」

開綏參加過幾次非常激烈的戰鬥，在華東上空打落了六架日機後，才回到地上來做參謀工作。他學的既快又好，一年之後他成了美國陸軍航空隊中最年輕的將官，又是美國陸軍中第二位最年輕的將官，指揮華東的空軍主力。

賀洛威（Bruce Holloway）上校是一個瘦長的、講話很慢的田納西州人，他是被畢塞爾派來作美國駐華空軍隊的軍令官的。因爲他沒有戰鬥經驗，所以我就把他調到一個戰鬥機中隊裏。他的臉從無表情，所以我不知道我的教授他聽到了沒有，打了幾星期仗之後，他證明了他不但學到我所教的一切，而且還添枝加葉地加上了一些。在一年戰鬥中，他打落了十三架日機，可是身體也弄得很壞。以後我祇得把他送回家去休養，雖然他非常反對我這樣做。他以後指揮美空軍第一個噴射機大隊，這個機隊後來變成了曾在中國服役的戰鬥機駕駛員的樂園。

另一個西點畢業生是史各脫，他到中國來原是駕駛運輸機的，可是以後他留在中國駕駛 P-40 型戰鬥機，指揮第二十三大隊。

鮑謨勒（"Ajax" Baumler）原是和志願隊訂有合同的。在一九四一年十二月八日時他正隨飛剪號帶來很多零件，放在威克島（Wake Island）。他在六個月之後到中國，其時他已經是美國陸軍航空隊中的一個上尉了。在六個月中他幾乎遍行全球。他以前曾參加過西班牙內戰，是美空軍中少數打下過德國、義大利和日本飛機的駕駛員中的一位。他對軍事紀律不大清楚，可是在空中他倒是一位很冷靜的戰鬥機駕駛員，而且領導生手駕駛員作戰很有功績。

我的第一任參謀長古柏（Merian C. Cooper）簡直是好萊塢的電影裏出來的。他以前在好萊塢導演過電影。他在第一次世界大戰時是戰鬥機駕駛員，在一九二〇年時，他曾參加過波蘭的柯秀斯科中隊（Kosciuszko Squadron）在華沙前面與蘇聯紅軍作戰。不作戰的時候，他就在非洲和亞洲實地拍攝電影，並且導演好萊塢的恐怖影片。珍珠港事件發生時，他正在美空軍情報處，乘機經中國到俄國。蘇聯對於古柏頗具戒心，所以他在重慶等待很久還未得到蘇聯的入境許可證。有一天他帶著他的行李捲到白市驛的志願隊宿舍，說他不想再蹲在史迪威的重慶司令部，而想找一個作戰的工作。

古柏是不拘小節的人。衣衫不整。他的襯衫後部隨微風飄動，禿頭週圍有一圈捲髮，制服上滿是煙灰，褲子也不整潔。這樣子他是決不能通過西點軍校的考試的，可是他卻是一個很精明的戰術家，而且是一個很不怕辛苦的實地工作者。他曾主持過美國駐華空軍隊好幾次的成功戰鬥，他在肯尼將軍的第五航空隊任職時曾計劃了威瓦克（Wewak）和荷蘭蒂亞（Hollandia）的空襲，這幾次空襲把日本空軍在西南太平洋的脊椎骨打斷了。在替美駐華空軍計劃動作的時候，古柏整天整夜工作，直等到每條細則都很滿意之後才止，然後即乘空襲的第一架飛機，在轟炸手後邊觀察敵人的目標。

古柏不是一個外交家。他並不隱藏他對史迪威及畢塞爾一意防衛印度忽略中國戰局之失策之不滿，不久之後，畢塞爾就提議讓古柏退休「以息病軀」，而令一個西點人物來代替他。雖然我激烈反對，而史迪威終於把古柏調返美國去了。陸軍部壓下了他再到中國的一切企圖，雖然他繼續在軍隊中很能幹地服務，直到日本投降時，陸軍部還是拒絕他昇級的請求。據我所知，他是戰爭期間唯一的服務而不昇級的軍官——而且他的服務都是在戰爭地區。

華盛頓充滿高級軍事大員的氣氛，並未壓倒古柏。他不斷地告訴願聽他的人中國方面的實情，並且對他的報界的朋友談論，雖然他知道這樣他就不會有昇級的機會了。以後他在西南太平洋，擔任一個少將的工作達兩年之久，同時肯尼將軍請求好幾次提昇到將官階級，可是古柏直到打完仗爲止，仍是一個上校。陸軍部對他的印象和俄國人對他的印象差不多。因爲他犯了那種不可原恕的罪——把史迪威和他的同謀者利用封鎖新聞及僞作報告等舉動來掩飾實情之事和盤托出。

我們的轟炸機是第十一轟炸機中隊的一部。第十一轟炸機中隊是空軍中最老的一個中隊，曾在第一次世界大戰及一九四二年荷屬東印度戰役中出過力。在一九一九年之時，我是該中隊的一個分隊長，在墨西哥邊境擔任警戒，吉美杜立特是我在隊中的同事。第十一轟炸機中隊開始時很不順利，五架 B-25 型機中之三架，在越駝峰時損失，可是後來卻成爲在中國空中攻擊的先鋒，它的領導者都很幹練。

海恩斯（Haynes）准將看起來像一個大猩猩，可是飛起來像天使一樣。他是 B-17 型機第一批駕駛員中的一個，曾領導長程轟炸機的發展，試驗飛行過 XB-15 型機。在那時 XB-15 型機是美國空軍中最大的。海恩斯所曾駕駛的一架 XB-15 型機打破世界紀錄，運送兩噸血清救濟智利聖地牙哥大地震後的疫病患者。他和領航員寇地·李梅（Curtis LeMay）兩人曾爲美國空運隊做了很多次的處女視察飛行。在杜立特空襲後，海恩斯曾指揮準備空襲日本的重轟炸機隊。後來那個計劃打消，他就駕駛運輸機從緬甸撤退難民，後來又經駝峰運送第一批補給物資來中國。

貝斯（Bill Bayse）中校曾在荷屬東印度駕駛飛行堡壘（Flying Fortress，即 B-17），到中國來作第十一轟炸機中隊的第一任隊長。後來代替他的郝斯倉（"Brick" Holstrom）少校是杜立特空襲東京的一位駕駛員。

我們的地勤人員中有隨志願隊撤出緬甸的英皇家空軍之機械士；不喜著陸軍制服，而穿著海軍制服的前海軍人員；還有中國非軍籍的機械士。中國的士兵替我們站崗警戒，而戰地服務團則繼續供給我們膳宿。

美國駐華空軍食用中國的物資，就像一群猛犬一樣。中國對外的交通可說是完全隔絕，被圍困在日軍佔領的真空地帶、戈壁大沙漠，及封凍了的喜馬拉雅山巔當中。幸運之時偶爾有一架軍用機從印度越過駝峰來中國。空運補給線在正統軍事專家看起來，簡直是不能相信的，雖然中國航空公司的 DC-3 式機證明了，少量而不斷的空運物資是很有用的。

我們用我們在中國所能找到的任何東西，我們吃當地產的米、豆芽、豬肉、蛋和鷄；我們喝茶不喝咖啡；我們用竹片和稻草做假的P-40型機；中國人用竹和魚膠來作飛機腹下的附加油箱，使P-40型機的航程得以增加；我們用中國的彈藥和汽油也很厲害。有一次我們有過十一種不同國籍的機關槍彈（其中還有日本的）。我們投擲法國、俄國和中國製造的炸彈。

戰爭後半期，史迪威在重慶的司令部，和那些美國新聞記者，都大事誹謗中國軍事。他們雖然難得離開記者招待所一步，他們卻共同大談中國政府在囤積軍用物資。在自由中國機場週圍的炸彈堆、彈藥庫、航空汽油等都是他們指責的目標，他們說中國不用美國的租借物資來打日本，而存儲起來預備打共產黨。

我可以說是協助中國人來「囤積」這些物資的，這些物資都是在一九四〇年，租借法案未開始之前，中國用現款買來的。有些物資是從香港偷運到中國的小口岸，輾轉到浙江及江西的東部機場來的，又有一些從海防經滇越鐵路來的；另一些則經滇緬路從仰光和曼德勒來的。中國那時沒有空軍和盟友。但是他們存儲這些汽油、炸彈及槍彈在自由中國的機場附近，爲的是將來有一天中國可以有一個空軍。他們知道在那一天到來的時候，中國的不健全的國內交通網不能運輸大量物資應付急用，所以他們就把這些物資存儲在他們以爲將來有用的地方。

在一九四二年夏的時候，美國駐華空軍隊幾乎完全生存在這些「囤積」的物資上。布列勒頓和奈登（Naiden）所主持的阿薩密—緬甸—中國運輸司令部所運到中國東西比中國航空公司運的還少。如果不是因爲中國的先見和能力來準備這些「囤積」物資的話，我們的戰鬥機和轟炸機都只好停留在機場上了。

中緬印戰區之組織已經夠複雜的了，同時又不容易管理，使很多問題都難以解決。史迪威是中緬印戰區的總司令，在重慶及新德里都有司令部，兩地相隔約一千五百哩。最可笑的是在德里的第十航空隊竟管理著離它二千哩外活動的美國駐華空軍隊的補給、人事和活動。美駐華空軍隊給中國人的電報都要先送到德里去，再轉回來。然後再從我們白市驛的司令部轉到重慶去。第十航空隊的第一任司令是布列特勒頓將軍，他以後調到近東去指揮第九航空隊，其後奈登准將繼任第十航空隊司令，工作了一個很短暫的時期之後，由畢塞爾在八月間接任。

在夏天的時候，中緬印戰區司令部和第十航空隊都對中國的情形漠不關心。盟國在戰略上認爲中國已經是不可救藥，所以所有的資源都集中在保衛印度上，預防一旦日本侵略印度的實現。我從德里得到唯一的命令就是一個不切實的警告，讓我保護駝峰的空運線，和不斷轟炸密支那（Myitkyina）機場，使日人不能利用它。即使史迪威也知道不到雨季停止時，敵人利用緬北機場是不可能的。他立刻取消奈登給我全力轟炸密支那的命令，而允許我自己實行我的計劃。

美國駐華空軍最大的原動力是四十架戰鬥機和七架轟炸機，而日本空軍則散佈在從漢口，經香港和印度支那，到緬甸二千多哩半弧線上。他們的飛機最少也有三五〇到四五〇架。我們唯一的防禦，就是一個有效的攻擊；我們唯一生存希望就是在運用機動戰術和奇襲，在半弧線隨時隨地打擊日軍，使他們不能集中力量來給我們一次致命的打擊。

整夏天的雨季，把緬甸遮蓋起來，使日機直到秋天開始的時候，才得活動。中國的密電室時常得到日機增援的情報，而我們的警報網也隨時給予我們充分的警報。這些日本的增援飛機途經海南島、廣州和印度支那，而在未到緬甸之前，我們是有充分的時間來打擊他們的。我的計劃是讓雨季來保護我們在華西的後方，而令美駐華空軍的主力在華東作總攻擊。我們最優越的駕駛員都集中在希爾領導的第七十五中隊，和雷克特（Ed Rector）所領導的七十六中隊與十六中隊。這些中隊和十一轟炸機中隊的米契爾式（Mitchell）組成了一個具有高度機動性的主力，可以在四十八小時內，出擊中國的任何地方。我的司令部也是有組織的。我們能夠把整個組織載入一架 DC-3 型機內，在飛行時工作，或在著陸後一小時內開始工作。

我們的戰術是盡量利用中國內陸運輸線，中國的警報網，氣候的變化，我們飛機的長距離飛行能力，以及日軍保持主動的習慣。我們用奇襲打擊日軍各地目標，使其首尾不得兼顧，並且使在數字上佔優勝的日機作防禦戰。這種方法是美國內戰時，南方聯合軍騎兵首領所用的老法而加以新用的。我們小而流動的主力能夠切斷日軍的交通線，破壞補給，打擊他們的基地，使他們的後方混亂。

日本的攝影機可在一個下午偵察出美國駐華空軍隊在昆明機場的力量，可是在二十四個鐘點之後，七百哩外廣州的敵人就要藏在戰溝中聽我們的炸彈爆炸。到了日軍準備好了來襲我們的時候，我們已經在北方轟炸漢口或是回到昆明去了。一年多以來，我們的空軍力量小得可憐。普通的防禦戰術即能使我們趨於毀滅，而相反地，我們卻使日本空軍在空中不知所措，同時飽嘗我們的炸彈，從緬甸直到長江。

這些空軍戰術的主要根據地就是相距各約二百英里外的東部各機場。它們都在湘江線上——北有衡陽，中有零陵，南有桂林以及桂林以北一五〇哩的芷江機場，這些機場大部是一九四二年築成的，所有那些戰鬥機跑道，以及長達三千呎滑行道，都是幾千萬中國工人用手築成的碎石和土路，桂林機場是在稻田中的平地上，四週都是圓椎形的石灰質山。在大水沖成的地穴中，我們設好了我們的工作室、司令部、防空洞及良好的避暑地。衡陽及零陵的跑道都是建築在湘江的紅土岸邊；衡陽的一個女子校舍，及在零陵的用泥、竹和瓦築成的簡陋住所就是我們的宿舍。這些機場雖然缺少一切用具，可是所有的東西都是很耐用，要想把它們炸掉是不可能的，不論日機在跑道上炸多少洞，一大群中國民工在幾點鐘內即可把它們修好。有一次桂林遭空襲後，四十五個大洞在二小時內即塡好，日本轟炸這些機場唯一的有效辦法是奇襲我們在機場上的飛機，可是中國人的警報網之愼密使這件事簡直行不通。

在機場上工作其情況之壞，簡直使人不能想像，駕駛員和機械士在華東的悶人的熱氣中出汗，可是下雨之後，則又能使人發抖；那種沒有機棚和藏飛機的地方，沒有幾個機械士有工裝衣褲。爲了省衣服，他們只穿短衣服，受著日曝雨滴，要使我們幾經風霜的老飛機得以繼續飛行，他們從日出直工作到日落之後還用火油燈或手電筒照明繼續他們的工作，在夜間工作的時候，他們簡直活生生地被蚊蟲吃掉了。

我們沒有零件也沒有多少工具，即使鉗子和鏍絲釘、鐵鉗等也很難獲得，在衡陽的七十五中隊僅有兩付手用工具，還是屬於前志願隊的機械士的。辦公室的用具幾乎更少。七十五中隊的工作室內有一枝中國製造的鉛筆，一束中國土紙，和一週一次從長老會傳教士借來的一架古舊打字機。辦公室的人員只有一個上士和一個能打字的機械士。在桂林的七十六中隊僅有一個地勤人員，就是司密斯（Byron Smith）上尉，他身兼副官、執行官、情報員、人事主任、補給組長，以及膳食管理員等一大串的職務。

生活狀況也很壞，按中國人眼光看來，我們的食物是上好的，可是美國人卻吃不下總是不變的肥豬肉、山芋、豆芽和大米，我們在零陵的中國廚子用桐油來煎魚，把在機場做事的人都弄病了。痢疾、黃膽病、瘧疾等病都時常發生。有一次第十一轟炸機中隊全隊停止工作一週，因爲大部分的飛行員都得了痢疾，這些中隊又沒有醫生，詹特利上校（Thomas Gentry），是前志願隊的飛行醫生，可是他是駐在昆明的非戰鬥部隊裏。受傷和生病的人員都由他們工作地點附近的傳教士醫生來看顧的。美國空軍在中國活動時，所有不同國籍的教會傳教士都給予我們很大的幫忙。這是值得感謝的。

宿舍裏冒烟的煤油燈很暗，不能讀書或寫字；在熱氣蒸發時連牀都是潮濕的，我們的鞋和裝備一夜間就生了綠霉。我們的人員實在太無聊了，就看無聲電影，看演員的嘴一上一下地動來猜他們講的什麼話。有些基地整月沒有肥皂、刀片和香烟。美國駐華空軍作戰的情形比以前的志願隊還壞，同時又沒有志願隊時高薪金和作戰獎金的鼓勵。

我們在東部作戰，是在志願隊解散之前，十一轟炸機中隊到中國之後不久就開始了。在六月廿日開始，海恩斯和貝斯領導第十一中隊從衡陽到桂林不斷從事空襲。我們的第一批炸彈在漢口及廣州落下。在六天之中，他們空襲了五次，然後在七月七日回到昆明，我加緊空中攻擊，使所有前志願隊員都參加。戰鬥機不斷投彈和掃射，來協助中國軍隊與同時也報復因杜立特空襲日本而來犯的日軍作戰。

在七月中旬，轟炸機又回到東部開始新的攻擊戰，海恩斯在六日中領導過四次空襲，打擊敵人的漢口碼頭、天河機場、長江邊的九江口岸，及日本在柳川附近的野戰司令部，和這些轟炸機同時回昆明的是最後的一批志願隊員。所有引誘他們再留駐下去的方法都不生效。尼爾和他的空勤長福克斯（Harry Fox）到我那裏道別的時候他們的眼裏都含著淚水，但是他們都不要再住下去了！我們祇剩下幾個志願隊員了——希爾、雷克特、布萊特（Gil Bright）、施爾、索伊爾（Charley Sawyer）和陸軍的生手駕駛員。

日本人被官方決定志願隊在七月四日結束的消息所欺騙了。他們在七月五日及六日全力來犯衡陽，結果遇到了志願隊的老手，他們在企圖毀滅「新來的」美國陸軍航空隊，損失了三十架飛機。在七月十九日，最後一批志願隊員離開華東機場之時，日本為掃除美駐華空軍隊的突擊，於七、八月末開始，而在九月又來了一次。一隊從東北關東軍精選出來的戰鬥機，準備給我們一次致命的打擊，這大隊裏出現了新式的戰鬥機——奧斯卡馬克一號（Oscar Mark I-a）——這是由 Nate 式所改進的，除了保持原有的操縱靈活及速度外，還加上了火力及飛行高度。奧斯卡的操縱靈活比最初的零式機還好，在熟練的駕駛員手中，奧斯卡可以繞著 P-40 型機飛行，如果日本人曾盡量利用奧斯卡的特點，P-40 型機就毫無伸展的機會了。在奧斯卡出現的時候，美國雜誌上的寇蒂斯萊特的 P-40 機彩色廣告正宣傳著 P-40 式機的無敵。顯然的華盛頓的航空總司令對於寇蒂斯萊特廠的宣傳廣告比對我們要求野馬式（Mustang, 即 P-51）機的請求更加注意，因為在以後兩年中我們所接到的仍是 P-40 式機，雖然其時美國在其他各地的空軍都早已得到更新及更好的戰鬥機，而我們卻被忽略了，被遺忘了。

日軍首先用夜間轟炸機把衡陽機場的跑道炸了很多洞。他們的計劃是使我們的戰鬥機在早晨不能起飛，而他們的戰鬥機可以來襲。這個念頭倒很不壞，並且要不是因爲中國工人像螞蟻似地不停的工作把洞塡好的話，這個理想就成爲事實了。夜間轟炸機在七月廿八日午夜後空襲衡陽，但是希爾在晨曦就領五架 P-40 型機去俯衝空襲廣州了。那天南方天氣很壞，希爾領導的隊伍從南方折回來，眼看就要到達衡陽了，中國的警報網報告說在北方的飛機引擎聲很大，可能有七十架日本戰鬥機正向衡陽飛來。希爾爲了躲避這日人的攻擊就用播音器來作煙幕以欺騙日本。因爲希爾知道日本人總是聽美國下作戰命令所用的波長，他就發命令給想像中的戰鬥機隊。他的同伴也知道他的用意，就假意回答他，好像最少有四十架美國戰鬥機在空中飛行似的。日軍顯然地不太喜歡這種聲音，它們害怕了，未到衡陽之前就折回到漢口去了。

夜間轟炸機在七月二十九日又出現了。這一次希爾、鮑謨勒及艾力孫駕 P-40 型機去向它們迎戰，他們飛的很低，想在轟炸機接近時發現它們煙管裏的藍白色的煙。地上的無線電臺告訴他們日機來臨的情形，所以等到那些轟炸機越過湘江想開始投彈時，艾力孫就上去迎戰了。艾力孫飛到領導轟炸機的槍距以內，隨著那架轟炸機轉彎時，艾力孫飛得比那些轟炸機稍高一點，機身在月光中很淸楚的顯出。一架轟炸機的後機槍手在短距內開了火，把艾力孫的飛機從頭掃到尾。一顆流彈把艾力孫的胳臂燒了一塊，他的推進器也著了幾彈，副翼箱上打了一個大洞，而機身也著了幾十彈，艾力孫的飛機已經狼狽不堪。可是他仍舊不放鬆他的目標，他把領隊的一架飛機掃射一陣，眼看它像出血的鯨魚一樣在流油翻著身升起，艾力孫靠上去，照著機翼槍手掃射了一陣，結果使他在火燄中爆裂。他把第三架也照樣打毀了。到這個時候，他的飛機也快要完了。因爲我們非常需要零件，他就決定降落下來，而不跳傘，爲的是可以拆用零件。在兩千呎的時候，在副翼箱裏的汽油著火了。

到那時候他離地面已經很近，所以沒有辦法著陸。有人最後看見他的時候，他在機場上空二百呎疾飛而過，向湘江方面而去，飛機的引擎同時在燃燒，所有的人都說他在飛機撞地之後，決不能活命了。鮑謨勒把第三架轟炸機打落之後，就在衡陽之北完結了第四架。希爾著陸之後聽到艾力孫大概是死了的消息，他非常憤怒。希爾把戰爭看成自己的戰爭一樣，所以認爲損失一個弟兄是一件不得了的事情。在第二天中國警報網報告日機來臨的情形後，希爾領導十架 P-40 型機升空，準備和敵人幹一下。同時艾力孫已經把他那燃燒著的 P-40 型機衝入衡陽東方江中。艾力孫沒有死，可是頭上弄了一個大創口。那晚上的工作，使他得了優異服務十字章。他被一個基督教傳教士把他弄回去，縫好他的創口，使他休息。還活著的艾力孫第二日早晨在教堂中看見希爾領導的機群去爲他的「死」

而報仇！

三十五架奧斯卡日機，以V字隊形飛來，對方向來了希爾領導的十架P-40型機。希爾挑出日機領隊者，然後所發生的是整個空戰中最奇怪的一幕。希爾逕向著那架領隊機飛去，兩方面都同時在射擊，以六百哩以上的速度相對射擊，那樣子就像一對老式的美國西部槍手在一個牛市上的大街上角鬥一般。從地上看起來，互衝是不能免的了，兩方都不肯讓步。在最後的一霎那，日機直線地向下降落了，希爾的飛機幾乎拂著日機駕駛員的座位，日機後面拖著一縷輕煙，他一定受傷很重，因爲他繞著機場飛行了一會，就故意向地面飛去，衝進地上一排用竹做的假的P-40型機。這是記錄上的第一架日本自殺飛機。空戰過後，希爾在仍舊冒著煙的奧斯卡的濃烟中飛過著陸，他蹣跚地走到日機殘骸旁躺著的日機領隊身邊（是一個少佐，身邊還有武士刀），希爾用牧牛郎的皮靴尖踢那焦黑的、裂開的頭，並且看著那雙無光的眼睛說道：

「你想殺我，你這個小雜種。兩個人可以玩這個把戲，而只有一個人死！」

這些危急日子中，希爾工作過度把他自己飛成了一個衰弱不堪的人，他拒絕了中國航空公司的好差使，而加入陸軍和我在一起。希爾從前是一個海軍的魚雷機和俯衝轟炸機駕駛員，他並不大喜歡陸軍。他還留駐下的原因是：「總要有人來把這個討厭的工作做完。」在志願隊中他的功績僅次於尼爾，在他離開中國時，他已經擊毀十八架日機了。

在日本不斷空襲衡陽之時，有一天晚上希爾單獨飛到漢口去俯衝空襲機場，使其他的駕駛員在敵人不斷襲擊下得以休息。漢口那時在中國是日人防衛最緊的一個都市。他個人獨行的空襲使日人忙著招架，而無暇轟炸衡陽。希爾在夏季常犯瘧疾，可是他還是不停地飛行，因為當時沒有別人可以領導那些生手駕駛員作戰。在志願隊時他獲得英國優異飛行十字章，為單獨空襲漢口得到銀星章，以後俯衝空襲九江時，他轟沉了一艘日本炮艦，而得到第二個美國優異飛行十字章。這次任務完成之後，他病的非常厲害，幾乎不能爬出駕駛員座位回到指揮室去。

這種領導人材是使美國駐華空軍隊及十四航空隊能保持志願隊時性質的最大原因，也就是為甚麼在所有其他事情都不如意，其他所有的事都失去意義時，那些駕駛員及地勤人員都能繼續勤苦地工作和作戰的理由。

日本戰鬥機和轟炸機在七十二小時內不斷地轟炸衡陽及掃射衡陽。三天下來以後，日本已經損失了二十一架飛機，而美國駐華空軍隊僅損失了兩架飛機和一個駕駛員。在八月十五日那天，三十架奧斯卡型的日機用勒夫貝瑞（Lufberry）防衛式圓隊形飛臨衡陽，作最後的一次突襲。他們隊形的防衛性質是表示失敗的自白。我們僅有八架 P-40 型機還能作戰。艾力孫領那八架飛機飛進日本隊形中，打落了四架奧斯卡，而曼納中尉也犧牲了。

這一次的動作把日本人要掃除美國駐華空軍隊的迷夢打破了，一個多月他們沒有空襲過華東各基地，而我們的戰鬥及轟炸機隊不時打擊從臘戍到漢口的各據點。我們最後的一次空襲是在越南的海防舉行的，使在海防等候運送日本的煤堆起火燃燒，同時把碼頭區域也炸毀了。

在八月十二日空襲海防之後，美國駐華空軍隊已經疲憊不堪了。它的人員和飛機都是工作過度，而又營養不足。在華東各基地所餘下的汽油還不夠用來打一次仗，保養問題非常嚴重，即使像駐華空軍隊地勤人員那樣能幹和技巧，也無法解決。所有P-40型阿力森引擎機都是早應大事修理的了——有的一直飛行了三百小時尚未經過好好的修理。我們甚麼東西都用光了！機油濾過後再用，直到我們的引擎被油塞住了才算數；輪胎也是一個大問題，我們的輪胎都是從印度補給庫來的四層的輪胎，用石子築成的跑道把這種輪胎割成片片，體無完膚，時常在第一次用就爆裂，結果把飛機撞毀，直到一年後，六層機胎才到，尾輪胎也很缺乏，很多駕駛員要飛行作戰時，只得把機尾輪匣內塞滿破布條等物；化油器也是破舊不堪；自動調油機已經不好用了；甚至於安全螺絲及銷栓計也弄不到，重要的部分都要用普通輭鉛絲纏好。

最後我們只好退到昆明去暫時休息和整補。在九月初旬之時我計劃再在華東攻擊一下。飛到桂林的十五架P-40型機，祇有八架能夠在飛過第一次之後還能再飛；有一架引擎一起飛就壞掉了；有一個電力網發生短電，把駕駛員電擊得很厲害；另一個電力網在飛機飛後就不靈了；有一個駕駛員看到一架日本飛機的時候，他的電動放槍機忽然失效了；另一個駕駛員在作戰時被迫用機腹著地，因爲他的引擎失效了。調查之後發現這些事情的發生都是因爲機器磨損，而得不到新機件的緣故。

第二天日機大量地飛到衡陽、零陵及桂林等地，意欲消滅其餘的八架 P-40 型機。他們的四十架奧斯卡機中損失了五架，可是我們也祇有六架 P-40 型機能疲憊地回到昆明。我們在昆明祇剩下了三十八個駕駛員，三十四架能飛的 P-40 型機及夠兩天用的汽油。

美國駐華空軍隊未因作戰而毀，可是物資缺乏正面臨著因嚴重飢餓而死亡的危險。

第十三章 飛虎的成長及其功績（下）

怒髮衝冠，憑欄處，瀟瀟雨歇。抬望眼，仰天長嘯，壯懷激烈。
三十功名塵與土，八千里路雲和月。莫等閒，白了少年頭，空悲切。
靖康恥，猶未雪；臣子恨，何時滅。駕長車，踏破賀蘭山闕。壯志飢餐胡虜肉，笑談渴飲匈奴血。待從頭，收拾舊山河，朝天闕！

——岳飛

美國駐華空軍隊，幾經鍛練，已在秋季形成了一項較為鋒利的新武器了。到了十月，空運物資也逐批地經駝峰運至昆明。一面飛機的失事把我們的技術最差的駕駛員淘汰；一面則整個夏天的作戰把那新來的、最優秀的駕駛員磨鍊成一班具有信心的老戰士。答應於六月運到的增援九月下旬方始抵達，這一批包括六架附加的 B-25 型轟炸機，殘舊的 P-40k 型戰鬥機和二十名曾在巴拿馬有過一年的飛行經驗的超級戰鬥機駕駛員。

這些出身第六戰鬥指揮部的駕駛員，便是我過去所欲為來華志願隊羅致者，但所得的始終不多。他們都受過戰前空軍那種嚴格的訓練，又是老練的戰鬥機駕駛員，對於長途飛航、射擊術、俯衝投彈和結隊飛行，皆有豐富的經驗。他們在一九四一年就大多想加入志願隊，這眞是一個諷刺。陸軍部不准他們辭職，因爲他們那時候守衛著巴拿馬運河。在華效勞的幾名最優良的駕駛員，便是在這批來自巴拿馬的人員中產生出來的，他們的名字是——漢普夏（Hampshire），柏萊爾（Pryor），威爾柯克斯（Wilcox），李卻遜（Richardson），白魯克菲德（Brookfield），白萊克史東（Blackstone），李杜（Little），鄧北斯（Tempest），戈登（Gordon），格羅斯維納（Grosvenor）和史德華（Stewart），而就是這些名字點綴滿了作戰的紀錄。在一年多的時期內，他們是駐華戰鬥機隊的骨幹。自他們來後，空軍隊才削減了那初級訓練學校的氣氛而比較像一個作戰隊伍，不久日本人也便感覺這種歧異了。

中國西部的濛濛雨霧，隨著秋天消失了。從十月到十二月，中國東西部的氣候俱宜於作戰，這使我們對於空軍隊非加以巧妙的管理運用不可。在十月上旬，日軍即有準備對橫越駝峰的空中補給線和在印度阿薩密與雲南的補給終站予以重大打擊的種種模樣。我們的偵察機於九月下旬在法屬越南上空發現河內四周敵人的戰鬥機力量，驟然增強。這顯示敵人正在臺灣至緬甸一帶從事行動的部署。美駐華空軍隊在九月最末一個星期內，曾兩度突擊河內附近的嘉蘭機場，炸毀雙引擎戰鬥機十七架。十月三日那天，我發了一封急電警告在新德里的畢塞爾：

敵可能空襲汀江及印度境內其他支援空軍之基地，昆明滇西各基地，及空運線本身。據報敵已於十月一日更改全部無線電呼號。此乃日人開始新攻勢之常態。又據報敵正在緬設立無線電網，日空軍地面無線電臺大批移往彼處，並已開始工作。第六〇、第九八重轟炸機飛行聯隊全部，第三一、第二四輕轟炸機聯隊及山本偵察機中隊據悉業由臺灣調至西貢。又敵第九八轟炸機聯隊地面電臺設於東瓜南機場。東瓜北機場則正修建中。預料敵空軍於地面電臺裝置完竣後即擬由西貢入緬北。以上係華方情報，刻正向他方面求證實中。又據頗可靠之報導謂，自廣州調越南之敵空軍，或係戰鬥機。本隊偵察機證實越南敵戰鬥機實力增強，其臘戍機場南北跑道亦已築成。

兩天之後，我又警告在昆明的史各脫上校：

「全面戒備昆明，自今日始吾人須防備敵人來襲。」

怒江前線敵人的地面新活動，在在都足以表示他們可能企圖在空軍的掩護下強渡怒江，直趨昆明。此次攻勢如獲成功，日人依舊可獲去年春天那些戰略上的利益。而這正是中國屈膝求和的唯一可能的途徑。日本的地面部隊差不多完全依賴緬甸公路爲他們怒江前線的補給動脈。軍火、米糧和燃料都隱藏在沿路村落的茅屋裏。卡車、騾車和強拉來的緬甸伕役，便是臘戍以北日軍補給的唯一運輸工具，而這些，都可毀於飛機襲擊之下。

美駐華空軍隊只須稍出點力，即能切斷敵人的補給線，使他們無從在前進的據點儲足物資以發動主要的攻擊。雖說中國防軍力量薄弱，日人也祇能在怒江東岸維持幾個前哨小部隊，卻始終不能把那預期已久的主要攻勢付諸實行。

美空軍隊的戰鬥機經常以兩架至六架的編隊向滇緬路和其附屬的山地交通網襲擊，俯衝轟炸補給庫並掃射輜重隊。B-25型轟炸機則往往南征遠至臘戍，攻擊大軍火庫、機場，並轟炸途中橋樑。爲了第十一轟炸機中隊僅有一具諾爾登投彈瞄準器，一架B-25型機只好載了四名轟炸員反覆在目標上空飛行，讓他們使用瞄準器練習投彈。這是比較短暫的任務，而還使得空軍隊在雲南機場補給日見銳減的情況下仍能繼續奮戰。結果，日本人不願在緬北機場維持任何空軍力量，南迄臘戍的制空權，於是歸於我們了。日人企圖在怒江下游的景東（Kengtung）維持十二架俯衝轟炸機以支持地面部隊的迷夢，又不旋踵給我們的機隊打成粉碎。是役毀機場敵機十一架，其第十二架正待飛逸，又給擊了下來。

我們就一直這麼地打擊在緬敵人。我們把全副精神貫注於怎樣引誘日本新戰鬥機飛進P-40型機的有效射程內。敵方的奧斯卡機、雙引擎的聶克（按：Kawasaki Ki-45，川崎Ki-45，又稱「二式複座戰鬥機」、「屠龍」、「二式複戰」，盟軍代號Nick）機和由零式機改造成的漢普（Hamp，零戰三二型）機在飛行高度上遠較P-40型機爲優。加上了優越的爬升速度，這些飛機在二萬五千尺的高空便能將顛簸不堪的P-40型機致於厄運，而以急升的戰術向之俯衝攻擊。P-40型機最適宜的高度是在一萬五千尺至一萬八千尺之間，超過了二萬尺，它的飛行效率便會迅速地降低，我的計劃是以第十一轟炸機中隊的飛機爲釣餌，把它們派往一萬五千尺的空中轟炸，同時在一萬八千尺空際集結 P-40 型機。爲了要攻擊那些轟炸機，日本的戰鬥機勢必犧牲了高度上的優勢而低飛到 P-40 的最方便的高度裏來。

爲了佈置陷阱，我們需要有一個日軍不得不駐防的重要目標。奇襲的可能性也是一個主要的必需條件。我們在東部各機場留下幾架戰鬥機以便偵察日軍據點，不斷供給有關重要目標的情報。當空軍隊的力量增強到足以再度東征時，香港似乎就成爲我們下賭注最佳的地方了。

這個大海港失陷時，它那宏偉的港灣以及設備週全的船塢碼頭，都完整無損。當所羅門群島和新幾內亞的戰事越來越烈的時候，日本人便開始利用香港和九龍爲他們對西南太平洋的主要補給地區。損壞的船艦都在英海軍船塢修理，這是新加坡以東最利於海軍的據點。運輸船隊則在九龍啓德和維多利亞碼頭裝載，加煤，而集合於九龍和維多利亞島間的碇泊處。

當十月下旬中國方面的情報告訴我們有大隊運輸船隊在香港集結時，我們便決定了進攻，空中的偵察也證實了大好目標的船隻的存在。古柏上校於是又忙起來了，籌劃著怎樣以一連串迅捷厲害、尖銳的行動去攻打香港，和怎樣在附近的廣州施行聲東擊西的詭計以使敵人摸不著頭緒。

我們擬妥了週詳的計劃，要儘量地從這次進攻中收到最大的效果。我們劃出了從內地到海岸去的路線，準備出敵人意料之外由海道掩襲香港。為要襲擊廣州，我們利用了一條狹隘的走廊，這裏的中國軍隊陣地，距離廣州不過五十英里，這樣日本人最多在五分鐘內就可以得到空襲的警告。我們等待中午的陽光來替 P-40 披上了一層炫眼的亮光。在短促的警告下，日本戰鬥機的駕駛便會面臨窘境，不曉得要急降突襲轟炸機而同時受 P-40 的攻擊好呢，抑是保持自己高度上的優勢而坐讓我們的轟炸機自由自在地投彈好。據我所知於日本人的，我料定他們會向我們的轟炸機群衝殺過來。不過無論他們作何取決，對於自身一樣是不幸的。

加勒伯・海恩斯對於空襲香港，分外感到振奮。日本電臺曾有一個時期向它的聽衆保證，他們絕對不怕受到美國駐華飛機的襲擊，因爲那些飛機是由「一個衰老不堪的運輸機駕駛員名海恩斯者」所率領的。加勒伯給這些嘲弄的言詞激得冒起火來。他在飛襲香港之前特別自掏腰包印就了大量傳單，上面用英文和日文寫道：「這些炸彈是那個衰老不堪的運輸機駕駛員海恩斯贈送的。」

在印度的第二十二轟炸機中隊曾答應過增調十二架 B-25 機到第十一轟炸機中隊，可是在我們預備出發的時候，在華的第二十二中隊的轟炸機卻祇有一架。美駐華空軍隊就在十月二十四日那天於桂林秘密集合了。迄午夜時分，機場上已停了十二架 B-25 和 P-40 型的飛機，同時我的總部再次設於那石灰岩的山洞裏。到了次日早上，我們的空軍隊遂在香港擲下了第一批盟國的炸彈。加勒伯．海恩斯，在德克斯．希爾所率領的戰鬥機掩護下，統率轟炸機隊凌空而進。古柏上校在海恩斯的 B-25 駕駛室內從正轟炸員哈洛．摩根（Harold "Butch" Morgan）的肩膀上斜斜下望。此次的攻擊完全是突如其來的。B-25 剛把俄國製的炸彈向九龍投下，海恩斯的傳單也在敵戰鬥機起飛迎戰前紛紛隨風飄下去。日方二十架灰色的海軍零式機從三灶島（Sanchau Island）起飛，同時六架雙引擎聶克也從九龍啓德機場昇起。當它們方在空中列陣打算向我奏凱回師的轟炸機追擊之際，我們的 P-40 機群突然像老鷹攫肉般向它們猛攻。海恩斯當即使他的轟炸機打了個大彎向日機衝去。第二十二中隊的 B-25 在這一個轉彎中可跟不上了，落在大隊後面，給六架零式機圍攻著。它的射擊手打落敵機兩架後，自己的飛機也因彈盡而遭擊落。駕駛員領航員各一名在地面被俘，其餘飛行員幸都脫逃。在空軍隊六十五次轟炸出襲中，這還是第一架損失在敵人手中的飛機呢。其餘的轟炸機和 P-40 型機且戰且退，在港、穗半途上又擊毀了敵戰鬥機十三架，自己則未再受到損失。當晚，日本廣播電臺稱：「在擊退美國轟炸機一役中，日方祇損失了戰鬥機二十架。」後來華方的情報證實了在港穗間發現二十架日機殘骸。

不幸俄國製的炸彈投擲時尚欠準確，因之第一次空襲香港時的被害者，還是中國居民和沿九龍半島西海岸的貨物堆棧。然而自這次轟炸起，香港即成爲我們的主要目標之一，以後三年，所投炸彈逐次加重。我們向海港施放魚雷，俯衝攻擊碇泊的船隻，從高空猛炸碼頭、油庫和船塢，同時又掃射啓德機場和三灶島機場。及至一九四五年夏，菲士廷（Festing）率領英國佔領軍進入香港，才發覺沉船塞港，而原有五個主要碼頭區，也已有四個在長期轟炸之餘全歸損毀了。

在後方桂林，我們的轟炸機員，爲了反覆轟炸香港電力廠和廣州天河機場，幾乎連吃夜飯和聽取作戰命令的時間都沒有。我們希望在炸毀了電力廠之後敵方的損害一時不易修復。至於襲擊天河機場，目的則在乎殲滅日本戰鬥機，以爲拂曉空襲廣州下游黃埔碼頭的船隻的前奏。我們更計劃於次日下午猛炸香港周遭的船隻和碼頭，直至飛機彈盡油罄方止。

午夜後一時，當我正在岩洞裏披閱華方關於襲港飛機在回航途次和摩根飛襲廣州報告的時候，突接畢塞爾由新德里拍來急電一通：

「天明時即開始轟炸臘戌與密支那機場，直到續得命令爲止。」

當時我生氣得差點不能抑制自己。在場的屬員事後告訴我說，他們預料我會憤怒得跳起來衝破了洞頂。原來臘戌和密支那兩地距此七百英里之遙。我的轟炸機一半還在途中，另一半則正在加油裝彈，預備侵晨再襲香港那襲慣了的目標去呢。

但我倒能猜想發生了什麼事情。日空軍大概已經對駝峰交通線發動已久的攻擊，而畢塞爾的地面飛機也大概已經大受損害。雖然我們早已獲悉敵人在緬集結空軍而向汀江的第十航空隊警告過，但該隊還不免於受到日機突如其來的襲擊。二十架P-40型機中祇有二架來得及起飛，而那佔駝峰運輸機半數以上的十架DC-3型的飛機和十二架P-40機，卻白白在地面斷送了。另一批企圖進襲昆明的日機，在該市以南一百英里之地和我們的P-40型機遭遇，是役擊落敵聶克機六架，並將其餘敵機擊退，我機卻毫無損失。

轟炸臘戍和密支那日方的空機場，可說是無謂的還擊。據美空軍隊飛機偵察所得，日本在那兩地並沒有可資發動主要空襲的設備，那末這些日機，必是從東瓜和清邁來襲無疑。我深知畢塞爾爲了那乘其不備的襲擊而咬牙切齒著，可是叫我去炸空機場，至今我還不解是何用意。同時我也不明白爲什麼要以高貴費用經駝峰運至中國的炸彈和汽油，重拿去消耗在轟炸返印中途的緬甸目標上面，而不就近令駐印轟炸機負此任務。這究是基於什麼軍事上的理由?這種策略要到一九四四年末中緬印戰區（C.B.I.）劃分爲兩個戰區後始告終止。前此一切矯正的努力都是徒然的。

命令，儘管如何乖謬，也終究是命令。我只好電令那一架單獨留在昆明的B-25型機凌晨飛襲臘戍。其餘的B-25機也飛返昆明，參加了這一回徒勞無功的工作。而我呢，可不願意在沒有再給香港一點顏色之前便離開了桂林。於是所有P-40型機都裝上了一枚五百磅的炸彈，它們在日戰鬥機群猛烈迎戰之下俯衝轟炸維多利亞港面的船隻，炸沉了一艘油船和幾艘貨船。奧康納爾（P.B. O'Connell）上尉不顧飛機尾端已給兩架敵人的聶克機砲火所擊中，還拼命向油船俯衝攻擊，在炸彈命中油船後纔數秒鐘光景，他的P-40型機也就起火燃燒，墜毀在港中了。

我們的戰鬥機再在桂林勾留一天，以防日機回擊。果然日機按照計劃來襲，結果喪機十六架，我們則僅僅損失了一架P-40型機和一名駕駛員。

到了十一月底，美駐華空軍隊返桂林，準備遍炸東部目標。十一月二十三日，初襲越南方面的東京灣，搜索船隻，擊中敵運輸艦一艘，使鴻基（Hongay）煤棧起火，又掃射海防日本軍營。翌日，B-25型機分兩隊出發，一隊轟炸三灶島機場，另一隊襲擊廣州天河機場。三灶島機場空無所有，但天河機場日軍可就猝不及防了。只有兩架戰鬥機來得及離地起飛，也都給擊落。我們的轟炸機隨又從容而準確地偵察了停機處一會。其後據華方的報導，是役日本戰鬥機和轟炸機共有四十二架被毀。至第三天，我們又攻擊黃埔碼頭，炸沉了正在起卸飛機引擎的貨船一隻。

當天我們又佯作擬自衡陽出炸咸寧、岳州和漢口的日軍補給基地的模樣，其實欲使在穗日軍於傷心損失之餘，利用一天時間補充更多的戰鬥機，好叫機場再次成為我們突擊的對象。

為了使自衡陽出發的轟炸機不受日機夜襲起見，有五名P-40型機的駕駛員自願夜襲漢口，牽制日本轟炸機。抵漢時已入夜，他們在最熾烈的高射砲火之下俯衝轟炸機場、碼頭，掃射探照燈，又擊毀了停機棚。

隔天——十一月廿七日一早，我們全部的空軍出擊力量便重蒞桂林來了。午前即依照我們妥擬的妙策進襲廣州，我們料定日軍必在穗集中一個強大的戰鬥機力量，以擊碎我們再度偷襲的企圖。我們的目的就是在於誘敵至 P-40 型機的高度內而聚殲之。轟炸機遂依舊成了活的釣餌。拱護著它們的，是廿一架 P-40 機，這大數目我還從沒用過哩！

襲穗前夕，古柏上校故意在桂林各咖啡館失檢點地洩露了計劃大襲香港的可怖消息出來。次日我機直飛香港，至最後一分鐘才突然折向廣州，叫日本人措手不及。當我機正大炸黃埔碼頭的時候，敵戰鬥機群才從廣州的天河和白雲兩機場起飛。P-40 型機一佔了高度上的優勢，就足以制敵機的死命。雙方在廣州上空激戰達四十五分鐘之久。日機一架架著火墜毀機場，差點和它們飛達 P-40 型機的高度一般的快速。結果二十七比零，我軍大獲全勝。是役是日空軍在華的最大敗績之一，廣州中國居民都看了個痛快。這末一來日本宣傳隊可沒有在日戰鬥機的殘骸上趕快漆了美空軍白星標誌來掩人耳目的餘裕了。在整隊返航時，P-40 型機遙見日聶克機一隊從香港飛來，顯然地，它們在香港等得不耐煩了。

我們在十一月廿八日完成另一次攻擊東京灣船隻的任務後，又回返昆明。計在六天內駐華空軍隊出征共十一次，遠襲八百里內的目標，而全無損折。我們的輝煌戰果是——毀日機七十一架，沉外洋船三艘，並給了碼頭、煤棧、物資倉庫和機場設備以種種損害。我們只憑極少數量的飛機汽油和炸彈而能在中國有著這麼顯著的成績，豈不是很難能可貴的嗎？

十一月底，空軍隊司令部從白市驛遷至昆明飛機場邊際，同樣設在一列蓋瓦的泥屋裏，而我可不想搬遷。我曾勸說蔣委員長發動攻擊長江日軍前進的據點宜昌，看看他要答應了。宜昌一經克復，就可以成為美駐華空軍隊的大好根據地，去不斷地襲擊華中日軍軍事樞紐的漢口。無如畢塞爾卻竭力阻撓我與中國方面的聯繫，巴不得駐華空軍隊總部搬離蔣委員長越遠越好。

十二月是淒涼的一月。華東適宜作戰的氣候既已告終，而物資的短絀又使我們一直困在西部。我自己又經常害著急性氣管炎和流行性感冒的病，虧得我的朋友兼私人醫生湯姆・詹特利（Tom Gentry）上校調治得宜，才使我不致纏綿病榻，而得以力疾從公。從我們辦公處泥地上揚起的灰塵，加上了油布窗的光線和空氣的不足，使我們總部大多數人員整個冬季裏一直患著眼炎和傷風。

駐華空軍隊和新德里第十航空隊總部間的磨擦，不時引起了雙方的痛憤。我早在九月時就寫信給史迪威，表示那迫令我須經由駐印畢塞爾總部的命令去和中國方面接觸的聯繫辦法是「不便，不合邏輯，且是不必要的」，同時這又違反了當初史迪威對蔣委員長的諾言，即是命令的聯擊將直接由華方經史迪威而到我這兒，而所有在華美空軍單位將歸我指揮。

在史迪威的中緬印的組織之下，畢塞爾握有了所有駐華美空軍單位的實權，我則不過是副司令，須隨時聽命於他。畢塞爾是一個冷酷的、膽小如鼠的人，只曉得嚴格執行軍紀，藉以掩飾他待人接物的無能。他盲目崇拜操場上的紀律和士兵生活上的細節，可忽視了戰績才是眞正的成功。我常常覺得畢塞爾把制服齊整的屬員的挺立行禮看得比一架著火墮毀的日機還要重呢。

我既是畢塞爾的下屬，自然唯命是從，但是對於他軍事行政上和戰術上的本領卻從來沒有怎麼拜服過的。

在那個冬季裏，新德里和昆明間的電報，一直交換著我和畢塞爾兩人間言簡而情激的訊息，其中好多是極其瑣屑的。由於物資缺乏而長期中止活動，我們的士氣委實是一個可怕的問題。而我們的飛行員和地勤人員，在這麼艱苦的時期內，仍能夠勉力表現出很好的成績來，這眞叫我驚嘆不置。

要振奮士氣，起碼須使軍人有書信、肥皂、衣服、剃刀片、紙煙、升遷的機會和勇敢的作戰的勳章。對於這些，畢塞爾卻無理由地叫我們失望，陸軍販賣部的供應品曾一度給延擱了三兩個月之久，只苦了連一條肥皂、一些剃刀片或紙煙都沒有的我們。誰都知道，我們寶貴的 DC-3 型運輸機經常給重慶區總部徵用去運送每月五噸的美國罐頭食物、啤酒、紙煙和汽車用汽油。史迪威部屬，除了在這美國食品充斥的軍官區享有吃的特權外，每天還有七元額外的薪給。有一個時期，因了天氣惡劣，家信又三個星期沒有收到，弟兄們的精神沮喪得令人吃驚。我於是特派一架 DC-3 型機飛越駝峰去載滿郵袋回來。待回來時，卻滿機都是供給中國陸軍的網球鞋子。我想弟兄們的咒罵是情有可原的。夏季就向印度徵用的毛衣，到了昆明高原刮起冬風的時候還沒有運到中國。我們的隊員爲了禦寒，祇得在昆明市場自購些馬皮製的粗劣外套和皮帽子。而百結的褲子更成了我們空軍隊的眞正的徽誌了。畢塞爾卻不斷地嫌怪我們衣冠不齊。

升遷的事，在畢塞爾頒佈了官方批准的組織表之前，已給擱置了六個月。據他告訴蔣委員長說，沒有那組織表，任何美駐華陸軍部隊都不能作戰。畢塞爾總拒絕把作戰勇敢的勳章頒給駐華空軍隊員，以爲那些所述的功績不過是他們「分內之事」。譬如奧康納爾上尉，曾在空襲香港港灣一役中冒著敵人戰鬥機的砲火俯衝炸沉了油船一艘，連自己的性命都丟了。畢塞爾卻還拒絕追頒給他一枚銀星高級作戰勳章。同時他偏要我建議以銀星勳章授與第十航空隊的 B-24 型機駕駛員，爲的是他們在未遇敵機抵抗之下轟炸華北林西煤鑛。還有艾爾瑪・李卻遜（Elmer Richardson）少校，有一次自願率領 P-40 型機夜襲漢口，在中國境內最猛烈的高射砲火和探照燈光中俯衝轟炸碼頭，畢塞爾也不願給他一個空軍的獎章。

飛虎隊宿將德克斯・希爾和埃特・雷克特兩人來華作戰已歷一年，都害著瘧疾和痢疾。遠遠坐在新德里的畢塞爾，竟妄自以爲更能明瞭駐華空軍隊戰鬥機駕駛員的情況，而硬要我叫他們倆再留華一月。

凡此種種，都使畢塞爾不能在華深得人心。我們的戰鬥機駕駛員閒來坐在哨站外的土堡上消磨了許多時間，懷著鄙意地幻想第十航空隊人員安居在新德里「每日」山上的情形，而莫不對畢塞爾抱著怨懟。在昆明他們教那些搬運運輸機上的貨物和行李的中國力伕們拿 "nuts to Bissell"（畢塞爾混蛋）這句可以譯成有禮貌的華語的話去招呼新到的飛機。他們向力伕們保證，說這是美國一種標準的招呼。力伕們果然因此高興起來，每當一架運輸機抵達，他們就認眞地反覆合呼著「畢爾爾混蛋」。我們那般無聊的戰鬥員卻引以爲榮。後來有一回畢塞爾自己也乘了運輸機來昆明，當下機時，力伕們照樣迎著他張口高喊道「畢塞爾混蛋」，他聽了是不很快活的。

比上述種種更爲嚴重的，還是史迪威和畢塞爾完全未滿足對駐華空軍隊所答應的供應定額的問題。本來在九月間他倆就都已批准了計劃，要增加空軍隊的實力至擁有戰鬥機一〇五架、轟炸機十二架和攝影機四架，並且時時補充，維持上述的力量。他倆又同意按月把一、九八六噸的物資自印運經駝峰供給我們。連這些諾言，他倆也始終沒有履行過。到一九四三年一月爲止，我們每月祇從駝峰彼方獲得三百噸物資。二月份的所得是四百噸。到了三月，在配定的一千噸中，也只運到了六百十五噸而已。在每月之初，第十航空隊和戰區的官員都鄭重訂定了保證駝峰空運的時間表。但通常每到月杪，我們記錄上所收到的物資僅及預定的三至五成。

這一個駝峰運輸的初步失敗，根本不是空中運輸線的技術問題，而是由於畢塞爾和史迪威俱蔑視了這項補給辦法。史迪威不曉得空運的效力，倒是可諒的，至於身爲空軍官員的畢塞爾竟然堅認駝峰運輸之舉不合實際，我眞無從索解了。畢塞爾堅決地認爲，要每月把五千噸物資自印運昆，需用運輸機三百架、機場二十五處。他作此誇張估計後未及一年，空運指揮部按月運一萬噸物資至昆明，就只用了一百五十架運輸機和不上十二個的機場而已。

經此失敗，畢塞爾仍不想促進駝峰運輸的效果，甚且叫史迪威無異議地贊同把駝峰運輸機從一百架減至二十五架。

在印度阿薩密流域建築駝峰運輸終站的工作，交給英國茶樹種植者去做，其結果是，當雨季來臨時，那六個機場祇得一個不會積水。駝峰的運輸事宜，在好多時期內是由畢塞爾督導的，但由中航機運至中國的物資噸位反而比陸軍運輸機爲大。史迪威後來對於駝峰更表示歧視，竟把派往阿薩密建築四季可用的機場的飛行工兵團調回去負擔他自己的雷多（Ledo）公路的工事。

史迪威早有成見要打回緬甸去，因而把中國看作實行這個冒險計劃的兵源。他前此已在印度的蘭姆伽（Ramgarh）設立練兵中心區，整編自緬逃出的華軍殘旅，計劃向緬北進攻，以與怒江前線雲南華軍的攻勢相呼應。他在冬季裏費掉許多時間去力請蔣委員長答應實現這一個有勇無謀的冒險。那時候蘭姆伽的軍隊尚沒有充分準備；雲南華軍既未經訓練又無配備；在緬的史迪威公路還未築成，滇境內的滇緬路也未修復以供怒江前線之用；駐印第十航空隊和駐華空軍隊全都沒有充足的飛機、汽油或無線電設備來密切支持這一個戰役。但是在一九四二和一九四三年的整個冬季裏，我們的空軍隊卻奉了史迪威的命令隨時警戒，以備反攻緬甸。

史迪威腦子裏裝滿了這些問題，對於駐華空軍隊的一切成績和困難，卻漠不關心，只不時告訴我說，眞正打得勝仗的是「壕塹裏的士兵」。在他指揮中緬印戰區的整個任期裏，史迪威從沒有一回向我詢問關於空軍事宜的意見。無論我有什麼軍事計劃貢獻給他，他也祇表面上批准，而未曾有付諸實施。

在美駐華空軍隊期間，我僅與史迪威接觸過兩次，那不過是象徵我們間的關係吧了。秋初時我奉了史迪威的急召赴渝，我料想著必有一個有關戰略、補給或其他重要事件的會議在那兒召開，便蒐集了所有資料隨身飛往。當我向史迪威報告時，他把一大疊文件擲到我面前，用沉重的腔音說：

「你知道這個嗎？」

那是一個由駐華空軍隊全體人員簽名的呈文，請求把美國國會榮譽勳章頒給我。我確定地向史迪威表示我毫不知情，但他的眼睛裏可充滿了疑惑。他不滿意我的主要點是，這個請求沒有經由軍事上的正當手續。而這便是他所要和我面談的。於是我連文件包都沒打開過，就飛返昆明。

另一次晤談則是在他於一九四三年一月二十日發下了，削減供給我們空軍隊的汽油運量至百分之五十的命令之後，以前我們每天可由駝峰彼方獲得一千四百加侖。如今被削減了百分之五十，這一天七百加侖的汽油簡直不夠飛機在分散的地區往還和每天早晨試開發動機之用。我遂親自飛往重慶交涉這事。

史迪威靜聽我的報告。待我講畢，他從那鋼製的眼鏡圈斜視著我，說：

「陳納德，你該明白空軍不能夠事事俱全。你要學學空手做事的本領才對。」

我因要求他發出書面命令，隨即辭出，拍電給畢塞爾，告訴他如其史迪威的命令一旦生效，則駐華空軍隊的飛機將無法起飛。畢塞爾覆電，令我設法繼續維持。我又回電說，倘使他知道了某種可用的汽油代用品的話，請他告訴一聲。

史迪威到底沒有頒下了書面命令，因之削減的決定也就未經實行。過後我才發覺那是史迪威要趕急儲起大量物資以供滇軍在怒江發動攻勢時之用。這是他的計劃，可是他沒想一想經駝峰的運量每月不過一千噸。

繼十一月大炸廣州後，駐華空軍隊的活動便降格爲一些零星的出擊。我們的戰鬥機隊分駐於昆明、霑益和雲南一帶拱衛駝峰航線終站防備日機乘著晴朗的天氣加緊襲擊這條運輸線。十二月間，我們突擊一批停在河內機場待命出擊緬甸的敵機，炸毀了轟炸機十架，戰鬥機六架。同時駐昆明的 B-25 型機也出動猛炸怒江前線日軍補給倉庫。日機偷襲雲南驛，次日再襲故智，卻被 P-40 型機四架截擊於瀾滄江上空，損折了轟炸機五架、戰鬥機三架，倉皇逃返緬甸。經這一役後，雲南驛存油已告用罄。我們在殘冬裏所能供應的汽油，只能使那兒的無線電台的發電機得以如常應用。在昆明，汽油也很缺乏，我只得禁止所有飛機完成作戰任務後，還在上空盤旋，我們在一月間還能數度出擊緬甸，其後三十三天，我們就不得不在汽油匱乏之聲中蟄伏了。

一九四三年三月十日，華盛頓來電宣佈在華組織美國第十四航空隊，歸我指揮，美駐華空軍隊於是乎成了歷史上的陳跡。此時空軍隊的飛機依然因了汽油短缺不能離地，而雲南全境內的隊員，也還圍在爐邊取暖，爲了缺乏物資而咀咒著新德里呢。

美駐華空軍隊雖然一開始即遭逢了糧食不足種種的苦厄，然而它卻留下了一個足以自傲的作戰紀錄。在九個月內，它在空中擊落敵機一四九架，此外或許還擊落八十五架，本身則祇喪失十六架 P-40 型機。又在前後六十五次轟炸使命中，日本戰鬥機只有一次能夠突破我們的戰鬥機的掩護射落 B-25 型機一架。我們投彈共三一四噸，這比美第八航空隊轟炸德國一次所擲炸彈重量的四分之一還來得少，但卻已撼動了亞洲大陸上廣大基地的日軍的安全了。最重要的，駐華空軍隊證明著，祇靠一小部在半饑餓狀況中作戰的空軍就足以與中國境內日本空軍相周旋。在那慘淡的時期，美駐華空軍隊便算是美國對於那千千萬萬抗戰勇氣和決心瀕於最低潮的中國人民的援助和作戰精神的唯一明證。

美駐華空軍隊也許是從來在將級司令官麾下的空軍力量最小的一隊。當然它也是最支離破碎的，它既不習曉公文，也不考究禮節，但當奉令出戰時，它卻始終不辱使命。

第十四章 史迪威在中國

歸去來兮，田園將蕪胡不歸，既自以心為形役，奚惆悵而獨悲？悟已往之不諫，知來者之可追……

——陶潛

一九四二年至一九四三年之間中國人民對於盟國忽略了在中國抗日之戰表示非常的憤怒和失望，由於這項原因引起了美國對於亞洲的政治及行動有了一個新發展，這在威爾基（Wendell Willkie）來華時的演說中可以看到，同時蔣夫人也親自到華盛頓向白宮及國會兩院聯席會議，親自報告當時的情形。由於以上的原因，給與我一個唯一的機會將我對於中國的空中攻勢計劃向盟國最高當局報告，同時有一個機會使我親自與史迪威把問題開誠佈公地討論。這項討論在華府的三方面會議中舉行，羅斯福總統、英國首相邱吉爾，以及華府美英聯合參謀部人員都在場，於一九四三年五月間舉行。這個特利登（Trident）會議的主要目的是商定進攻歐洲的時間與地點，其次就是把盟國對亞洲的政策來一個首次的總檢討。

對於亞洲的政策早就應該討論了，在這會議以前的一年間，中國方面的軍事情勢因爲盟國在亞洲的敗績時有變更。當時蔣委員長以空間換取時間的戰略因爲緬甸失守，已經不能再用了。中國在空間上的損失已經太大；盟國對於中國一直沒有決定性的行動。原因是英國和美國一直拒絕檢討亞洲的軍事方針，因而將一年多的時間也都浪費了。中國在陸海雙方都已受了日本的控制，而同時駝峰的運輸又受阻撓，中國那時眞是進退維谷，簡直找不到出路。

缺乏有效的援助，沒有決斷的措施，使中國的力量一天弱似一天；時間，在中國方面更是不斷地損失，而在相反的方面卻使日本盡量地利用時機。

因爲日本對於亞洲的陸海封鎖政策，使中國的經濟狀況陷於危殆。經濟脫節造成了通貨膨脹，這種情形簡直是把中國毀了，以致雖在大戰結束之後，這種情形仍不見好轉，而且是每況愈下。抗戰之前三塊中國銀元換一塊美金，至一九四三年是八十對一，日本投降是三千對一，一九四七年是一萬二千元對一。一九四八年初卻是六十萬對一了。

中國西部的農民不能夠生產足夠的食糧，以供給大後方自由區不斷激增的人口。於是饑荒就成爲常事，而且愈演愈可怕。糧食的缺乏情形因爲囤積居奇和黑市買賣的產生而更形顯著，這種趨勢的造成完全是因爲幣値的跌價。當一九四三年二月我巡視中國東部各基地時，許多災情嚴重的地方有些人民已嚼食泥土、草皮、樹根等等，而且災情是一天嚴重一天。在政府機構工作的公務人員眼看所拿到的不值錢的薪津都受了通貨膨脹的影響而貶價，他們都是在飢餓線上掙扎，面臨危機而不知所措，於是因爲經濟危機而造成的貪污之風竟無可挽救。

中國的軍隊由於長期的沒有出戰，營養不良，以及疾病，其情況日見惡化。即使是最優秀的隊伍也食不飽，沒有充足的裝備。守在怒江前線的中國兩個軍僅有十二尊法國一九〇七年出品的七十五野砲。整個東戰場中國軍隊所存的砲是六十尊來自四個不同國家的出品。由於交通工具的缺乏，以及沒有中央供應機構的接濟，迫使軍隊就食於地方，這對於那些根本已食不飽的人民，實爲一項無法忍受的負擔。在自由區最嚴重的是軍隊與農民之間爭奪糧食供應。而同時在怒江前線又流行著瘧疾與霍亂等症候，影響作戰至大。於是受了上述各項不良影響，優秀的軍隊失去了戰鬥能力，不良的部隊則成爲掠奪的暴徒。

黑市、非法牟利、操縱金融以及普通一班的貪污相率成風，這種情形在抗戰最艱苦的時期更爲劇烈。

日本的侵華政策是非常精明的，它利用自由中國的日漸涸竭，並且以推倒英美爲號召。同時對於人民一反以往的強暴態度而以懷柔術收買人心。日本的宣傳是「亞洲爲亞洲人所有」，又說「結束白人的統治」。日本對於爭取人心不遺餘力，並極力向那些對於美國援助失了信心的人民採取攻勢，使他們歸服。日本還擴大了敵僞軍隊的組織，並且首次利用傀儡軍隊作戰，使中國人打中國人。此外日本又縱容走私，使日本貨物源源流入中國，甚至流入中國的自由區，利用中國人民的金錢來補助日本的戰時經濟。中國的特產鎢礦、水銀、銅、桐油、米糧等都被用來換取日本物資。這種買賣無分佔領區與自由區，經常進行。

在那個時候日本在宜昌的軍隊有增加的現象，這就是取道長江，進攻陪都重慶的先兆。差不多直到大戰結束之日，日本人仍做著征服中國、控制整個亞洲的好夢。到了一九四五年日本仍對中國發動攻勢，希望使中國的中央政府垮臺。

日本的壓力和盟國的意見分歧，使中央政府的性質遭受重大影響。中國國民黨一黨專政統治中國已十有八年，可是它決不是一個政治上純一色的組織。其內部的意見參差，一如美國民主黨內南部諸州的議員與工業區的議員。中國國民黨當時爲了抗日，大家一同作戰，然而在這期間國民黨的新舊派仍是明爭暗鬥，了無已期。新派份子大都是留美學生，說得一口流利英語，他們相信中國的前途繫於中美兩國的長期親善，他們主張促進教育，發展工業技術，改革政治等等。舊派是屬於中國政治上的舊人物，他們任用私人，主張政府有絕對權力，並利用地位增加個人財產與勢力。並且激烈排外，其中有一部份曾主張聯合日本，抗拒西方勢力。

國民黨的新派的命運大部取決於美國對華政策，他們可以算是溝通中美的橋樑，而他們在國民黨內取得地位也就是因爲他們能爲中國向美國取得援助。當美國的租借法案在中國發生效力，而美國的志願隊組織成立的時候，他們是甚爲得志的。當美國不能照諾言一樣地執行工作，而又因爲史迪威與畢塞爾的影響而把美國供應物資滯留在印度不繼續運到中國來的時候，這批新派在黨內的地位就一落千丈，而且他們的主張言論也毫不被重視和注意了。美國對華政策的失敗，不能支持這部份在國民黨內的革新份子，這對美國造成很大的不利。爲了要利用美國的供應物資來鞏固他們的地位，國民黨內的新派不得不群起反對史迪威把供應物資運到緬甸的措施。當一九四三年十月他們一致主張把史迪威調走的時候，史迪威竟與國民黨中的舊派攜手，趕走批評他的新派。他在驅除中國陸軍與政府中的新派勢力之後，才要求中國在經濟上與軍事上，實施澈底的改革國民黨。

一九四三年春天當我去華盛頓開會之前，蔣委員長就對我說中國人民的民氣與士氣都在低降，其情形是抗戰展開以來所未曾有的，只有在中國立刻計劃採取決定性的軍事行動，才可挽救這個危機。

史迪威盡了最大的努力去消除人們對他在中國、緬甸、印度戰區的諸種批評，然而沒有成功。自從他自緬甸返回重慶之後，他除了把志願隊改編爲駐華空軍隊之外，對於如何進行盟國在中國的作戰計劃，根本毫無準備。他唯一的目的是趕快攻回緬甸，其唯一的努力便是使蔣委員長多派軍隊去協助他完成此項冒險。

早在一九四二年八月十三日我就向史迪威提出了警告，指出在中國立即行動是如何的必要。我的電報說：

整個東方的情勢似乎非常危殆。印度是在動亂中，日本又阻撓了我們緬甸方面的運輸，麥克阿瑟在南太平洋各島的攻勢遭受堅決的抵抗，中國無法作戰都是因為我們不能給予空中支持和租借供應，這一切都包含對於美國作戰努力的重大危機因素。

軸心國家在前線節節勝利，盟國則未能在任何地區發動攻勢。我相信一個有效的，規模不大的，美國空軍組織在中國作戰，可以使當前局勢好轉。這支美國空軍一方面可以摧毀很多日本經由臺灣及其附近運往南方各島來打擊麥克阿瑟的作戰物資；又可鼓勵中國地面部隊攻擊日本佔領區；使日本在緬甸與越南的空軍失去作用，同時解除日本對印度的眼前威脅，保護我們通中國的空中供應線，接濟一次成功的攻勢，以鼓舞所有盟國。

我相信除此之外，無論在那兒，沒有一架美國飛機能擊毀八架至十架敵機，同時又破壞了這麼多敵人行動的。為了上述諸種原因我請求增加在華飛機的數目至轟炸機與戰鬥機五百架，運輸機一百架，於五個月內到齊，這是我們非常急迫需要的。

請以此種事實急電馬歇爾將軍及安諾德將軍，以作最後決定，應採取必要行動。

史迪威對於這種電報是很容易加以擱置的，他有權檢查一切自中緬印戰區發出的郵電，必要時就禁止拍發。

就在這個時候他下了一個命令，禁止駐華美空軍隊司令部對於空軍，發表任何報告。一切新聞情報須由戰區總司令發表，這就是或由重慶或由新德里發出。這不但使新聞遲發了一日至三日的時間，同時史迪威的助手還可以任意加以改削。

當我們的飛機出炸漢口、香港、廣州、河內和緬甸之時，史迪威曾大事宣傳，想藉此造成一般認爲美國在中國的空軍機構遠較實際爲大的印象。凡是提到美駐華空軍隊規模小得可憐的新聞都被縝密刪去。日本人也樂意利用這一點來掩飾他們的連續失敗，其實那時我們的空軍有多大，他們一目瞭然。只有我們自己美國人則反被蒙在鼓裏。

陸軍部裏自馬歇爾將軍以下，除了來自史迪威之外，自然收不到任何情報，史迪威歪曲事實的報告便成爲官方的報告，若有人敢說實話，反會遭受申訴。我底參謀長古柏上校有一次寫一封私人信給羅斯福總統的摯友，戰略情報局長杜諾萬（"Wild Bill" Donovan）少校，把中國的戰鬥情形告訴他，杜諾萬將軍把這封信給在華府的官員們傳閱，於是美國軍政部馬上採取行動，以「健康有問題」爲托詞立刻把古柏上校從中國調走。更壞的就是馬歇爾把古柏以後在軍隊中的出路根本斷絕，使他以後根本沒有擢升的機會。

還有一位美國海軍陸戰隊的上校詹美・麥肯，當時任美國海軍駐華情報員，他也把中國一九四二年的艱苦情形詳細地向美國海軍軍令部長金氏將軍報告，在報告中他非常激烈批評史迪威的對華政策和史迪威對美駐華空軍的忽視。當這份報告在參謀會議中被提出時，馬歇爾馬上要求把詹美．麥肯自中國召返。馬歇爾對麥肯歧視到極點，以致當他做了國務卿之後竟連麥肯以公民資格來中國的請求他都設法阻止。同時馬歇爾更拒絕接見麥肯，毫不給他一個機會來說出他自己的觀點。到了最後麥肯不但不擢升並且因爲馬歇爾那種頑固的成見使他在退休時仍只保持上校官階。

史迪威封鎖新聞，掩蓋事實的措施，到了威爾基以羅斯福總統私人代表訪問全球抵達中國時便給打破了。威爾基給予中國人民一個很好的印象。他底個子以及舉動談吐等都合乎中國人的胃口，使中國人覺得他確是美國的重要人物。同時他與中國人交談時以一種非常誠懇的態度，用一些切實的措詞，使中國人都能夠了解。他特別提到擴充中國的交通運輸，開發中國的天然資源以及增加中國糧食生產等問題。當威爾基逗留在重慶的當兒，他打電話到白市驛美國駐華空軍隊司令部去，希望能到空軍隊司令部參觀並和我作單獨談話。我告訴威爾基我不能見他除非他取得史迪威的許可。到了第二天，是一九四二年十月十一日，史迪威和威爾基一同坐了史氏自己的車子到白市驛來。史迪威對我說他准許我向威爾基申訴任何我所想說的話。當我和威爾基在辦公室內作兩小時的談話時，史氏就獨自坐在外面等候。

當威爾基發現我們那種經過擴大宣傳的傑作只不過是比一打還少的轟炸機在做的；而我們用來保護中國上空的飛機也不過是五十架戰鬥機時，他簡直非常地驚奇。由於我們作戰範圍的廣泛，以及能以一架飛機抵抗敵人的八架飛機這種事實看來，威爾基以為我們一定是一個供應充足的空軍了，其實剛好相反。威爾基叫我把實際情形寫成一封信，他將親自把這封信交給羅斯福總統。爲了這事我和我底參謀長古柏上校幾乎整個晚上沒有睡覺，我們要把那封信趕著寄到成都，以期在威爾基未離開成都到西伯利亞及阿拉斯加之前可以收到，現在我把原信照錄如下：

總統特使威爾基先生：

你對我說過你不但是總統兼美軍總司令的政治代表同時也兼負軍事方面的使命。因為你曾命令我把中國境內抗日軍事活動行動的開展情形向你作一直接的報告，所以我把一切分析如下：

（一）在中國境內是可以擊敗日本的。

（二）我們能以規模這樣小的空軍來把日本打敗，在別的戰區會被認作可笑，而在中國卻是可能的。

（三）我若有全權來指揮空軍的話，對於擊敗日本我絕對有把握。我更相信假如我這樣做的話，千萬美國陸軍與海軍都能保存性命，而美國所出的代價將是一個很小的數目。

（四）我所說的一切都是有根據的，而不是虛構。我底自信是因為以下的一切事實：自從一九二三年開始我就覺得日本對美國有開戰的可能；在軍隊時我曾利用最寶貴的時光來研究這個問題；我擔任中國空軍的非官方顧問已有五年之久；也就是以中國空軍顧問的名義我與日人作戰已有五年之久；在過去的一年當中我最先是指揮美國志願隊後來是美駐華空軍隊，我們對日本從未打過敗仗。還有我們的成績，我們這個不到戰鬥機五十架的小小的空軍曾擊毀日本飛機三百架，一共加起來可能是六百架，我們只損失了十二個志願隊的飛行員和四個駐華空軍隊的飛行員。駐華空軍隊的轟炸機實力只有中型轟炸機八架，而我利用了這八架轟炸機曾經出征廿五次，分別轟炸日本的倉庫、軍隊、船隻等，而我們未曾損失一機，未曾損失一人。

（五）當我初到中國的時候，中國空軍是由意大利人來做顧問，但在美國未參戰以前我已很成功地把這些意大利人請出去，因為我相信總有一天我們會和軸心國開戰的。我自信得到蔣委員長和中國高級官員的信任，因為（A）我是一個常勝將軍（B）我從未向中國人說過半句謊言，同時我不隨意許諾，我只答應為他們做我能力所及的事情。

（六）我絕對相信我若有權來主持駐華軍事，我不但可以擊敗日本，同時可以使中國人永久做我們的朋友。我相信即使在商業上中國在以後也是一個好市場，可與我們作商業上的往來。

（七）本來軍事工作是簡單的，可是卻被那難調度，不合理的軍事組織和那些不明瞭中國境內空軍情形的人來把這事情攪壞了。

（八）為了擊敗日本，我只需一個很小的美國空軍——一百零五架新式設計的戰鬥機，三十架中型轟炸機，同時希望以後能有十二架重型轟炸機。這個空軍實力要經常保持。我們將有損失，那些損失應當馬上獲得補充。我認為戰鬥機需要補充的為百分之三十，轟炸機為百分之二十。

（九）我說我能夠把日本人趕出去的原因是因為我自信我底空軍有把握把日本空軍擊敗，時間可能在六個月內，至多也不過一年。我是一個以飛行為專業的戰士，而我能夠強迫這規模並不大的日本空軍向我們挑戰，隨著我的計劃。這步驟若成功的話我可以很收效地把日本空軍粉碎。假如日本的空軍被擊敗，我們的海軍就能夠運用自如，同時麥克阿瑟將軍也能如願地把全力去應付西南太平洋。再說利用中國東部的空軍基地我擔保可以自那兒出發去把日本的工業集中區破壞。我敢說沒有一個國家是像日本這樣易於被襲擊的。把自日本到她剛剛征服了的土地之間的海路切斷並不是一件難事。一旦上述兩件事功能夠實行的話，對於日本軍事方面的控制就非常容易了。

（十）為了使上述的雖是很小的空軍機構能夠保持作用之故，一條空運供應線一定要在中印之間建築起來。顯而易見的這空中供應線對於我們的空軍是有很大的協助，我們底成敗也有賴於此。這條空運線的維持比起其他自美國至南美或是大西洋、太平洋之間的航線的維持是簡單而輕便得多了。中印之間的供應和他們相比眞是大巫見小巫。我們所需要的是良好的主管，良好的處理。我們所需要運來維持我們的空軍的物資數目並不大，我們研究之後將可說明其簡單性質。

（十一）目前用以保衛這條空運線的計劃是標準正統、頑固的軍人頭腦提出來的。它完全缺乏眞正利用空軍實力甚至基本軍事戰略的觀念。我將以古代迦太基大將漢尼拔（Hannibal）攻羅馬城時羅馬大將阿斐加奴（Scipio Africanus）保衛羅馬的精神來保衛這航空線。我將打擊日本通到西南太平洋的供應線，然後直搗東京。到了那時日本就會被迫在中國東部及東京上空作戰。日本空軍絕對沒有在同一時間內力量兼顧印度、緬甸、雲南和東京。有史以來從未有一個名將不試用這種方式來支持軍隊的供應線。美國南北戰爭的時候格蘭特（Grant）將軍命令薛爾曼（Sherman）將軍的軍隊橫貫南方的心臟，擊毀李將軍的供應，同時又把李將軍的供應線切斷，格蘭特將軍則親率軍隊把李將軍在浮琴尼亞所部全軍覆沒。一旦李將軍的軍隊供應受損，供應線被切斷，那麼他是被打敗了，而他底威信也因此破產。我想在中國利用同樣方式來打擊日本空軍。我們知道日本一定要守住香港、上海，和長江流域的。這些地區就是日本靠以活命的，我可以利用這一點使日本人被迫在上述地區作保衛戰，這就是說我將利用空軍去轟炸這些地區，激使日本與我們作戰。這計劃得行，我自信能以十或二十對一之數來把日本空軍殲滅，假如日本空軍不肯到我們的地區來作戰的話，我將出動我底中型轟炸機來破壞日本西南太平洋的海上供應線。不數月間日本必定損失大量飛機，日本的領空將失去了保障。到那時我們將以重轟炸機從衢州和麗水去炸日本。我底空軍可以把日本的工業區——東京、神戶、大阪、名古屋等炸毀。到了那時日本將無法供應他在中國、馬來亞、荷屬東印度群島等。達到了這項目的，中國的軍隊在中國，美國在太平洋的海軍，麥克阿瑟將軍自澳洲都有路可走了。而我們也接近勝利了。

（十二）一方面我又將保持雲南省昆明以及霑益、雲南驛各地的供應，假如日本自緬甸出發，攻擊中印之間的供應線，我們也可以把他們擊退。

我上述的計劃是非常簡單的，不過是經過深長的思慮的。我用了五年時間來發展中國的防空警報網，我對於自己的成功是沒有疑惑的。

（十三）為了完成上述等工作，無論如何，我須要有作戰上的自由，同時我也能直接與蔣委員長和中國軍隊接觸。而蔣委員長的意思也希望我直接接觸。我如果沒有信心，也不會說上面的話，我在美國志願隊的作戰期間，在地面部隊先行撤退之前，從未退後一步，所以我的空軍基地常暴露於敵人的地面攻擊之下。地面部隊撤退之後我才撤退，而且志願隊每損失一架飛機，便得換取日本的二十架飛機。甚至在那時，如果我有必需的轟炸機與偵察機，也可以不致被迫撤退。

假如我有權直接向蔣委員長報告一切，我願進行中國方面陸空雙方的聯合作戰。

（十四）最後我願重覆地再說一遍，我底計劃若成功不但幫助麥帥及海軍在太平洋的進展，而且使中國做我們永久的友人。

C. L. 陳納德

威爾基把我底信呈給總統，羅斯福總統把那封信轉到陸軍部去，就在那兒引起了莫大的風波。

中國一直就在請求美國增加援助，這些請求都是由宋子文和蔣委員長的電報來傳達。一九四一年十二月羅斯福總統和邱吉爾首相會議時，議定最先以援助歐洲爲重，這一點中國也同意。可是當一九四三年一月卡薩布蘭加會議（Casablanca Conference）召開時，大家對於中國，或是說亞洲的問題都漫不關心，甚至有關在亞洲作戰的問題都沒有列入議程，中國對此表示非常失望，他們底呼籲一直被傳到摩洛哥。於是不得已，美國就派了安諾德將軍和索姆維爾（Brehon Somervell）將軍到中國來，自卡薩布蘭加到了重慶，允諾了蔣委員長的許多要求，以平他底氣憤。蔣委員長堅決要求設一個獨立的駐華空軍司令部，並要求供給這空軍五百架飛機和自駝峰每月運來供應品一萬噸，以支持這個空軍。安諾德答應了盡力而為，中國方面則是已非諾言所能滿意了。蔣夫人當時感到口頭允諾的無憑，她要採取行動。於是他在同年十二月就離開中國到華盛頓去，把中國的情形向美國總統、美國國會和美國人民報告。

她到了美國後只不過幾星期中國的情形就開始不同了。就在一九四三年三月三日我被擢升為少將，七天之後十四航空隊就正式成立，而我底機構也再不與畢塞爾連在一起了。在三月中旬一大隊四個引擎的B-24型機到了印度將參加十四航空隊作戰。三月廿七日格倫（Edgar E. "Buzz" Glenn）准將也到了中國，做我的參謀長。自從戰事開始以來他是第一個人把大量的參謀人員帶到中國來。格倫將軍同時也帶來了陸軍航空隊總司令安諾德將軍命令給史迪威，告訴他羅斯福總統說駝峰的運輸應交由我管理。安諾德將軍提出這意見後羅斯福總統才發下了手令。這眞是一個好消息，由於一向的痛苦經驗，一個戰地司令官無權過問供應是非常痛苦的事。所以這項消息很使我高興。格倫把總統的命令交給史迪威，史迪威大大地不高興，對總統的命令也不理睬，好像根本就把那件事忘記了似的。駝峰的運輸仍在畢塞爾的控制下。

三月底，羅斯福總統致電蔣委員長，告訴他新的飛機將儘快運到中國來，假如我能擔保一切供應能夠維持這些飛機作戰的話。

但隨著而來的不幸就是駝峰運輸的完全阻斷，這使我們非常痛苦，並且不得不把四月的一切活動停止。我們仍然勉強維持，但得不到駝峰的供應。我們靠以維持的只是那經過了史迪威與畢塞爾所批准的一、九八六噸物資。可是這些物資經了史迪威的部隊之手後只剩下了一千噸，而眞正送給我們的實數只有六二五噸而已。雨季似乎比以前早來了一個月，四月就開始下雨了，這樣對我們眞是莫大影響，畢塞爾的駝峰運輸也就藉此停頓下來。他所築的六個飛機場只有一個是可以勉強使用的，其他五個都成爲一片淤泥之場。亞力山大（Alexander）上校在一九四二年做了美空軍運輸隊司令時，也只得使他的運輸機及第三〇八重轟炸機大隊利用查普雅（Chabua）的機場，利用那硬面的單條跑道，也是在阿薩密唯一的這種跑道。駝峰的運輸爲此更形遲慢了。在四月的頭十天，原定有物資二四五噸運給第十四航空隊，但只有四十五噸到手。我束手無策，惟有把許多活動停頓，靜待供應情況好轉時再繼續工作了。

當我仍忙於指導那些新到人員有關亞洲的地理時，四月二十日我接到史迪威自重慶的來電，說是他將於下午五時到達昆明。我於是到機場去接他。當他從飛機上下來時他嘲弄似地看著我然後說：

「你的行李呢？」又說：「你可以起程了嗎？」

我眞有點莫明其妙就問他：「上那兒去？」

我們兩人相對無言了好一會兒，然後史迪威把我帶到飛機的翼後，避開了其他官員的耳目。我最後告訴他我實在不知道他說的是什麼，於是他解釋華盛頓當局召我們馬上回去，他並懷疑這是因爲我不斷地在背後批評他的結果。他準備馬上自昆明飛印度，並希望我能與他一同起程。

我對此表示莫大的驚奇，我得到了史迪威的允許到重慶去一次與蔣委員長面談，並與他約定兩日之內在喀拉蚩會合。我第二天一早就飛往重慶，可是蔣委員長也沒有辦法幫忙。他囑我將中國需要立即採取軍事行動，同時要充足的美國供應以及不受新德里方面控制的空軍要求提出。我告訴他我們已有一個獨立的空軍，如今所欠缺的只是供應品和供應品的運輸。我當日下午就飛回昆明，第二天又飛了二八〇〇哩在喀拉蚩與史迪威會面。當我飛越阿薩密時我有機會仔細端詳畢塞爾在那兒所築的機場，那機場淹了好幾寸深的水。

史迪威有一架 C-87 型飛機在喀拉蚩等候著我們起程到華盛頓去。我因爲匆匆起程對於中國的空軍情況還未寫下任何報告。我細想不如在未到華盛頓以前先把這報告擬好。

當我們的飛機經過非洲、大西洋和南美洲時我就開始書寫我的報告，我用那因在高空而漏墨水的鋼筆在筆記紙上工作，一個手提箱就做了我底臨時書桌。有好幾次史迪威從那副帶邊的眼鏡中斜望過來，我自己也沒空去管他計劃什麼。當我們到了華盛頓的時候，我已把報告大綱擬好。我把艾索普找到，他那時在中國國防供應公司服務，我就請他代我把我底稿全部打出來。兩天之後我底報告就被送往三方面會議，同時我也因此獲得了羅斯福總統和邱吉爾首相的信賴。

到了華盛頓後不久，我就找到了剛到華府的摩根（Harold "Butch" Morgan）中校，他以前在駐中國的第十一轟炸機中隊工作，我就把他叫來權充我底隨員。在華盛頓開會的時候摩根是唯一給我幫忙的人，每到秘密會議的時候摩根只好站在門外等著，把我獨自一個人留在裏面。在陸軍部那些自以爲了不起的大員中我和摩根成爲非常尷尬的一對。我當時是以美國志願隊的資格而加入美國陸軍，所以我連正式的制服都沒有。我盡最大力量把自己打扮起來，就是穿一件戰前做的棕綠色緊身外衣，一件灰絨襯衫，打一條黑色領帶，一切都是不合規定的。至於摩根呢，他是在駐華空軍隊裏做了很久的人，也只有破舊的褲子。我們和史迪威以及他底隨員等共用一個辦公室，大家遙遙相對。史迪威的隨員之多可說比我在中國的辦公室內人員規模還大。雙方的對照是非常的不調和。一方面是史迪威和他底辦公人員，他們所穿的制服光且滑，胸前又滿戴了獎章。在這聲勢雄壯的對面坐著那衣衫簡陋的十四航空隊代表。

當我們離開了中國還在飛越非洲途中，日本人乘機潛入雲南驛，向停在地面上的十四航空隊飛機襲擊。這一次的不幸，炸死了兩百個在跑道上工作的苦力和兩個美國人；此外又有P-40型的轟炸機五架，C-47型的戰鬥機一架被焚，十一架P-40型機損壞。這種不幸事件的發生完全是因爲缺乏供應的緣故。日本飛機每天都來，對我們窺伺很久，可是每次在中途都因爲我們的飛機起而迎戰把他們嚇走了。不過我們最大的問題是汽油的缺乏，中隊長心裡明白這樣過幾天之後飛機汽油就用完的，所以索性等日本飛機臨近時再起飛，豈知電訊失靈，日本飛機就這樣神不知鬼不覺地闖了進來。

當我到了華盛頓那一天正是四月廿九日日本天皇的生日，日本人又到昆明來，那一次我們又因爲失去聯絡而誤事，我們那位新任軍令官唐・李昂（Don Lyon）上校和一位飛行員都殉職，我底參謀長格倫將軍也受輕傷，汽車場完全被炸毀。當我接到格倫將軍的來電時幾乎馬上就想回到中國去，可是那冗長的會議把我拖住了一個多月。除了會議忙之外，還有宴會、雞尾酒會、演講、被人畫像，以及設法擺脫那些慕名來訪的人，想寫我底傳記的作者等等，使我無法分身。我底約會紀錄中包括了許多要人的名字，如羅斯福總統、邱吉爾首相、馬歇爾將軍、菲律賓總統奎松（Manuel Quezon）、羅斯福私人秘書霍浦金斯、英國參加華府英美聯合會參謀部代表狄爾（John Dill）、美國戰時生產局長納爾遜（Donald Nelson）、宋子文博士、飛機廠商萊特（Burdette Wright）、名專欄作家李普曼（Walter

Lippmann）、前駐法駐蘇大使蒲立德（Bill Bullitt）、前駐日大使格魯（Joseph Grew）、海軍部長諾克斯、次長福萊斯特爾（James V. Forrestal）、老政治家巴魯樞（Bernard Baruch）、財長摩根索、陸長史汀生以及大批高級將領。一九四三年的華盛頓對於那些自前線歸來的將軍眞是備極崇敬，在社交上更是忙個不了。我自己唯一引以自慰的是當六年前我離開華盛頓時只是一個默默無聞的退伍上尉，如今返里，我已是盡人皆知的少將了。同時在陸軍部裏那些從前反對我的人那時對我都另眼相看，而且他們對我的禮遇看起來還有點可笑。

在三方面會議中亞洲問題得到清楚的剖析。英國人對於亞洲的問題毫無興趣，他們覺得在英國若未有充足實力向新加坡反攻之前，亞洲方面不願有所行動。史迪威對於中國方面的問題其看法與邱吉爾一樣，他以爲不先反攻緬甸，中國問題無討論的必要。

爲了以上的觀點不同，我與史迪威之間引起了莫大爭執，我這種行動使陸軍部都非常難堪，因爲這似乎是違反軍隊裏的規定的。你們知道在當時和那些人相比只是一個初級將官，在中緬印戰區我不是領頭人物。在一般的傳統習慣中有高級長官在前我是不容多說話的。他們把我底坐位排到一個角落裏，這使我很難聽淸楚會議的進展，史迪威因爲官階比我高，有關方面總是先徵求他底意見然後再來問我底意見。在這種情形之下，我因爲要表白自己的意見所以累累得罪了我的上峰，使史迪威和他底好朋友馬歇爾將軍都大大地不高興，我是吃力不討好。說到英國方面呢，他們有自己的問題，所以對我們所討論的事情極難引起興趣。

問題的癥結在於我們應當先向緬甸進攻，還是先把中國的日軍擊潰。在緬甸方面的日軍是有準備的，而且陣容強大，準備隨時應戰；在中國方面的日軍是沒有準備的，並且不願作戰的，我們的急速行動可以隨時把他們消滅。史迪威底計劃是用美國方式來在印度訓練中國步兵，然後予以美式配備讓他們到緬甸去作戰，把日人擊潰，然後長驅直入中國。他又獻議英國以全力來反攻仰光，而那些受過美國訓練及有美式配備的中國軍隊則越過怒江而向緬甸北部推進。因爲日本在緬甸的推進，史迪威主張獻議在華東方面增加訓練中國軍隊的數目，同時設法開一港口使美國海軍能西向太平洋推進。史迪威底全盤計劃聽來非常動聽，可是再來詳細預算一下則這計劃的完成最低限度也要十年的時間。在他底計劃中他沒有半個字提及航空，他底軍隊供應計劃非常荒唐可笑，他想靠驢馬與大卡車來運輸供應，而我們都知道這樣做法連供應一師美國軍隊的需要都辦不到的。這位老頭子的意思大概是仍想以他的壕塹戰的觀念來從事陸地上的戰爭呢。

說到我當時的計劃，基本上和提交羅斯福的私人代表威爾基的計劃差不多，這就是說以中國爲基地，對日本展開進攻的空戰。全部的空戰需要是一百五十架戰鬥機，七十架中型轟炸機，三十五架重型轟炸機。供應方面在頭三個月內四、九七〇噸，以後每個月希望能夠有七、一二九噸，這些供應都是用來維持十四航空隊的。照以上的數目字看來，在歐洲只一次重轟炸機出襲的供應就要比我們多呢。這個不大的投資我相信可以與太平洋方面的作戰打通一氣，與沿太平洋西進的海陸空軍取得聯絡，互相合作。

當一九四三年夏天我正在計劃實現我們底戰鬥之時，日本對華作戰的地區略有改變。中國仍是盟國可以利用來打擊日本的唯一的、最直接的地區。這種情勢一直維持了兩年。直到一九四四年的秋天，大局才有一點變動。那時我們已襲擊長江各口岸。我們襲擊香港、漢口、廣州以及越南的煤港及前進基地，日本軍隊的生命線從臺灣海峽開始連貫到中國的南海，都在駐於桂林的我們中型轟炸機的航程範圍內。日本的工業區如大阪、東京、長崎、神戶、名古屋、橫濱等都在由華東出發的 B-24 型機的航程範圍內。那時第三〇八重轟炸機大隊已經抵達中國。

在軍事戰略方面來說，爭取時間是軍事行動的主要關鍵，憑著當時戰士的衝鋒精神及對於駝峰供應物資來源的信賴，就在那個夏天，當飛行的氣候已很有利於華東時我們就可以開始空中攻勢的。那時還有充分時間來等候天氣的好轉，以及修建跑道等等，在我的預計中，一九四三年年底我們的 B-24 型轟炸機是可以開始向日本的城市投彈的了。那個時候離 B-29 型機開始攻擊還有半年，而去 B-29 大規模空襲還有十五個月呢。

在我底計劃表中，我預備自七月開始以兩個月的時間來對駐在中國境內的日本空軍展開攻勢。日本本來不準備在中國作過多的空軍防禦，不過假如情勢不得已時他們也只好忍痛去做，這對於他們戰時的經濟來源是很受影響的。我們的計劃若能達到的話，在戰略的後期我們底B-25型機將會去轟炸中國的沿海，海南島和東京灣日人的基地將受到襲擊。這是第一步計劃。第二步攻勢將於一九四三年九月開始，空中攻勢將擴展到臺灣以及中國南海；並準備把第三〇八轟炸機大隊調到華東基地去以便開始轟炸臺灣、上海、南京等地區，用的則是B-24型機。那麼到了十一月底，在最迅速的時間內，將以開始轟炸日本的海上運輸線，那就是說轟炸日本自朝鮮到越南的海上航線，同時開始轟炸日本本州和九州的工業城市。假如這種計劃是有點近乎異想天開的話，請大家不要忘記，第十四航空隊雖未得到其要求的最小量供應，但除了炸日本之外，其他一切都做到了。

要實現這計劃的第一步工作就是我只需要添加三個戰鬥機中隊和三個B-25轟炸機中隊，同時每月準時自駝峰運到足夠的供應品四、七〇〇噸。

史迪威對於我底計劃的批評是什麼呢。以下就是他對我的主要批評：

第一、他說駝峰運輸不能滿足我底要求，不能運這麼多的供應來中國。其實這是廢話，不到八月之後空軍運輸隊即打破史迪威的反對而以每月一三、〇〇〇噸的供應運進來。

第二、他說我們若是在中國展開了擴大的空中攻勢這會使日人加速進佔十四航空隊所有的華東機場。在史迪威的計算中以爲需要五十師中國部隊才可以把那些基地守住。

我對於史迪威的種種計劃都有點莫明其妙，譬如說他後來準備反攻緬甸時他只要兩師中國部隊和三千個美國兵，——而那種工作最後是需要十萬名中國官兵，加上英國第十五軍以及美國的第十與第十四航空隊，和英將溫蓋特（Orde Charles Wingate）的驃襲隊（Raider）和美國第一空中突擊隊。我對他說假如有美國的空軍和中國的部隊合作，我們是絕對有把握把守住這些基地的，除非日軍會發動主力攻擊。假如日本要發動大攻勢的話，必須自其他戰線調軍，這在中國即令失敗也還是値得的。

關於這一點我們在三方面會議中爭辯良久，後來史迪威和馬歇爾大發雷霆。不過蔣主席也很明顯地對羅斯福總統和我說過，中國方面馬上就要採取軍事行動，不然的話將無法挽救當前局勢，其主要問題就是要在三方面會議中解決以何種軍事方式採取行動而已。

三方面會議決定採取我底計劃，總統親自下令要空軍運輸隊每月自駝峰運送八千噸供應品到中國，同時十四航空隊有優先權每月取得四、七〇〇噸作實施第一項計劃之用，史迪威將軍可每月得有兩千噸的供應，用來裝備在雲南的中國軍隊以備將來怒江之戰，響應緬甸的反攻。剩下來有餘的噸數由空軍與陸軍共用，使用權由戰區總司令（史迪威）處理。

史迪威一直沒有遵守這項決議，而且只當自己從來沒有接到羅斯福總統的命令，對於第十四航空隊應得的權利置諸不顧。同時陸軍部長，史迪威的支持者史汀生還在他最近出版的回憶錄中，坦護史迪威。他這樣寫著：「雖然經過了多方面的反對，在一九四三年華盛頓的會議中陳納德底提議竟被採納。史迪威當時也參加會議，然而他底辯護是失敗了。他那建立中國陸軍的計劃一再被延擱，這一次是被羅斯福總統所阻了。」不過這是不對的，因爲史迪威的建軍計劃是在印度而不是在中國，並且也沒有受阻。而史迪威故意忽略羅斯福總統的命令，對於上峰的指示不遵照執行，已非第一次了。

除了三方面會議並在白宮開過兩次會議之外，我與羅斯福總統有三次的個別談話；和邱吉爾首相也有一次的談話。當我和羅斯福談話過了一小時之後，他底參軍華生（"Pa" Watson）將軍就來打擾，因爲等在白宮裏要見總統的人還很多，我和總統的談話超過了預定的時間。羅斯福總統對於中國的情勢很關心，對於把中國在太平洋區的軍略政略地位提高很表同情。他同時覺得不應當把中國的重要性忽略，因爲這是征服日本的勝利之門，所以他主張無論花任何代價都要把中國在戰時的地位保持。他底政策是使中國成爲美國在東方的友國，我相信假如他眞正能夠做到這點的話，戰後的所謂馬歇爾使華將永不會產生。

對於中美合作的基礎應當建立在一切工作階層而不單以最高級的接洽爲對象，這一點羅斯福深深強調。當我提到組織中美空軍混合總隊，使中美人士並肩作戰，同時亦可協助中國建立強大的空軍使中國能即使不受美國的幫忙，也可單獨對日作戰，直至戰事完結。以上種種見解陸軍部強烈反對，因爲陸軍部的目光太淺，對於當時的情勢也看不清楚，更不願作戰後的任何投資。這是我第一次清清楚楚地看到總統與陸軍部尖銳磨擦，總統底政策是寬大的，而陸軍部的政策是狹隘的。由於這種情形的發展使我明白了爲什麼美國能夠打勝仗，爲什麼不能夠取得戰後的和平。

當羅斯福知道我們在中國的組織是這樣小得可憐之時他簡直呆住了。經過幾次談話之後我知道他有許多事情是被蒙在鼓裏的，因爲他很難在他底左右之中找到眞正的事實，尤其是軍事當局從來不把眞情告訴他。

他對於駝峰運輸本來就寄予無限的希望，可是他底軍事顧問對他說駝峰運輸是非常不實際之舉，在一九四四年正月美國空軍運輸隊自駝峰運了一三、〇〇〇噸物資到中國來，這使總統非常歡喜。我知道當他嘉獎中印運輸隊時是很高興的。

此外關於把自臺灣至中國南海一帶的日人海運斷絕這計劃總統表示非常讚賞，我告訴他日本的作戰靠海上的供應很大，假如我們能把這條路切斷，效果一定很大。他問我駐在中國的空軍能不能夠在一年之內擊沉一百萬噸日本船隻，我回答說假如我們每月有一萬噸的供應，我底飛機可以在一年之內擊沉和損壞一百萬噸以上的日本船隻，他對此很是滿意。於是馬上拿起筆來寫道：

「假如你可以擊沉一百萬噸日本船，我們可將日本底背脊打斷。」

我底計劃並不是大言不慚，我們馬上實行了。每一個月我們所得到的供應是不足一萬噸的，可是在三方面會議之後的兩年中，十四航空隊共擊沉擊傷二、二七〇、六八九噸日本商船，此外還有三十二艘軍艦包括兩艘巡洋艦在內。這都是兩年之間的事。

羅斯福對於蔣委員長的爲人如何感到非常關心。當有一次史迪威也參加會議之時，羅斯福就突然問他道：

「你對於蔣主席的印象如何？」

「他是一個游移不定、詭譎、而又靠不住的老傢伙——他從來不守信……」史迪威咆哮著說。

「陳納德，你底意見如何？」總統不等史迪威說完就轉過頭來問我。

「先生，我以爲蔣委員長是當今世界上數一數二的軍政領袖。他對我從來沒有失信，而且堅守諾言。」我這樣回答。

那是我在華盛頓的最後一個早晨，當我正忙於收拾我在陸軍部辦公桌上的東西的時候，白宮的秘書打電話給我，告訴我羅斯福總統希望在我未走以前見我一面。我因此把我的行程延遲了一天，在當天下午再與羅斯福總統會面。羅斯福想知道我在會議中是否獲得了我所希望的東西，於是我告訴他說，假如我能如期得到應得的供應，十四航空隊的工作將可以進行無阻。羅斯福又很詳細地要我在地圖上把我底作戰計劃解釋，於是我又重新將我底計劃說了一遍。他對於我們如何進行工作，在哪個海港投彈，B-25 轟炸機將在哪些海岸掃蕩，哪些海峽將由 B-24 來佈雷等問題都感到很大關心。這是很少有的事情，有人對於我作戰技巧上的步驟如此關心。最後他像是感到滿意了，於是把背靠到椅子上說：

「好吧，今後我希望你不時給我寫信，報告你那方面的情形。」

「你的意思是說要我寫私人信件給你嗎？」我這樣問道。

「是的，我正是這個意思。」他回答。

回華以後的十八個月內爲了實行諾言，我曾寫了差不多半打私人信件給羅斯福總統。其中有幾封又被轉到陸軍部去，爲了我對於陸軍部有許多坦白的批評，馬歇爾將軍就永不原諒我。在他的眼光看來以爲我是有意和他底老友史迪威作對。

在我離開華盛頓的早晨，邱吉爾首相約我和他共進早餐，他邀我和他一同到英倫一行，參考一下英倫人士對於這次大戰的看法。然而中國方面的情勢很不好，日本空軍在五月十五日又大炸昆明，同時我又接到報告說一切情勢很容易馬上就展開長江上游的保衛戰。爲了我擔心中國局勢的轉變，因此婉謝了邱吉爾的邀請。我帶著一種非常混亂的心情回到中國去——從一方面看來好像三方面會議已把我所有的艱難解決，而在另一方面看來事情又似乎不會如許簡單。在那些高級首領的會議桌上戰爭純粹是工作的技巧問題，一切計劃都由他們擬定，然後自他們底公事包中取出。不幸，美好的計劃決定後常被現實所損壞，當計劃不能如理想般實行的時候（而且這是常有的事），戰地司令就要負責去把未了的工作完成，他將要盡力而爲，無論勝負他都要硬著頭皮去抵擋，這就是因爲軍事計劃人與作戰軍人兩者的隔膜太深所造成的結果。計劃與行動兩者都不可缺一，不過以我底經驗來說，作戰者有時也可以成爲軍事設計者，不過要一個從事心計的人去作戰則敗多成少。而不幸的是有許多戰爭的機會主義者竟常常被派去做作戰的工作。

三方面會議中的諾言從未完全實現，不過總算把在中國的空軍基礎奠定了。假如沒有了它，在中國的空軍之命運更不堪設想，尤其是在一九四四年那嚴重的情勢之下，眞的不知如何度過難關。

當中國方面逐漸完成了三方面會議中的計劃時，四方面會議（一九四三年）已在魁北克召開，而中國的事情在四方面會議中全沒有被提及，它是被那些計劃者完全遺忘了。那一次會議十四航空隊沒有代表參加，好在有些參加的官員是十四航空隊的朋友，他們盡力爲我們爭回一點權利。四方面會議三個月之後，在開羅舉行會議（一九四三年），重新討論四方面會議中的議決案。陸軍部在上一次的三方面會議中獲得了教訓，因此不准我參加會議。不過由於蔣主席固執地主張要我回去，所以我才有機會參加。在這次的會議中我可說毫無成就，他們對於我的觀點毫不同情。這使我感到他們和日本人一樣對待我，因爲每一次在日機轟炸昆明之後，日本就播音說我被炸死了。

第十五章 冒險的事業

荊軻飲燕市，酒酣氣益震。哀歌和漸離，謂若傍無人。
雖無壯士節，與世亦殊倫。高眄邈四海，豪右何足陳。
貴者雖自貴，視之若埃塵。賤者雖自賤；重之若千鈞。

——左思

一九四三年末期，十四航空隊逐漸地由空中游擊隊伍轉變成一個高度專長的攻擊力量，開始對敵人兩項最寶貴的商品——飛機和商船——加以重大的打擊。十四航空隊仍算是美國海外最小的空軍，而其活動區域則最廣泛。我們和中國空軍分開活動區域，由十四航空隊負責長江以南地帶。本年間我們的炸彈爆炸之地從緬甸東迄臺灣，從長江南至南迴歸線。

自從身爲航空隊指揮官，我個人的工作和生活的方式，便大大地起了跟飛虎隊、美駐華空軍隊游擊時期迥乎不同的變化。在軍事倥偬當中，好多個人的特性，都消失了。我再也沒有功夫去跟每一個新來中國的戰鬥機駕駛員閒談。在桂林那個涼快的軍用洞穴，也不大有我的蹤影。我的昆明總部成了永久性質，於是我再作雲南的居民。中國空軍在那俯臨機場的小山坡上建築一幢簡陋的瓦頂小屋，送給我居住。贈與者希望，戰後不論我到什麼地方去，總會記起了我永久的家，在那個敵機空襲初次讓我的空勤人員掃清的省份裏。小屋周遭，盡是稻田，高高的栢樹小林蔭蔽其上。戰事發生後我在那兒住了差不多三個年頭，後來還回去過好幾次。

我本人的家，是由我的參謀長格倫准將，我的私人醫生湯姆・詹特利上校和兼充膳務官的艾索普上尉組成的。此外又有兩個華籍聽差，來利和甘包德；一名廚子；自一九三八年起追隨著我的華籍司機姓汪的，和那腳短身長的德國種小狗。我就如此簡樸地住了將近三年，到一九四四年後半年，格倫將軍才爲我設了一個華籍門警。

我其他的私人配備，也大可反映出我們的補給實況來。一輛曾經二度給炸得遍體鱗傷的別克牌驕車，這是一輛參與過緬甸一役撤退出來的老汽車。我的專機是一架大部分以廢物堆材料湊成的道格拉斯雙引擎C-47型機。虧得運氣好，我所用過的私人駕駛員，像德士・卡爾敦（"Tex" Carleton）、阿爾・諾瓦克（Al Nowak），以至我的飛行技藝團老搭擋路克・威廉遜（威廉遜後來指揮第三二二運兵機中隊）等都是出類拔萃的機師；不然的話，這架粗笨的舊機，碰著中國的氣候，準會在駕駛較差者手裏出了亂子的。飛行時，我大都是坐在副駕駛座上，但當飛向昆明湖附近鴨子和鴿子之處，我往往親自駕駛，俯觀池塘間的獵物和飛禽。

在那埋頭案牘的總部生活之暇，我的運動就是狩獵，於是我們的餐桌上每每堆滿了緬甸鵝、鴨、鴿、雉雞和山鶴之類的時饈。我生平吃過的一些最精美的早餐，是烤水鴨和一杯黑咖啡。一年一度，路易斯安那州的友好送給我幾箱罐頭蠔子，我就用以調製眞正頂瓜瓜的鴿餅來吃。我們在自己的園圃裏種植秋葵，我又有美國志願隊帶來的玉米粉一袋，這麼我們就經常有熟的玉米餅好吃了。宋氏三姊妹——孫夫人、蔣夫人和孔夫人——更很關心地把珍藏的胡椒粉和辣醬油投我所好。

我的工作每天早晨七點鐘開始，處理最急電半個鐘頭。開過參謀會後便來一個戰術策劃會議，由各隊指揮官和重要參謀人員參加。上午其餘時間至下午一點半鐘的用膳時間，都用於應付每日一大堆雪片般紛紛飛來的軍事上和社交上的通訊。我時常亂想著，如其雙方協議禁用文件，戰爭會成什麼樣子。餐後，我午睡至三點鐘，然後繼續工作到七點鐘的晚膳時間爲止。餐前我總是跟格倫、詹特利或艾索普玩一會羽毛球。每週一次我偷閒一個下午去打獵或打棒球，只覺自己投球的手臂並沒有隨年齡的增加而失掉了它的敏捷和巧妙。要在緊張工作之餘舒散身心，打獵和玩棒球我覺得都是很必要的。

用過晚飯，我不是看書便是跟格倫玩紙牌，到了就寢時間才罷。這種日常生活，對我的健康大有裨益。當我在一九四五年夏離華時，體重增加了四十五磅，胸部長大了四吋，腰圍卻祇大了三吋而已。

一批批從駝峰源源而來的知名軍人和非軍人，簡直比十四航空隊的補給還要固定，我們原本設備很不周到，無形中就加了一重招待的負擔。他們來華幹什麼，著實有點費解，但不久我便不再在心中計算他們那班人虛耗了多少駝峰噸位——那未免太自苦了吧。

我的戰術指揮官們，不時到我家裏吃晚飯，大家在餐桌的白布上作圖演習許多軍事的行動。在我們所歡迎的常臨的客人中，有一位是英首相邱吉爾駐亞洲的私人代表，獨眼兼獨臂的卡爾登・魏亞特（Carton de Wiart）中將。卡爾登是一位勇毅的宿將，自吉青納（Kichener）重佔非洲蘇丹的喀士穆以來每一個戰役，他差不多都跟英帝國軍隊作戰。他總是富於最新的高水準的軍事知識，我疑心著邱吉爾偶或給我的私人賀函，也是由他給倫敦的報告中來的。

那最擾人的來客該是當時美國副總統亨利・華萊士（Henry Wallace）了。他是我平生所遇到的人兒中最喜歡運動的一個。他甫在昆明下機，第一個請求就是要玩排球。我們匆促地以參謀官員和兵組成兩隊，就在我們僅有的不漏水的機棚內玩起球來。五場打過，華萊士還餘勇可賈，我只得偷偷抽身去繼續我的工作，留下格倫去管理排球場。華萊士叫球員們陪他玩了整個下午。當我回家吃晚飯時，只見他跟格倫和兩個上校軍官在我家庭前起勁地大拍其羽毛球。這時他又停拍羽球了，慫恿我給他投棒球。我投了半個鐘頭，華萊士可毫無疲憊，我遂給他一個妙球，他一下子把它擊過籬笆，滾入稻田裏去了。格倫把球兒踏到田土裏去，看不見了，我們才得去用飯。

晚飯畢，華萊士把我引到乒乓桌畔去。又打了幾盤，我就離開去睡，讓華萊士找格倫對壘。次日早晨，格倫對我說，他們一直玩到晚十一時，他直落十二盤打敗了華萊士。隨後故意讓他扳回一盤，這才各不失面子地休息了。隔天華萊士動身到重慶去，我們眞的如釋重負。在重慶他不肯坐人力車，要攀到車柄間自己拉起來，使中國人都很驚訝。華萊士的用意不消說是在作著姿態以表示他對平民的同情，可是那些生意給他妨礙了的車夫們卻以爲他要打碎他們的飯碗，不免憤忿地口出怨言，於是華萊士總給人家趕快挾起走開了。

身爲空軍司令官，我自然免不了要在最緊急的電報聲、打字機聲中，文件堆裏以及勢必參與的華盛頓、新德里和重慶的會議桌際打著大部分的仗。至於戰果，我越來越要倚仗在戰地的各隊指揮官了。幸而我擁有一班優越的將領——文生准將指揮越南邊界以東及以南全部軍隊。肯尼地（Jack Kennedy）准將指揮第六十九總隊從越南邊界經暹羅、緬甸一帶活動，支援怒江上的華軍。蘭度（Russ Randall）准將負責 B-29 型機各基地的防務和北至川陝二省的軍事。毛爾斯（"Winnie" Morse）准將〔後來由貝納德（Al Bennett）上校繼任〕統率中美混合總隊，在蘭度的北區和文生的東區活動。由名將貝比・費沙（Beebe Bill Fisher）

和阿姆斯特朗（"Tiny" Armstrong）統率的第三〇八重轟炸機大隊，是我們的戰略實力，被用於轟炸重要目標的所在地。B-25中型轟炸機隊，則由卓越將領如泰柏（Morris Taber）上校和威爾斯（Joseph "Preacher" Wells）上校指揮的。這些B-25型機通常被指定在一總隊中作戰，但也常被用於針對特選目標的戰略轟炸上。

總隊長受到能幹的大隊和中隊長的協助，而一個大隊甚或中隊常常脫離總隊活動，眞像獨立的航空隊一般。如賀洛威上校、希爾上校、陳納德（Jack Chennault）上校、雷克特上校、奧爾達（Charley Older）上校、黎德上校、麥柯馬士（Ed McComas）上校、派克（Harry Pike）上校、赫甲布斯特（"Pappy" Herbst）上校、艾力孫上校、麥米倫（George McMillan）少校、卡魯克山（Arthur Cruikshank）少校、鮑謨勒少校、貝勒蘇（Jim Bledsoe）少校、李卻遜少校、高斯少校，還有其他許多許多，都是大中隊中傑出的人材。他們的大名和偉績，本書不能備述。然而我應該在此向B-24和B-25中隊的優秀隊長和P-5偵察隊（十四航空隊一直就只有得這一個）的隊長和駕駛員們那叫人難以置信的成就致敬。

B-24和B-25型轟炸機的駕駛員，到中國不久，便一致主張「轟炸機應硬幹到底」。雖然我時常再四告誡他們說，如其和「掩護」的戰鬥機失卻連絡，他們就要折回來，但轟炸機總不管有沒有戰鬥機支持，一意孤行，徒然大受損折吧了。一九四三年在漢口上空，一九四四年初在河內上空，我們喪失了每一個編隊的大部——只爲了轟炸機和戰鬥機沒有連絡，轟炸機單獨行動之故。這些不幸的空襲，每一回都使我非常傷心，因爲人員的損失實在太不必要，是得不償失的。我儘管費盡心機，也總不能完全消滅在一九三〇年至四二年間流行的一種空軍理論，那就是：「轟炸機在空中是無敵的，絕對不怕敵人的戰鬥機。」

B-25 和 B-24 機隊的損失率固然很高，可是它們積累的戰績卻不是其他同性質的機隊所可幾及。在海上飛行時，它們平均耗去汽油一加侖半就炸沉日船一噸，投彈一噸就取得日船七百五十噸的代價，何伯生・亞凡利爾和卡斯威爾的名字——他們救不得一架負傷的教練機，反而犧牲了自己——將永不會爲他們在華的戰友忘卻的。此外尚有其他許多隊員，也都屢次建立功業，可惜本書篇幅有限，不能把他們的名字一一表出。有兩次 B-24 型機的駕駛員飛近四架日本四引擎水上飛機的身傍經激戰後把他們擊墜。

起初我們祇有一架 P-40 型機在貨艙裏裝上了一座從英國皇家空軍借來的攝影機，而遙以無線電控制使用。及至我們有著一整隊裝配最好的攝影機的 P38 型機後，攝影偵察才逐漸改進。這一隊的駕駛員擬出了航行指揮的新方法，於是活動的距離遂大大地加長了。一九四三年底以前，他們從中國機場出發，攝得了馬尼拉和呂宋北部全部的照片，他們在中國東北的工業區和九州島上空攝取精細照片，又經常飛往曼谷、西貢、香港、臺灣、上海和漢口等地攝影偵察，使我得以及時偵知日軍調動的情形。盟國遠東空軍首次出擊馬尼拉，以及第二十航空隊空襲東北工業區和長崎，都是以他們照片上的目標爲依據。這些偵察機飛行由無武裝的單座機擔當，孤零地越過大海、叢林和敵區，需時既久，而航行或用油方面稍有錯失，或引擎發生故障，都免不掉喪身或被俘的。

就像我幸而擁有上乘的領導人員一樣，我也不幸而多餘著平庸的幹部。在地理上中國是美空軍航線的終點，有些幹部人員來華的原因，只是他們可以遠遠離開了他們以前犯了過失的地點而已。但也有幾個值得注意的例外：我們的副官弗烈・米爾納（Fred C. Milner）上校，實在是我生平不可多覯的良好軍人兼軍事行政人員；情報組主任耶西・威廉士（Jesse Williams）上校，戰前是多年在東方經商的油商；震華・米恩斯（Howard Means）上校和祖・艾索普（Joe Alsop）上尉，俱是運籌帷幄的良材；約翰・威廉士（John Williams）中校除管理無線電空襲警報網外，還要負責供應平面的和陸空的作戰交通工具；華爾達・陶門（Walter Thomen）上校主管統計組，把重要事實供我查核，每逢高級將領間發生爭辯時，他的可靠數字大有所助；還有泰爾寶（Clarence Talbot）上校和波布・霍華（Bob Howard）上校都不懈地努力解決那些無窮盡的補給和維持的問題。

我屢想撤換一些比較無能的幹部，可是試驗幾番之後，那班新幹部都不過是更多的從華府五角大廈裏放逐出來的人而已，我只得放棄了這種嘗試，而同原有的部屬奮鬥下去。一個幹部人員要充分明瞭中國情況，有效地處理職務甚至日常瑣事，至少需要六個月的時間。因此我寧可用那些多少有點用處的平庸舊人。而不再時常存奢望，祇換來了一無是處的傢伙。我覺得要等到我找到理想的幹部時，仗恐怕已經打完了。格倫將軍原是奉派來華維持軍紀，整肅十四航空隊的禮貌和生活的，後來因感染著中國人的熱誠，居然變成了一位忠心的最能幹的參謀長和良好的同伴。

隨著十四航空隊的成長，我在補給的難解問題上所耗的時間就越來越多了。直至戰爭終結，補給一直是在中國最嚴重的問題。

十四航空隊是在那最長又最複雜的補給線尾端活動的。我們的補給問題簡直不是那些沒有實際遭逢到那種困難的人所能瞭解的。亨利・奧蘭德（Henry Aurand）少將曾經在盟軍由諾曼第灘頭陣地攻歐時處理過沒有主要港口的棘手補給問題，但當他來到中國後，每說及我們的奇妙的補給問題時，也只有聳聳肩膀。

不是很可靠的補給線的第一段是從美國到印度口岸的一萬二千哩海道。不論船離大西洋口岸，駛經南非洲，或在美國加州口岸裝運，越太平洋繞過南澳洲，其路程是同樣的遙遠。一年期間，僅僅印度西部口岸喀拉蚩和孟買爲盟國的船隻開放。這就是說物資的運輸須經過軌距闊狹不同的印度鐵路系統，而沒有一條直通的幹線。在這階段的末期，所有物資都經由阿薩密和孟加拉間的窄軌鐵路，這原是爲運送阿薩密茶產到加爾各答而建造的。從那喜馬拉雅山峰下的阿薩密死谷越過駝峰到滇省許多機場的長達五百哩的空運，統由美空運隊負責。我們的問題，就正在雲南開始。十四航空隊最重要的戰鬥基地，都在滇省以東四百至七百哩。通向這些基地的補給線，是交錯的鐵路、河流和那比滇緬路還要壞的三百哩長的一段山路。即使在不常有過的理想情況下，要把一噸物資自雲南穿經這奇怪的「油管線」運到東部的基地去，也需時八個星期。有時我們在中國的航空用油的一半會被阻滯在「油管線」裏。東方傳統的地圖，大都用著非常大的比例尺，所以它們所示亞洲的距離，跟美國的地理書比較起來，常予人以錯誤的印象。從印度西部到我們在臺灣的目標，不下三千哩。這彷彿從舊金山把物資補給以堪薩斯為根據地的空軍而去轟炸由緬因到佛羅里達的目標一樣。

克服駝峰運輸是這個戰爭中一首偉大的史詩。對那輩具有商運才幹與經商的人，駝峰是不成問題的。中國航空公司的美籍駕駛員，曾在一九四一年十一月初作駝峰測量飛行，可以為證。在戰爭全部時期內，他們比諸空運隊、運兵機隊和作戰物資運輸隊更經常飛越駝峰，損失較小而效率較大。以每一個組織所使用機數的效率比較，中航居首，運兵機隊第二，空運隊第三。

從一九四二年仰光淪陷至一九四五年史迪威公路開始通車，駝峰是到中國的唯一路線。這三年間十四航空隊所用的一切東西，自高度爆炸彈至紙夾，都是打從駝峰空運過來的。甚至在史迪威公路和其附近的油管線通行之後，運華的補給品大部都還是飛越駝峰而來的。

由於生手的駕駛員，未經試航的飛機的使用，阿薩密區四季可用的機場的缺乏，氣象報告的不確，和保養設備的大不敷用，空運隊的駝峰運輸問題便大大複雜化了。空運隊第一批派赴駝峰的七百名駕駛員中的三分之二，從未駕駛過雙引擎機。C-46型機（突擊隊）都是寇蒂斯萊特公司布法羅廠直接飛來阿薩密的，生手的駕駛員就難免要自作聰明地在惡劣天氣裏駕著逾重的新機飛行。經過了一個可怕的試驗時期，那些狂妄行爲才告消滅，而C-46型機於是乎成了駝峰運輸的標準飛機了。如今我正以完全的信心用它作我在中國的民航線的主幹呢。

在一九四三年夏天，空運隊一直在受著慘淡的磨鍊。一連幾週C-46型機因機械失靈無法起飛；而雨季使阿薩密各機場全成澤國；日戰鬥機開始窺伺駝峰，擊落了無武裝的運輸機。但是空運隊僅僅在阿薩密的查普亞唯一鋪水泥的跑道上使用八架改造的解放式運輸機C-47和二十五架C-46型機，就能夠在七月份將五千噸物資運往中國，這比三方面會議以前時期的運輸量，超過了百分之五百。

空運隊三年內經駝峰運華物資達七三六、三七四噸，損失運輸機四百六十八架——和十四航空隊在三年作戰期間所喪失的飛機差不多相等。在勝利展望顯得黯淡的危急時期內，駝峰運輸的增加不能不歸功於空運隊的亞力山大（Edward Alexander）上校、哈爾丁（Thomas

Hardin）上校和厄爾・何格（Earl Hoag）將軍三人。戰爭末期由比爾・透納（Bill Tunner）接任，駝峰運輸噸位更驚人地激增。透納認爲祇要飛機和機場齊備，空運的噸位是無限的。

雖然駝峰是十四航空隊補給線最壯觀的一環，但在初步發展計劃完成後，它並不算是眞正的困難所在。從一九四四年初至戰事結束，駝峰空運噸位居然比阿薩密、孟加拉鐵路和駁船路運到阿薩密機場的還多，這的確是一種令人驚嘆的力量。印度大陸的交通線，備受下述種種的限制，諸如，路軌的闊狹不同，布拉馬普特拉河（Brahmaputra）的渡口，反英印人的破壞，以及曼尼坡（Manipur）前線英軍和史迪威準備反攻緬北的額外需求等等。至一九四三年秋天，駝峰噸位已達到了三方面會議所定的標準。而在此後的戰爭期間越駝峰而來的物資足以供十四航空隊的所需而有餘了。然而十四航空隊可極少獲得運來中國的總噸位的半數以上。在中國戰事最緊急的時期裏，運輸機三百架被調往緬甸，救援再度瀕臨大難而面對著比一九四二年潰敗更慘敗績的史迪威和英軍，而駝峰運輸力遂告癱瘓。

一九四二年夏至一九四三年五月三方面會議時期終了，史迪威和畢塞爾不事發展駝峰的運輸力，遂令中國的抗戰和我們整個的太平洋戰略大蒙其害。如其史迪威在一九四二年支持駝峰運輸線的建設，而不俟總統命令來強迫他支持的話，那末，那個引起了十四航空隊不能在華採取攻勢的後果，總不致發生吧。

十四航空隊補給線最嚴重的障礙，是那穿過貴州山地五百哩的公路，這一段是在昆明西北八十哩的曲靖的華西鐵路一端和以黔境獨山爲起點的華東鐵路系統之間的唯一連繫。鐵路由獨山直至我們在柳州的基地，而柳州就是我們在華東各機場的主要分配中心，由鐵路、河船和卡車完成了這分配的工作。

我們的問題乃是如何維持發展按月運物資一萬噸至華東各基地的運輸力。曲靖獨山間的公路是唯一可怕的障礙物。一九四三年初方始成立的中國西南公路運輸處，每月能以八百輛酒精和炭燒的卡車運送二、三〇〇噸物資。卡車全都破舊不堪，不時需要修理。酒精燃料取自於三百哩外的重慶。這條路在山間的許多轉彎處，看來到不會比開闢過的騾徑強。山崩是常有的事，而修路工具可一點也沒有，駕駛和修理卡車的人員大都一直給瘧疾、赤痢和霍亂困擾著，其餘的也因營養不良而工作乏力。

這條補給線足以決定中國全盤抗戰力量。十四航空隊更需要它來維持其由華東基地出擊日軍生命線的軍事活動。若果這條路能運五、二〇〇噸，我們便可以控制華東；若果增至一萬噸，則我們可以持續空襲自北平至西貢的敵人目標。又倘使史迪威有意推行他宣佈過的計劃，訓練並配備華軍奪回廣州的話，那他最低限度也要每月從這公路取得五萬噸物資。

如果說史迪威忽視了駝峰運輸好像是一件怪事的話，那麼他對中國境內的補給問題的漠不關心，尤叫人難以置信。據說他遠征緬甸的整個目的，是在乎打通中國補給線，然自從他的公路通車二年以來，他絲毫未曾在華作過準備分配補給品的計劃。

中國境內軍用品的運輸，是由那直接對史迪威負責的物資供應處管理的。在一九四二年間華東運輸工具全付闕如，直到次年，史迪威的物資供應處才認識這一問題。一個名叫泰勒（L. K. Taylor）的非軍人，被指派去擔負這艱鉅的任務，但他既無幹部、補給，又無處事的實權，自然不能達到我們的目的。他所得到的一點小小的幫助，並非來自物資供應處，而是來自中國國防供應公司和美國對外經濟處的官員。他們供給了一些切需的剩餘卡車零件和修理器具，使公路運輸不致完全崩潰。

情況依舊很壞，因此在一九四三年十二月三十日我給史迪威寫了一封激烈的信，要求他擬定一個在中國的適當的補給計劃，或者讓我自負華東補給線之責。我飛往新德里，親自在中緬印戰區司令部力爭。結果在一九四四年二月毛利斯・席漢（Maurice Sheehan）上校奉派來華，督導物資供應處的中國國內運輸。他工作成績甚佳，但他卻沒有從戰區司令部獲到什麼幫助。史迪威迭次阻撓他的計劃，禁止各種車輛運華，把配給公路的酒精燃料撥與怒江前線的華軍，又頑固地堅認公路是十足的中國問題，該由中國人自己解決，而不恃美國的援助。雖然如此，席漢和泰勒在一九四四年十月以前居然把公路的運輸量提高至六千噸。但是這也像其他須由史迪威作最後取決的事情一樣，未免失諸太遲。到那時候，我們在華東的主要基地，祇有一個未入於日人手中。

由這條驚人的補給線來補給十四航空隊，其代價是可怕的。要在上海擲一噸炸彈，須運十八噸物資到一個印度口岸。在中國境內四百哩的距離空運汽油，每一加侖須耗油一加侖。要運到最遠的機場去，則每二加侖就須消耗三加侖。從印度口岸運油往中國前進基地的總代價是六與一之比。當我的一個總隊長在撤退一個前進基地時損失了四萬加侖的汽油，我想起了他實際上已經浪費二十四萬加侖，眞有點生氣。

在駐華空軍隊的整個期間，我們全隊賴以活動的補給噸位，比第八航空隊空襲德國一次所投炸彈的重量還小。一九四四上半年，十四航空隊一直在爲補給而戰，那些補給，祇要六艘自由輪就夠運了。如果中國海岸登陸如期在一九四五年八月實行而爲十二艘自由輪打開一條通路的話，那末它們一次運來中國的補給噸位，當與駝峰一年的運輸不相上下。

任何一個正統的空軍，決不能像我們這樣，在半飢餓狀態下生存。十四航空隊所以沒有立即向環境屈膝者，實是由於我在中國人的重大幫助下將它發展成特殊組織的緣故。舉凡十四航空隊所籌劃或所爲之事，俱因給養短少而大受限制。每當不眠之夜，我總在昆明的小屋裏細看地圖，用計算尺來解決補給問題。我們費了很多時間在華西未經開發的地區上空飛行，記下可以闢爲大路的小徑，勘測河道，並不停地尋覓可以代替曲靖獨山公路的路線。我們的戰略甚且因了適應補給而修正。

缺乏給養是最使十四航空隊淪爲低級空軍的原因。倘若有一座橋樑要炸毀，我們不能倣效用於歐陸的方法，派一隊重轟炸機從高空用幾百噸炸彈去把它毀個淨盡。我們唯有派一架 B-25 型機從二百尺高度投下兩枚一千磅炸彈，以免有失。對付移動的敵船，我們採用了喬治肯尼將軍的第五航空隊的低飛跳躍轟炸戰術，而以戰鬥機權充俯衝轟炸機，求其投彈準確。我們的 B-24 型機群須飛越駝峰三次，才能供給一次戰鬥任務。十四航空隊最厲害的仗，是每月爲著駝峰噸位的分配問題跟空運隊、物資供應處和史迪威的陸上部隊而打的。每月其餘的日子，我們又要爲取得配得的物資而戰。

維持每一名在華的美國人，每月需用半噸物資，所以我總是極力減低員額，以打破平常軍部增加員額的趨勢。我們只用相當於正常軍隊一半的實力作戰，而我們的軍用補給品卻僅及通常配給與十四航空隊一般大小的空軍的四分之一。因爲我們人員奇缺，一切軍隊的勤務，都由中國人擔當。他們替我們弄飯菜，料理家務，建築機場，又在昆明和桂林爲我們開辦飛機修理廠，守衛我們的飛機、機場和各隊部。許多中國兵，於空襲時不顧彈如雨下，在美機旁堅守崗位，結果丟了性命。中國駕駛員也和我們的隊伍駢肩作戰，有一名華籍戰鬥機駕駛員曾一度把一架啣尾窮追的零式日機擊落，救活了好幾個美國人的命。

根據在美國志願隊時期我們跟黃仁霖將軍和蔣夫人所訂的合同、中國戰地服務團繼續供給我們房子、膳食，並替所有在華美國人員洗衣服，每日美金一元。美軍部總以爲有一天中國方面會送來一張數目更大的帳單，向美國軍官追索全部口糧津貼。然而中國人卻從不如此。他們後來廢止這個辦法，祇是因了在一九四五年初大批非戰鬥人員湧入中國，使駐華美軍陡增至七萬人，而大大加重了中國物資供應的負擔之故。

得戰地服務團的幫助，我們就地生活，省卻了萬千噸的駝峰噸位。戰地服務團的食物並不常合胃口，但也足維持生命，同時叫我們能夠去在敵人目標上投下一噸如雨的炸彈。爲美國人供膳，對中國人是一項很重的工作。一般中國人，在南方的多食米，在北方的則以麵爲生。這些食料通常和一點菜蔬和食，只在節日才有小量的肉吃。美國人一頓餐所吃的肉比多數中國家庭一年所吃的還多。所以不久，美空軍的肉類供應，便成爲嚴重的問題。雖然中國的雞不能供給每天早晨一吃就是兩三個蛋的美國人，雞蛋總還是主要的食品。

中國人爲十四航空隊出力最大的地方，是建築機場。駝峰運輸機沒有噸位裝運開路機、壓路機或輕便的降落用板鋼蓆。我們在華的一百多個機場，都是千千萬萬的中國男人、女人和小孩流著汗血，辛苦地徒手築成的。

有一回我在低飛過成都附近正在建築中的 B-29 型機的大機場時，曾目擊到了一個見所未見的最動人的景象。三十五萬中國人蝟集於機場上，外表看來很混亂，骨子裏卻有著計畫，那便是中國人建設工作的典型。在埃及的金字塔正在建造的時候，尼羅河流域大抵也像那樣子吧。這些四川省農民和他們的家屬在三個月內築成了四個機場，共有跑道八千五百英尺，供美國最重的轟炸機降落之用。他們又完成了六個齊備著宿舍、地下汽油庫、障壁、飛機道和場內交通路的戰鬥機場。這項工事耗去了美國三億五千萬元，又用竭了自由中國的補給物資。從中國各地輸入的，計有一千五百輛卡車，一千輛牛車，一萬五千輛手推車，和二百個每個由三百人來拉的石滾。在春耕期間，二十五萬名工人被從四川省田間徵用。而在建築時期，耗用的寶貴酒精燃料，一共一百萬噸。這些中國人用鋤、鏟、鎚和柳條簍所建成的跑道就等於環繞新澤西全州八英寸厚，十六英尺寬的路；所開鑿的相當從紐約市至亞利桑那州鳳凰城的三英尺寬十八英尺深的溝道；而所築的也相當於一千五百間小家庭用的房子。

除馬特漢（Matterhorn）計畫中的 B-29 機場外，中國人又為第十四航空隊從西藏邊境附近至深入華北華東日軍陣地後方之地遍築機場。那瘦削而有筋力的中國民工是十四航空隊最有效的武器之一。不論日軍吞佔我們多少機場，我們仍舊能夠繼續活動，這該感謝他們。中國人幾乎隨處都能迅速地建築機場，這樣十四航空隊就有如一條怪蛇，日軍毀了一個機場，即有兩個新的產生了。

雖然國與國之間總隔著一道鴻溝，而十四航空隊卻和中國主人相處得非常之好。戰時唯一嚴重的反美磨擦，是在重慶發生的，駐在那裏的只是中緬印軍區司令部的非戰鬥人員。在一個友善的國度裏作戰實比在一個「解放」過的國家裏遠爲困難。比方在中國，小小一點建設和許多戰術計劃都須經中國政府批准，因爲它們侵害了她的主權。若在「解放」國裏，則佔領軍可以任意行動，而不必顧慮到人民。某些在華的美國長官，就沒曾認識這種分別。

我們和中國人的良好關係，是由於我和中國軍政首長間的長久交情以及美國志願隊，美駐華空軍隊和第十四航空隊的實際成就。

美國從來派駐中國最好的大使，可說是我們行動敏捷的戰鬥機駕駛員。從昆明到中國海岸，他們就是日本恐怖轟炸結束的象徵。祇要有美機在空中保護他們，中國人在地上有什麼困苦和不便都甘願忍受。我們在中國領空對日的勝利所累積的友好表現，是決不會在一兩年內給我們笨拙的外交工作磨滅的。

中美間的磨擦，有不少原因。建造一個新機場，無異削減了耕地的面積，使當地民食減少，食物匱乏。而美國人食量偏大，尤其是我們苛求中國人食物中的上品。要試放一枝鎗或卸除一枚炸彈而不致傷害幾個中國人，是幾乎不可能的。我記得有一次接到一個貴陽店主來信。一隊解放式機飛往漢口途經貴陽時，鎗手試放砲塔砲，一些彈殼落到他店中，打碎了四瓶墨水。那個店主說他並非要求賠償，不過要我們將來小心一點。我們很多錯失造成了中國人的悲劇。一群解放式機在一次出襲流產後，從雲層上把炸彈丟下，竟把下面一個中國村落炸平了。一隊 B-25 型機，因領航員的錯誤，竟攻襲某中國將領的戰地司令部，把它炸的片瓦不留。因爲地圖不準確，另一隊 B-25 型機，原是要去燒毀怒江上的日軍補給中心的，結果卻在一個中國市鎮上大投其燒夷彈。

日本人不斷企圖引起中國人對我們的反感。他們對我們的首級，從軍士以上，都懸有賞格。一個上校，約值中國國幣五十萬元。他們費了很多時間和金錢在我們的基地周圍作間諜工作。但他們的收獲，也只不過是在機場附近施放信號，指示轟炸機夜襲的目標而已。日人對付十四航空隊最多餘的舉措，或許莫過於偷運那裝在造得極肖的蘇格蘭威士忌酒瓶中的毒酒到我們的基地來吧。

中國人對於美國人的情感，並非空虛或想像的。它是用許多具體的行爲來表現的，這其中且大多是一切有關係的人們生死的關鍵。在許多美國的假日，中國人總要給十四航空隊在中國各地的分隊送禮。十四航空隊成立一週年紀念那一天，滇省中國人訪問團送給我的人員母牛一頭，酒一百罎和豬三隻，以表示感念他們的功勞，這令我深切地感動了。每在地方空戰之後，附近各城的市民常常特製紀念的絲綬帶贈給飛行員。當日軍對桂林的首次攻勢暫時受阻的時候，商人們卡車滿載禮品，送到城外各機場去。我源源不絕地接得了中國人的來信，用種種措辭來貢獻意見、慰勞和鼓勵。其中一封由一個華東難民寄來的，可算為代表作。他附了一張他家鄉無錫（上海附近）的地點和一紙中國幣二萬元的支票，請我把它賞給第一個去炸那城市的美國駕駛員。他在信上寫道：「你不妨在我家投一枚炸彈，可是千萬請勿殃及我的鄰居。請在中國新年實行，別讓那些無恥的日本人安樂。」中國人的友誼最寶貴的表現，無過於在日軍佔領區救援被擊落的美國飛行員和從那些地區不絕地傳遞情報。為了應付這些事情，我跟各種政見不同的中國人交往，有共產黨人、有獨立的游擊隊，也有反國民黨份子。蔣主席完全允許我這麼做，他相信我祇致力於進行戰爭，而不欲操縱當地的政治。最顯著的例子是我們跟共黨新四軍的關係。新四軍一直在反對蔣主席的軍隊，同時也向日軍作戰，且在我們目標很多的長江流域活動。他們在日軍面前救了我們許多航空人員，而我們也投桃報李地供給他們醫藥，無線電設備，袖珍指南針和時錶等物。蔣主席本人對新四軍雖然十分痛恨，但他從未干預過這種舉動。

日軍極少俘獲十四航空隊員。在日軍陣地後方降落而未死的美國航空人員，至少有百分之九十五受中國人救助，而送回他們的基地去。日軍在一九四二年初杜立特空襲日本後大興問罪之師時，曾宣告凡協助美國航空人員的，不但一律處死，並且要連坐家屬和當地民衆。然而在其後戰爭期間，卻還不見有一個中國人不肯在日軍陣地後面協助美國航空人員的實例。每當航空人員打開降落傘從空中降落時，他們得到的協助，有的來自華南海面的海盜和私梟，有的來自長江沿岸的游擊隊，有的從各戰線的國共軍隊，又有的從來未謀面的農民。這些救助，向來沒有什麼地下組織，也沒有出過什麼獎金。我們在可能時總要報酬幫助我們的中國人，但他們大都分文不受。這些救助是歷來中國人對美國人的善意最好的明證。同時也是在傳統的無組織之下把中國鄉村繫在一起的幾乎不可見的地方組織的有力表現。所有被從日軍陣地背後救出的美國駕駛員中，祇有一人因了個人的虛榮，不計利害，而公開宣布他的脫險，結果坐令他的恩人受到日軍的報復。

有一次，一個日本騎兵隊巡邏到離一名美國駕駛員不過一箭之地。那駕駛員曾把因作過在白宮訂立和約的豪語而知名的日本海軍司令官山本大將擊落，那便是雷克．巴柏（Rex Barber）少校。他在西南太平洋服役時，曾在布肯維爾（Bougainville）上空作那著名的伏擊，對山本的運輸機施以最後的一擊。後來他便加入十四航空隊作戰。巴柏在九江上空把日方一架奧斯卡機從 P-38 型機的機尾射落之後，自己竟也給日本戰鬥機擊下去了。他一隻臂膀給砲火打碎，在跳出機身時又跌折了一雙腿。著地後他茫然望著九江，這時日本巡邏隊正從城內四出搜索，志在必得。在日軍還沒找到他之前，當地的中國人已把他放入一個粗擔架裏，藏到密密的矮樹林去。在日軍巡邏隊中間從一叢躲過另一叢裏。有一個時候，一個騎兵巡邏隊在巴柏和他的中國救命恩人匿身的矮樹邊停下來。率隊的日本中尉勒住馬兒，從包中拿出最後一枝捲煙來吸，然後把空包搓成一團，丟到矮樹裏去。巡邏隊繼續前進的時候，巴柏能夠不把身軀移開藏匿處一伸手就拈起了那個香煙包。在日人嚴厲封鎖了進出九江城的每一個路口的時候，當地中國人居然把他偷帶進城裏來。他們讓他在那裏調養，等到空氣緩和下來，他也已復元，這才給連夜兼程送到中國軍隊陣地去。

兩名戰鬥機駕駛員，格勒（Gregg）中尉和賓尼達（Beneda）中尉，在漢口上空一回大戰中被擊下來，六十天內毫無消息，我們認爲他們已經死了，便把他們的名字從名冊上劃掉。四個月後，他倆竟走進了我們的前進基地來，滿臉於思，腰圍瘦損。兩人都在空中受過焚傷，一個還斷了一條腿。他們在日軍防線內給農民救起，送到共黨新四軍那裏，那時新四軍的活動範圍直達漢口市郊。他們在新四軍陣地後的醫院裏住了兩個月，然後被匿藏在舢板內，經長江支流偷過日軍的防線。

另外四名戰鬥機駕駛員，在低飛掃射上海機場（距我們最接近的機場六百五十哩）的時候，被高射砲火打落。他們跳傘落到日軍警備森嚴的上海近郊，而在日軍未發見他們之前，他們就給中國人扶走，送至游擊隊那裏，游擊隊又把他們護送回中國防線，沿路還襲擊著日軍哨站。

第十一轟炸機中隊空襲香港時，有一架 B-25 型機在低飛轟炸日本船隻之後，撞毀在海面。其他參加攻擊的駕駛員看見飛機在水面燃燒，以為機內人員難免一死。奇蹟似的，機員們卻以劫餘之身乘上了救生橡皮艇，可是看來受俘是必然的了。日軍巡邏艇從香島開出去活捉他們。這一趟又是中國人捷足先登——最初是一隻走私帆船，過後其他帆船也紛紛地合攏來。海面的航空人員們給從一隻船帶過另一隻，活像在玩那海上貝殼戲一般，直到日軍放棄了搜索才止。其後他們給移上了一隻海盜的帆船，更由那海盜船把他們送到中國軍隊佔據的海岸線上登陸。

在我們準備與日軍一決雌雄當中，十四航空隊人員就在這一種氣氛裏生活著，工作著。

第十六章　光明前的苦鬭

山不在高，有山則名，水不在深，有龍則靈

——劉禹錫

一九四三年炎熱的夏季裏，在華東的黑色石灰岩山嶺和將熟的稻田上空，十四航空隊受到首次眞正的考驗，正當我參加三方面會議的時候，日本人在中國燃點了兩處戰火，他們的陸上攻勢是在長江上游西岸宜昌附近地區爆發，目的是想獲取立足點，以便循長江三峽，直搗重慶；同時日本駐緬空軍也重擊雲南「駝峰」基地。

爲了給予湖北境內中國軍隊以空中支援，同時又得用全部戰鬥機力量，在雲南上空作戰，在我離華時擔任指揮的格倫准將神出鬼沒地調動戰鬥機群，穿梭飛行於華東華西之間；在那時期裏，一個駕駛員在某一天沿長江掃射，而在四十八小時後又改在雲南攻擊紅膏藥的轟炸機，是尋常的事。有了十四航空隊在湖北上空所能夠給予的甚至是中等力量的空中支持，日本人的來勢便給遏止而不能達其目標。當日本人開始有秩序地撤退時，P-40 機飛臨泛濫的禾田所圍繞而無遮礙高聳的阡陌上，截擊他們，他們緩緩的退卻，立刻

轉變成血肉紛飛的潰走。看到我們鯊魚頭戰鬥機和臃腫的解放式機飛繞頭上，對於中國軍隊確是一種強烈的興奮劑。

由緬甸來的攻勢不能妨礙駝峰的飛行，雖然就算日本人已能夠用每天的裝模作樣的攻擊使得昆明和雲南驛區域常在警戒之中，但他們若能遏止我們貧乏的汽油供應和截斷運輸的流轉，比較實際所投的炸彈也許會招致更大的損害哩！許多次，日本人的攻擊使我們汽油存貯量接近危險之境，但他們的作戰損失時常令他們不能延續他們的攻勢而達到能夠有決定性的時候。

在這狂熱的春季裏，十四航空隊損失了約翰．漢普夏（Johnny Hampshire）上尉，他被許多人稱爲在華飛行的最優秀的戰鬥機駕駛員，希爾、賀洛威和艾力孫等名駕駛員都交口稱讚他，漢普夏在首次的六場戰鬥裏擊落十四架敵機，後來在長沙以北的一場混戰裏被射穿肚子，這場最後的戰鬥他射落四架奧斯卡機，他在他的飛機墜落湘江後給中國人救起。當被舁送到長沙雅禮醫院時，他死了。

六月十四日，文生被派到東戰場去，受命準備當好天氣於七月中旬來臨華東，而日本戰鬥機群像冬蟄後的怒蜂自廣州、漢口湧到的時候，作一殊死戰。

我想十四航空隊的游擊時代已過去，而我們也準備好殺出去，作爲三方面會議裏所應諾底攻勢的第一步。文生在桂林的山洞附近的一座木棚裏建立了那後來是六十八混合總隊的總部，他指揮十四航空隊的出勤，歷時一年有餘，使得那些基地對日本人是有價值的威脅，以致他們迫得投資五十萬軍隊和六個月寶貴的時光，去把它們從中國戰場上移去。

並非意外，在三方面會議裏所應允的物資絕不依時到達各處，戰鬥機的增援在印度因雨季而停頓，駝峰的七月份噸數較我們前時的四千七百噸常差一千七百噸，直至十一月空運隊才滿足了噸數的要求。爲了華東快有晴朗的天氣，我不能夠再耐心等候了，雲南的防禦力削弱至一個唯一的戰鬥機中隊，分配於雲南驛和昆明之間。第二十三戰鬥機中隊，擁有五十架可用的 P-40，和第十一轟炸機中隊的十五架 B-25 轟炸機被東調，去充實衡陽、零陵、桂林一線，第三〇八轟炸機大隊則駐昆明附近，轟炸華東日機場或印度支那的戰略目標，看戰情而定。

第三〇八轟炸大隊在重轟炸機大隊裏是唯一的。它飛渡駝峰是完全自給的，而且是由距其供應基地五百哩至九百哩的作戰基地出動的，本來我反對安諾德將軍派遣這大隊到中國——甚至當做一種補給上的實驗，我也反對，因爲他們消耗汽油太多了，但經驗證明我是錯誤了。第三〇八大隊的解放式機成爲十四航空隊的強有力的克敵利器，它們實施沉重而致命的炸擊，正是我們最需要它們的時候。

這大隊的動作很像舊式的「砲口上彈」的大砲，發射一顆砲彈後需要若干時間來再上彈。三〇八大隊要爲供應的任務飛越駝峰三次，才能夠出動和敵人作戰一次。有時他們貯備了足夠一串的出擊應用的供應品了，又都不能繼續出擊。因爲出動之不常，三〇八大隊的隊員很難獲取和維持最高的精練的水準——這些水準祇能從經常的作戰飛行而來的，結果，他們的戰術成績是有瑕疵的，混合著優異的轟炸和難以解釋的錯誤。他們所受的作戰損失在任何的駐華隊伍中是最慘重的，而且時常把炸彈丟下遠離目標的禾田裏而浪費數千加侖的汽油，眞令人傷心！可是，他們對印度支那的義安鐵路工廠，香港啓德機場和西貢外的船隻的轟炸，是無比的優異的工作。當華盛頓的陸軍航空隊總部較量每個重轟炸隊在作戰裏的轟炸準確紀錄的時候，我很詫異地發覺第三〇八大隊名列最高。三〇八大隊的解放式機在西貢和上海投下第一顆盟軍炸彈，在柯里幾多爾（Korregidor）陷落後令馬尼拉發出初次的空襲警報，而且，爲了他們於菲島第二次戰役中在南中國海巡邏掩護海軍的工作曾得到海軍上將海爾賽（William Frederick Halsey, Jr.）和尼米茲（Chester William Nimitz）的嘉許。正如在中國的其他東西一樣，三〇八大隊的解放式機做了許多爲它們的設計人所意想不到的事情。它們在桅杆梢的高度炸擊船隻，在低空實施掃射，搜索敵人雷達站，在河流和港灣佈雷，作運輸飛行……等，有一次還當做戰鬥機應用。

第三〇八大隊的轟炸機小伙子們帶著標準的美空軍的舊式教育來中國，以爲重轟炸機是無敵的，無須戰鬥機來掩護它們進擊目標的。他們也得嘗點苦頭了……在一九四三年間有過兩次三〇八大隊的解放式機不用戰鬥機掩護，便進擊目標，這顯示出勇敢超過良好戰鬥意義的戰術，在海防上空七架 B-24 中有五架在抵達目標之前給日本戰鬥機擊落了，其餘的兩架給射擊得遍體鱗傷，沒有投彈便飛返昆明，有一架抵達機場時摔地，全部人員都斃命了。在另一次飛往漢口出襲裏，轟炸機群沒有和護送的戰鬥機會合便單獨前往，大部的機隊又照樣喪失在敵人戰鬥機手裏，那兩次危險的出襲都使我痛惜不已，因爲飛機和人員的慘重損失絕非所收戰果可能比擬的。雖說我盡力以赴，而我永不能甚至在我自己的轟炸機指揮官間澈底淸除那些主張無掩護的白晝轟炸的戰前空軍的舊觀念。在戰後的歲月裏看到新的獨立美國空軍在取得對德、日空戰時的血淋淋的證據後，竟這樣快地跑回同樣錯誤的無掩護轟炸的學說的窠臼裏去，令人有啼笑皆非之感。

第三〇八大隊曾執行我爲對付日本人而設計的最妙的詭計，其爲成功。一九四三年十月日本人派遣兩個戰鬥機中隊入緬甸北部擬橫掃駝峰和截擊蒙巴頓勳爵（Lord Louis Mountbatten）和他的隨員所擬定的訪華飛行。日本的戰鬥機每天截獲二、三架沒有武裝的運輸機，使運輸人員精神受到莫大的煩擾，這時我突然想出一個主意來制止它們了，空運隊仍然用著和解放式同款式的運輸機 C-47，在蒙巴頓抵達中國的前幾天，我命令比爾・費舍上校著第三〇八大隊飛往印度，輸運供應品，要依通常運輸機航線偏南一點，又要隊形散漫無章，且要特別多帶彈藥備用。

果然，日本戰鬥機駕駛員呑下了香餌，把B-24轟炸機誤認做C-47運輸機，他們滾滾而來，給狂熱弄昏了頭腦，準備廝殺一場，三〇八大隊按著砲火不發，直到日機飛入射程之內了，便使用他們威力巨大的塔砲猛烈轟擊。三天越過駝峰的化裝飛行，三〇八大隊擊落敵機十八架，實際上是日方那搗亂的兩個中隊的全部戰鬥力了，蒙巴頓的飛機乃安然飛抵中國。駝峰也安然無事，歷五週之久。

七月九日，第三〇八大隊對東京灣裏日本船隻一連串的炸擊開始了我們夏季攻擊，在六次出擊裏，他們只用了七十九噸的炸彈，便炸沉了五萬噸的商船。這些襲擊全在敵人意外；因爲他們尙未習慣於美機的穿過季候雨雲的空襲。

利用稠密的雲層掩護，解放式機能夠在雨季裏不用戰鬥機掩護，而炸擊印度支那，這樣便留下我們戰鬥機的全部力量，使能同時在華東上空出動。

法屬印度支那是日本作戰機構裏的一個重要齒輪。經濟上，它是僅次于荷屬東印度的一個戰略原料的來源地——出產煤、錳、燐、水泥、工業用酒精，又有巨量食米出口以供應日本工人。每種東西都經由東京灣的口岸——如河內、海防、鴻基（Hongay）和錦普（Campha）港出口，這些港口也以優良的船隻修理設備和軍隊轉運站誇耀于世。我們的目的，是猛擊東京灣各口岸，使到商船不能停泊，因此截斷原料流入日本工廠之路，在這方面，我們是完全成功了。至一九四三年之末，日本的大小船隻都駛離東京灣，而敵人也被迫擴充海南島上三亞灣（Samah Bay）的巨大天然港的海港設備，來代替東京灣的地位，我們的轟炸把安南工人趕出燐礦及錳礦，他們都拒絕回去。

一中隊的 B-25 機和一個戰鬥機中隊的一部已足夠截斷印度支那的陸上交通線了，而當敵人的船隻開始感受重壓時，循這些交通線移動軍隊和裝備到泰國、馬來亞和緬甸去是很活躍的。用比較小的空中軍力，我們便可以使到日本人不能由這無誠意的盟國收穫主要的經濟上和戰略上的果實。

文生在七月十五日打電報來說他在東面的準備已告完竣，即可作戰。偵察報告在廣州和漢口的敵人空軍力量擴充至四百架飛機了。五天後，日本戰鬥機群出動，擬一舉把十四航空隊逐出華東，這是標準的日本空中閃擊戰——轟炸機在夜半炸擊我們的機場，白天使用戰鬥機橫掃，還用幾架轟炸機做引誘 P-40 的香餌。這次，他們有兩種新型式戰鬥機——奧斯卡馬克二型（Oscar Mark Ⅱ），一種速度較大，裝甲較厚的舊式奧斯卡的翻版；和東條型（Tojo），一種粗短，機身像酒桶的戰鬥機，樣子有一點像美國的「雷電」型（Thunderbolt, P-47），它能快過 P-40，並且在那夏季裏是中國上空最好的全能戰鬥機，可是我們的 P-40K 也在這時候問世了。

敵人捕捉我們戰鬥機的笨拙企圖給粉碎了，有一天下午二十架奧斯卡機攻擊零陵，那時候十四航空隊的飛機還沒有駐紮在那裏。八架 P-40 由衡陽起飛截擊，擊落五架奧斯卡，自己毫無損失，當它們竄退的時候，第二批三十架日本海軍零式機由廣州抵達，還帶著一架雙引擎的丁納式（Dinah）偵察機，那架丁納機在零陵上空丟下傳單。傳單是英文印成的，據稱要向「美國戰鬥機指揮部」挑戰，請在那天下午於零陵上空作「相等機數」的體育家式決鬥云云，還說戰鬥之結果會令到美國人相信在中國繼續作戰是徒勞無功的。P-40 機立即衝入零式機群裏，大戰二十分鐘，一架 P-40 從混戰裏殺出來，擊落那架丁納機，那時候，它的最後一張傳單還未著地哩！

日本司令官們在他們的七月攻勢裏頗能及時行動，並使文生老是躍躍欲動地投擲全部戰鬥機力量去對付他們的主要攻勢。再說，倘若沒有中國防空情報網的話，我們的飛機和汽油必因無結果的錯誤的警戒而消耗淨盡了，正當某一次衡陽上空的大戰時，日本從廣州出動二十七架轟炸機企圖窺伺桂林。文生只有四架標明不宜戰鬥的 P-40 和總部人員去抵禦襲擊者，他便同三名駐總部的飛行員駕駛有毛病的 P-40 高飛，然後俯衝闖入敵人隊形裏，把所有的機鎗盡行發射，把轟炸機嚇走。那些轟炸機匆匆把炸彈卸落禾田裏便竄返廣州去了。在這些戰鬥中，文生的個人紀錄是擊落敵機六架——這是我著令他放棄戰鬥飛行之前建立的。

日本人攻擊了八晝夜，到了第八天，戰鬥紀錄是六十二架日機被擊落，四十六架可能被毀，八架 P-40 和三名駕駛員犧牲了。第九天，攻擊停止。此後是三星期的休息時間，日本人在這時期糾集新的空軍力量，並改訂他們的戰術。這時候，十四航空隊得到配備著P-38的第四四九戰鬥機中隊加入，他們自北非來，喜歡混亂，而且沒有零件。這些駕駛員拒絕相信一架P-40不能夠應付一架奧斯卡機、零式機或東條式機。結果，四四九中隊成為唯一的和日本人打平手的駐華美國戰鬥機隊。

正當東面閃擊戰達到最高潮的時候，史迪威和我在昆明參加中國軍訓部長白崇禧的正式宴會。史迪威曾在我正請求陸軍航空隊總部給予P-51機以替代已屬無用的寇蒂斯製的飛機的時候，打電報給陸軍部盛讚P-40對抗日本戰鬥機的戰績，令我相當煩惱，史迪威並試圖把P-40賣給中國空軍。在宴席上，白氏坐在史迪威和我的中間，史迪威把大部談話時間用在極力描繪P-40的成就上。

我已忍無可忍，便對史迪威嗤之以鼻：「得了，P-40仍然能夠俯衝得比日本人快的，可是，有時你得打住別亂衝，不然的話，地面也給你衝破了！」

史迪威瞪目而視，但也不再談P-40的話題了。

奧斯卡機和東條機帶著新戰術捲土重來了。日本人最後決定利用他們的「高度」的優點，二十架至五十架戰鬥機群整天在我們的機場上空往返漢口和廣州之間作三萬呎穿梭飛行，打算引誘P-40式昇空。文生已受命在我們機場上進行截擊，以保存汽油。但這日本戰術需要我們改變步調，我打電報給文生著他開始用全力轟炸敵人的廣州和漢口機場，迫令日機落到我們轟炸機的飛行高度。如想增加攻擊的壓力，三〇八大隊直接從雲南基地起飛，第一批飛機並沒有交過鋒。日本對衡陽的襲擊阻遲了P-40對解放式機的掩護，幾架轟炸機從集合地點飛返，但有四架繼續向漢口機場前進，並無掩護。敵高射砲和戰鬥機擊落了解放式機兩架。第二批出動的有P-38，掩護的飛機遭遇更壞了。敵人戰鬥機並沒有落入圈套，像餓虎擒羊般擊落七架解放式中的四架，而P-38尚翶翔三萬呎上空，忘記了下面的搏鬥，第十一中隊的B-25機和第廿三大隊的P-40機在一小時後襲擊漢口機場，擊毀一架敵人戰鬥機，自己並無損失。全夏季的戰績是一五三對廿七，日本人進攻的鋒芒又再收斂。但當戰雲消散，文生計算他的「鯊魚頭」，他發覺只剩下八架P-40是完全完好的，我們不能夠不作有決定性的最後一擊了。

夏季戰鬥改變了中國境內戰爭的式樣，秋天一來，十四航空隊的主要作戰重力便由守勢轉變到攻勢去，而大規模的空戰都是在敵人的上空，而非我們的機場上空進行的。日本空軍放棄了它在空中把我們擊潰的努力，而致力於夜襲我們基地和防衛他們的機場、船運和部隊，使不受美方空襲。把十四航空隊踢出中國外的任務是轉到日本地上部隊的肩上去了。

當三方面會議所擬定的運輸到中國來的物資，在夏季之末仍遲遲未到的時候，我派遣文生返華府，暫駐陸軍航空總部三十天去解釋我們的情況，文生也攜帶了我的信件，準備親交羅斯福總統和霍浦金斯。因爲我已經堅定地應允總統說至一九四四年元旦，十四航空隊便會消滅日機，並擊沉五十萬噸日本船隻云云，我要使他知道爲什麼那些諾言竟不能實現：

因吾人並無足以善其事之利器（我這樣寫），而大部適宜作戰之氣候亦已逝去，無可挽回。苟空中攻勢可依時進行，則其初步即建立空中優勢於華南，當已完竣，而軟化敵空軍與打擊其海上交通之次一步想已在進行中矣。若此，則佔領距海岸最近之基地開始攻勢之第三步，包括對敵島嶼的遠程轟炸，亦將為期不遠。

因戰鬥機力量之日漸削弱，以致吾人攻勢之初步亦無法完成……吾人之所以能屢敗敵人者，以空中暨地上人員之勇猛善鬥且戰意堅決耳，在戰爭之現階段中，逼使美國作戰部隊對抗日敵在華之如是優勢，實非所宜也。

我又寫信給霍浦金斯說：「無數之挫折已威脅中國境內空中攻勢之進行，現又威脅之而使其全部停擱矣；……就余之處境所能而試予公正之評判，鄙意以爲在華空中攻勢之延擱將屬悲劇無疑。」「余甚欲以名譽保證，投資所獲得將可使敵空軍鎩羽，而削弱其海上交通——後者乃敵人制勝所必需者也。」

我和我的老朋友那時是西南太平洋麥克阿瑟將軍麾下的空軍長官的肯尼將軍在太平洋書信往返，得知我並不是唯一的給陸軍部決策人不兌現的諾言所騙的戰地指揮官，肯尼先我數月訪問華府，而他曾經帶著同樣的熱情和一箱諾言離去。九個月後，他寫信給我說：

他們（華盛頓）以前給我而現在也仍然給我許多關於獲取較多飛機的諾言，但每種東西都姍姍來遲的。某些東西本來應該是在這個夏天運到的，現在卻要下年春天才可抵達。我仍然靠著極少的物資來出動，雖說不像你的情形惡劣，似乎我們倆要等候希特勒倒臺，然後才能夠得到那些東西哩！

在初秋期間，中緬印戰區高級人事變動很速。在蒙巴頓勳爵之下設立龐大的新總部，名為東南亞總司令部，這英美聯合機構毫無作用。畢塞爾的第十航空隊司令的職位最後讓給喬治・斯特拉特梅耶（George Stratemeyer）少將，但斯氏很快便組織了東方空軍司令部（Eastern Air Command），駐在加爾各答的一間麻織廠裏，擁有四百名官員，以監察所有在緬印的美空軍活動。他讓戴維森（Howard Davidson）少將去指揮第十航空隊。斯特拉特梅耶是我的老朋友，而且時常願意在有關空軍軍力的事宜上支持我，反對史迪威對事情的幼稚觀點。但他不斷地受一班軍事帝國建造者的屬員擺弄，他們是用個人的野心補其戰鬥經驗的不足的。他們在印度不及一月便立即編造一個計劃，打算把十四航空隊移轉給斯特拉特梅耶指揮。蔣主席迅速拒絕這個計劃，可是種子已播下了，終於結出果實來。

九月，魁北克的四強方面會議再次爭論亞洲戰爭的策略——這一次駐華航空隊的代表無異議，一套永沒有實現的新計劃起草完竣，這一次是關於對緬甸的全面進攻的，包括英軍兩棲部隊之登陸仰光，對緬甸中部敵人後方之空襲，史迪威的中國部隊之駐緬北，華軍自怒江前線之出擊等。這巨大進軍的目的在打開一條運輸物資往中國的公路，據說它的運輸量每月將有十萬噸云……在開闢那條路的戰役裏死亡和受傷的千千萬萬英國人、印度人、中國人、美國人聽到魁北克佛朗特納古堡（Quebec' s Château Frontenac）裏的決策者怎樣去估量這條路的價值，當會大感興趣吧！曾參加這會議後來華充任我們運輸專家的希漢（Maurice Sheehan）告訴我這故事：希漢估計這路的最高運輸量是由每月二萬噸至三萬噸，其他陸軍部專家卻估量有十萬噸，於是魁北克的決策者便因此將這相差數額作一折衷，使之爲六萬五千噸。這條路打通後，這個數字從來沒有接近過。

四方面會議的計劃正頒下給各戰地指揮部，而另一個高級會議（六方面）又準備在開羅和德黑蘭召開，陸軍部特別要求摒棄我於中緬印戰區參加者的名單之外，但蔣主席堅持我的出席。當其他所有的路都給封鎖了，他帶我到開羅，以中國空軍參謀長的身分（自上一個夏天起，我已充任此職）參予會議。可是，除了有關對華租借法案援助會議外，其餘的我都被禁止參加。這樣我便有許多時間和我的老朋友拉爾夫．羅伊斯（Ralph Royce）少將玩紙牌，和遊覽古埃及名勝古蹟。

四方面會議的緬甸大反攻計劃再度瓦解；英國人辯稱他們沒有充足的攻擊和登陸用的船隻可資利用，以便對仰光作兩棲的攻擊，或登陸安達曼群島，而美國也未能供給步兵師團云。當我在開羅時，十四航空隊曾大展神威，轟炸臺灣最大的轟炸機改裝地和戰鬥訓練所新竹。這感恩節的攻擊之所以有可能，是爲了另一華東鎖鍵上的主要基地的完成，這基地距桂林東二百五十哩，且較近日本。由遂川新機場，我們長距離戰鬥機能橫渡臺灣海峽，文生設計新竹的攻擊，動用了第十一中隊和最近抵達的中美混合總隊的 B-25 機十二架。希爾帶領戰鬥機掩護，它包括第四四九中隊的 P-38 機和第七十六中隊的 P-51A 機，當橫渡臺灣海峽時，我們的飛機低掠波濤之上，這樣便避免敵人雷達的偵察，而出其不意地實施奇襲。幾架日本戰鬥機懶洋洋地在機場此上彼落，顯然在實習降落和起飛了。在機械廠和大機庫旁停著幾行雙引擎的轟炸機，P-38 機首先擊落在空中的戰鬥機，然後掃射停著的轟炸機。他們已攀昇上空，作高掩護，這時候，我們的轟炸機把殺傷彈盡行撒落在停機區域裏，並對那些抱頭四竄去找戰壕躲避的人們，大加掃射，繼而野馬式機飛入，作最後的澈底掃射，並擊落幾架後來狼狽升空的敵人戰鬥機，美國飛機祇有一架被擊中，日本人損失了在空中被擊落的戰鬥機六架，和在地面上焚毀的轟炸機四十架。在後來的六個月內，敵人幾乎竭盡其在華轟炸力量來對付遂川，但是他照常沒有辦法轟走我們，遂川有輔助機場在贛州、南雄和新成，做我們進攻敵人大動脈的跳板，直至戰事終了爲止。我們低飛進攻的戰略後來給肯尼將軍的第五航空隊效法，用來粉碎威瓦克和荷蘭蒂亞給予西南太平洋敵空軍以巨大損失。

在我們攻擊臺灣後不久，蔣主席和史迪威命令我返中國指揮空中攻擊日軍的一個地上新攻勢，這攻勢是由漢口突出地區沿洞庭湖向外發展的常德之役，如它結果所示，也許永不能在普通的戰爭史裏獲得多於一項註腳的位置，但對於我卻有雙重的意義：第一，它紀錄了我和薛岳上將發生聯繫的開始。薛上將是我們大部東面基地所在的第九戰區司令長官，我能夠獲識這樣卓越軍人，實深榮幸。第二，它紀錄了十四航空隊的無線電情報網的創始，這情報網是我們和華軍在戰場上合作處理的，它把合時而確實的、且爲有效地掩護華軍地上部隊所必需的情報供給我們，這種應用無線電聯絡來打成一片的美國空軍地上部隊的組合，是日本人無法擊敗的。這種組合在一九四三年擊敗日人於常德，一九四四年於怒江，一九四五年於芷江，祇在怒江戰役裏華軍有美式裝備。在一九四四年的衡陽之戰期間，中美組合正將使日軍陷入另一潰敗之境，卻因供應缺乏，致功虧一簣。只要空軍和地上部隊有充足給養來繼續作戰，日人，永遠無法佔領一個美空軍在華的基地。

情報在中國，時常是頭痛之事，中、英、美、法各國利益的自然摩擦因美國軍事機構間的競爭而更趨惡化。只有避免介入在遠東盟國間的政治的經濟的競爭，十四航空隊的情報組織才能夠和這些擠軋的分子繼續業務的聯繫。舉例來說：中國人懷疑英國人和法國人應用他們的情報活動來爭取戰後在亞洲的地位，結果，中國人供給十四航空隊以相當有價值的情報，而以我們不把它傳達給英國人或法國人為附帶條件。

捲入情報的漩渦而破壞我們在戰場裏的動作的效用，是十分容易的事。我們唯一有效的政策是絕不理會中國國內及國際的政爭，並且使到每一個有用的人都相信十四航空隊的興趣祇在成功地進行戰爭而已。為了同一的理由，我拒絕了英國人的一個供給百萬元情報經費的建議。雖說我們這時正拮据萬狀，而這建議也沒有什麼背景。這對於那些信奉強力獲取情報法的人士，會是不可相信的事，我們大部分最有用的結果是通過我的純正行為的聲譽而得來的。

在華美國情報組織的最初責任是羅斯福總統在戰爭之初期授予海軍的，邁爾斯將軍（"Mary" Milton Edward Miles）在整個戰爭期中主持一個龐大的情報組織。邁爾斯和戴笠將軍有一個工作協定，而且主要地通過軍統局去工作。

一大群邁爾斯的海軍情報官在十四航空隊裏工作，受我指揮，他們供給我們船運情報，從事圖片解釋，並令我們經常和太平洋艦隊通訊，這效果卓著的聯絡大有助於對敵船運的攻擊。我們也供給海軍以空中攝影圖片，以便航空母艦襲擊臺灣、印度支那、香港，和擬定的兩棲攻擊杭州灣一帶的中國海岸。

史迪威對他指揮下的中國地區的情報問題顯出特別地缺乏興趣，他對中國軍政部的情報完全滿意——這些情報最初到達他的重慶總部，然後才轉給十四航空隊，通常抵達我們的時候已在三個至六個星期之後，史氏特別禁止十四航空隊作任何搜集情報的企圖，因為十四航空隊是美國唯一的在華作戰機構，且需要新鮮而確實的情報去繼續有效的作戰，我是再次面臨選擇了——服從史氏命令而放棄對敵作戰呢，抑或另行設法去獲取作戰所必需的情報呢？我解決這問題的法子是，在我們空襲情報網的範疇內，組織十四航空隊無線電情報隊，表面上繼續依賴史迪威交來的陳舊的、轉過兩次手的中國情報，同時依新鮮的無線電報告行動，——這些報告是每小時從各有關的軍事地區的情報人員收聽得來的。

我們戰地情報和史迪威的報告的相反地方很快便從常德戰役的發展中顯示出來了。關於日本攻勢的最初消息是在十月廿八日由我們在前線和華東一起的無線電隊傳來的。報導著有一千日本軍隊已在洞庭湖以東強渡長江，還有四千後繼部隊沿長江上游移動，直至十一月五日史迪威的情報處才通知我們戰事已發生了。這時我們的飛機已攻擊著戰鬥區域的目標，有八天之久了。十一月十五日，重慶情報仍然報導著敵人的蠢動是一種「演習」，且確信敵人無力奪取常德云。十一月廿七日薛岳長官要求空投彈藥給常德，由十一月廿八日至十二月二日 P-40 投下充滿彈藥、食米和豬肉的油箱給常德，十二月三日，就是常德失陷的一天，我們才第一次接得史迪威的中國戰區總部來的情報，而我們戰地無線電人員卻每小時供給著情勢的報導，以指示猛烈的空襲。

我們的戰地情報官員大部份是中國通，我試行找那些在戰前曾居留中國，能講當地話，通曉風俗，並能在戰地吃中國飯的人員。柏爾奇（John Birch）上尉，一個佐治亞（Georgia）州的浸信會教徒，曾在漢口做傳教士，他是由杜立特介紹入我們的集團裏的，這是在柏爾奇引導杜立特和他的戰友出華東之後。

佛利曼少校戰前在漢口是一個路德教派的傳教士，最後充當美志願隊的隨身牧師，最後在十四航空隊做情報官。史密斯（Wilfred Smith）中校是一個在華傳教士的兒子，也是俄亥俄大學的東方歷史學教授。他在長江流域出生和長大，後來指揮全部戰地情報網，威斯特（Sam West）少校在東方經營化粧品業有年。李吉斯特蘭（Sven Liljestrand）下士是成都一傳教士的兒子。林羅伯（Robert Lynn）中尉曾經在中國充當醫生的傳教士。羅旭特（Harold Rosholt）上尉戰前曾充美國報紙記者遍遊中國。他們全體都曾和中國軍隊在最艱苦的戰地狀況下共捱過冗長的戰爭歲月，由他們從經歷裏產生對中國戰士們的最高崇敬，這和那時安居後方的參謀官長們以獰惡地譏笑中國的作戰努力爲風尙的事實，恰成強烈的對比。

柏爾奇是無線電情報網的創始者。直至杜立特的空襲者開始在黑暗的中國天空降落之前，柏爾奇還正在浙江組織一批新的教會，以代替那些在日本人於漢口集囚美國人的時候所損失的。柏爾奇援救杜立特的空襲者時，日本人正大事焚燒教會，這樣柏爾奇便放下他的聖經，拿起劍來，經過三個年頭，他在戰場上堅定地工作，除生病時稍事休息外，他拒絕一切假期或在美國暫時之服役，並宣稱：「當日本人走了，我便離開中國了。」

柏爾奇在一九四三年初查勘一切在華東的機場，而編造關於在各機場周圍之貯藏室裏所存汽油量的首次精確統計，爲了供給我們以船隻的情報，柏爾奇通過敵人防線去和長江上的游擊隊接觸，和他們住了幾個月，建立無線電站以監視沿河主要口岸並把敵人船隻移動消息報告給我們，在他離開那地區後的一年多當中，那邊的游擊隊還很忠誠地給我們報導消息。柏爾奇在長江時發覺日本人竟出乎我們意外地很倚賴石灰窰的鐵礦和熔爐。他供給我們詳細的情報，使我們能夠炸毀鼓風爐和船塢。同時，中國游擊隊告訴柏爾奇說，有一個接近漢口的小城鎮被利用來隱藏多量彈藥和軍隊，以免在漢口受我們空襲。當轟炸機不能找出目標的時候，柏爾奇偷渡封鎖線回來，坐在B-25指揮機的機頭裏，指示目標給轟炸員看，當第一個炸彈擊中時彈藥爆炸了那看來像闇無人煙的小鎮，突然像天崩地裂般爆發，煙火奔騰，柏爾奇的游擊朋友，在接近的小山上觀看，對於他的英勇行爲，印象很深。後來他們告訴他說，日本人用三十部運輸車載運屍體，而彈藥完全炸毀了。

一九四四年的春天，我派遣柏爾奇到華北，去和那邊的地下工作人員建立接觸關係，想獲取目標詳情，以便轟炸敵人的鐵路系統。柏爾奇步行橫過在日人佔領下的平漢鐵路線，其時是在兩隊依鐵路南下去參加華東進攻的強大日軍之間。這一次又是柏爾奇首先把這些增援的消息告訴我們——這些援兵初次避開長江，以免我們空襲。

柏爾奇接觸一大隊在日軍沿鐵路衝下時被截斷的華軍，使他們在日本人前線後方建築一個機場，以便把無線電器材遷入，還應允用十四航空隊的 B-25 機，把他們六個月來的第一次軍餉運來。夏天的潦水破壞了機場，但柏爾奇再建造三個，其面積足供深入華北作遠距離襲擊的戰鬥機加添汽油之用。我們的戰鬥機利用這環繞日本軍的機場，有許多個月。它們向著敵人永遠意料不到會給戰鬥機襲擊的地區實施奇襲，且攻擊遠至萬里長城的敵人。柏爾奇也偷運旅行式無線電機，深入敵區，不斷地供給目標詳情和氣候報告，以便遠達東北的出擊。

當十四航空隊的無線電情報隊移交予戰略情報處的時候，柏爾奇打電報給我：「何日可返航空隊。寧爲十四隊二等兵，不作戰略情報處上校。」當他由他的北面發報基地趕速北上去和日本集中營裏的盟國人員相會的時候，他在徐州給共產黨軍隊射殺了。他剛在他曾經這麼長久地和英勇地搏鬥過的日本人投降十天後死去。究竟徐州附近有什麼事情發生，到現在還不明瞭。

這些戰地情報員每一個都有一段比小說更動人的故事：例如佛利曼，他在日本人包圍常德的時候，仍與拒絕離開城裏的中國人，繼續鎮靜地發放無線電指示我們空襲那些行將接近他的日軍。他後來在晚上滲透過日軍包圍線，並和日本巡邏隊激烈槍戰後才能逃命。威斯特應用他位置經常在日軍臼砲和砲兵的轟擊下的無線電站，把敵人阻於近我們寶慶機場的河堤上，達三十天之久。每次敵軍企圖渡河，威斯特都通知中美混合總隊的第五戰鬥機大隊，指示他們轟炸和掃射，直至敵人放棄企圖爲止。李吉斯特蘭下士和石芒度（John Shimondle）一等兵在長沙被圍後許久仍在正對長沙的岳州收發無線電，指示 P-40 對抗進攻者，直至這強大據點陷落前數小時才離去。

這些戰地情報員的工作絕無疑義地證明中美軍人在極惡劣的條件下，在戰場上共同工作是可能的。雙方都要用機智和瞭解才能夠使這工作效果卓著。

能夠顯出這兩種優美特質與作戰毅力的中國指揮官當中的一位是第九戰區司令長官薛岳上將。薛氏是中國軍官裏最能堅毅的戰地指揮官之一，他身軀瘦小，差不多像會陷入他所喜歡穿的黑色長統靴子裏一樣。他說話是那麼的柔和、嫻雅，又有那麼完備的中國繁瑣禮節，以致他看起來像一個學者，但是這「長沙之虎」和中國某些最慘烈的勝利的建造者，在內心卻是堅決的嚴峻的。

在大多數的美國職業軍人還在「西點」軍校足球賽裏歡呼的時代，薛氏早就統率一師軍隊，參加國民革命軍有名的北伐，奠定了蔣委員長在中國的領袖地位。薛氏功績的酬報是中國最豐饒地方的主政者——湖南省主席，在湖南他保衛省會長沙，獲得三次對日軍的偉大勝利。每一次日軍縱隊由他們洞庭湖畔的主要基地岳州傾巢南進，薛氏命令堅守防線。他引誘日本巨蟒蜿蜒而達長沙城下，那邊守城的竭力堅守陣腳，而薛氏便調動主力，迂迴攻擊敵人兩翼和後方，進行包圍和殲滅戰。他沒有坦克車或騎兵去做這些快速包圍動作，有時祇是湖南農人子弟的赤腳，但他仍然三次完成了天羅地網，三次把強大的敵軍切成碎片。敵方的情報說薛氏是中國最能幹的戰區司令，他和他的軍隊和十四航空隊所打的三次仗，證明敵人的評語絕非過當。

薛氏對於十四航空隊是重視的，因爲他的軍隊曾橫跨漢口以南的湘江流域，封鎖敵人到我們活躍的東部機場的最可能的路線，薛氏自始便歡迎和我們保持聯繫。

經過兩年幾乎全是經常戰鬥的期間，我們的友誼由無線電和戰情報告而增長的。因爲我們的體格的差異薛氏和我在電碼裏被稱呼做小虎和大虎。在軍書旁午間，薛氏抽空寄些湘省蕈菇給我，我則不時送些肯塔基州出產的威士忌酒和美國香煙給他，以增加他的屬僚會議的清興。薛氏喜歡強烈的威士忌酒甚於中國米酒，有威士忌在手，他更能夠顯現他乾杯的洪量，我的最可貴的戰利品裏有兩件是薛氏送給我的——一把日本指揮官的武士刀和一頂給 P-40 的子彈射透的日本鋼盔，兩件東西都是在常德廢墟裏得來的。

薛氏第九戰區的軍隊是在給養缺乏之下多年對日本人作戰的軍隊的典型。兵士大部是農家子弟，赤足，冬天穿棉襖，夏天穿疏薄的棉布。他們只吃飯，間有蔬菜，營養不足的情況很壞，使到他們容易患瘧疾、黃疸症、壞血病、痢疾和霍亂。戰地廚房不過是竹擔桿上面的污黑鐵鑊。當上戰場作戰的時候，他們靠一小袋乾飯，橫放在肩膊上，像一條長長的香腸。

他們的武器是土製步槍，因土製彈藥不好和鎗膛用得太久而光滑了，它們時常走火，或打不響。他們有些外國製的機關槍，日本臼礮，和一些法國和俄國製的大砲，但彈藥不多。他們的行軍是以力伕的步伐，一步一步地挳著，給養品跟在最後，在身體黝黑的力伕肩著的竹擔子兩端跳動著。

通訊器材的缺乏使到在作戰混亂中一切行動都受阻礙，大多數的軍隊依靠商用電話和電報以傳播命令和報告。在春季宜昌附近的戰役後，薛岳對美國無線電通訊印象甚深，因此他個人斥資購買三十架中國製無線電報機，安裝在前進基地上，以便和我們的無線電隊聯絡，不幸，這些中國無線電竟在常德戰後期間損壞而不能應用了。在常德之戰後，薛氏想無論如何買五十架美製一百伏特無線電機，一切由我們供給並組織一個學校以便在一九四四年戰役前訓練中國無線電員。但都給中緬印戰區總部的官場手續遏止了。

軍隊裏的醫藥設備太少了，大部受傷的軍士都因缺乏醫治而死去。在常德，當日本人施放刺激性的毒氣的時候，中國兵士抓破軍衣，扯下棉花，用自己的小便濕透它，壓在自己的鼻子上，這是他們唯一的防毒法。和一九一五年加拿大兵在比利時伊伯爾（Ypres）抵禦戰爭史上的第一次毒氣攻擊的時候，所用的方法約略相同。在配備惡劣營養不良，而且常常指揮失當的情況下，中國士兵仍很少喪失他們的作戰精神，他們再四再三地戰鬥，戰敗絕不介懷。他們的作戰損失是巨大的，而因患病死亡的損失更爲慘重。兵員的損失較裝備易於補充，在數月苦戰後，薛岳的軍隊只剩了一萬四千人和二千支步槍。上戰場的中國兵，兩三人共有一支步槍是常見的，沒有槍的便希望在戰地上從對方戰死者手中獲取槍枝。

並不是所有的中國軍官都像薛岳般英明能幹，也並不是所有軍隊都像他的善戰和慣戰。大多數自由中國的軍隊都能夠有充足的彈藥和武器打一場硬仗或最大限度能支持三十天的作戰行動。可是他們的司令官不願作戰，除非能夠保證他們在消耗裝備後又獲補充。

但薛岳絕不因這現實的念頭妨礙他對日本人的戰鬥。在常德之戰後，他預料需得六個月的時間才可重行裝備他的軍隊，可是在五個月裏，日本人捲土重來，直指他的咽喉，其實力之強大，前所未有，而薛氏得不到他所需要的供應品，一九四四年之末，他的實力已被削弱到不及以前的三分之一，但他仍繼續作戰。由薛氏和他的軍隊看來，史迪威所謂除非在美國人指揮下中國人將不能戰鬥者，實屬荒謬之至。在我觀察三年來兩人抵禦共同敵人的動態之後，我以爲薛氏在戰略和戰地指揮方面，都勝過史迪威。

常德之戰具體地證明有良好指引的美國空中支援和華軍地上部隊的組合是可以遏止日本人的。敵人出動四萬軍隊，輔以二千朝鮮軍、蒙古騎兵，和中國僞軍，南下洞庭湖西岸，他們長驅二百哩，直抵常德，企圖建立前進和機場基地，以備最後側攻長沙。經過三個月苦戰後，日本人固已佔有常德，但在慘重空襲和華軍反攻下，他們仍不能把它守得上五天！

四個戰鬥機中隊和兩個 B-25 機中隊幾乎把常德炸成平地，以開闢華軍反攻之路。日本空軍嘗試了兩天，想打破我們在常德上空的空中優勢，即使有大批的東條式新機群的首次出現，他們也不能夠嚴重地阻礙我們的攻勢，最後只得放棄了嘗試。當敵人沿公路河流向北潮湧似的退卻時，我們的轟炸機和掃射，加速他們的潰退，使到他們在這戰役的傷亡數額增加至一萬五千人，其中的一半是給飛機殺死的。佛利曼和華軍重入常德，報告在城內外劇戰和日軍丟棄大部裝備及多量文件的實情，他還報導大量的日軍華軍的死屍滿佈斷壁殘垣之間，山上腐屍隨處，都是中國孤軍死戰時遺下的。

在十二月底，日本人已給驅逐回原來的地點去了，顯然日本人祇有用地上部隊全力進攻才能夠把十四航空隊逐出華東各基地之外。在歲末的時候，有許多跡象可表明日本人準備在華東作確實的攤牌了。

這時，我們對日本船運襲擊的壓力也加強了。在初秋期間文生在桂林製做木頭的目標，它的大小約略和裝滿貨物的船隻相等，並著令轟炸機和戰鬥機實習那已經在西南大平洋有非常成就的低飛轟炸戰術。可是常德之戰阻遲了我們對這學來的戰術的應用，直至華東好天氣完了為止。我們不理會惡劣天氣的不利條件，對船運的打擊仍急劇增加。

高估船運對日本帝國的重要性是不可能的，正如戰前美國戰略轟炸調查報告書所指出的船運在日本防禦上是最弱的一環。早在一九四二年之末，日本船隻的損失是超過補充的，在一九四三年之間，船運危機開始變成嚴重了。

令人警異的是：盟國最高的戰略家竟忽視了這日本的「阿基里斯的腳跟。」（譯者按：阿基里斯是荷馬史詩 *Illiad*（《伊里亞德》）裏的英雄，他的母親曾把他浸在冥沙河裏，使他的身體可以不受損傷，只有他的腳跟是可以致命的，因為當時他的母親是握著他的腳跟來浸他的。）舉例來說，當安諾德將軍的第二十航空隊在一九四四年中間開始對日本攻擊的時候，他選擇煉焦及煉鋼爐作他們的主要目標。但這時候船隻的損失已經把鋼鐵的出產量削減三分之二了。這是原料入口量銳減的結果。一九四五年三月，為鋼鐵工業所必需的煤和鐵礦石的輸入，為了船隻的損失和所剩下的少量船隻要改運食米，以防飢荒的緣故，便完全停止了。船隻的損失是較一些重要的開動著的工廠的破壞會更有效地動搖日本的鋼鐵工業，這對於第二十航空隊的策士們看來，也許會是愚笨的念頭，但事實上確是如此，幾乎所有日本的基本工業的遭遇過程都大同小異！由荷屬東印度來的油類輸入，早在一九四三年已開始萎縮著，至一九四四年輸入幾等於零，雖說那時轟炸東印度還正在開始而已。至一九四五年四月，油類輸入完全停止時，距戰爭終結只有四月了。據戰略轟炸調查報告指出，在一九四四年中間，祇船隻損失一項已使日本受到致命傷，至一九四五年八月船隻的破壞已把日本軍需產量低降至戰時最高峰的百分之五十了。

戰略轟炸調查會裏的機智的先生們歸納地說：B-29 機出襲時，倘若能夠應用他們的特別長的飛行距離去爲潛艇的襲擊而搜索船隻目標，而不散漫地直接襲擊日本的鐵工廠，飛機製造廠，和其他所謂戰略的目標的話，其效果可能更大，我們覺得這話很足注意。這對「轟炸機激進論者」當然是不入耳之言，可是，它顯出對日作戰中，精明的和魯莽的戰術的分野。對付蘇聯，一個巨大的陸軍強國，又需要從其他方面去找出其阿基里斯的腳跟來了。

除了保持在華的空中優勢——這是任何出動的先決條件——外，日本的船隻自始至終是第十四航空隊的主要目標，甚至一九四四年夏季日本在華東的大攻勢也不過使我們暫時離開那目的而已。

由我們在華基地，我們能夠控制兩條主要的船運大動脈，經濟的生命之血，是由這些動脈，流入帝國的——第一是長江，在華的日本人供應的鎖鑰。第二是臺灣海峽和南中國海，佔領區的原料都通過它流入日本的。兩個主要的超等鐵礦石的產地——在長江的石灰窰和海南島都在我們的戰鬥機和中型戰鬥機的飛行距離裏。戰鬥機和附有鋼砲的B-25機橫掃自南京至宜昌的江面，擊毀自舢板以至出洋的貨船的大小船隻，長江面佈滿感音、磁性和浮動的水雷，以致南京以上的江面禁止金屬船隻航行。兩隊在華東的B-25機在遂川加油後，便能橫掃臺灣海峽而南抵中國南海，並低飛轟炸運油船，和那些載運油類、煤、鐵礬土、鉛、錳和米到日本的貨船。第三〇八大隊的一部駐在桂林和柳州，去作遠達菲律賓的長距離海洋搜索，並爲海軍的潛艇襲擊而搜尋船隻；這些解放式機破壞澎湖和東沙島的雷達站，在臺灣近海和從事反潛艇巡邏的日方四引擎水上飛機決鬥，並且在臺灣的港口和中國海岸佈雷，全部三〇八大隊的力量放在空襲香港和廣州的港口區域上，由雲南基地出動的B-25機橫掃東京灣，並重擊在海南島的北黎和三亞的兩個裝運鐵礦砂的口岸。我們不理會日漸惡劣的天氣，在一九四四年一月擊中敵人船隻七萬八千噸，而確實擊沉五萬六千九百噸。二月，我們擊中十萬噸而擊沉六萬五千噸。有一個時期，日本在太平洋的船隻損失平均每月有一十七萬五千噸。用微弱的力量，我們便能獲致日本船隻的全部損失的三分之一。

我對於投資小而獲利多的業務大感樂觀，因此我再次寫信給羅斯福總統，重申我在三方面會議的諾言。我向他堅決申言，倘若我果然能夠收到允諾已久的每月一萬噸的駝峰運輸量的話，我會在現在保證我們將能擊沉一十七萬五千噸至二十萬噸之間的船隻，以代替我在華盛頓所應承的十五萬五千噸。

他覆信說：「你的計劃把對付船隻當作自中國對日本的最有效側擊之一部分，殊爲重要。我甚至以爲是，你所舉出的關於襲擊敵人船隻的結果的數字甚爲卓越。你是醫生，我同意你的診治。」

一九四三年之末，十四航空隊固守它的戰略據點且隨時準備在太平洋全面攻擊裏開始指定的任務，並不受困難影響。在這時期裏，再沒有比第廿一攝影偵察中隊的工作更能卓越地表現駐華空軍的本領的了。自它擁有單獨一架 P-40 和一副向英空軍借來的空中攝影機的草創時期，我們的攝影偵察發展成爲太平洋戰爭的重要因素。應用特殊裝備的 P-38 機和他們自己想出來的「小心控制汽油的消耗，以增長飛行距離」的方法，廿一中隊的駕駛員橫掃自東北至西貢的敵境，由我們華東基地出動，這些飛行員是一九四二年杜立特空襲後首次飛臨日本的，也是柯里幾多爾陷落後的首次侵入菲島上空的美國人。一九四三年之末，他們曾攝取馬尼拉呂宋北部的全部影片，並供給東北工業區的詳細鳥瞰圖，復把在日本九州島的敵人主要飛機廠的第一幅目標圖片帶返，他們也供給臺灣島上堅強據點的圖片，使我們能經常獲知在我們飛行半徑裡的一切敵人機場的空軍力量。

這詳細的情報供給，曾使肯尼將軍的飛機首次空襲馬尼拉，B-29 機首次空襲東北和日本，海軍航空母艦奔襲臺灣、菲島和法屬越南。

正當其他盟軍飛機仍和這些活躍的敵區有一年之距的時候，我們這些具體的成就可證明若果有充足供應的話，我們華東基地的轟炸機會大規模地完成勳業的。

我們的華東飛機場配備完善，甚合經常的出動。我們在中國天空具有空中優勢，我們和華軍地上部隊和戰地情報組織的聯絡發展良好，而襲擊航運的技巧已達到能用最少投資而獲最大利潤的地步。

我們最大的留待解決的問題：怎麼獲得運到中國去的駝峰噸數的大部分配額，以利作戰，怎樣去抵抗那些高居寄生的服務機關裏的傳統陸軍人員把我們必要的恒數來分散的永恆的壓力——這些機關所消耗的物資似乎時常會多過他們分派的。

一九四四年來臨的時候，十四航空隊準備在亞洲緊扼日本的咽喉。可是，從朋友和對頭方面卻來了反對的先兆。

第十七章 駝峰兩面之爭議

琵琶起舞換新聲，總是關山舊別情。
撩亂邊愁聽不盡，高高秋月照長城。
——杜牧

日本戰略情勢之首次惡化於一九四四年初顯現出來，一九四二至四三年間，盟軍的攻勢並未給予敵人多大的煩擾，結果是付出很高的代價，祇循著日本人的佔領邊緣咬了一點一點，這正適合日本人的策略，他們打算進行長期消耗戰，以舖設一條容許他們保持巨大的掠獲物的談判的和平之路。但是中途島之役使日人知道他們趾高氣揚的艦隊，實不能在美機飛行距離之內遊弋海上，太平洋戰爭漸變成一個力圖把我們的空軍基地向日本南方生命線推進的慘烈鬥爭了。

至一九四四年，日本統帥部顯然清楚他們所賴以拒美國人於千里外的藩籬對機智地運用空軍實非巨大的阻礙，當空軍漸變作美軍掃蕩太平洋的主要武器的時候，日本人能夠預感到肯尼的機群將來自西南太平洋，而我們的航空母艦也將配合我們活躍於南中國海上空的駐華轟炸機，實施襲擊，完成強固的空中封鎖，爲應付這威脅計，敵人便計劃建立一條橫貫全亞洲的陸上交通線，以代替通過臺灣海峽和南中國海的易被襲擊的海道。一九四四年開始時，日本人調集一切在亞洲大陸上的軍力，以進行在太平洋戰爭裏的最大的陸上攻勢，幾近一百五十萬的軍隊參預軍事行動，以建立陸上交通線，驅美空軍於中國戰略據點之外，這樣便移去那給太平洋鐵鎚重擊的鐵砧而招致企望已久的中國最後崩潰。

史迪威時常力持己見，以爲這就是十四航空隊的攻擊所招致的一次巨大的日本攻勢。但戰後日本領袖的供詞證明他的假設是錯了，在華日軍參謀長高橋坦中將戰後告訴美國的審問人說，若果祇爲了驅除美空軍於華東之外的話，日本人不會支持這樣消耗巨大的攻勢的。華東戰役祇在太平洋美軍的進展顯出有空中封鎖日本重要海道，然後登陸中國海岸的可能之時才計劃的，它是敵人因中部和西南太平洋的慘敗而修正的戰略的一部。

日本人有良好的計劃——像任何不包含空軍成份的戰爭計劃一樣良好，因爲那時甚至日本統帥部也對它的空軍失去信心而另行計劃它的抵銷盟國空中優勢的軍事行動。一九四四年亞洲攻勢的第一個目的是從緬甸北部衝入印度，打擊阿薩密駝峰基地的給養動脈而切斷華軍和十四航空隊的供應來源，把阿薩密空軍基地從印度其餘各地割開，中國確會崩潰，而我們空軍的努力也成泡影了。

第二個目的是染指中國中部和西南部，清除中國唯一貫通南北鐵道上的華軍，和席捲那些威脅中國海岸外航運的空軍基地，由這些基地，可空中支持任何在中國海岸登陸的行動。這戰事是依三個步驟設計的：第一步是由黃河通過河南掃蕩平漢鐵路，想獲取一條比較短捷而遭遇較小攻擊的路線去把軍隊從東北和華北運到漢口戰區去，以便參與那邊定期進行的主要的攻擊。

同時五十萬人自漢口區循粵漢路潮湧南下，而廣州方面的另一支軍隊又定時北上，以便南北夾擊我們的華東基地。日本人集結了數量佔優勢的軍隊，預料在仲夏之前三月內即可清除華東，這能夠使他們自由地應付來自太平洋的威脅而無後顧之憂。南北交通路線能夠把軍隊運到沿海的被威脅區去，又可從東南亞輸運軍用原料到日本工廠裏，有粵漢路可資利用，而香港又在掌握中，日本人能在四十八小時裏從中國轉運軍隊到菲島。有了一條從滿洲至馬來亞的陸上走廊，活躍的海上聯繫祇需日本朝鮮間的狹窄朝鮮海峽和東印度至新加坡間的短短海程即可勝任。

這麼大規模的攻勢的準備是不能隱瞞的。感謝我們以前是傳教士的戰地情報員，我們對日本人的行動，並不覺得詫異。十四航空隊的每週情報綜述早在一九四四年一月二十七日已注視到這攻勢的準備，它報告著：「據報敵人擬在中國南北兩部同時蠢動，敵軍集結黃河曲折處，擬窺伺鄭州云。」

鄭州在河南，是平漢鐵路上的第一個華軍據守的交叉點。二月十日，接到情報，初次報導敵人重兵沿揚子江推進漢口的事實。其後，繼有一連串的情報，道出敵人在中國棋盤上調動棋子的詳細情形。日軍在長江流域的實力由一九四三年夏季的三個半師團在一九四四年春增至四個師團，二月間文生在東面指揮下的轟炸機開始轟炸沿長江的軍隊集中區域。三月中旬，我們調一小隊P38空中偵察攝影隊到重慶之北，以監視沿黃河之敵。在黃河區和漢口區的敵空軍漸次增加，三月十五日，一個日本戰俘洩露由漢口南進的計劃，平漢鐵路日軍佔領的各段，至三月末，除軍運外，其他運輸一概停止。

正當日本人集中資源，在亞洲進行一聯絡周詳的主要攻勢的時候，美國卻分散它在中緬印戰場上的貧乏的人力物力進行三個遠遠地分離的、在戰略上並不相聯的計劃，第一——緬北作戰，開闢到中國之路，第二——馬特漢計劃，用波音B-29超級堡壘自中國基地轟炸日本；第三——十四航空隊的襲擊航運的戰役。

自史迪威在一九四二年狼狽逃出緬甸後，他無時不想指揮勝利之師，重返故地，一雪慘敗之恥。緬甸戰役是他夢寐不忘而不顧一切眞實去追求的，史氏從事緬甸攻擊的初次企圖是始於一九四二年秋天，那時他指揮下的華軍的最後散落者還陷在野人山（Naga Hill）的陷阱裏而他絕對沒有軍隊可戰了。一九四三年春天，他再作嘗試，不理會他的駐印華軍各師尚未完成訓練，且在怒江上的華軍的作戰裝備和訓練也未完成的事實，但這兩次進攻的企圖都給蔣主席否定了。蔣主席對緬北之戰的立場是很明顯的，而且永不可變。他贊同可令他的軍事投資迅速獲得利潤的全面策劃，以圖奪回緬甸，這些計劃需要英軍在緬南登陸，以切斷日本供應線，美國空軍，和駐印的暨沿怒江的華軍也參加作戰。他堅決反對華軍獨力支持有限度的攻擊，——這對捉襟見肘的中國軍事資源是得不償失的。

在三方面會議裏，史迪威再次提出他的反攻緬甸計劃，其時美英聯合參謀部卻祇贊同中國境內空中攻勢。原先四方面會議中，英人同意一個全面反攻緬甸戰役，包括兩棲登陸仰光，用溫蓋特突擊隊（Wingate's Raiders）在緬北降落，以支持史氏的華軍，美國允許派三師美軍強化史氏力量，蔣主席同意開入他在怒江的軍隊。當英人申說船隻缺乏求免仰光的軍事行動的時候，這些計劃又遭撕毀了。在開羅六方面會議裏，這計劃又復活了。其中以英軍登陸安達曼群島代替仰光進軍，安達曼較接近新加坡——這也是英人所夢寐不忘的，正如史迪威不能忘情的緬甸一樣。這些計劃又遭擱置，當英軍再次延誤他們的進攻，而美國又自食其出兵三師的諾言的時候，代替了的是三萬美國戰鬥隊伍，史氏祇獲得三千名志願兵——這些志願兵後來名喚梅列爾突擊隊（Merrill's Marauders，或譯麥瑞爾突擊隊、麥威爾支隊，番號第 5307 臨時混合支隊）。蔣主席因英美食言，便不肯踐諾，他因失望便通知史迪威他也許會撤退怒江前線的華軍。但他允許史氏仍然可以任意指揮駐印的華軍。

史迪威顯然因計劃幾次失敗而激怒了，便在一九四三年十一月由雷多（Ledo）率領華軍開出，一九四四年一月華軍和梅列爾突擊隊從戶拱（Hukwang，胡康）河谷打下來，直向密支那（Myitkyina）前進。這時我甚感奇異，因史迪威曾告訴聯合參謀部說，他需五十師軍隊保衛華東各機場，這一次竟祇用兩個半師想去征服緬甸。

雷多公路除了可替史迪威的緬甸作戰作藉口之外，任何對它的價值的現實評價會顯示出它不過是徒糜公帑的裝飾物而已。

至一九四五年五月，在史迪威公路開放後，它每月只運輸六千噸物資往中國，這時空運隊正應用六百架飛機和二十個機場，每月運輸七萬噸橫越駝峰，在某一天裏——一九四五年八月一日——空運隊運輸五千三百二十七噸貨物往中國——幾乎和史迪威公路一個月的運輸量相等。陸軍部恐怕又有一次阿拉斯加公路（Alaskan Highway）醜史的重演，乃拍電給中緬印戰區司令部說：「史迪威公路只許成功」，戰區司令部於是遵命增加在這路移動的運貨車、拖曳車和人員的數量，但全部運輸噸數總不能超過每月二萬五千噸，甚至這紀錄只在輸運新的載重貨車到中國時才有可能。這公路是專爲「單程」（One-Way）交通的，載重卡車是唯一可利用的運貨車，中國具有祇能供應一萬部新載重卡車的燃料，在這一萬部輸入後，公路的負責人便得面臨選擇了——停止運輸，承認這條路是一種失敗，或繼續輸運些微的噸額，使數量日增的載重卡車在中國生銹。後一個政策被採用了，於是在戰事之末期，昆明區擠著逾量的大卡車，這給史迪威公路的不可相信的愚蠢加上另一塊紀念碑。比較有些用的是循這路輸入汽油和其他油類，但當運油管計劃初期擬定的時候，史氏拒絕它，並宣稱：「我不需要嘮什子運油管，我所需要的是子彈——祇是子彈罷了。」

運油管因物資供應處長索姆威爾將軍（Brehon Somervell）之堅持，克服了史氏的抗議，而最後設立了。沒有這運油線，史迪威公路的運輸量會比駝峰上的一個單獨的空運組還少。

這就是史迪威把盟國在中緬印戰區的資源的百分之九十傾倒入緬甸鼠洞裏，加上約近一萬萬美金的公路建築費和大量的中、英、美各國人的血液所得的結果！

史迪威時常自認很怕日本人對美空軍在華東的襲擊的報復，但日本人因他的緬北進軍而引起的反應，他卻似冷漠對之。日軍只留下少許兵力和史迪威相打，而在三月裏，拋擲他們的主力橫過所謂「不可飛越」的秦山（Chin Hill）直撲印度，擬切斷和阿薩密的一切交通線，日軍之攻擊使英國人和史迪威都覺得突如其來，不及措手。在三個月裏，和他們一九四二年潰敗相類的不幸事件在醞釀中，只有駐在伊姆法爾（Imphal）的被環繞的英軍能夠支持一下，當日軍向前掃蕩著而抵達距阿薩密—孟加拉鐵路二十哩內的時候，敵軍幾乎把史迪威孤立在森林裏，差一點便把中國最後的供應線堵塞了，幾個星期，整個阿薩密基地都在風聲鶴唳中。

祇有盟國空軍的迅速有力的動員，拯救了危局；運輸機都從駝峰轉回，趕運印度第五師去解救伊姆法爾，並供應守軍，以應付日本圍困，阿薩密—孟加拉鐵路全力輸送軍隊和給養品，以便英軍反攻（最後，終於把日軍逐回緬甸去）。當這方面進行著的時候，駝峰輸入中國的噸數低降至百分之四十，若果日軍揮軍循更的宛（Chindwin）江北上而不企圖吞噬整個阿薩密的話，史迪威的軍隊必不可避免地在雷多和密支那間被困。僥倖地，也是出人意外地，日本統帥部選擇「孤注一擲」而向西驅進，代替了橫渡更的宛河上游，揮師北進。

史迪威對緬北的鉗形攻勢的一翼的怒江戰役是第二次消耗中國供應品的軍事行動，正當日軍威脅華東的時候，蔣主席漸漸不願意把他在雲南有美國武器和彈藥的裝備優良的牛軛部隊（遠征軍），在怒江的攻擊裏動用了。倘若史迪威應用在他指揮下的華軍擇作一有勇無謀的緬甸進軍，蔣主席是不理會的。但對怒江的攻擊，他比不上對華東的命運來得關切了。

緬甸的冒險已使中國喪失了許多國防軍，蔣主席是有長久的回憶的。一九四二年間，他損失了在史迪威指揮下的兩軍兵員和所有他的摩托化重砲兵。一九四三年數逾十萬的華軍由中國飛往印度，參加史迪威的蘭姆伽訓練營，當日本在華威脅擴展的時候，在中國唯一配備優良的軍隊是在怒江上的遠征軍了。爲免使到他的緬北戰役全部失敗起見，史迪威得逼迫蔣主席參與怒江的攻勢，再次，史迪威利用他對美國租借物資的控制力，以迫使蔣主席同意他的計劃。當蔣主席堅持反對四月裏的怒江前線冒險的時候，史迪威突然把駝峰供應品停止供給中國機構，而把它們移轉給十四航空隊。

史迪威在重慶的總部電告我說：「佳音祇予陳納德，我人竭力亦不能使委座願意出戰，四月份應配予中國機構的噸額除爲汝供應線所必需者，及給予『牛軛』及『斑馬』部隊內美軍之數噸外，均盡撥予十四航空隊。」

五月，蔣主席勉強地讓怒江華軍參戰，攻擊即在雨季的泥濘和積雪當中開始，使我們的空中支援無法實施，這正是日軍在河南平原上盡坦克和載重車之速率疾馳而下的時候。怒江的戰事膠著於泥濘中直到十一月雨季終了，密切的空中掩護才有可能。至那時，更有華軍兩軍之衆給深溝固守山脊上的幾團日軍殲滅了，由華北飛運兩軍來補充是有必需的，爲了這，每月又要消耗駝峰噸數五千噸。

杜恩（Frank "Pinky" Dorn）准將是史迪威駐怒江的代表，他是所謂「中國通」之一，曾于通商口岸時代在中國服務。後來在一九四二年的危難裏和史迪威徒步逃出緬甸，他把所有的他受的苦惱歸咎於中國人，我卻以爲他太天眞了，而且也太不明白空軍的力量了，杜恩竟有這麼勇敢，竟向我提供說我的空軍總隊長之一是神經錯亂的，因爲他拒絕保證杜恩的作戰作正常的密切的空中支援，而那時候正是季候雨傾盆，空中能見度實等於零。

杜恩已有十八個月的攻擊準備，但在這期間，他忽略了可行的給養計劃，在攻擊開始前兩週，他突然知道「牛軛」部隊（遠征軍）的食物和彈藥是貯藏在雲南驛，但他沒有辦法把它們移動二百哩而運到前線去。

杜恩早期的計劃包括動用七萬頭騾子，因為我對雲南農業久已熟悉，故深知這需求將使到三省的農業痲痺，而招致華西的六個月饑荒。當中國人試向他解釋的時候，他唱起「囤積」的老調來，於是他宣稱他的供應問題可迎刃而解，若果中國人祇拿出自滇緬路封閉後所「囤積」的載重車來的話。當他居然能夠積貯多少車輛時，他立刻要把在我們華東各機場的給養線上所應用著的酒精燃料的大部，優先取用，這燃料之轉移給「牛軛」部隊在春末秋初間幾乎使我們東面的給養線陷於癱瘓。

最後，在「牛軛」部隊出動前兩週，杜恩又推翻前所擬定的供應計劃而要求空運給養，這又使我們每月耗費一千五百噸至二千噸的駝峰噸數去調一中隊的運兵機替杜恩飛行。

緬甸和怒江的物資移轉已足夠打擊十四航空隊的供應線，但最後的重擊是自馬特漢計劃來的。第二十航空隊的 B-29 超級堡壘是偉大戰爭利器之一。如有適當的戰術、基地，和支持，它們在馬里亞納群島（Marianas）能夠於史迪威的第十軍登陸九州而開始史氏自稱的「用一柄刺刀驅走日軍」的任務之前，使日人屈膝。但當第一架 B-29 在一九四四年初夏來華的時候，它們是未經試用的飛機，給毫無經驗的領袖們處置——這些領袖們的指揮概念是奇妙的，不可思議的。

馬特漢計劃是美國高級軍事指揮部和中國間的古怪的單邊交涉方式的又一例。在珍珠港後中國駐美的軍事代表團被拒絕參與盟國聯合參謀部事，雖然軍事力量較差的國家如荷蘭等卻可加入，其藉口是聯合參謀部的業務不擴展至中國，可是在一九四四年，那莊嚴偉大的團體卻通過直接對美國參謀首長聯席會議（是聯合參謀部的美國部份）負責的第二十航空隊而伸展它的業務到中國來，並且要求中國盡最大的努力去支持其決定——這些決定是中國人以前曾被拒絕參與鬥爭的。

B-29 是古老空軍的「轟炸機激進論者」，他們得藉此證明他們所喜愛的無掩護高空白日轟炸的杜赫理論的最後機會，在歐洲已完全無人肯相信這理論。而轟炸機激進論者還想在亞洲試一試。為了避免那些太關心戰爭的具體問題而致不明白那 B-29 行將證明的崇高概念的戰地指揮官的干涉起見，超級轟炸機的指揮權由在華府的安諾德將軍保留。那邊，他可以作全球空軍的指揮決策而不受任何實際戰鬥的急迫所阻，這是一項浮誇不實的概念，因為它從來沒有給證明過可以適合於獨當一面作戰而不和他方面發生聯繫的，而人員、飛機、戰術、交通系統也不能和任務相當，大量的時間、物資和生命都給浪費了。

戰事終結後，美國戰略轟炸調查會下結論說，駐華 B-29 機的作戰「以其所造成的力量受牽制說來，是不值得的，而爲 B-29 所應用的飛機汽油和供應品若能轉配予十四航空隊以作戰略上或攻襲航運上出動之用，當更有利。」他並稱駐華 B-29 機所投下的八百噸炸彈「份量和準確性都不足以產生良好的結果」。

全球性的第二十航空隊是華府設計者的創作，他們被賞給兩位指揮中的選手——烏爾夫（K. B. Wolfe）准將指揮中緬印的 B-29，我的老朋友漢賽（"Possum" Hansell）指揮駐馬里亞納群島的超級轟炸機，在行將重擊日本的時候，他們倆都攜起行囊，匆匆告辭了，留下了李梅少將（Curtiss Emerson LeMay）收拾殘局，使 B-29 的工作有所收獲。李梅少將是從歐洲空戰裏百戰歸來的，他拋棄了全球性空軍的理論和戰術，使超級保壘獲得戰爭史上最輝煌動人的戰果。

烏爾夫初次把 B-29 機帶入中國，還帶著對它們性能的過份樂觀的評價，和對亞洲地理的最糢糊的概念。他所選擇的三個目標之二——東京和大阪是在駐成都 B-29 型機的航程之外的，我勸他應用我們在東部的遂川、新城和柳州的機場，從那邊他可以作迂迴出動，迷亂日本的空防，但是他卻喜歡用成都做固定基地去空襲日本。在那時候，日本人有七百架飛機，大多數是戰鬥機，駐在華北，我以爲他們會佈置下兩行右右夾攻的戰鬥機的鞭子來找 B-29 機的麻煩。B-29 機在緩慢地費時地攀昇三萬呎，飛出成都的時候，一定會陷入敵人的鞭陣的。可是，日本人卻不這樣，他們只防守其目標區域並緊躡歸來的轟炸機之後，漫無目的地夜襲成都而已。若果我擁有那時候日人在華北所能動用的戰鬥機的話，我準能夠建立一條戰鬥機的帶子，把來來去去的B-29機大加捕捉，並給予慘重的損失。爲了這，我替B-29機準備東面機場，以便烏爾夫有一天會急切需要它。

初時，我和烏爾夫、後來和李梅爭論有關目標和戰術的事情，勸告他們應用燒夷彈襲擊日本城市而代替他們所專用的高度爆炸彈。我主張攻擊影響航運的目標——敵人的航運之缺乏，已臨近嚴重關頭了，還比較攻擊那些華盛頓大亨們所偏愛的鐵工廠或煉焦工廠好，即使炸擊銅鐵生產兩年之久，也不會有什麼嚴重的影響的。

比較起二十航空隊的供應怪劇來，這些一切不過是較次的憤慨，在馬特漢計劃未形成之前，我已向羅斯福總統和安諾德將軍提出供應的問題了。

安諾德是十分確定的：「馬特漢計劃擬定是自給的，將不會消耗陳納德或史迪威的噸位配額。」

理論是二十航空隊會自加爾各答飛運自己的供應品到成都，並不使阿薩密的供應線或駝峰的空運增加負荷，正如他們許多其他計劃一樣，它沒有實際地施行。他們很快便發覺B-29機帶炸彈是最有效能的，把它當做運輸機用是不滿人意的，有些給改裝成運油機，成績甚好，但二十航空隊發覺其供應品的大部得由空運隊的C-46機輸運，實際上它全部是來自阿薩密基地，一些是橫過駝峰經昆明到成都的，這一切是徒然浪費我們在華的汽油貯備，也加重阿薩密供應線的負荷，直接的結果是十四航空隊三月份的汽油配額的另外的一千五百噸的損失和割給二十航空隊的永遠增加著的駝峰噸額——至一九四四年十月給二十航空隊優先獲取的已累積至八千噸了。第二十航空隊永不願注視中國的供應的實況，甚至在成都汽油存量不多而致不能在本地堵截敵機的時候，二十航空隊也不願離開空中而依其組織系統表進行業務，他們繼續飛運數千噸美國食物和冗員入中國，也不運炸彈和汽油。一個在華的單獨的B-29機大隊的情報隊規模有整個十四航空隊的情報處這麼龐大，他們時常不能忘情於陸軍部的舒適生活水準。

為保衛成都B-29機基地，十四航空隊配備六個中隊的雷電式（P-47）。這正是我們用一個P-40中隊防衛較易受襲的昆明基地和用四個戰鬥機中隊堅守整個華東線的時候。美參謀首長聯席會議特別規定這些雷電式中隊是專用來保衛成都的，雷電式比較北美廠製野馬式（Mustang P-51）多耗百分之五十汽油，為什麼把這些多耗汽油的飛機撥給中國區而把野馬式機給印度呢，我不能明白。我直接要求把雷電式機和第十航空隊用著的P-51交換，因為那邊，他們有多量的汽油可用。這一交換會把我們所用來保持駕駛員的效能的汽油量由一千一百噸減至六百五十噸，直至十月，交換才能實行，而這時候，駝峰噸數又不可補償地多損失二千七百噸了。

正如「牛軛」部隊的情形一樣，所有二十航空隊的意外需要都由十四航空隊的噸額滿足之，因爲十四航空隊擁有在華的唯一汽油儲備。參謀首長聯席會議及史迪威授權的每一個有高度優先權的部隊都可以自由地「染指」我們的儲備，我們有增加了的駝峰配額做補償，可是這是沒有價值的，因爲我們在阿薩密沒有汽油存貯可取，這些補償配額是空頭支票，二十航空隊和「牛軛」部隊取得汽油，十四航空隊得了無法兌現的支票，但根據中緬印總部的表冊，十四航空隊已被適當補償過了。

正當二十航空隊對十四航空隊的供應施以重大打擊的時候，參謀首長聯席會議又再次看到應用駐華空軍掩護全面的太平洋作戰的戰略可能性了。我們受命在四月裏開始貯積汽油和其他的供應品，以備支持太平洋軍事行動，我的唯一答覆：「貯備什麼汽油？」因爲我不能貯積那實際不存在的汽油，我便接到史迪威總部的第二次「行政」譴責，行政譴責是不容許檢討或辯護的。

當日軍正抽兵調將，以備進行在華最大的戰役的時候，十四航空隊瑟縮路旁，只擁有爲生存所必需的供應品的一部份。

空運隊橫越駝峰的空運在一九四四年一月達到一萬三千噸的紀錄，我們對十四航空隊所分得的七千一百三十噸，不能不有微詞。空運隊把足夠兩年之用的一千磅炸彈運給我們，而忽略了許多我們特別提及的要項。炸彈裝上和卸下都十分容易的，是創立紀錄的理想貨物。除缺少汽油外，十四航空隊的物品售賣處的供應品是被犧牲了。後來空運隊竟獲得總統褒狀，我的人員實在有點不平。貝比（Gene Beebe）上校駕駛一架三〇八大隊的 B-24 機到阿薩密去運我們的物品售賣處配給品。

一九四四年間駝峰全部運輸是足夠十四隊之需要有餘，很滑稽地，駝峰的主要擴展本來是爲使十四航空隊獲益的，但是當駝峰開始有利的時候，我們所得的反日形微小。二月份，我們所得供應降至六千八百四十四噸，在三月這一個嚴重月份裏削減到四千七百三十五噸，雖說史迪威四月份把中國人的配額移轉給我們，我們也危險地徘徊於三月份噸額左右，這是我們供應問題最嚴重的幾個月。我估計日軍會在五月一日左右由黃河開拔，在漢口的主要蠢動當在七月一日開始，其時良好天氣來臨華東了。想在華東貯備物資以待夏季，就得在春天裏運輸，時間愈拖下去，遏止日本軍事行動的代價便相應地增加了。雖說在三月和四月每月增加東面二千噸以攻擊長江船運會能夠擊破或阻延敵人的攻勢，但至五月份，若動員全部中緬印戰區的資源未嘗沒有獲勝的機會的。

整個春季，我都妄行嘗試使史迪威注視在華醞釀著的危險。他在一九四三年十一月起已隱入緬甸森林裏，除了有時要對蔣主席施用壓力而作匆忙旅行外，是不出現的。直至一九四四年夏天日軍兩面攻勢進行著之後才再出現，平時很難見得著他，他也時常忙著緬甸的問題，他在緬甸森林裏保持他的主要總部，但大部時間他偕同華軍出發去了。他的另外的總部仍分設重慶和德里（Delhi），相距一千五百哩，而他的空軍顧問斯特拉特梅耶當時是在加爾各答，無線電訊橫越駝峰，此來彼往，像網球賽裏的球兒，時常要得四個其他的總部的一致同意，十四航空隊才能對一件事情採取行動。

我對行將來臨的日軍行動的初次警報是在一九四四年二月十二日寄給史迪威的，這時我懷疑敵人的努力會包括另一次強大的空中閃擊。從那時起，我繼續把我們的情報和敵情估計通知他，如通常一樣，他自己的中國總部的情報是出奇的蹩腳，而他也拒絕相信我的。直至日軍在華攻勢的第二階段開始前，史迪威還說我是在虛報著警報。

在三月中，日軍準備已臻強化。三天時間裏，我們的情報員報道有二十二輛運軍火車，移入河曲地帶，據攝影所得，坦克、砲隊、載重車，和裝甲車的集結數量之多是空前未有的，長江上，每週都有船運直上漢口的消息，惡劣的氣候和缺少的供應使我們的轟炸機只能對長江航運作散漫的襲擊而已；在河南，只有我們的 P38 攝影飛機是駐紮得夠遠而能飛行黃河區上空的。

三月下旬，十四航空隊的噸數情況是如此嚴重，以致我不得不向羅斯福總統、蔣主席、史迪威和安諾德發出警報，內容是大體相同的：

「中國危矣，若非輸運較多噸數予空軍，則應付日人威脅之準備，實無可能也。」

在給羅斯福總統的信上，我加上：

願奉告鈞座，職對前途，實不憂懼，華軍將能竭力抵抗者，吾人並將盡力予以空援，使禦強敵也，然以吾人資源盡集中緬甸戰爭上，吾人所能增強華軍者實為微薄，且十四航空隊之給養情況，亦甚嚴重。吾人若稍能強大，職將無慮，然人員、配備、供應三者皆缺，將來作戰，必極艱苦矣。

嘗與中國領袖會談，僉信日本在華若獲成就，將立致米價昇騰，或政治混亂，若此中國抵抗力將大受影響矣，較重要之華人間均有消沉情緒。

寫給蔣主席的是：

敢奉告鈞座，在華聯合空軍除B—29機隊外，對意想中之日本空中攻勢，均難抵拒，且必不能支持，對華軍之空援，亟宜採取迅速有效之步驟，使空軍能獲完成任務之方，日人之威脅已近，步驟之開始，此其時矣。

給史迪威：

三月份收到的全部航空供應物品是四七三六噸，這是不夠正常出動的需要的，而累積物資，以作重要的儲備，也沒有可能了。

四月份航空供應物品的削減的直接影響將是襲擊日本船運、機場和交通線的停止，所有駐華空軍將會變成無用了。

更嚴重的是我們將沒有辦法去積儲後備力量，在預料的湖南、湖北、廣西、廣東戰役裏支持華軍地面部隊。據我看來，若果日軍能達其目的，我們全部在華基地的安全將被危及。

我覺得蔣主席和參謀首長聯席會議要被警告以這個形勢，除非加添的航空噸數能夠得到，我十分明瞭噸額的的困窘情況和供應緬甸出動二十航空隊的重要性。但是為了對預期的日本在中國的攻勢之遏止，對本戰區整個軍事形勢的前途是這麼重要，我不得不把問題率直地陳述於你面前了。

史迪威答覆說：

在伊姆法爾的情勢明朗前，改進你的供應情況，實無可能，參謀首長聯席會議在處理印度危機的時候，他們決不對中國裏預期發生的行動，先予考慮，你祇要把你的出動減低至你認為能有後備力以應付突發事件的地步即可。

只有史迪威不被說服而已，蔣主席命令怒江的攻勢休止，以便調動「牛軛」部隊到華東去。這消息使史迪威飛出森林而往重慶，那邊他利用他的威脅說：「除非在怒江實施攻擊便了，否則所有美國對華供應將盡行停止。」云云。

四月廿四日安諾德將軍有信給我說：

「我們的意見是配給中國地上部隊的噸數應予減少，而給十四航空隊的應增加，但如你所知，這要戰區司令官『史迪威』來決定的。」

一月後，他又寫給我：

> 對中國地上情勢發憂懼，我們亦有同感，我們正設法使你獲得較多的供應，且已在幾方面開始行動了，我們曾嘗試獲取八千噸駝峰噸額的確實保證，但不能如願，現在正設法使到中國去的空運在中緬印戰區裏成為最優先的。

正如安諾德所指出的，史迪威是抓住錢袋的人；除非他有所動作，十四航空隊不能得到什麼，史迪威對我的三番兩次有關中國的警告的答覆是：「等候較好的時光」和「就你所有，盡你所能」。他在四月裏意外飛來的一千噸（這是從中國處挖來的）之後，竟將配給十四航空隊的駝峰噸數削減二千噸。

史氏的可笑使我生氣了，在四月八日，我寫給他一封措詞銳利的信，指出他的「就你所有，盡你所能」的撫慰於事無補，請他面對簡單的選擇，採取決斷的行動以應付即將來臨的危機，或負起任由日軍席捲華東之責。我這樣寫：

> 因為我相信作為將來對日軍行動之基礎的中國實際安全現正在危急中，我逼得就

我所見把形勢的詳細闡釋貢獻出來。

在本戰區的空中威脅，就我所經驗到的，是最嚴重的。敵人地上部隊的佈置也比較珍珠港後的任何時期還要富於威脅性，因為敵人不再有空餘的人力物力來做搶米或演習的行動，在我看來他們現在必須切實地幹一下了。他們的態勢的全部邏輯都朝著這個結論去的，他們必須準備放棄他們的延展較廣的行動而固守內部陣線。想這樣做，他們必須軟化在側翼的盟軍基地而保衛臺灣——他們內線防禦的要點，因B—29機對臺灣和日本群島之襲擊的日有可能（祇此已足引起猛烈的反響了），進行這種工作的急迫性已無限增加了。

似乎，即使日本人祇獲得初步的勝利的話，米價的瘋狂上漲和政治的混亂也會更削弱中國人的抵抗力的，倘若日本人確實地達到目的，則政治的、經濟的結果將惡化至不可收拾。由嚴格的軍事立場說，那預期的敵人進攻的勝利可使中國基地面臨崩潰，而政治上和經濟上的反應將使這崩潰成為事實。

顯然，轉變著的環境使到十四航空隊負起新的使命，這使命的規模是大過對印度的空運線的保護，緬甸作戰的空中掩護和對馬特漢計劃的保衛的。

顯著的事實是，在這樣轉變著的環境下，在華的聯合空軍，即使放棄了像轟擊敵人航運的一樣有效的工作，也不能滿足這些要求，行將來臨的供應噸額只得我們為支撐早已嚴重減少的出動和建立必要的儲備所需要的一半罷了。儲備問題是嚴重的。十四航空隊的規定的存貯水準少過其他戰區的規定正常的存貯水準百分之五十，雖說規定存貯量遠不及正常狀態，在我們前進基地上，實存的積貨比較規定的最小額還少百分之四十，在這些基地上，想儲備物資，作數天劇烈出動之用是沒有可能的。

我還貢獻四個可能的行動計劃：

（一）補足四月份駝峰噸位削減數，至五月份止，每月確實輸運八千噸給十四航空隊，以後增加至一萬噸。

（二）強有力地支持一個改善的計劃：——實踐史迪威總部的把印度的美國配備交換英國貨車五百部的擬議，和優先空運那時在印度可獲得的貨車引擎和重要零件一千噸，以增加我們到華東給養線的運量。

（三）在印度設立等於中國境內空中力量百分之十的後備隊以補充作戰損失，並使在華空軍的努力達到最高水準。

（四）暫時移轉馬特漢計劃運輸量，以便在華東基地建立最低限度的貯量水準，且當事態危急時，動用B-29機之一部力量以襲擊日本供應基地。

我在結尾這樣寫：

在你軍事倥偬之際而陳述這問題，我甚感遺憾，但你在緬甸之戰畢竟是為開闢一條較好的到中國的供應路線，且我相信中國本身的安全已在危險中，故敢直言耳。我相信若果能夠改變在華空軍的地位，中國之危機便可以改變了，我誠信你必為這目的而有所行動，我請你相信我，當我說及擺在我們前面的偉大任務裏，我們現在實不能有取勝的機會的時候，我是用著穩重保守的詞語來述明一個簡單的事實。

史迪威回答：

除非印度危險期過去了，我看不出有什麼增進中國供應情況的法子。我們基本的決策是不變的，而蔣主席也沒有權利去希翼十四航空隊做出多過它所能夠做的事。現在，我們祇需要減少活動，而平穩地去幹，直至時機好轉便行了。

當書信往返之時，日軍的攻勢開始了，史迪威在重慶的情報處在四月十日報告：「日本人在黃河區無進攻能力。」在四月十六至十七日夜間日本人開動三師團還加上坦克車、裝甲車橫渡黃河，越過河南平坦的麥田——一塊相當於堪薩斯西部的大平原，這是早過我所預料的日期十二天。使我們更加震動的是三天後的一封來自斯特拉特梅耶的信，聲稱史迪威已改變十四航空隊的任務，使它防衛成都。

馬特漢計劃「其至會使十四航空隊處於守勢地位，而犧牲了對航運的襲擊和對華軍地上部隊的支持，亦所不計」云云。

在我們面對日本人集結八師團之衆，向河南進軍像斬瓜切菜般衝入華軍防禦線的時候，接到這幾乎不可相信的命令，我看呆了。成都本身是沒有危險的，史迪威永不會想到失去華東，也就失去整個中國基地的。

我從昆明打電報給那時仍深入緬甸的史迪威：

收到斯特拉特梅耶來函……十四航空隊之原始任務已由保衛空運路線之東面終站及支持華軍地上部隊而轉至保衛成都區……敬請對此決定，重予參詳，並請闡釋四月十七日通告，所謂『斯特拉特梅耶於危急時有限制戰鬥機行動範圍之權』云云，其意何在？而斷定所謂『危急』者將為誰何？亦難明瞭，惟在任何情況下，我亦應負若干責任者。敢信不致因受命須與斯特拉特梅耶接觸，而於危急時反致遭掣肘也。

危急時需行動迅速，尤以在空戰時為甚，此訓令有所不符，私忖尊意或非若此者。再者，閣下與中國政府所訂協定之有關在華空軍指揮亦與此訓相背。

成都防衛，未足關懷，敢告足下，前所供應之戰鬥機二百架，已可使彼區無虞也。成都警報恆在兩小時前，而中美混合總隊現駐重慶東北，足為成都堅強之外圍防禦。

此訊之來適在倥傯策劃，以圖抵禦黃河強敵，並準備對杜恩行動（在怒江）及河南華軍迅速予以支持之時，實感猶豫。

成都防禦若與所遇之較難問題相比，實無問題，甚願閣下此時予以援助及信心，實深企盼。

史迪威回覆是：「函悉，據言成都防禦，實無問題甚慰。從四月八日來函知中國爲馬特漢計劃B-29其他對付日人行動之基地，其安全已屬可疑，今知成都無虞，實感放心也。」

河南防衛是沒有希望的，湯恩伯將軍的軍隊守在那兒。沒有給予敵人供應線以空中壓力的機會，只有幾個中隊的中美混合總隊的飛機在北方能有供應，而他們的努力，在攻勢大舉進行前是沒有效果的。三〇八大隊的解放式飛到成都去，並作幾次不成功的出動，轟炸主要黃河橋樑，中美 P-40 型機最後用俯衝轟炸炸毀幾座橋拱，這時候，日軍有幾座代用橋拱，直至戰爭終了在渡黃河行動裏，十四航空隊和具有在華最密集高射砲火掩護的日本築橋兵之間經常發生激戰。

河南敗績是政治上、經濟上，和軍事上連鎖反應的初次爆發，使到自由中國幾乎在歲末之前屈膝，一切在軍事窳敗和封鎖的長久歲月裏已在惡化著的戰時病患像毒膿般浮現表面上了。我以前發出的有關在華採取軍事行動，以避免政治上和經濟上的崩潰的警報，如今一切都變成事實了。悲慘的是，在兩個瘦瘠的，幾近飢饉的年頭之後，這春季收成豐盛的河南麥田竟在敵人的進攻的災難裏不能收割，或付之一炬了。

當日軍裝甲部隊在河南平原疾進，而封閉平漢線上黃河和漢口間的缺口的時候，我再作無望之努力使史迪威有所動作。在重慶的美國人仍對日軍的進軍不表關切，遲至五月十三日，日本人已完全塡補平漢線上的缺口，而由東北輸運著援兵至漢口之後，駐重慶美國武官報告日軍河南的攻勢不過是春季演習，而日軍很快便可預料退回原防地的。他再次證實史迪威情報處的報道說，日軍沒有具備在華大舉進攻的能力云云。

在失望裏，我派格倫去找史迪威，並親自向史氏說明我的急迫要求。格倫飛抵印度，在走遍那邊的幾個史迪威總部之後，跑到緬北森林裏沙都鬧（Shadazup）地方的史氏戰地總部去追蹤，格倫駕駛一架小型聯絡機，降落在沙都鬧的簡陋的跑道上，而祇發覺史氏已偕同他的中國軍和一群記者與攝影者進入森林深處的戰線上，史氏是不和他的沙都閘總部保持無線電聯繫的，在沙都閘等候了數天之後，格倫回到中國來，並沒有和史氏見過面或談過話。

我最後給史氏的報告在八月十八日發出，在一週後，他才收到它。包括對中國危局的詳細分析，並請求轉移十四航空隊的任務，以便防衛華東。五月份給十四航空隊的噸數再次削減至五千四百六十噸，遠在四月份下，整個春季裏，史氏堅持他不能幫忙十四航空隊什麼。但參謀首長聯席會議授權給他，使他能夠移轉馬特漢計劃的供應品、運輸量及戰鬥力，以應付中緬印戰區上的突發事件。安諾德將軍已在他一九四四年二月廿五日討論馬特漢計劃的指揮問題信裏說得十分清楚：「我承認任何戰區司令官有命令在他的戰區裏的任何部隊以應急變的權力。」

這可以和後來一個參謀首長聯席會議的指定史氏的指令相印證，我在五月廿日特別要求史氏應用這權力，並開始應付急變的步驟。他的覆信在五月廿四日收到：「除非急變確屬無訛，否則決定尚須等待。」

兩天後，日軍再行猛攻，由漢口區發動他們第二次和最龐大的攻勢。

第十八章　苦難成果

撥亂誅暴，平定海內。

——司馬遷

春天在華東，變幻莫測的灰黯雲層低低地壓在春水泛濫的禾田上，鉛色肚子的春雲掃過洞庭湖，突然裂開，變成傾盆大雨，掀動湘水，洒遍南嶽。早上的低迷雲霧，把充滿禾田的山谷籠罩著，峰巒給灰雲遮掩了眞面目，山腳還有閒盪的浮雲，緩緩地來往，太陽數天才出現一次，大地是漸漸暖和了。早造的稻禾在鬱悶的、潮濕的氣候裏欣欣向榮，似乎預告炎夏的行將來臨。

這壞的飛行天氣通常直至六月才終了，當日本人選擇五月之末來開始他們主要華東攻勢時，他們寧揀最惡劣的天氣來掩護，而不願在好天氣裏得到他們自己的空軍的保衛。這時間的選擇得歸功於十四航空隊，而敵人對湖南的攻擊的規模又得歸功於薛岳上將的兵員和戰略了。

日本第六軍團由漢口區洶湧南下，分七路猛撲長沙，長沙是我們東面機場通路上的主要目標，是有穀倉之稱的湖南的省會，也是自由中國米食的唯一的最大來源地，它的失陷對中國人的肚子是重大的打擊。沿一條廣闊約一百二十哩的前線，投入八師團之衆，分成七路進軍，日本人便能夠避免薛岳的傳統的側翼迂迴運動。以前他們在長沙曾經三次陷入這樣的陷阱裏的，現在是薛氏的兵員被包抄，被數量所壓倒和被殺戮了。

以前三次長沙會戰歷時多月，這一次日軍的前哨十天內便徘徊長沙城郊，兩星期內，這城市便給密密的包圍了。湖南戰役的幾週像象棋閃電賽，所有中國棋子仍然放在棋盤上，可是動彈不得，支援毫無，而日本的軍力已進展到「將」軍的地步了。當日軍各縱隊會成三股，直指長沙的時候，簡直和圍捕差不多，日本步兵和騎兵衝到華軍堅強據點去，僅遭遇最少的抵抗，許多精銳的敵軍部隊，已在湘北戰場上被認出來了，他們許多是自一九三七年即馳騁中國戰場上的老兵，在堅強據點上，深溝高壘的守軍給孤立和阻截了，只有漸漸地耗盡糧彈，最後給掃蕩而已。在這巧妙的軍事行動裏，日軍還得到每天爲中國幣三千五百元而工作的中國漢奸便衣隊數百名的幫助。這些便衣隊，配備著手榴彈、手槍、照明彈，在敵軍主力前面，指引敵前哨暗襲小路，偵察華軍位置，擾亂守軍後方，當敵軍的閃電進軍已屬顯然的時候，整個湖南像觸了電一樣的驚惶，千萬的難民自日軍前鋒前面的湘江流域上洶湧向南逃命了。

正當日軍大舉進攻湖南的時候，十四航空隊像一個被左右夾攻的拳師，他用左拳攻擊一個對手，右拳又向另一個揮去，只剩了他的頭末向最強大的攻擊者撞去罷了。我們已達到期待已久的五百架飛機的力量，有出動力量的有四百架，但有二百架戰鬥機是受參謀首長聯席會議之命防守成都而不能出動的，另外的一百五十架給史迪威徵用來支持他的怒江攻勢，只剩下一百五十架的飛機（出動力量是九十架）去駐防東線而已，這些是駐華空軍的舊時臺柱——第二十三大隊的四個中隊，其時的指揮希爾上校，和第十一轟炸中隊，及第四九一隊的 B-25 機中隊增援的文生隊伍，只要一天有供應品可用，便應用它一天，還把駐在昆明的三〇八大隊用來攻擊華東各目標，以壯文生的聲威。四月裏，昆明所有軍需品，被抽取一空，用來增加華東的存積量，以應付夏天的危難。我們積貯了足夠三十天的全面出動之用的燃料、炸彈，和配備。以後華東的命運便在不可知之數了。

五月和六月裏的氣候十分惡劣，我們轟炸機難以飛行，所有漢口和廣州的日本飛機，都因氣候惡劣不能起飛，日軍地上部隊氣焰萬丈，白晝進軍，且堅信沒有飛機能夠攻擊他們的了。

他們沒有想到希爾的第二十三大隊的戰鬥機駕駛員們，這些小伙子們逐日由泥濘的、隨處積水的跑道上起飛，進入惡劣非常的天氣裏，他們悄悄地從衡陽、零陵、桂林北飛，在三百尺至四百尺上空，溜入山谷區域奇襲敵人各縱隊，不時他們在傾盆大雨中，在跑道上把 P-40 裝上子彈，豪雨時常把場地的一端隱蔽了，有時，氣候是如是惡劣，以致駕駛員們不能夠飛成一定隊形，他們不願駐在地上，寧願兩架四架地出動，狩獵日人。幾次在橫掃湘江的時候，P-40機時常被迫低飛，他們飛得這樣的低，以致駕駛員們能夠看到他們的螺旋槳擦過江面，激起水花四濺，其時正大雨淋漓，兩岸也給蒙蔽了。他們在狹谷上空怒吼，低飛至樹梢掃射，浮雲正從座艙上蓋擦過，當給地面砲火擊中的時候，駕駛員們是太低了，必得向上攀昇，去獲取足夠的高度才能夠跳傘。

幾個星期之久，日本人頑固地保持幻覺，以為惡劣氣候會掩護他們，免受空襲之苦，當他們推進長沙的時候，希爾的戰鬥機對他們大張殺伐，二百至二千個的騎兵縱隊在高聳而沒有遮蓋並給泛濫著禾田圍著的公路上被襲了，他們給來自鯊魚頭戰鬥機的一陣子彈和殺傷彈打得稀爛，這結果是像曾給砲兵陣地或重機槍隊所突擊一樣。日軍的西翼渡過洞庭湖，溯湘江而上，乘著很像密士瑟必河的汽船的三層的運輸船、機動船和舢板。我們的戰鬥機在水上用火箭砲、殺傷彈轟炸和掃射來截擊他們。火箭砲和炸彈炸開龐大的運輸船，把兵員馬匹和裝備都炸落水上，我們的掃射引起滿載汽油和彈藥的舢板爆炸，在放射砲和投下炸彈後，P-40機回來再把子彈，三番兩次地向著在河裏掙扎著的人馬，發射淨盡。供應敵人東翼的主要動脈是單獨一條大路，擠著連綿不絕的滿載軍用品的卡車運輸隊，駐在遂川的洛克希德廠的閃電式（Lightning, P-38）機中隊把這些運輸隊當做特別目標，當豪雨軟化道路，卡車陷入污泥裏，動彈不得，便最適合閃電式的二十粍砲的攻擊了，在第一週的戰鬥後，這條路上排滿焚毀了的載重車的焦黑車架。

我們的無線電情報隊再次和薛岳的部隊，同在戰場合作了。這一次，我們有一打的戰地隊由史密斯中校在文生的桂林總部裏指揮工作。他們及時的情報使得戰鬥機的襲擊出奇準確，許多在敵人大砲和臼砲的火網下繼續工作，並指示戰鬥機以最詳細的目標，以炸垮敵人的特殊的強固據點或砲兵陣地。有一個隨華軍沿洞庭湖撤退的無線電員的情況是典型的例子。石芒度二等兵搜索到一隊敵軍登陸艦隊正在建立灘頭陣地，便每隔十五分鐘把他們的位置電報一次，如是延續三十小時，並不知道他的電報能否收聽得到，電報在一小時內給接到了。三批P-40機的出動在天黑前攻擊那灘頭陣地，打垮了幾近一千岸上軍隊和一百五十隻登陸船。

在所謂「不可飛行」的天氣下，第二十三大隊一天出動八至十次，進攻敵軍和供應線，歷時多過五星期，駕駛員們一天飛行三至四次，在兩次出動的休息期間只足夠狼吞虎嚥地把C號口糧嚥下，進些熱茶和聽取有關次一目標的大要而已。其時地勤人員便匆忙地把他們的飛機添上汽油，裝上彈藥和炸彈。在最初的幾天後，日本人發覺我們的奇襲了，地上高射砲火便空前猛烈，步兵集體向上施放步槍，各縱隊和軍營區域都用二十耗的高射砲和機槍保護，砲艦向洞庭湖和湘江移動，以保衛他們的供應航運隊，在不及一月裏，我們因高射砲火而損失了四個中隊長，其中包括前隸飛虎隊的麥克米倫（George

McMillan），他返中國指揮第四四九戰鬥機中隊，在秋季前，第二十三大隊裏在夏季開始浴血苦鬥的飛行員幾乎有半數給殺害或俘擄了。

這些人員裏克魯克商（Arthur Cruikshank）上尉算得是典型了。他是烈性的傢伙，曾經四十七次掃射出動，他在三個星期裏被地上砲火射落兩次，同時在一次單獨作戰裏擊落三架日機，第一次，他跳傘後，降落在無人地帶，給日本哨兵追逐，卒逃入華軍陣線。第二次，他在敵後跳下，和兩名日本便衣隊遭遇了。當其中一個跑去請救兵的時候，克魯克商用他防衛用的匕首殺斃了其他的一名，然後步行，四晝夜抵達友軍地帶。這裏是他的戰鬥紀實的節錄：

> 有時候我們要出動兩三次氣候偵察飛行，才能夠找得到密雲空隙，去襲擊一個目標，許多時在目標上的雲層祇有一百呎高。六月初的一個下午，我們偵察到長沙之北有一堆民房充滿日本騎兵，有些在小河上洗著馬，我們有四架飛下去出其不意的掃射，直至我們開火後，他們才開始逃避，當我們在離開前已見到擊斃約三百匹的馬和更多的兵士了。
>
> 以後，我們還飛臨汨羅江上，那邊日軍正向南開動，江上，充滿舢板和木船，都載滿軍隊，舢板上滿插新鮮割下的樹葉令到它們泊近河岸時不被察覺。我們沿江來回飛翔，對那些船隻大肆攻擊，我見到追擊者從地面飛上來，把我的飛機射穿幾個小孔，舢板在我們火力下四散逃命，我們盤旋三次，而再飛回去的時候沒有多少船隻剩下了，

江上，浮滿死屍和破碎東西，許多敵人還在水中掙扎，想游近江岸，當最後盤旋的時候，我射中他們幾個。

第二天早晨，我們開始應用降落傘攜帶的殺傷彈。我先偵察氣候，到長沙的全程空路都充滿大霧，打算返防時我看到在迷濛大霧裏有一比較開朗的地方，並且看到有舢板向上游移動，便飛下去掃射一頓。上午七時，我們重返河上，對仍然向上流駛行著的舢板投擲降落傘殺傷彈。我們找到一所在山上的軍營，又大加掃射，把大約一百名正在煮飯的軍隊擊斃。下午，我們又循河上飛，在途中，看到三百多名騎兵在一小河上涉水而過，他們突被我們攻擊而受重大損失。

當日本人開始渡過洞庭湖來之時，我們開始出動攻擊船隻，並沿岸襲擊登陸之敵，我們出動之次數太多也不能盡記了。我們用降落傘炸彈、火箭砲、五百磅炸彈、機槍攻擊，許多時候我們飛得太低了，以致不能夠俯衝轟炸，只得低低向他們丟下五百磅炸彈就算了。火箭砲把龐大的運輸船炸成紛碎，我們飛得如是之低，以致船伕們不能夠把飛機聲和機器聲分開，船隻是這麼擠，想擊中目的，並非難事。

有一次，我向一艘三層運輸船發射火箭砲，第一顆不能命中，我的側翼駕駛員後來告訴我第二顆正中運輸船的中層甲板，那船的火焰向上直衝，日軍開始跳水逃生，我在側翼掃射他們，我們來回炸擊那些破船、兵士和馬匹，許多舢板是載運汽油的，當汽油桶爆炸時，火焰散射到水上，而殘兵死馬和更多的船隻又著火焚燒了。

正當日軍進抵長沙時，史迪威由緬甸森林跳出來而飛到重慶，他會見蔣主席之前，他還不知我有電報給他，向他貢獻華東計劃。六月六日下午由重慶歸去的途中，他在十四航空隊總部出現，史氏宣稱他只有三十分鐘的空餘時間和我及我的屬員討論華東問題。

史氏率直表明，並沒有什麼法子可以遏止日軍在華東攻勢。他憶起他在三方面會議裏所提的對危險的預告，似乎他不願做些什麼來防止這預言的實現。不顧我們的一切懇求，史氏堅決拒絕去命令中緬印戰區裏可獲得的一切資源的總動員，以應付日本對華之威脅，這和他對於早幾個月來緬甸的敵人攻勢的反應有強烈的對比。那時，他的個人計劃遭受危險了。直至幾個月後，史氏的助手才向我洩露說，史氏在他個人的爭取全華軍的指揮權的活動裏，他是蓄意地把十四航空隊當做「死鹿」來犧牲的。

我請求支持三個直捷的行動以便支撐華軍：——提高十四航空隊的駝峰噸數，使至每月一萬一千噸；採取迅速確實的行動來增加華東陸上供應路線的能量；派遣B-29機隊以轟擊日軍在華東的要地漢口。史迪威只同意增加駝峰噸數，且允許應用第七轟炸大隊的運油機來輸送汽油往華東，他立刻提高十四航空隊的噸位至一萬噸，此後直至十月，那方面總算沒有什麼嚴重的煩惱。但正如史氏的駐華參謀長赫恩（Tom Hearn）准將對我所指出的「我們認定現在所採取的步驟在九月之前不會生效」，而史氏卻頑固地拒絕做任何足以強化華東陸上供應線上的事情，沒有這些供應線，駝峰的噸數幾乎沒有用處的。史氏果然制止駝峰運輸為曲靖獨山公路所需的載重車，又拒絕取消「牛軛」部隊動用我們的酒精燃料的優先權，那些燃料是我們正在用著的卡車所需要的。他絕不預聞華東供應問題的辯解是「這完全是中國的事情」。這是不眞實的，因爲史氏正在監督的供應線，在華東的十四航空隊和美軍「斑馬」部隊都是要靠它的。

最大的失敗是所提議的 B-29 機對漢口轟擊的出動了。十四航空隊的力量是不足以對這主要的敵人基地，實施它所需求的快速重擊的。我提議移轉數達一百架的 B-29 機隊，對付漢口；跟著，十四航空隊便會盡其所能，通力合作，實行攻擊，使漢口變成無用的供應基地並紛碎敵人在華東全部的籌謀。二十航空隊的烏爾夫准將，同意從加爾各答把 B-29 機直飛華東，免致耗費中國境內的汽油的供應，史氏也同意支持這個行動。事實上，史氏祇把我的請求轉遞給參謀首長聯席會議，除了簽一個「知」字外不贊一詞，沒有史氏的在這計劃上的不成文的嘉許標記，參謀首長聯席會議便躊躇不決了。再次，我呈請安諾德將軍，他作爲一個二十航空隊的司令官，是有權力去命令到漢口去的出動的。安諾德初時答覆說他不會授權 B-29 機去攻擊 B-24 所能攻擊的目標，然後他命令對曼谷作自戰爭開始來的首次 B-29 機襲擊。——而曼谷以前已被英空軍的 B-24 和美國第十和第十四航空隊轟炸過了。後來，安諾德提議應用中國空軍去掃蕩漢口，那時候，中國的轟炸隊包含九架古舊的洛克希德廠的赫德遜機（Hudson）和一些不能飛的一九三七型的俄國 SB-3 式機。在整個夏季裏，當勝敗利鈍繫於 B-29 機的出動的時候，史、安兩氏，絕對無動於衷，祇在史氏被召回而新任中國戰區司令魏德邁中將（Albert Coady Wedemeyer）堅決支持我的請求之時，才是批准B-29機炸漢口之日。十二月十八日，在華東失守後一月多，B-29機把漢口炸得魂飛魄散了。

在昆明會議時，我曾嘗試把詳細的華東防守計劃和史迪威檢討，我的屬僚已起草一個計劃，出動除了用來支持怒江作戰的飛機外的所有的一切單位，藉每月一萬一千噸的噸額之助，以保衛華東。史氏看看他的手錶，把我的計劃塞入口袋裏，說遲一些他會讓我知道他的決定的，他大踏步走開，趕搭飛機，飛回他所喜愛的緬甸去了。直至華東已不可挽回地失去了的時候我幾次請示他對我的計劃的決定，都像石沉大海，反響毫無。

史氏最後在六月八日宣佈中國的危急，其時正在日軍開始攻擊河南後四十五天，開入湖南後十三天，並且是在我向史氏發出「中國極危」的警報三個月之後。

薛岳原來的戰略是要求在長沙遏止日軍的，他集合他的砲隊於可以俯瞰全城的嶽麓山上，從那邊，打算當日本的先頭部隊打入城裏，向固守的華軍攻擊時，實施砲擊。薛氏打算堅守長沙，同時十四航空隊竭全力空襲那延展至漢口的供應線，以耗盡敵人的給養。這並不是我的意圖，祇想利用空軍力量來遏止日軍的攻勢的。後來，當史迪威需要個利便的辯解，以掩飾喪失華東之責的時候，他和某些屬員便廣播那精心結構的謊言，說那是我的計劃了。

對日軍各路的空襲，可招致他們重大損失和時常延遲他們的進軍，但很難眞正地遏止他們的攻勢的，我們很明瞭這個事實，只有對供應線的攻擊才眞正有決定性的。想使攻擊能生最大的效果起見，我們需要一個華軍的堤防，使到日軍消耗他們戰場上供應品，而逼迫他們倚靠運抵前線的大量新鮮供給物品，這樣，我們便能夠遏抑敵人的攻擊的氣燄，大概在幾個星期內，他的前線軍隊便會再衰三竭，勢成強弩之末了。

日本人用迂迴包圍長沙的法子來擊破薛氏原定戰略，使薛氏的密集砲隊和深溝固守的守軍在糧食彈藥行將告罄時竟被消滅，在長沙最後陷落前，日軍像洪水般泛濫到衡陽的邊緣來。長沙在六月十八日的陷落立即引起重慶的莫大驚惶，中國軍政部命令處決幾個負責的戰地指揮官，並開始用長途電話和電報指示作戰。重慶的史迪威總部附和史氏的灰色的論調，總部負責人費利斯（Ferris）准將在六月廿六日電告史氏說：「華軍將不堅守衡陽，七月內敵軍可抵桂林，較早放棄桂林機場似屬必要。」費利斯也命令從華東撤退「斑馬」部隊裡的美國人，在七月初乘載重車撤離桂林，放棄許多供應物資，包括在華東最完備的後方醫院。八月，有些「斑馬」部隊人員忸怩地回來，繼續居留至桂林末日爲止。

當日軍蹂躪湖南各防空站後，空襲警報網是完蛋了。希爾在衡陽守著他的戰鬥機，經過特別沒有警報的三天，倚靠天氣來賭彩，使日機不出動，同時自己的 P-40 機便作十分鐘的來回飛行，最後攻擊前線。六月廿六日，日軍祇在二十哩外了，戰鬥機群最後離開衡陽，那一晚，美國的地勤人員把基地爆炸和焚燒，並在河上的一艘汽艇裏休息。第二天，我們繼續自一百哩以南的零陵出動空襲，並無妨礙。

六月廿八日，日軍佔衡陽機場，開始包圍對河的市區，而市內的那邊，在方先覺將軍指揮下的中國第十軍正據守灰色磚石的建築物，隔河對峙。

日本人的前鋒迅速地包圍在衡陽的第十軍，令他們的援兵和供應都斷絕了，然後開始把戰壕水泥槍巢裏的華軍殲滅。衡陽之戰開始了，而日本也進入前所未有的眞正煩惱中。在這戰役完結之前，多過五十萬人參與戰鬥，這是決定一個差不多和密士瑟必河以東的美國一樣大小的地區的命運之戰鬥哩！然而衡陽之戰差不多給美國報紙忽略了。一九四四年夏季，歐洲的反攻佔盡了報紙頭頁篇幅，小量來自中緬印戰區的新聞是由史迪威「囤積」在緬甸的美國的報人發出的，他們把密支那可悲的被圍放大成輝煌的勝利。

方先覺將軍是薛岳屬下的最好的戰地指揮官之一，曾參加初次擊敗日軍的臺兒莊戰役，和最後兩次長沙勝仗。方氏的一萬軍隊，裝備法國的七五粍大砲，一些機槍和臼砲和舊式手造中國步槍，守著衡陽，堅固得像香檳酒瓶上的木塞。他們保衛衡陽對抗數目和裝備都佔優勢的敵人的英勇行爲，在中日戰爭史中佔了輝煌的一頁。

初次進攻衡陽之敵是缺乏充裕的持久力量的，他們是敵人進攻的前頭部隊，自岳州沿路行軍，三十天來遭受嚴重的空襲，許多隊伍並沒有遭遇過華軍地上部隊一次，便損失了百分之三十。這些軍隊大多數仍然帶著他們原來的在戰役開始前領得的軍需品，想在第十軍頑強防禦之前佔領衡陽。日本人需要運上大量軍需品、裝備，和生力軍。當華軍據守鐵路、河流和公路的期間，日本的攻勢在城南數里外膠著，再無力衝擊，直至供應線恢復爲止，閃電戰已演化成圍城的行動了。

這是十四航空隊所等待著的機會，我們攻擊的主要重壓便由前線的縱隊移轉到敵人的供應線上，那些供應線現在已伸至二百哩外，直至岳州的日軍永久兵站。日本供應衡陽之戰的軍用品是通過三條通路移動的：用船隻橫渡洞庭湖，再溯湘江而上；用騾隊馱運，由岳州荒廢的鐵路路面南下，到衡陽去；用運貨車在與荒廢鐵路平行的公路上輸送。沿路線上比較大的城鎮都用來做供應起卸站或轉運點，較小的村鄉和民居都給用來做後備駐兵營，所有軍需品都是從漢口運出的。每一種東西都給十四航空隊日夜不斷地轟炸。飛機深入敵後去轟炸起卸站，然後飛回，沿河或沿路掃射一切能移動的東西。在進攻中，P-40 機像轟炸機一樣裝載炸彈，而 B-25 機常飛近樹梢，用重機槍和七五粍小砲掃射，從昆明起飛的解放式機轟炸岳州、長沙和漢口的最大敵軍基地。我們的情報人員探到岳州和衡陽間的最大敵軍轉運站，我們用 P-40 俯衝轟炸機、B-25 機和 B-24 機把它連續轟炸了四十八小時，它焚燒及爆炸，足有一週，夜間北飛的飛行員能夠藉沿途焚燒著的城市的火光照耀而直飛漢口。戰鬥機和附有小砲的 B-25 機盡掃湘江的船隻且迫令貨車在夜間駛行，B-25 機帶領 P-40 機的編隊夜襲公路，在貨車隊上面投下照明彈，使目標照明，以利戰鬥機攻擊。

七月，好天氣來了，日本空軍便從漢口出擊，奧斯卡式和東條式機由攻勢而轉移到守勢的巡邏，掩護日軍行進。四個星期裏，我們的戰鬥機在華東天空射落一百二十架敵機，並擊中敵人的轟炸機隊的要害——兩次黎明空襲岳州機場，焚毀他們九十架飛機。在黑暗下轟炸我們機場是敵空軍企圖的唯一攻勢，他們顧不得地面部隊需求強大的空中支援是怎樣急切了。

七月初，日軍開始感覺得到我們對他們的供應線所施的空中壓力了。許多日軍在離開隊伍去作劫掠食物的「遠征」時被俘擄了，他們摘盡桃樹果子，挖掘甘薯，搜索荒棄的民房，他們都是瘦削而衣裳襤褸的，他們都講著同一的故事：一星期或十天沒有食米運到，彈藥漸缺乏，許多部隊仍然靠著攻勢開始前在岳州領得的二百發子彈作戰。因爲我們的襲擊，他們不得不白天躲避，只限於夜間活動而已。

七月八日，日本人對衡陽的壓力鬆弛了，這期間殘弱的部隊撤走了，生力軍和重砲隊開到，加緊包圍。由廣州向北推進擬和北軍會師的一股日軍突然退回原防地了。

中國人誤把日軍的撤回解釋做潰敗，足有一星期，桂林街上慶祝大捷，爆竹聲震撼山城，火箭和煙火衝破和暖的桂林夜空。桂林商人，裝滿幾卡車的象牙、絲繡、玉石和漆器的禮物，駛往飛機場，慰勞美國空軍。衡陽的短期阻止日軍前進也使到華軍高級指揮官有時間從初時的震驚恢復常態。由四個戰區來的六個軍準備馳援衡陽，而薛岳，陳兵日軍東翼，開始反攻，以援助我們對敵人軍需基地實施襲擊。

日軍對衡陽的攻勢之鬆弛適和塞班島（Saipan）上日軍抵抗之終止和東條內閣塌臺同時發生，在這危險期間日本人整個從事戰爭的戰略有根本的更動，戰後對在華日軍司令官的審問，顯示該時的放棄華東攻勢是經過嚴重考慮的。駐華日軍的參謀長高橋中將和他的主要參謀堅決相信美國空軍對他們的供應線和前線部隊的襲擊若增加百分之五十的話，他們的衡陽進軍會被遏止，最後他們將回長沙以圖死守的。

七月中旬，日軍又從事主要的努力，擬用四萬生力軍、重砲隊、小型坦克奪取衡陽，現在有多過二十萬的日軍從事全部進攻。我們空襲的一部份轉移到轟炸和掃射敵人砲兵位置和堅強據點了。一群 P-40 機在衡陽上空整天穿梭飛行著，令到日本人躲在隱蔽洞裏而停止攻城。晚上，敵砲隊向城遠射，使到城裏著火焚燒。B-25 機夜間飛臨日軍陣地上循著大砲的閃光，饗敵人以降落傘殺傷之雨。在城裏，方氏的第十軍因糧食和彈藥短少，形勢日趨嚴重，為回答方氏緊急的無線電請求，我試使史迪威派遣甚至祇一分隊運輸機向衡陽空投軍用品，他拒絕我的請求，說這會創立更多的不能應付的要求的先例。在失望之中我派 B-25 機在日間，我們自己的 C-47 機在夜間向衡陽空投食米和醫藥用品。後來，文生要動用自己的飛機彈藥的稀有積貯，去把七五粍的砲彈和〇・五口徑的機槍子彈空投衡陽，保存守軍的火力。威廉生領導空投，駕駛沒有武裝的 P-38 進出於衡陽周圍的高射砲火中，由三百尺低空向那火焰沖天的城市作準確的空投。

至九月之末，華東命運已告決定的時候爲止，這是唯一的運送給防衛我這機場的華軍的彈藥了。史迪威藉口這樣那樣，拒絕任何想獲取美國軍火來供給死力阻止日軍攻擊的華軍的企圖。史氏那時候正和蔣主席作最後的爭持，企圖攫取指揮全部華軍的權力。

這爭持使到史氏對中國領袖們和中國政府發生惡感，除了緬甸戰事外，他的心裏只存著指揮的問題。史氏已經在三方面會議裏放言高論，堅決地說日軍對華東的任何進攻必獲成功，且東面機場之失，將無法避免等。這言論，無疑地，在潛意識裏影響了他對華軍和十四航空隊的不斷請求的態度。一切種種都給赫恩准將（他繼承費利斯主持史氏駐華總部）的一束電報表達得出奇的坦白，赫恩七月廿六日警告史氏說「採取與華東形勢有關的有力行動之再度延遲，我不相信是正當的」。

當獻議轉移一千噸十四航空隊的噸額，以便把槍械和彈藥供應給薛岳的時候，赫恩答覆說：

> 以一千噸空軍配額移轉供應地上部隊，以便克復衡陽的建議，此間甚為重視。史迪威也把他對形勢的見解通知我們，他同意想恢復東面原態勢，眞實的行動是必要的，他正想著令華東丟臉的辦法而懶得從事任何明快的行動，結果，我們必須把援助地上

部隊的建議暫予放棄，直至事態更趨急迫的時候。明知時間已迫，但在「老闆」指示前，衹有不置可否地回覆你，至感歉仄。

大概在同一時候，我接到我們和薛岳聯絡的情報官的一通電報：

> 薛岳問：對彼要求物質援助事，曾有所聞否。薛非易感灰心者，其殲敵眞誠亦無人可及。今午彼啣一煙捲，帶笑而入，神態詼諧，略搖其首曰：「以我所有之槍作戰，實非易事。」詢彼林賽昨來晤時，曾否提及斑馬部隊願予供應，據答林賽曾謂駝峰運輸設備甚不宜云。吾人之成就將與所能予薛氏之供應量成正比，請為薛氏進一言，彼實以自己之槍以殲敵者也。

我最後的請求衹供給五百噸軍火給薛氏，所得來自赫恩氏的答覆是：

> 為了薛岳部隊的位置，他的任務急劇變化的形勢，華軍對他們所有裝備之濫用，和應用他們軍力的失當，你的空運五百噸輕武器和彈藥之建議是徒勞無功的，全部美軍努力應在空中繼續。

這時，薛氏部隊的位置是在日軍突出地帶的東邊側翼上，有些地方已衝至距湘江十哩內，幾乎切斷敵人的主要供應線，他的任務是如平常的一樣——殲敵。

至於在重慶的美國參謀人員所謂華軍濫用裝備云云，卻與在衡陽東和薛氏兩個軍共同作戰過一個月的另一個十四航空隊的情報人員蓋佛萊（S.A. McCafferey）海軍上尉的見解絕對相反：

兩個軍都裝備得盡可能地惡劣，兵士平均的年齡是十八至廿五歲，已在軍中服役三年至七年，他們的健康是壞的，生活又艱苦萬狀，所有士兵在這次戰役從事劇烈的鬥爭都已經有幾個月了。

他們的衣著包括襤褸破裂的短衣，一年襯衣，一條不足度的短褲子，有些有綁腿，大多是沒有的，最幸運的有一隻草鞋，其餘的是赤足的，他們用著舊式單響步槍，攜帶著有限的彈藥，重武器絕對缺乏，只有些機槍，實際上沒有大砲或臼砲，他們所有少量軍需品都用手攜帶。食物是有限的，每個士兵能夠一天吃兩頓飯是幸運的了，似乎沒有蔬菜和肉類。雖說士兵們的健康很壞，而許多是受了傷的，他們得不到醫治和給養，大部份患了瘧疾，因疾病和受傷致死的數目很大，雖說二十軍以前有二萬人，現在只剩了五千而已，軍官損失很慘重，少校上尉很缺乏，這些華軍的物質配備情況是壞到可怕，而他們的鬥志旺盛，士氣高昂，帶著惡劣武器，疾病，和面對數量裝備均佔優勢之敵，這些華軍奮勇作戰，絕不訴苦，他們的勇氣是確實卓越的。我在各級官兵上都可以見到。這戰役裏沒有坐在安樂椅上的戰略家，晚上計畫攻擊的將官白天便在前線上指揮作戰，他們眞是可羨慕的戰士。

我們的供應問題也漸趨嚴重了，在東線汽油消耗量比較四月份上昇百分之六十，文生的戰鬥機消耗汽油，快過供應線所能運抵桂林的兩倍。六月初的大雨使到沿獨山公路的山泥滑瀉，暫時阻住運貨車的交通。史迪威的用第七轟炸大隊的運油機飛運汽油給東線機場的諾言直至七月末才實踐：每天，都有些文生總部的飛行員駕一架舊式練習機，飛落柳州去，看看有沒有汽油正在途中。

特殊中隊的解放式機，裝備著低空雷達轟炸儀器，於六月在桂林開始出動，有了這特殊的裝置，他們能夠在夜間低空轟炸敵人船運，甚少錯失。在六月份期間這些飛機平均每次擊沉敵船九百噸，這用最少的供應而收最大的戰果的紀錄，實在十分良好。在四月份期間，他們平均投擲兩磅半的炸彈，消耗兩加侖的汽油，便能夠擊沉敵船一噸。七月的第一週裏，東線的汽油的存貯量已是這麼少，我迫得命令 B-24 機飛回昆明，並停止對船運的攻擊，那是預料戰果會快達到新的極峰的時候。七月十三日，汽油存量十分嚴重了。

文生報告柳州只有四千加侖，桂林有八千五百加侖，只有一萬三千加侖正在由鐵路運輸途中，現在增援的 B-25 機因汽油的缺乏又要跟隨 B-24 西返昆明了。中美空軍混合總隊的第五戰鬥機大隊於七月裏從他們浙江新基地飛來參加戰鬥，但那邊的汽油缺少，使他們不能施展全力攻擊敵軍供應線。文生用盡遙遠駐地的積貯汽油和「虹吸」其餘轟炸機的油箱，而使他的戰鬥機繼續出動三天。在七月十七日。我恰有足夠的汽油把所有駐東線的飛機飛返昆明，有五天之久，幾乎每一架在東線的飛機都因缺少汽油不能飛起。幾架從浙江出動的第五戰鬥機大隊的 P-40 機，因仍有少量汽油存貯，那時是唯一的飛臨衡陽的盟軍飛機了。

在我們對敵人的頸動脈握得最緊，而差一點打垮他們的最重要時光，我們的緊握完全鬆弛了。幾乎窒息的敵人，自那些不被騷擾的供應線上得到活力，又恢復了呼吸。

日本人迅速把握時機，增加對衡陽的壓力，但他們再次錯過重擊十四航空隊的機會。在這一個沒有汽油的星期裏，惡劣的氣候遮蔽了我們的機場。倘若那時日本空軍能夠有勇氣去白晝攻擊我們的基地的話，我們的飛機就會在第二次警報後，守著空空如也的油箱，而陷於無助的地步了。顯然日本人正在振作勇氣，以企圖這樣的一個攻擊，而再次在岳州集中轟炸機，這時汽油又開始流入桂林了。

在另外一次的黎明空襲岳州機場，P-40 擊毀地上四十架飛機，奏旋而返，第七轟炸大隊的運油機開始輸運汽油往柳州，陸上供應線的運輸在希漢中校的熟練下與時俱增。九月裏，它運輸六千五百噸到華東。

我們對日軍的壓力逐漸恢復，至八月中旬，壓力之強，空前未有！但我們的戰略的時光已消逝了，當七月末我們的飛機不能起飛的時候，日本人利用運輸無阻的軍用品和兵員，壓倒衡陽守軍，而在四十八天包圍後卒於八月八日佔領城區。第十軍的殘餘軍隊，不及三百人，殺出重圍，抵達距城東祇兩哩的最近的援軍陣地，表現出勝敗之差，實在是微細的。

衡陽的失陷決定華東的命運，除了薛岳軍的無休止地沿日軍東翼攻擊外，沒有什麼華軍的抵抗了。仍然，我們逐漸增加著的空襲壓力是這麼沉重，以致日軍在佔衡陽後幾及一月才能繼續他們的攻勢，進軍零陵。

華東是丟掉了，不出史迪威所料，倘若那會給他多少滿足的話。我以爲這次的華東得失，只差一線，顯然它不會丟掉的，若果不是爲了戰區司令官的一連串的特殊決定，——這些決定是固執地扣留爲我們扭轉戰局所需的數量不多的物資；不同意二月份和三月份多數千噸駝峰噸額，以便重壓長江口岸；四月份多數百輛載重車來把汽油之血輸入我們東線基地；一隊B-29機轟炸漢口；一小隊運輸機去空投數百噸的彈藥給浴血苦戰的衡陽守軍——那麼一切又不同了。

甚至在日本人的進攻用史迪威也看得出的氣勢長驅直入東部各省之後，他仍然拒絕著令那時在中印各供應總站可得到一切資源的總動員以支持唯一的戰略威脅，祇堅持把它們耗盡在星散的而不相聯繫的努力上。華東陷落是可悲的，也是盟軍「太少和太遲」的記錄的最後一頁。

戰後，中國人在衡陽樹立一座戰爭紀念碑——一座龐大的金字塔，埋葬著五千枯骨，都是那慘烈的戰爭後未經掩埋的戰士遺屍。那國殤紀念碑矗立在衡山之陽，在陽光裏閃著光，似乎在駁斥那些堅持「華軍不願戰」的人！

春夏之交，我們打了一場很成功的遷延時間的仗，在這期間日軍堅毅地推進著，去鑄造一條自漢口至越南的陸上連鎖。

日本人想速戰速決，衡陽六星期之戰役已經大大阻遲了日本人的時間表。多一星期的遷延，日本人在華東所追求的目標的戰略價值便多一分的削減。爲了供應線遭受我機的重大壓力，日本人永不能再得到進攻衡陽的聲勢。九月十五日，桂林爆炸了，柳州，這華東最後的主要基地堅守至十一月七日，代替了日本人所計劃的用來解決華東的九十天閃擊，他們被迫進入六個月的熬煎裏，損失大量兵員、軍需品、運輸工具和最寶貴的貨品——時間。

在華軍守衛陽的時候，及十四航空隊最後一架飛機飛離柳州的一段期間，整個太平洋的戰略形勢改變了。秋天，開山用的機器已築著關島和塞班島的機場，肯尼的遠東空軍飛機正從菲律賓的機場飛出，而海軍航空母艦正襲擊臺灣。有了十四航空隊仍然守著華東，對日本人通過南中國海的生命線的空中封鎖在十月中旬完成了。八月裏自柳州恢復出動的 B-24 在臺灣海峽大展身手，每次出動平均炸毀敵船一千一百噸，投下炸彈一磅，可以炸沉一噸敵船，每加侖汽油的消耗能夠損壞兩噸船隻，依照這個比率，這些 B-24 機的一個完整大隊，每月祇需駝峰噸額二千噸。在六個月內，能夠擊毀十萬噸的敵人船隻。這些對船運的戰略攻擊得歸功於霍浦森（Hopson）中校、艾維里（Averill）中校，和卡斯威（"Stump" Carswell）少校（在他和敵海軍的幾不可相信的決鬥中，他的 B-24 擊沉一艘巡洋艦和一艘驅逐艦，爲了這，他死後被追贈特殊功勳獎章）。

十四航空隊由它的華東基地出動的最驚人的戰略表演是在十月十六日演出，其時在海軍航空母艦和駐華 B-29 機重擊臺灣各口岸和機場達三天之後，接近二十萬噸的日本船隻狼狽由臺灣港口橫過南中國海到香港的廣闊的碇泊處去躲避。正當它剛抛錨停泊的時候，十四航空隊把一切能飛入空中的東西由我們在華東所剩下的唯一主要基地的柳州飛出，立刻襲擊它們，由昆明飛出的解放式沿碼頭高空轟炸船隻，同時，柳州的 B-29 機橫掃港口，低飛至桅桿上，平飛炸擊在碇泊所停泊的船隻，P-51 機疾飛而下，作俯衝轟炸，而最上層的 P-40 擊落四架企圖截擊的零戰（按：此指盟軍代號 Zeke）機，當硝煙散盡的時候，我們的攝影圖片顯示出八艘貨船沉沒，十一艘受傷，失去效用的總額達八萬噸，還損壞一所日本人在本土外所能應用的最大的修理船隻設備之一。它向敵人明白宣示他們活躍的船隻不能再從美國空軍的全力攻擊下尋求隱蔽之所。我們另一次的動人戰績是來自被美海軍認爲戰爭中有決定性的海戰——菲律賓海第二次戰役。在這生死關頭的時期裏，祇有駐華的解放式機和十四航空隊能夠替海軍巡察它在南中國的「盲點」西翼。我們的解放式機不載炸彈而特別多載汽油，以延展飛行距離。能夠替代海軍巡邏艦隊的「盲點」，就是十四隊的一架解放式機。最初供給海軍以日本航艦特種部隊自澎湖洶湧向南，襲擊雷伊泰（Leyte）島灘頭陣地的防軍的情報的，就是十四隊的解放式機。爲了它們搜索被擊敗的日本海軍的竄逃的單位和指示它們位置給潛艇攻襲的工作，得尼米茲和海爾賽兩位海軍上將的一聲「幹得好」的嘉許。當華東正堅持著的幾個月裏，解放式機也由上海至西貢的各主要日軍港口佈雷，並擊沉日本商船二十五萬噸，巡洋艦兩艘、驅逐艦四艘，這也是日本人因華東而付出的巨大代價的一部份。九月十三日史迪威又在昆明十四航空隊總部出現，宣稱沒有辦法可以拯救桂林。第二天我們一起飛到桂林去，在巡視機場一周後，史氏命令文生開始破壞三個轟炸機場地和一條戰鬥機跑道的大基地。再過四天（九月十七日），史迪威在堅信華東是無望地完蛋了之後，授權立運五百噸美國軍火和彈藥給保衛桂林的華軍。除了十四航空隊在衡陽空投的七五粍砲彈和〇・五口徑的機槍彈帶外，這便是美軍對華軍的第一次援助。史氏的決定來得太遲了，以致祇有幾噸能夠在破壞機場前運抵桂林，其餘的便運往柳州，在那邊僅能趕及火車運到獨山去。在獨山，它被物資供應處的破壞專家發現了，這些專家認定這是華軍「囤積」的證據，便把它全部炸毀，作爲「焦土」撤退政策之一部。

甚至只有零星華軍抵抗，日本人的前鋒仍花了數星期才能接觸桂林和柳州的內圍。

我們的空中努力至九月份已達到極峰，那時，史迪威的六月份駝峰噸額的貨物來得多些，而希漢上校在獨山公路上的努力也在東線有成效。史迪威保留著一個對我們的最後而嚴重的打擊。想在夏季期間繼續戰鬥起見，我動用能在中國獲得的每一盎斯汽油，並向本戰區的存貯應變的汽油儲備庫大量借取，這貸借曾得斯特拉特梅耶批准。但在十月裏，當桂林、柳州的命運尚懸而未決的時候，史氏命令十四航空隊償還所貸，並且撥出八千噸駝峰配額優先給予第二十航空隊，結果我們的出動減低百分之二十五。

十月十七日，史氏從重慶打電話給我，說：

對戰區儲備物資的擅自取用，實不能表率屬僚且亦妨害軍紀，尤以，具有如你一樣的官階的人員為甚。你不能迅速具報或呈請察核，對我支持太平洋援助所作之諾言，實有妨礙。像這樣的舉措和你的官階和地位，實不符合。

我回答說：

來示措詞內容，都令我驚駭而不知所措，來電所顯示的態度和週前在貴總部討論此問題時的氛圍，顯不相類。那時候，你對於把所能得到的如是重要的軍用品來供給在我指揮下的部隊以延續保持華東基地的戰鬥之措施，似沒有什麼不滿，據云我的措施妨礙你的諾言之實踐，這責備實難應付，為想正式答辯這些最嚴重的責備起見，敬請賜予更詳備的項目。

史迪威報復了：

前電乃行政上之譴責，特為警告擅自移轉軍需品，並防止同樣事情之再度發生而言，你得知道它並不能被當作詳論的題材的。

威廉遜在十一月初把我飛送到柳州，以作東線之最後視察。密雲滿佈東方，暴雨裏，我們在八百尺高之雲層下飛入柳州，日軍那時候離城不及五十哩，似乎氣候會讓日本人得到奇襲我們在柳州機場上的飛機的最後勝利。十二月七日夜裏，文生的人員澈夜工作，第二天早晨，雲層在環繞的群峰之下，國旗扯下了，而機群最後一次飛離。最後離開的飛機是一架銀色的P-51機，由文生駕駛，代替了一個應該乘運輸機撤散的生病駕駛員。氣候十分惡劣，三架戰鬥機在抵達華西基地前摔毀了。那一晚，日軍切斷距柳州西三十哩的鐵路，三天後，日軍進佔城區。

日本人和美國參謀首長聯席會議，給史迪威的慘淡的預言所激發，以為從柳州的焚燒著的醫院和爆炸了的跑道冒起的濃煙是表示十四航空隊在華東的末日。他們是應得一場大大的驚異的。

第十九章 灰色的日子

山重水複疑無路，柳暗花明又一村。

——陸游

當華東戰事拖延未決的時候，史迪威和蔣主席間的宿怨像火山般爆發了。十月十九日，史迪威給陸軍部免去總司令職務，而中緬印戰區便分裂為兩部分：魏德邁少將離開蒙巴頓勳爵的幕僚，指揮新設的中國戰區，且不久便榮膺三顆星，晉升中將。前任史迪威的參謀長索爾登中將（Daniel Isom Sultan）則指揮新設的緬印戰區。

對於史氏的去職，我並不覺得惋惜，這瘦削而衰瘦的小人物是帶著矜誇、偏見、誤解和使中美關係在最嚴重的兩年裏受鴆毒，並使盟軍在亞洲大陸上的有效的戰略失效，和引導錯誤的決心而離開中國的。

一向被迫依賴那些經過嚴厲檢查的，有關亞洲戰爭的零箋片柬來下判斷的美國報紙，幾乎一致地對史氏離開中國表示悲嘆，認為這是純樸而誠實的地道美國人的美德在邪惡而狡滑的東方詭計的手上被打垮了。而事實上完全相反，史氏自中緬印的走開顯示出中美關係的一個可悲時期的終止，和一種不良政策的結束——這政策已把中國由一個在戰爭及和平裏的強有力的盟國貶成了現在我們所見的日益沉淪的國家了。史氏的突然走開，清除了中美高級官員戰時首次有效的軍事合作之路。轉變是這麼顯著，史迪威離開後不及六個月，魏德邁和他的主要戰地指揮官麥克魯（Robert McLure）少將，已經在史氏認爲不可能的基礎上，組成一隊中美地面部隊的聯合隊伍了。在對史氏離開的謬誤同情的洪流裏，魏德邁和麥克魯的卓越的工作給一般地忽視了。

沒有細察史氏對美國在華政策的掌理情狀，是不能明白現在在中國發生的事情的。就是在這個時期裏，美國對華政策初次轉向，以求達到史氏可懷疑的目標，也就是在這個時期裏，美國的早獲勝利及建立一強大獨立的中國盟友以保持和平的目標，在互相猜疑和軍事錯誤的煙霧下喪失了。

史迪威在華的悲哀的失敗是由許多因素交織而成的，最強的一項因素是他的天性的單純，和他的正統的軍事訓練的固執。史氏常當自己是一個戰地指揮官，當從事指揮工作的時候，他看來像最快樂和最有效果。史氏有匹夫之勇，喜愛前線作戰的活力，具有在敵人火力下能夠領導兵員的稀有特質，作爲一個步兵戰術的忠誠學生，史氏的觀點時常集中在轟平了前面的敵人，然後前進的一個單純的目的上，這對於一個師長是一種理想的氣質，但並不是一個資望深重的戰區司令的觀點，人們常時稱呼史氏做「陸軍裏最良好的四星營長」，語雖帶謔，但甚爲得當哩！

像史氏這樣性格的人負責最繁重的軍事外交並重的指定工作，對他自己和他的抱負都屬不幸，就是爲了史氏天性的單純，加上作爲中緬印區裏階級最高的美國人的工作複雜性，許多煩惱便發生了。也就是爲了要不斷地應付那些他祇有約略認識的問題，他才釀成在他去職前一年裏的漸增的痛苦。很少久歷戎行的職業軍人能夠在外交工作裏有所成就的，艾森豪威爾（Dwight David Eisenhower）和魏德邁是例外，史迪威卻不是例外。

在史氏接受軍事教育的期間，沒有高級司令官認爲對空軍的概念有一顧之必要，對這新武器鄙笑是和史氏同時代的人們之時尚，他有同一的觀感是不足爲奇的，他對飛機之嘉納，只限於當它做個人運輸方法來應用，後來當它做援救他因策劃草率陷入危急的軍隊的救急品。史氏

▶一九四四年十一月，（左起）宋子文、魏德邁、蔣介石、赫爾利。

永不改變他對空軍的成見，絕不理會在戰爭進行中升起的有關它的有效性的大量證據。一九四五年四月，史氏正在琉球群島的沖繩島上指揮第十軍，在一次公開招待記者會上，他預言，更需兩年作戰，才能結束戰爭，他率直宣稱：只有進攻日本本土和用刺刀根除日本人，才能夠把他們擊敗，細味他的刺刀進攻的建議，我知道當更敏捷、更可靠的辦法被應用來迫使日人投降的時候，史氏必會感覺失望的。在史氏的冒險裏有多少美國人的生命會喪失呢，我不敢想了。

史氏的受限制的軍事觀點可以在他集中精神對付印甸戰役而不參預太平洋上任何主要的戰略上的反攻這一點上反映出來，他似乎願意讓其餘的太平洋戰爭自生自滅，只要他被允准進行他在緬甸的計劃便行了。在這個只限於以驅除敵人出緬甸爲目的的簡單戰役裏，史迪威得到蔭蔽所，以逃避高級會議上的中英美間錯綜複雜的問題和不絕的國家利益的衝突——這些衝突在任何同盟締約間是司空見慣的。他也不肯稍費力量從事兩個爲任何成功的軍事行動所必要的基本活動——情報和補給。

史迪威緬北戰役的辯護是開闢一條到中國的陸上供應線，可是他這個冒險的計劃是這樣的：史氏和他屬員絕沒有替這次打仗所需的資源和它的完全成功的軍事價值準備一個精確的估計，由開始起，這條路顯然除每月偶爾運數千噸入中國之外，不能產生什麼，而史氏仍然堅持將數量日增的人員、裝備、血汗和金錢投入甚至成功也沒有軍事價值的一個冒險裏。

甚至雖說史氏離開中緬印之時，史迪威公路差不多完成了，但絕沒有規定供給爲行走這條到中國之路或爲由昆明運送軍需品到十四航空隊基地及和日軍接觸的華軍所必需的載重卡車。獲取這些載重卡車是魏德邁接替史迪威後的第一件工作，很滑稽地，魏氏從對外經濟處（Foreign Economic Adminstration）包括五千部「道奇」貨車的計劃得到這些載重卡車，這計劃已早在一九四四年由該處的主理人——魏勞爾（Witing Willauer）貢獻給史迪威，而給直率地拒絕了的。

史氏極力反對駝峰空運已如前所述，駝峰運輸當達到最高點的時候，在單獨一個月（一九四五年七月）即動用三萬人員和六百架運輸機去運七萬一千噸的純貨物到中國。在包括數十萬盟軍，大批英空軍和美國第十航空隊，和一個耗資幾達二億元歷時十二個月才完成的工程後，史迪威路只做到這樣的一點：即它的「單方向」交通並不能在運輸貨物入中國方面有什麼純益，而這計劃的全部價值只是附設的油管線之暢通而已，這一點在史迪威路交通開始後不及六個月便達到了。在這路一九四五年一月正式通車後不及三星期，中國戰區的人員宣稱它在補給上是無價值的。

史氏對情報之漠視也值得大書特書的，無論在中國或緬甸，中緬印總部不出力去組織有效的情報網，缺乏了任何爲對敵人企圖及力量作正確估計所必需的眞實情報，史氏常常估計錯誤，實不足異。史氏不特缺乏他自己的情報來源，而且也愛將其他方面呈報給他的情報打折扣。這樣，他在一九四四年三月給日本的印度進軍所乘，幾乎使他在緬北的全部軍隊都給孤立了。在同年春天，他故意地漠視呈報給他的有關日本窺伺華東的情報，於是當日軍開始突擊時，他又措手不及，準備毫無。

蔣主席反對史迪威的緬甸戰役，已被當作中國不願作戰的證據。確實的，蔣主席是不願意把他的軍隊消耗在史氏最後所從事的緬甸戰役裏。他認識得很清楚，史氏的冒險是愚蠢的，蔣主席自始便了然於胸中。

蔣主席同意一個中英美合力作戰而立刻獲得戰果的緬甸戰役，我時常感覺蒙巴頓的兩棲登陸仰光或安達曼群島的建議比較史氏的計劃好得多，因爲它可以切斷在緬甸的日軍供應線，使其陷於窘境。蒙巴頓計劃揮動匕首，割斷緬甸日軍的頸項，使他們的大部軍隊在脫離了首腦之下餓死。相反的，史迪威計劃在緬北開始，想沿路清除日軍，顯然史迪威永遠看不到他前進愈遠，日軍攻擊他們的重力便愈累積得多。當這累積的重力的影響，在密支那十週被圍期間裏，給最後感覺到，並因雨季泥濘而增加了的時候，史迪威又再度表示意外了。蔣主席祇在英國人藉口登陸船隻之缺乏而取消了他們的兩棲部隊的登陸和美國祇派出三千名梅列爾突擊隊，以代替前所承允派遣的兩個完整的戰鬥師（二萬人）的時候，才放棄他對緬戰的支持。蔣主席的措施是基於這樣的意見：即一個有限度的緬北戰役不啻是華軍的一種重大投資，且祇能希望收獲很微小的戰果，事實證明這估計是全部正確的。我相信，蔣主席和史迪威對緬甸冒險的價值所做的不同的估計，可以作爲衡量他們的軍事才能的尺度！

史氏之所以如是堅持在印甸作戰，主要是因它在他的戰區裏是可能得到的最簡單的冒險。它需要最少的運輸和供應上的技術設計、情報，和近代戰術。想開始這戰役，史氏只須移動軍隊到阿薩密流域上的最遠前站去，並帶著用來應付不可知之事物的勇氣，開始向前步行便得了。

在對史氏所唱的「中國領袖對他不實踐諾言」的論調加以評估的時候，布魯克波普翰（Robert Brooke-Popham）有關英國遠東軍的指揮的最後報告是值得重視的。布氏論及中國人在戰前所作的「當戰事來臨，即援助在緬英軍」的諾言中，說「他們（中國人）是實踐諾言的」。

這也是我在八年多的戰鬪時期裏和中國領袖交往的經驗，戰後魏德邁中將在第八十屆國會議席上也提供同樣的證明。

史氏時常宣稱緬戰之目的在替中國的有效軍事行動舖設一條道路。在他指揮中緬印戰區期間，除了有關怒江進攻以援助緬戰者之外，他和他的屬員絕沒有替中國軍事行動創立過計劃，魏德邁到華接任，他的首次公事上行動是索取史迪威的作戰計劃，史氏在重慶的參謀長赫恩，不得不承認沒有這種計劃存在。

情報是一切計劃的基本，史氏倚靠那些慢吞吞地傳遞的中國情報——那些情報是由郵政、電報間或由無線電蒐集而來，由中國軍政部，慢吞吞地送到美軍重慶總部去，從那邊再依命令的一定程序發給認爲用得著它的各作戰單位，消息抵達作戰隊伍的時候是太陳舊而沒有價值了。而史氏卻對這不正確而古舊的歷史表示滿意，且力行制止十四航空隊去蒐集使我們炸彈和子彈發生效力的情報。直至一九四四年五月一個新的中緬印戰區情報官接任後，十四航空隊的無線電情報組織才獲得戰區的官方認可。當杜諾萬少將（戰略情報局的主持人）擬再供給一部分無線電器材給這個組織的時候，史迪威卻阻止它運入中國。

史氏對中國軍事形勢的偶爾估計是以「中國人不願戰」爲前提的。他繼續堅持這個假說，不理會那些在戰場上和華軍並肩對日作戰的海軍、空軍情報員不斷送進來的相反報告。爲這一點作證的，再沒有比高爾德（Gould）上校的經驗更適合的了。高爾德於一九四五年春季由陸軍部軍事情報處調來中國，他堅持要到前線去，那邊日本的攻勢正指向潼關及西安。前任史迪威情報主管向他斷言說，他之前往前線是徒費時間，因爲「中國人永不打仗」。但高爾德仍堅持著到前線去了。他後來回西安說，中國人打得像「美國陸戰隊」一樣。

史氏和中國人發生麻煩的另一個主要因素是他想獲得全部中國地面軍隊指揮權的堅決企圖，蔣主席在原則上是永遠不反對美國人指揮華軍的，當史氏在一九四二年抵華後，蔣主席即給他指揮緬甸的中國遠征軍的權力，史氏本人也認爲這是中國人支持一個外國領袖的史無前例之事，蔣主席兩次要我指揮中國空軍，兩次陸軍部命令我拒絕了。

祇是在一九四二年緬甸敗績後，蔣主席才開始對史氏在戰場上的能力發生懷疑。緬甸危難的遠因，在史氏於援救被圍英軍的最重要時間，把華軍裂分兩半，但這祇是首次暗傷了蔣主席對史氏的信心的一件事而已。蔣主席仍繼續讓史氏指揮那些退到印度的華軍，還橫越駝峰空運十萬華軍到印度，以增加史氏的指揮兵力。這些軍隊是在中國本部軍事情勢漸趨惡化的時候抽調出來的。

史氏是永不滿意他所統率的軍隊數量的，他和英國人間的不協調，令他不能從他們那裏獲得任何軍隊，美國人除了那三千名後來稱爲「梅列爾突擊隊」的步兵外，拒絕再派遣軍隊給他，唯一的可能的更多軍隊的來源，還是中國，他便向中國最高統帥不停地鬧著要增加新軍隊。在史氏看來，似乎可能實現的其他唯一目標便是獲取全部華軍的指揮權。就是爲了他對那目標的爭取，而致他和蔣主席間的裂痕繼續加深。當史氏於一九四二年六月在緬甸敗績後返回重慶時，他的野心初次表露了。後來他擬下一個計劃去整編華軍，要美國人充任上校以上的職位，史氏本人做最高指揮，這計劃給蔣主席拒絕了。

史迪威在和蔣主席及其他需要合作的中國領袖們的個人關係上，顯示十分拙劣的伎倆。他發表他的信念說，要中國軍人去作戰是不可能的，這是他不信任中國的顯著證明。而且，他把那班曾經在中國作長久抵抗的人們當做繼續作戰的障礙。史氏倚恃的是赫恩所稱的「恫嚇、威脅、懇求、勸告和勒詐」。史氏顯然不知怎樣去尋求合作，除了宣稱若果中國人不滿足其願望的話，美國的供應品會停止輸入。倘若讓他任意胡爲的話，他會使用他對租借物資的控制力，像一根迫使中國人就範的棍子的。當史氏不能找出任何可以和中國人合作的方法的時候，他自然地當做這樣的方法是不存在的。正當史氏和中國領袖們合作的無能更形顯著，而他的挫折又逐漸增加時，他不謹愼了。他並不隱瞞他對中國一般領導的微詞，對個人也個別地予以惡意攻訐，他似乎很喜歡「不許發表」的記者招待會，接待美國記者，那裏他可大肆發揮他對中國政府的攻擊。

一九四三年初，他向美聯社記者發表驚人的新聞，認爲中國最需要的是處決一百個高級領袖。史氏的屬員似乎很喜歡複述一切有關中國領袖們的最惡意的閒話，倘若史氏沒有主動地鼓舞這些當做向蔣主席施用壓力的另外方法的話，而他也沒有採取有力的行爲去制止它，確實太疏忽了。在某一次場合裏，當討論到應讓美國人抑或中國人去管理在怒江前線的補給總站的時候，史氏向中國軍隊司令長官陳誠將軍說：雖然他以爲陳氏個人很誠實可靠，其餘的中國官僚們卻太貪污了，除了火線上之外，任何地方的補給品都不宜付託給他們的，這論調是在大批中美官員之前發表的。這不難看出相互的猜忌和憎惡是如何地從這種氣氛下滋生！

雖說史氏絕不關懷中國軍事形勢，而他卻絕不猶豫地跳入中國政治漩渦裏去擴展他的目的。一九四三年夏天，他和中國高級領袖間的關係非常惡劣，以致他的召回已在嚴重考慮中。羅斯福總統寫信給馬歇爾，指出史迪威看來顯然在中國已經無所用，而應該換人了。馬歇爾答覆說，他一時找不到代替的人，而史迪威便繼續逗留了另一個嚴重的年頭。

就在這一個一九四三年十月的危機裏，國民黨裏的新派在尋求使史氏去職的方法，大部分因為他對中國軍事形勢的忽略，加深了中國內部的危機。

史氏那時不惜把自己和反動的份子聯成一線以保持他的位置。在史氏和反動派聯合勝利之下，黨內和軍界的最優良的領導分子都被摒斥了。不到六個月，史迪威和他的屬僚就是向國民政府反動的特質攻擊得最激烈的人，而這些特質正是他們所助長的。反動派支持史迪威，並且鼓舞他的頑抗，因為他們的政治勢力有賴於中美的繼續缺乏合作。有效的中美關係是會加強親美的新派的地位的，反動派的勝利已在一九四四年作戰裏發生嚴重的軍事反響。大部份東線將領，如薛岳和防守桂林的張發奎等都和軍界中的新派聯成一線，當他們的領袖們失勢的時候，重慶軍政部和華東各司令官間的關係破裂成這個地步：軍用品運來緩慢了，而重慶也用長途電話或電報去使戰地指揮官猜測其意旨，這祇增加混亂和士氣低落而已。史迪威似乎料不到他干預中國內部政治的廣泛的惡果，只就他的行動在計劃上所發生的直接效應來衡量行動本身。

史迪威在一九四四年夏秋之間的政治漫遊是最壞的，那時他開始利用延安的中國共產黨政府做槓桿去撳動蔣主席。雖史氏永不對中國的情報發生興趣，他卻在一九四四年五月派一個正式的美國軍事代表團到共黨首都延安去，據說是蒐集情報云。那時候，中國共產黨軍事上和經濟上的力量都十分薄弱，自共黨新四軍在一九四〇年和中央軍在皖南戰鬪後，共黨即偈處陝西，夾在國軍和日軍之間。在那邊，他們軍力是脆弱的，生活是艱苦的。有許多輕信的通訊記者，有些帶著對共黨的顯著的同情，曾經寫了許多關於共軍抗日的宏大的軍事效果的通訊。據我的實地所見來說，共軍的活動大部限於襲擊較小的日本據點，以獲取軍火糧食罷了。

駐延安的美國代表團一經成立，史氏重慶總部便立刻大吹大擂說，共黨政權比較重慶政府優越多了。由延安的代表團來的秘密報告的內容給史氏的屬員在重慶宴會席上自由地討論，他們公開仰慕共產黨，說他們是「土地改革者」，其推行新政的性質多過共產主義的性質。指責蔣主席「囤積租借軍械」的喧嚷和叫囂更加高揚了。還附加這樣的聲言，說中國的最優良的軍隊都用去封鎖共軍而不抗日。史迪威去職後，魏德邁主持一個對所有華軍軍火配備的調查，其報告說沒有美國的一槍一彈流入雲南以東的華軍，那逾時運抵桂林及柳州的五百噸除外。

蔣主席固然在西安（入共區的大門）保留一個龐大的軍隊，他們也固然在通達延安的主要交通線上保持巡邏隊，可是他們也保衛著三個進入華西的主要大門之一的潼關的事實，卻爲史迪威的屬員們隨便忽視了。一九四四年末，許多這些軍隊都給調往支持怒江的攻勢，而日軍立刻開始進攻，以窺伺西安，祇是一個突然寒冷的冬季才使他們不能達其目的而已。

我不會以爲史氏有什麼政治上的企圖去鼓勵他的重慶屬員替延安共黨履行宣傳任務，他只要達到其眼前的目標，是絕不理會任何事情的。延安的共黨巧妙地將史氏的勇敢作許多諂媚的贊許，來搔著史氏好慕虛榮的癢處。並且故意宣揚說，他們喜歡他來指揮他們的軍隊，以爭取他做盟友。史迪威永不放棄統率中國紅軍的希望，在一九四五年春天沖繩島之戰結束後，史氏提議把他的第十軍在上海以北的海岸登陸江蘇，那邊是在中共控制下的。他的計劃是和紅軍會師，武裝它，然後回師合攻上海，甚至史迪威也顯然曉得，這件事會使共軍公開反抗中央政府，也會把蔣主席困在重慶，正如他一向給日軍封鎖一樣。

一九四四年的夏天，美國的官方政策仍然是支持重慶政府的，因此史迪威的總部自行確定一種其自有的外交政策，而以戴維思（John Davies，史氏的政治顧問）做「國務卿」，這已成爲笑柄。

在這個期間，國務院的遠東司裏有一個左傾者的強大集團，他們利用史迪威對中共的同情，和對蔣主席的厭惡做槓桿，去替共黨轉移美國的政策，若果史氏的中緬印指揮職位給保留的話，他們成功的機會將更見顯明。

這形勢非常惡劣，所以魏德邁到達時，他發覺需要命令所有美國在華官員簽署一通正式聲明，說他們很明瞭他們在華的任務是執行，而不是製造美國官方政策。

爲證明史氏在亞洲指揮期間的幾乎不可相信底行爲的確實無疑起見，我建議大家對史迪威刊行的日記作詳盡的閱讀。這裏，他坦白詳述他在華的政治陰謀，他對中共顯著的同情，和他完全不理會任何軍事問題，緬甸之戰和對指揮權之爭取當然除外。這本日記由以前《時代》和《生活》兩雜誌的駐華通訊記者白修德（Theodore H. White）編輯是不足爲異的，白修德是熱烈的中共辯解者，最近曾在美國報紙登載連續的文章，描劃共黨鐵幕後的東歐國家在他眼中的顯著進步。

一九四四年仲夏，史迪威開始再作勒逼，以求得到指揮全部華軍的最高權力，密支那十天之圍是暫時的絆腳石，因爲只要日軍佔有那城一天，史迪威也不能當緬甸是一個軍事勝利。同期間，我的請撥軍品以便在華東作戰的狂熱要求得到史迪威重慶總部的奇異處理。顯然史氏不願對華東有所援助——最低限度他尚未準備這樣做。赫恩在給我的訊息裏洩露史氏的態度：「史迪威正想著令華東丟臉的辦法，而懶得從事任何明快的行動，結果，我們得把援助地上部隊的建議暫予放棄，直至事態的更加急逼。」換句話說，史氏顯然願意扣留正在衡陽作戰的華軍的軍用品，直至事態嚴重到蔣主席不得不把史氏覬覦已久的最高指揮權去換取抵抗日軍所需的彈藥武器的時候爲止，我仍然不相信史氏會耽于這種卑鄙的交易的，但，赫恩的話已使我對他的上司的企圖沒有半點懷疑。

八月初，當密支那陷落後不久，替史迪威爭取指揮權的運動又重新展開了。爲達到這目的起見，以赫爾利（Patrick J. Hurley）少將和戰時生產局長納爾遜（Donald Nelson）爲首的代表團被派遣到中國去處理精細的磋商，史迪威晉升中將，以具備擔任最高指揮官所必需的官階。

史迪威陪伴著赫爾利、納爾遜代表團赴重慶，索爾登和史氏一起去，他受命使史氏少安無燥，使不致妨礙行將來臨的談判。那時重慶的氣氛很慘淡，致使赫爾利和納爾遜發現他們的目的根本未受反對，他們發覺到中國人對差不多任何能夠給予多少援助的諾言的事情都肯同意。在對日本苦戰七年後，盟國的最後勝利已告在望之時，中國卻有點支持不住的樣子。它正在軍事失利和經濟崩潰的邊緣上搖搖欲墜是不用問的了。蔣主席認爲史迪威堅持把中美的資源去填緬甸方面填不滿的鼠穴，乃是中國危機的主因，但他已無法可想，只好願意讓史迪威做一切華軍指揮了。蔣主席感覺到中國唯一的希望是一個迅速擴大的美國軍事援助計劃。想獲得它而救中國，他甚至願意吞下史迪威當指揮官的苦藥。

至九月中，磋商進行良好，以爲讓索爾登返印度也不會有什麼亂子了。一切要點的協議：包括史氏的指揮權已經達到了，起草使契約「正式化」文件的繁瑣工作也在進行中，現在看來史迪威不再有什麼理由去企圖「恫嚇、懇求、勸告、勒詐」了。但，在這期間，史迪威卻向中國人暗示說，十四航空隊可能會自華撤退，這時的十四航空隊不啻是站在中國和「完全崩潰」之間的中流砥柱。史氏爲使這威脅具體化起見，便把十四航空隊的十月份供應噸額削減百分之廿五，這樣便猛烈地削減了我們保衛桂林和柳州的作戰。

讓索爾登離開重慶之舉可證明是一個戰術上的錯誤，史迪威失去了他的「安全活瓣」後，便顯然給中國的軟弱所激勵，而想和他的老對頭——蔣主席作一決戰了。九月十九日，史氏接得羅斯福總統的一通要轉交給蔣主席的無線電報。看過這電文的抄本的兩個或三個美國人中的一個告訴我說，它的語氣像由希特勒寄給一個被征服的衛星國的傀儡元首的訓令一樣，羅斯福用激烈的語句爲中國現況斥責蔣主席，並以最後通牒的口吻要求任命史氏做中國總司令。這封電文的語氣和羅斯福總統通常給蔣主席的絕不相同，極可能是出自史迪威之手，先發往華府，那裏陸軍部說服羅斯福簽字，然後再把它發回中國的。

當羅斯福總統的信息抵達重慶的時候，赫爾利和納爾遜正和宋子文氏一起工作，起草有關史迪威指揮權的協議的最後細目。赫爾利和納爾遜勸告史氏不要轉遞那封電文，他們相信這電文的激烈語氣會把事情弄糟，而且沒有什麼用處，因爲蔣主席已同意史氏的指揮權了。

「我們已打贏了這場球賽啦！」赫爾利告訴史迪威說。

史氏同意保留這封電文，於是赫爾利和納爾遜復返蔣主席在重慶郊外黃山的別墅，去繼續起草協定的工作了。

九月廿一日，史迪威忽然在黃山露面，並打斷會議的進行，史氏在蔣主席的前廳會晤赫爾利和納爾遜，解釋他已經考慮過那電文，而且已經改變主意了，他現在覺得他沒有扣留由羅斯福總統發給蔣主席的信息的權力，於是他大踏步，經過驚愕的使者們前面，把這電文遞給蔣主席。蔣主席看了，讓史氏離去，一言不發。然後，召來宋子文，大發雷霆。

蔣主席告訴宋氏說，羅斯福的電文是對中國的主權的挑戰。他準備犧牲一切，也不肯放棄中國的獨立主權，史迪威必需離去，即使這表示一切美援的終止，亦在所不惜，這一點，絕沒有妥協可能。

史氏感覺他已獲得個人偉大的勝利，他很快樂，說他的「報復時光」已到，更做了一首抒情小詩，以示慶祝。在這古怪的詩篇裏，史氏自認他遞送這通電文「是要使蔣主席丟臉」。

史氏對這通電文的傳遞，實際是戕害了他取得中國最高指揮權的機會。史氏爲了他對中國人心理學的完全誤解，把蔣主席逼入一個角落裏去，使他除了全力揮鞭反擊之外，別無選擇餘地，只有那些和史氏有廣泛接觸的人們才能夠明白他在這重要關頭上所採的奇怪戰術。

一度近於簽字階段的中美協約，因史氏之故，頓成了僵局，幾週來，也沒有什麼妙計可以恢復既失的動力。當史氏看到蔣主席不會退讓，便狂亂地尋求和解之方，以免斧頭落在他瘦弱的頸上。史氏的一個華籍軍事顧問，不曉得羅斯福的最後通牒這件事，便獻議說：也許史氏和中共的勾結是問題之源吧！史氏便迅速寫信給他的最大的對頭之一，軍政部長何應欽將軍。史氏在信裏，承認他計劃武裝中共，但聲明願意放棄計劃，以作保留在華職位的交換條件。史氏是沒有權力去做這樣的諾言的，後來他又堅決否認寫過信給何氏。但那封信的全文出現在史氏刊印的日記第三三八頁上，還附注說它是用中英兩種文字寫成的。

甚至這最後一計也證明是沒有用的，蔣主席仍然肯接受一個美國人任駐華的全面指

▶史迪威與蔣氏夫婦。

揮官，無論什麼人充任也行，只有史迪威例外。把魏德邁從錫蘭調來接替職位的協議很快便達到了，十月十九日，作戰部電令史迪威離華返美。

史迪威離去了，但仍留下一個包袱，使中美兩國受到重大損失。在他在職期間，他猛力抽取中國的血，耗盡在中緬印能得到的美國資源以從事祇具次要價值的戰役。同時，保存中國做軍事行動的基地和做戰後強大的盟國的基本問題，卻在他對最高指揮權的要求下推翻了。倘若史氏眞能達到他的最高指揮權的目標的話，中國的形勢也差不多一定不會產生什麼轉變的，因爲他永沒有應用過有效的技巧來應付中國人，即使他祇奉命喊口令，而不准藉租借物資來施威脅，結果也不會有基本的差異。

這就是史迪威處理美國對華政策之眞實情

況，其肇因我祇能稱之爲深厚的偏見。史氏的信念是以爲中國的全部領導者都是無價值的；華軍永沒有作戰過，且除了在外國領導下是永不願作戰的；和中國領袖互相信賴和尊敬是不可能的；對於給予中國的租借軍用品的控制必須當一根棍子應用，來逼中國的領袖們放棄他們的國家主義。

在史迪威盤據中緬印期間，對他的論調的眞實性是很少有人提出反對的，只有我的作證反駁他，而軍事條例卻很容易使我閉嘴。魏德邁抵華後，史迪威的一套說法全部垮了，魏氏在軍事瀕危，政治艱險，和充塞著猜疑恐懼的令人沮喪的氛圍中受命擔任中國戰區總司令，在幾個月之內，便把中國和美國軍營裏的不信任的瘴氣驅除淨盡，替中國製定一個軍事計劃，和獲得蔣主席及其他高級中國領袖的信心。

魏德邁人格完美，待人公正，他覺得在一個坦白而不失尊嚴的基礎上來有效地應付蔣主席和其他中國領袖們是可能的，既不能野蠻無禮，也不能百依百順。因此，他看到他的忠告被接納了，計劃被實行了，而意見也被重視了。他沒有史迪威所宣稱爲任何行動所必需的對全部華軍的正式指揮權，可是，他和他的美國助手們把二十師中國軍隊編練完成，用美國軍火和軍需裝備他們，並建立一個眞正現代中國軍隊的核心，這一切都是主要地應用空運過駝峰的軍需品完成的，因爲史迪威公路除了載重卡車外是很少有供應作用的。

史迪威之離開中國，才能展開一個有效果的中美協同作戰努力，雖然它已是遲了兩年了。魏德邁繼續從事一個卓越的工作，直至戰爭終結，他的戰後的對美國在華政策的處理，防止了中共在實業發達的華北及長江下游獲得軍事成就的眞實威脅。魏德邁戰後談及美國對華政策的成功運用法的報告之被禁不得發表，已把美國人民聆取一個卓越的專家對這題目的意見的機會剝奪了。倘若他繼續在華任職的話，我敢斷言，我們現在太平洋的苦況必不會有的。

第二十章 魏德邁在中國

千秋萬世名，寂寞身後事！

——杜甫

想單獨用地上部隊去毀滅空中力量，和用蒼蠅拍去消滅蒼蠅沒有分別，力氣費得多，所得的結果卻微不足道。駐華日軍各司令官費了六個月的努力想把我們的鐵鳥逐出我們的戰略窠巢，但仍不能使它們絕跡於華東天空，這對於他們當是一大打擊。

華東戰役耗費了日本人六個月的重要時光，單獨給空襲擊斃的日軍便有三萬左右，數百飛機被擊落，無數載重卡車，江上船隻，負重馬匹和軍需品給毀滅了。他們只得一條狹窄的走廊，由黃河通至越南的疆界，包含七個主要十四航空隊機場還加上三條緊急降落的跑道。

由於空軍的靈活閃避，和中國人的堅定的援助，敵人無法把我空軍的壓力從他暴露的後背上移去。花了巨大代價，打通了交通走廊，但未獲得一些軍事上的利益。在戰爭結束前日軍佔領了七個在華的美國機場和六個輔助的跑道，而沒有阻礙十四航空隊一天的出擊，或減少我們進擊的強度。只要我們保持制空權，中國民工能夠繼續建築新機場，而新機場之築成快過日軍的佔領，日本步兵非至世界末日，是無法使十四航空隊在華停止活動的。日本欲想癱瘓十四航空隊，唯一的方法是以空軍制空軍，但自一九四三年夏季起，日本在中國天空已無力挑戰，不能遏止我們的空襲。總之，只要日本人仍然在空中佔劣勢，他們龐大的、消費浩繁的地上攻擊永不能收獲所尋求的戰果，這是任何想在「國際叢林」裏生存的國家不應忘卻的教訓。

日軍陷柳州後繼續前進，花不了多少時候，便和他們駐在越南的軍隊會師，然後派一小股軍隊，沿通往華西的黔桂鐵路搜索前進。這股輕裝部隊並未遭過抵抗，勢如破竹，他們攀登四千尺，而抵達貴州高原，準備直搗貴陽，因那邊由公路可到昆明和重慶。

日本馬隊之出現貴州高原，使中國和美國的總部大感震動。重慶的情報警告魏德邁說日軍會攻昆明，但在我和魏氏最初會晤的某一次裏，我指出如沒有補給品，日軍不能夠打得比我們好，現在不能證明這些軍隊具有補給系統來支持其進軍。我在魏氏的地圖裏的（位處貴州高原基腳的）河池上，劃了一條線，並預言日軍會在那裏建立永久的前線，以待大軍雲集，再入侵華西。魏氏那時正由緬甸及華北空運數千軍隊以保衛貴陽，當日本騎兵遇見華軍在貴陽前面有抵抗的跡象時，他們已經在初冬的刺骨寒風裏瑟縮戰慄，而且仍然穿著單薄的夏季軍衣。有些情報說，預定經廣州轉運給這些軍隊的寒衣，已在南中國海和船隻一同沉沒了，爲了缺乏充足食品、合時的皮衣服，和彈藥貯補，敵軍不得不迅速掉尾竄回河池過冬。冬季裏，駐華的日本高級司令官要求東京准許他們重振華西攻勢，攻取昆明和重慶，可是東京方面拒絕了。主要的原因是我們對華北鐵路的空襲已削減它們運輸量的百分之四十，並使機車削減至運輸物資往日本所需的最低限度的數目，沒有機車能夠空得出來，以支持新的攻勢，日本這次蠢動，在它進行之前，已給適當運用的空軍所阻遏了。

可知早些時日本的華東攻勢是可以給長江及其口岸上的猛烈空襲遏止的。

正當日本進軍的狂潮在貴州漲落的時候，十四航空隊像一隻鳳凰，從柳州的灰燼中昂首而起，把她的新翼威臨華東天空了。自從衡陽失陷起，我已經從事調動我的空軍，以便應付現在我們所遭遇到的形勢。十四航空隊不再利用由昆明至遂川，延長至中國海岸的一條東西聯絡線，而建立一條南北的主軸，和日本人的走廊和交通線平行，使我們的飛機能夠由那些南至百色北至西安的新築機場上飛抵日本控制下的一切主要鐵路、水道，和交通中心。蘭度指揮的三一二戰鬥機總隊守北翼，駐在西安安康和漢中週圍，中美混合總隊守老河口至芷江，文生的舊六十八總隊駐在昆明以東一百哩的一串新機場上，虎視衡陽柳州路線。

克萊森（Clayton Classen，後來繼文生指揮第六十八總隊）在南面，肯尼地（Jack Kennedy）

將軍的六十九總隊守住越南和中國極南省份的天空，十四航空隊能夠由這些基地沿著萬里長城至越南腹地的二千三百哩的孤形出擊，這擴展的結果很快便顯然可見了。

我們面對著三個主要的問題：

（一）在華東堅守，直至肯尼的遠東空軍能自菲律賓打擊中國海岸而籠罩南中國海的時候止。

（二）一勞永逸地摧毀日本駐華空軍，使它在中國各機場上粉碎。

（三）使日本新奪來的走廊的交通痲痺，並令它沒有戰略上的價值。

保持東方制空權是最先要著，爲達到這目標起見，十四航空隊從事戰爭中最怪異的空中活動之一。日本人在急急忙忙想解決華東時，已忽略了在距衡陽柳州線東二百五十里的遂川附近的一簇機場，雖然在戰役中，和這些機場的陸上交通線早已割斷了。敵人顯然當它們是無用的，在衡陽正西二百哩的芷江也給日本人忽略了。

柳州陷後，只有第六十八總隊的總部和四個戰鬥機中隊中的兩個，如敵人所料撤到華西去。其餘的便向著敵人，朝東「撤退」，進駐遂川、贛州和南雄的機場上，這華東別動隊在日軍的地上部隊完全包圍下出擊，達四個多月，最近的敵軍只距遂川的主要機場八十哩。

這空中的游擊隊的供應完全靠橫越日軍防線上的一個「小駝峰」的空運，威廉生指揮的運輸機應用芷江作這條空中供應線的跳板，日夜穿梭飛行於敵區上，他們時常飛近衡陽敵機場，作十架至十二架飛機的隊形飛行，沒有日本戰鬥機起飛迎擊，祇不時有高射砲的白煙點綴向東的通路。

昆明向東的陸上交通線在秋天已失其效能了，路上塞滿難民，其中數千人是跋涉了一個夏天由長沙顛沛流離而來的，如今正在貴陽高原上瑟縮於冰雪中。在曲靖至貴陽的公路上的貨運班車載滿調往防守貴陽的士兵和他們的食糧。結果十四航空隊的軍需品必需從昆明空運過來，這樣把原來的駝峰伸展成由印度至遂川一千哩空運，耗費三加侖的汽油才能運得到兩加侖到遂川來。柳州失陷後不久，日本人作第一次也是最末一次的企圖，利用我們被奪去的基地，從事主要的空中出擊。有一天下午，我們偵察機，在衡陽機場上看到了幾十架轟炸機和三十架戰鬥機，它們顯然是準備空襲芷江——我們在敵後的空中游擊隊的主要基地。第二天早上（十一月十一日），由芷江飛出的中美飛機用非常合適的「連珠攻擊」襲擊機場，初次 P-51 機出現衡陽上空，這時已在破曉後不久。他們在空中遭遇三十架奧斯卡機，一個時間很長，但沒有決定性的空戰跟著來了，結果敵機損失四架，我方無損失。在我機飛離返防而敵機全部降落添油後二十分鐘，中美混合總隊的 P-40 突來襲擊，P-40 機低飛至山頂上用殺傷彈灑遍機場然後再回來掃射地面上的日軍，這是日本人時常想給予我們而沒有成功的重擊。第二天，我的攝影飛機攝得衡陽機場，已盡被破壞，從此，日本人永沒有再應用那機場做什麼用，除了有幾架運輸機在黃昏溜入後而在第二天黎明飛遁而已。

十二月裏我們的新攻擊威力給日本人以當頭棒喝，那時，正是十四航空隊被認爲正在呼吸最後一口氣的時候，它給予日軍在華作戰三年來最重大的損失。

在華東袋形機場的戰鬥機「雙管齊下」地襲擊香港和南京，去破壞日本人的慶祝珍珠港（十二月八日）三週年，並給他們以時勢變遷的具體意念。

三十六歲、灰色頭髮的戰鬥機駕駛員赫布斯特（"Pappy" Herbst）中校率領飛南京的機隊，麥柯瑪斯（Ed McComas）中校則率機進擊香港，赫布斯特的 P-51 機俯衝轟炸南京浦口間的輪渡，射落在空中迎擊他們的十二架東條式機的五架，然後繞了一個大圈子，飛到三個主要的南京機場上空，向不及起飛的六十架日本飛機掃射。在香港方面，麥柯瑪斯的人員擊落四架奧斯卡機，在維多利亞港口擊沉一艘運輸艦和三艘貨船，在返防途中，麥柯瑪斯看到一艘日本巡洋艦正在開入停泊場，這樣，他便在下午和一架護衛機飛回去對付它，他們用五百磅炸彈炸沉那艘巡洋艦。

十天後，我們大肆炸擊在漢口的巨大日軍基地。這是中國內地的日軍整個形勢的鎖鑰，我曾經花了六個月去請求史迪威和安諾德許可 B-29 機聯同十四航空隊合力炸毀這個日本軍力的主要基地，在史氏離華、魏德邁繼任之前，我聯合出動的詳細計劃甚至得不到一顧。後來魏德邁聽取我的敘述，給予我以全力支持，幾乎立刻向參謀首長聯席會議請准利用B-29機攻擊我所選擇的中國境內目標，這說明得到上級的支持去做事和面對著冷淡或反對實判若天淵。

魏德邁對我歷時六個月的炸平漢口的努力表示嘉許，並使我負起設計聯合出擊之責。李梅於參予歐陸上空的轟炸機戰爭後來華，繼烏爾夫統率駐亞洲的B-29機隊，他來到我的昆明總部商討詳細作戰計劃。雖說李梅曾在德國上空有過率領沒有掩護的B-17機的痛苦經驗，他仍然認爲戰鬥機來掩護他的轟炸機是不需要的。我們也辯論應用的戰術和炸彈，我需要B-29機滿載燒夷彈去燒平漢口正如早五年敵機之焚燒重慶一樣，我也要B-29機在二萬呎以下投彈以求準確並衝破敵人的防禦（他們會在高空佈防的），李梅卻主張高空飛襲和攜帶普通的高度爆炸彈。最後大家協議著令五架轟炸機中的四架在二萬呎之處擲燒夷彈，第五架飛機投毀滅彈。計劃是：著令B-29機先行用燒夷彈攻擊廣大的堆棧區域，這區域由船塢和江岸一直向後延展，貯藏著敵人在華中的剩餘物資，一小時後，十四航空隊跟著傾全力作掃蕩出動，目的在打垮漢口一帶的敵人空軍。

我們的空中影片顯示在漢口的四個主要機場上有五十架轟炸機和二百架戰鬥機，漢口的位置，很合理想，十四航空隊中除了那時在芷江作戰的第六十九總隊外，每一個單位都能夠飛到那裏，這是戰爭中十四航空隊能集中全力去攻擊一個單獨目標的最初和最後的一次。

七十七架 B-29 機，於十二月十八日中午前不久，展開對漢口的攻擊，他們分七批，每批隔十分鐘。正當最初的三十五架超級堡壘已經卸下了他們的燒夷彈的時候，漢口籠罩在黑色濃煙中，整個城市也給蒙蔽了。在最後的 B-29 機實施轟炸時能見度很差，以致最末四批有幾顆炸彈落在武漢三鎮市區裏去了。日本戰鬥機未及起飛向 B-29 機挑戰，但當十四航空隊的解放機於超級堡壘完成任務後一小時出現時，敵機迎擊了。解放式機由高空轟炸城外機場，同時 B-25 機衝過黑煙低飛在各輔助機場上低飛投擲殺射彈，並向機庫、汽油貯備庫、軍營實施砲擊。煙是這麼濃密，以致 B-25 機要用儀器飛行，直至它們衝入距江上僅二百呎的清朗地方爲止。野馬式和雷電式機跟奧斯卡式和東條式機在滾滾黑煙上混戰，中美混合總隊的各分隊在漢口的一百哩半徑裏搜索，擊落一「打」自漢口大火逃出找地方去躲避的日機，全天獵獲成績是六十四架敵機，我方全無損失。在這一個慘烈的下午裏，我們出動十四航空隊的飛機二百架，在一次單獨的聯合出動中，這是我們所能集中的最大力量了。

十二月十八日的空襲使日本華中的陸空軍主要基地毀滅，大火在漢口燃燒三天，焚毀了船塢、貨棧，和外僑住宅區的大部份。此後一個月裏，我繼續用十四航空隊的大部力量，攻擊漢口，動用三個總隊的戰鬥機和所有的 B-25 機和 B-24 機。戰鬥機纏著敵機，同時轟炸機準確地轟炸那些散處主要焚毀區外武昌的軍械庫和堆棧。當一九四五年一月三十日解放式機最後襲擊漢口的時候，沒有半架敵機昇空迎擊。這個月裏，空中攝得圖片，顯示在漢口機場上平均只有五架戰鬥機停著，一架轟炸機也沒有。敵空軍在長江流域的脊骨已被折斷，而華中日軍所倚賴在一九四五年春夏裏活命和作戰的大量軍需品，已被毀滅無餘，飢餓由漢口的貨棧的斷壁殘垣間爬遍華東，像緩慢的癱瘓症，顯示出敵軍在那走廊上的末日的開始。

超級堡壘在十二月八日的攻擊是他們初時嘗試的集體燒夷彈空襲，李梅對於這種武器襲擊亞洲城市的戰果發生很深的印象。後來，當他在馬里亞納指揮全部 B-29 攻擊日本的時候，他從使用爆炸彈的高空白晝空襲轉變到有毀滅性的集體燒夷彈夜襲，後者把日本焚燒得不亦樂乎，甚至在投原子彈之前，已差不多使敵人屈服了。

在十二月間，十四航空隊建立毀滅二百四十一架敵機的新紀錄，並開始破壞敵人華北鐵道系統上的車輛，在那邊的土地上單獨一天的工作便毀壞了三十七部機車。襲擊航運的工作繼續著，擊沉船隻四萬噸。但在十二月間，我們最重要的攻擊航運行動是駐遂川的解放式機替海軍潛艇所做的搜索南中國海和臺灣海峽的工作。在這個月份裏，總數一百五十萬噸的敵船給偵察到，並確定其位置，以備這區域裏的潛艇襲擊之用。許多潛艇司令官，剛在天亮前潛沒之前，拍電來感謝我，爲了我們給他位置報告，使他得到一個良好的夜間狩獵。有一晚，潛艇巴布號擊沉四艘運油船。這些運油船原來是給一架 B-24 機發現的。另外有一次，一艘潛艇向兩艘日本運油船追擊，使它們在中國海岸擱淺。潛艇在退入較深水域的地方以保白天安全前把油船位置電知我們，兩架 B-24 機立刻飛出，並找到那船隻的位置，一艘仍然擱淺，其餘的一艘正向海洋駛去。於是，兩艘船都給毀滅了。第二天，一架解放式機，在搜索船隻的飛行中，用降落傘向海軍投下這些爆炸的船隻的照片一包，並附有我的感謝信一封，以示對這次密告的謝意。

十四航空隊的顯著的成功是基於幾個新的因素，使我們自史迪威「統治」終止後的形勢有重大改變：第一，我們在一個瞭解我們的動態，同情我們的問題的司令官下工作；第二，我們不再受束縛去支持華東和怒江的中國地上部隊，而我們在北面的三一二戰鬥機總隊也不用再被限定於防衛成都了。自從一九四二年的駐華空軍隊時代以來，美國駐華空軍初次恢復它的機動性。十四航空隊能夠自由地去對付那種可令空軍有重大收獲的目標。最後，我們得到新飛機，還有新飛行員來替代在夏天作戰裏的疲乏的「老兵」。一九四四年秋天，柳州失陷後，我們在整個夏天裏需求如是急切的長距離 P-51 式機，開始大量橫越駝峰飛來，同飛機一起來的是替換的駕駛員，他們大多數在經過充任本國飛行教官的長期服務後，很迫切想參加戰鬥。

我們在初冬出動的主要骨幹當然是在給日本人包圍的華東袋形機場上的小型空軍，

敵人已打算清除華東上空了，他們仍然很憂慮盟軍在中國海岸上某些地方登陸，他們工作得像一群海狸，沿著由香港至上海的海岸線增強島嶼防禦，建築機場，按裝雷達和海岸砲，駐兵在每一個可用的海港上，無論它是怎樣的細小或水淺。那時，十四航空隊也詳細測繪在杭州灣一帶的海岸，以備一個由太平洋的計劃進攻之用。登陸中國一事，仍是參謀首長聯席會議開會所熱烈討論的主題。

我們的袋形機場的存在，對日本人是一本痛苦而耗費重大的備忘錄，提醒他們華東的天空並沒有肅清，而他們仍然有一個沒有保護的後背暴露在我們的炸彈和機關槍之下。可靠的薛岳將軍已和他的殘軍退入袋形陣地裏和我們的空軍在一起，他的衣衫襤褸的士兵在這些機場和最近的敵人中間，這組合的效力在早一個夏天的戰鬥裏已經給予敵人甚深的印象，以致他們不願向我們最近的機場推進，直至這區域的季節性的惡劣天氣使到空軍的出動零落無力的時候爲止。春夏之交，日本人曾六次循八十五哩的公路向遂川推進，但一看到有陸空聯合行動對付他們的跡象時，便立刻掉首回竄了。

正當菲律賓雷伊泰島之戰達到勝利的結束，登陸呂宋在準備中，和日軍正從事重新部署工作期間，這些袋形機場的活動達到了頂點。中國南海、東海和臺灣海峽敵人的航運十分活躍，他們在瘋狂地穿梭運輸兵員物資，袋形機場本來打算支持那些裝有雷達的解放式機襲擊航運，但爲了供應品缺乏，這些機場的活動轉變到戰鬥機方面去，因爲兩次B-21

機的掃蕩所需的供應品夠得上五十次戰鬥機出動之用呢。

解放式機在冬季裏繼續從遂川出動，並在上海附近，臺灣海峽裏，香港附近得到良好的獵獲，可是眞正的破壞是戰鬥機中隊做成的。在三月裏，袋形陣地裏的兩個野馬式機中隊（第七十四和一百十八隊）擊中敵人船隻二十五萬噸，在空戰中擊落五百一十二架敵機而自身沒有一個飛行員之損失，並轟炸自香港至上海的雷達站、海岸防禦、駐軍，和軍需貯藏所，他們的飛行只佔十四航空隊的戰鬥機出動數之百分之八，但他們完成在這期間給十四航空隊擊毀的船隻總量的百分之六十，和敵機一切損失的百分之四十。

這些活動的主要成就應歸功於赫布斯特和麥柯瑪斯的卓越領導（他們各自指揮第七十四中隊和第一百一十八中隊），和佛利曼少校在這區域的情報工作。當戰鬥完畢後，赫布斯特除他在英倫上空擊落德國梅塞施密特一〇九式飛機一架的紀錄之外，又加上日本飛機十八架，麥柯瑪斯總共射落日機十八架，包括在某一次戰鬥裏射落的五架在內。赫布斯特自八月初已在贛州指揮他的中隊，而麥柯瑪斯的中隊是在十一月在遂川參加戰鬥的。

佛利曼在沿海各省有一個無線電情報網，成績甚好。每次有一艘船在廈門拋錨，消息立刻電傳到贛州去，一個野馬式機的「招待委員會」在一點鐘後便以俯衝轟炸迎接貴賓了。有一次佛利曼的快捷無線電報竟使野馬式機能夠用五百磅彈轟散某一間廈門旅館裏的日本海軍官員的會議。

供應的情況時常很嚴重，戰鬥機隊的地勤人員不及正常的一半，轟炸機更沒有地勤人員。空中人員除了飛行任務還得要自己處理地上工作。日本轟炸機每晚必飛臨遂川和贛州上空，打擊運輸，有時並炸毀寶貴的汽油庫。有一個時候，贛州的汽油只有五百加侖。每一滴油都裝上戰鬥機的油箱裏。佛利曼和赫布斯特在袋形地區周圍搜索，找到中國人的汽油貯存所，組織中國地勤人員把汽油運到機場去，並把這久經收藏的汽油的每滴過濾，以策安全。自轟炸漢口後，袋形地區的機場上沒有汽油了，回到那邊的轟炸機要等解放式運油機把它們添上汽油，才能飛返華西去。想向上海機場出動一次大掃蕩，需要整個星期裏去「囤積」汽油才行。當赫布斯特抵達贛州時，那邊沒有炸彈可用，他們便挖起了業經埋下以作破壞跑道用的炸彈，並在第一次出動時把它們投擲出去。這些機場上的幾架運貨卡車和吉普車靠本地提煉的松脂油燃料行駛，免得從芷江去運汽油。

一月中旬，呂宋之戰在進行中，以菲律賓為基地的飛機正轟炸著臺灣，十四航空隊的飛機便初次和太平洋空軍作實質上的接觸。一架十四航空隊的解放式機正在印度支那海岸作搜索海洋飛行，遇著一隊海軍航空母艦的機群正浩浩蕩蕩迎面飛來擬攻擊西貢，海軍機群認不出解放式機，我們得到機上人員的最後電告是：「為美國海軍飛機攻擊。」

主要袋形機場之活動為了天氣經常惡劣和日軍之來臨在一月之末終止了；日本人又

是來得太遲了，以致得不到什麼好處。一月十二日，當十四航空隊仍在口袋裏活動著，海軍飛機開始它們對中國海岸的初次掃蕩，襲擊廈門、香港和海南島並在海上打擊敵人船隻，十四航空隊解放式機的偵察隊所供給的情報，使航空母艦飛機獵獲並紛碎在南中國海行進的龐大而保護森嚴的航運隊。一月終結前，由菲律賓來的肯尼所率飛機在中國海岸上空和十四航空隊會合，開始經常地襲擊我們的目標，這樣，便在這些活躍的區域上，撒下更多的美國彈雨。由二月下旬起，十四航空隊、遠東空軍，和海軍的海上搜索在南中國海、臺灣海峽，和東京灣裏找不到重要的船隻，敵人的海上動脈已給砍斷了。

一月中旬，天氣突轉惡劣，空中活動頓形減少，日本人便窺伺遂川，我急忙請求輸送軍火給薛岳，亦再次失望了。自從十月起，我已經設法去獲取小型軍火的彈藥和一些自動武器和臼砲給薛氏被包圍的軍隊，魏德邁批准輸送醫藥用品，但沒有批准軍火。中國軍政部因薛岳批評重慶將官們的處置拙劣，便大感厭惡，直至薛岳派遣專人到重慶向蔣主席解釋前軍政部絕不批准供給他軍需品。重慶的批准到二月廿三日才蒞臨，這時我們的袋形機場已給日本佔領了兩週。

薛氏的軍隊處境很惡劣，在夏秋兩季戰事期間他們由二十五萬人削弱至十五萬人和只有步槍五萬枝，供應完全斷絕，自一九四四年五月華東戰役開始沒有得過一槍一彈。

我們全部作戰單位撤離袋形陣地，回到華西基地去。疏散再度在天氣最惡劣的情況下進行，雲塊低沉至山峰下，冰雹、冰塊和時速九十哩的風打擊威廉生的運輸機，當它們由芷江橫過敵人前線，作穿梭飛行的時候。最後一晚的疏散，三架運輸機，在和冰塊及逆風作無望的抗爭後，卒在風雪迷離中摔下地來，一架C-47的機上人員飛行過三百哩的陸上距離，終於失敗跳傘了。

少數地勤人員，包括機械士和無線電員，更向東北撤退，在贛州以東一百哩的長汀設立工場。直至戰爭結束，長汀的業務繼續維持，作爲掃蕩廈門、上海和香港的長距離戰鬥機的添油站；而海軍和遠東空軍的飛機，有在海岸飛行裏受傷的，當它做緊急降落機場；它又是拯救駕駛員和傳播情報的中心。

二月中旬日軍已佔贛州和遂川，並已把薛岳從贛縣的降落跑道趕入一個細小的袋形陣地裏，那邊他們處境既窘迫，交通又告斷絕，薛氏豪不畏懼，發動軍隊，建築另外的跑道，以便他所期待的十四航空隊運輸機降落。薛氏對於我們運輸武器給他的能力和他自己擊敗日軍的能力，有不可動搖的信心，甚至在我們未運送一槍一彈到他的新跑道之前，他已在三月十日晚和十一日晚發動攻擊收復遂川了。並替我們把它堅守到戰爭終結。攻擊遂川時，每枝步槍只得子彈四十發，每兩個人才有一枝步槍，這就是薛岳的軍隊的實況。三月底，我們的飛機再度從遂川及北面新築的機場出動襲擊。

在華東長期的陸上戰爭，雙方的空軍都以支持各自的地上部隊爲要務。日本人是很少企圖發動空中攻勢的。我們對他們的空軍的偶然攻擊很像揮打討厭而不危險的蒼蠅一樣。

為了地上作戰的終止，和我們後來的飛機和駕駛員的補充，形勢便急劇轉變了。我們開始在亞洲大陸上消滅日本空軍，毫無困難，我們的目的：第一是掃清中國天空，以備魏德邁所計劃的一九四五年春夏陸上攻擊之開展，其次是消耗在迅速地發展著的日本上空戰爭裏的敵空軍力量，我們基地的位置又對這任務十分適合，日本的飛行員很多是在中國受訓練的，而這些訓練基地又在我們新基地的野馬式機的飛行距離之內，敵空軍在華力量，平均約有一千二百架，當 B-29 機對他們的本土攻擊加速時，那些駐華敵機會被很急迫需要的。

美國飛行員在中國應用著 P-40 式機來飛行，已有三年，但自一九四三年夏季起這種飛機在空戰裏已不合時宜了。當具有派卡德廠（Packard）的默林引擎（Merlin engine）的 P-51 機抵達中國時，我們終於得到遠較日本人所能大量應用於空中者為優越的飛機。他們的兩種新機，法蘭克式（Frank）和傑克式（Jack），在性能上和 P-51 機差不多，但它們在中國上空出現的數量，從未在空戰中成為重要的因素。

P-51C 機的時速較 P-40 多一五〇哩，航程幾倍之。十四航空隊應用以新型野馬式機的速度和飛行距離為基礎的戰術，加上駕駛員之勇猛善戰，便能以四架至八架野馬式機的編隊襲擊擁有三十至四十飛機的敵人目標。我們一路低飛至樹梢，以避免雷達的發覺，於抵達目標上空時，用快到看不見的速度襲擊。倘遇敵人戰鬥機在空中時，野馬式機能夠有足夠的速度安全撤退，然後回到高空迎戰。

一九四四年至四五年間冬季，敵人用改良的東條式和奧斯卡式機，還有一些法蘭克式、傑克式和具有「液涼式引擎」的湯尼式（Tony）機，以對抗野馬式機。一般日本飛行員的素質很差，他們良好的訓練飛行員計劃之缺乏在一九四四年底特別顯著。許多被送往機場的飛行員都是初出茅廬的新手，只集中精神去駕駛他們的飛機，絕無如何作戰的想頭。敵空軍也爲供應問題所苦，在戰事進行中，因沒有汽油昇空致給我們炸毀的轟炸機漸漸增加了。南中國海上的運油船嚴重損失的影響，加上十四航空隊在大陸上對他們在中國的內部供應系統的攻擊使到敵人困難增加，甚至不能應付最低限度生存的需要。

藍度的第三一二戰鬥機總隊，包含野馬式和雷電式，窺伺華北新目標。那邊敵人料不到有空襲，在濟南、青島、北平的中心給紛碎了，戰績彪炳，幾乎令人不敢相信。在北平，一行運輸機正在載運軍官，野馬式機施行襲擊，擊毀飛機四十架；空襲青島，擊毀敵機六十四架；濟南兩次之襲擊共擊毀六十四架。幾乎每一攻擊，都令敵人不及提防，大出意外，其時祇有少數飛機在上空巡邏而已。

赫布斯特和麥柯瑪斯領導由東面袋形地區機場出動的機隊，淸除廣州、香港和由漢口至南京的長江沿岸機場的空中力量，赫布斯特對待廣州方面的敵機類似早期美國駐華空軍隊在同一區域上空的勝利。三次襲擊裏，赫氏的野馬式機在市區上空射落敵機三十八架，有一次黎明空襲，敵飛行員正在燈火輝煌的兵營裏吃早飯，機械士在機場上正準備起飛工作，他們都給攻擊了。據華方報告有四十名飛行員和一百名機械士被掃射斃命。赫布斯特在最後的空襲廣州裏，率領十六架野馬式機在一萬五千呎上空，耀武揚威地盤旋，直至敵人戰鬥機昇空飛達同一高度爲止。野馬式機使十三架敵機焚燒著向市區摔下去，還把其餘的打散了，然後低飛掃射機場，直至彈藥用盡爲止。汽油庫著火了，飛機焚燒了，兵營和指揮塔毀壞了，而敵人因此心驚膽顫，以致此後幾個月內，甚至一架偵察機也沒有停放在廣州的三個主要機場上。

但這些攻擊都比不上我們初次對上海的襲擊。敵人在上海周圍有五個機場，用來作亞洲大陸和本土間的主要空軍移動站，他們以爲上海各機場是在我戰鬥機飛行距離之外的，因此機場全沒有警備。

上海攻擊是赫布斯特在中國上空的告別式，這個了不起的傢伙自從初秋起，便正式受命停止參加空戰出動了，他在幾次被官方記錄「公事上」的或「練習」的飛行裏擊落十一架敵機。赫氏的練習飛行的見解是帶一名新飛行員，做他的側翼，去炸擊廈門機場，那邊有六架敵機停著。有一次，他駕駛一架野馬式機由袋形陣地飛出，打算到芷江去修理它的機上的槍械，六挺機槍中只有三挺是可以施放的，途中，他遇到敵機兩小隊共八架，他把他們的兩架領機盡行擊落，但給其餘的敵人打傷得很重。

最後，他發覺到祇用著一挺尚未失靈的機槍作戰，而視野又突然糢糊起來——原來被槍彈擊碎的上蓋的玻璃碎片割傷他的頭部了，以致血流滿面，眼睛也給血蒙住了。赫布斯特在芷江降陸，成爲我所知道的唯一因「公事上」飛行而榮獲「銀星」和「紫心」獎章的飛行員。在中國天空逃過一切危險後，竟不幸於一九四七年七月四日，在美國聖地亞哥上空，因所駕駛洛克希德廠 P-80 噴射戰鬥機失事爆炸而殞命了。赫布斯特依他在袋形機場裏的經驗來策劃上海的襲擊，野馬式機應用距南昌敵人主要機場不及一百哩的飛機起落站，便會有充足的燃料去攻擊上海了。赫氏是被官方禁止作戰鬥出動的，所以他以一個「觀察者」飛臨上海，並把僅有兩架的迎戰敵機盡行擊落。歐爾德（Charles Older）中校（美志願隊舊人）率領對上海空襲。十六架野馬式機自南昌一路低飛至距地面不及二百呎，在一月十七日溜入滬市，敵人全然未料到，機械士在飛機上工作，戰鬥機停在機庫前面排成很整齊的一行，高射砲陣地沒有人把守，高射砲仍然被帆布蒙蓋著，三架從臺灣的超級堡壘襲擊裏逃出來的轟炸機正環繞機場飛著，準備降落，在我們耗盡彈藥掃射地面後，總共有敵機七十三架在機場上焚燒了，直至第六次或第七次掠過機場上，才有疏落的高射砲火轟擊。兩架戰鬥機在攻擊開始後企圖逃走，給赫布斯特看到了，便在五千呎上空飛繞一轉，像餓鷹撲雞雛般把它們消滅了，但我們沒有一架美機受傷。兩天後再去空襲時，敵人已準備較好，敵人損失二十五架，我們有四架野馬式被轟落，所有駕駛員都獲救。

四月，美軍進攻沖繩島已迫近眉睫，上海機場大見忙碌，許多轟炸機準備支持這個祇在五百哩外的主要島嶼的防禦。中美混合總隊的飛機於四月一日襲擊上海，那天正是沖繩島開始登陸，兩天後第二十三戰鬥機隊跟著射落轟炸機三十架，把這個準備援助沖繩島的空軍打垮了。在整個戰役裏，由上海至沖繩島途中沒有一架敵機給發現。

我們十二月份的擊毀敵機二百四十一架的紀錄在正月份昇至三百三十四架。後來，爲了中國天空裏的敵機逐漸稀少了，三月份的成績降至僅得四十七架而已。在四月裏，我們在空中只遇過三架日本飛機，——全部都是老式的俯衝轟炸機。由五月十五日至七月一日，十四航空隊雖然深入敵區，由東北至越南，仍然沒有報告過發現半架敵機的消息。十四航空隊自一九四四年十一月被日本人認爲無力再戰的時候起，至一九四五年五月十五日止，共擊毀敵機一千六百三十四架，美機在空戰中的損失只十六架而已，在中國上空的日本空軍可說已被消滅了。

第二十一章 告別中國

魚我所欲也，熊掌亦我所欲也，二者不可得兼，舍魚而取熊掌者也。生我所欲也，義亦我所欲也，二者不可得兼，舍生而取義者也。

——孟子

第十四航空隊的最後任務是用空襲來箝制在華的日本供應線。我們的目的是兩面的：第一、使重要的原料不能從亞洲大陸流出，以供養日本工業。日本人爲了和帝國外圍的海上交通已告中斷，便不顧一切地設法完成包括本土各島、中國本部，和東北的經濟的內層地區。帝國最後的防衛是靠這個三角形地區的，除了由朝鮮的港口釜山橫過朝鮮海峽至日本本土的一段短短水程外，上述的內層地區完全依靠鐵路和河道運輸，這些交通最重要的拱心石是華北的鐵道網，供應日本工廠的煤、鐵和棉花及維持日人生存的米和鹽，都由這些鐵道運輸。

第二個目的是削弱在戰場上的日軍，這樣他們會失去進攻力量並難以抵禦中國軍隊的大規模陸上攻勢。一九四五年開始時在華日軍仍超過一百萬人。其分佈如下：華北三十五萬，長江流域的第十三軍團有三十萬，由漢口起沿衡陽─柳州線伸展的第六軍團有三十五萬，廣州周圍有十萬。究竟這些軍隊擬守長江還是黃河一線，那時尚未可知，但他們顯然在日本任何最後的防禦計劃裏仍是一支堅強而有困擾性的軍隊。那時魏德邁的中國軍隊夏季攻勢計劃正將完成。這計劃要求用美國軍火和彈藥裝備二十五師華軍，並令他們向柳州區的敵軍進擊，目的是殺開一條直通廣州以南的海岸之路，美國能在那裏開闢及保守一個供應港口。港口開闢後，華軍便將向廣州進軍。十四航空隊在這個計劃裏所擔任的工作是重擊日本供應線，使到食物、軍火和汽油不能抵達戰場上的龐大日軍手裏。倘若我們能夠阻塞和切斷他們的供應大動脈的話，這些軍隊的龐大數目會令他們不勝負累。在一九四四年至四五年間的冬季裏，十四航空隊開始向日軍供應系統施用一種空中壓力，這種壓力是早一年當敵軍結集力量，以圖進行一九四四年春季進攻的時候，我已經希望施用的。但是那時我們半數的戰鬥機力量已被限定保護成都 B-29 機基地，動彈不得，而我們可用來完成任務的其餘軍力又正靠著史迪威對我們駝峰噸額削減後所剩下的東西來苟延殘喘。一九四五年戰役的效力甚至超出我的意料外。直至戰後，有敵人的檔案參看，和主要的日軍將領詢問，我們才知道我們對軍運的襲擊，在敵人在華戰略計劃上發生怎樣深刻的影響。我們知道日人已準備由桂林柳州區發動一個大規模的夏季攻勢，企圖奪取重慶和昆明。

我們進攻長江流域的長期戰役正繼續著。解放式機在冬季期裏有計劃地在江上佈下接觸性的、感音的和磁性的水雷，戰鬥機不斷地報告看到船隻在許久未有空襲的區域裏沉沒或焚燒著，我們便把它歸入水雷的帳上了。至一九四五年開始，日本人很怕在南京外一帶江面上使用鐵製的船隻，解放式機那時便開始佈放大量漂雷，對日軍被迫應用的木船，這些漂雷較有效力。

我們主要的重心放在鐵路。

爲了達成這個任務，我們動用十四航空隊由西安至百色的全部力量，飛行由萬里長城伸展而至越南，和由最深入內地的敵區而至中國海岸的廣大土地上空。在這個面積裏——其長度約略和自加拿大蒙特利爾（Montreal）至美國佛羅里達州邁阿密的土地相當，其闊度約等於由華盛頓至堪薩斯城的距離。——沒有敵人的

▶陳納德與蔣氏夫婦。

火車、卡車、船隻、負重騾群，或行進中的士兵能夠安全避免美機空襲的。

以前也有事例，證明出獵會有良好收獲的。早在一九四四年春天，我曾經私人說服八個十四航空隊最初的野馬式機駕駛員去應用北面遙遠的飛機起落站，遠飛至北平橫掃平漢路。在三天裏，野馬式機炸毀五十部機車，並俯衝轟炸北平的車庫，自己毫無損失。後來爲了汽油缺乏，只得被迫停止活動。

對於那些參與襲擊鐵路飛行的飛行員們，這看來會像是對不實在的目標的無休止而且無目的的輕微攻擊。只有在總部裏，這些出動才取得戰役的形式，給設計得十分審愼，還努力去預測敵人每一個應付的方法。每一個想得到的方法都用來割裂敵人的鐵道系統。因爲華北鐵道網是縱橫交錯而可能多方應用的，我們必需倚靠我們的活動累積效果去產生慢慢的痲痺，這勝過集中力量去切斷任何單獨的部份。日本人把他們的設備和路線大弄花樣，去迷亂人家耳目而避免最後的崩潰；但是爲了沒有空軍來應付我們的飛機，他們的努力已注定失敗。

戰鬥機沿鐵路飛行，掃射機車和車廂。B-25機用小砲轟擊在人跡罕到的地點的路軌，那邊除了眞正的失事外路軌的中斷是沒有人報告的。因爲最頻繁的鐵路活動是在天黑後開始的，那些在暮色蒼茫裏炸斷路軌爲目的的轟炸機的活動便能確保晚上交通的斷絕了。直至戰後，日本人對這些路軌之被破壞，都大感困惑。他們以爲是中國游擊隊的工作，可是有許多發現破壞的地方卻沒有其他的游擊隊活動的跡象。

低空襲擊的目標在主要橋樑。我們炸擊橋樑的戰術基於經驗而不斷加以修改，以便增加損害。我們的轟炸機由轟炸廣闊地方的路軌和鋼樑轉到轟炸狹窄通道下的支持路軌的石拱臺。由結果知道轟炸後者可以招致更大的損害，它們的修理時間也要加倍。轟炸機和日本工兵爲這些橋樑經常鬥爭。紅色警告旗插在給修理著的橋樑上，當它正被修理完竣而準備應用時，另外一批轟炸機又再飛去，把它們再行炸毀了。開封附近的黃河大鐵橋在一九四五年裏，有百分之六十五的時間是無法使用的，在春天的最後一次炸擊裏，三〇八轟炸機大隊的一架解放式機在一萬四千呎上空用一個千磅的阿松彈（Azon bomb），把橋中狹窄的橋拱炸穿了。這種炸彈上有尾翅，落下時轟炸員能夠控制它，去更正方向上和飄落時的偏差。在戰爭中，應用這樣的投擲物來攻擊的，還是破題兒第一遭。

一九四五年春季，低空攻擊新戰術的效能在對橋樑的襲擊上更加顯現出來了。在春天期間，我們在漢口以南供應著日本走廊裏的軍隊的鐵路上，平均不斷地使得十二座橋樑不能應用。當日本人取得法屬越南的控制權而開始屠殺著法國駐軍的時候，我們大舉用空軍控制河內。九座通達到那城市的主要橋樑在三天內被盡數炸毀，我們並令到它們繼續無法應用，直至戰事終結爲止。這一行動減少供應河內日軍之食米流入，激發安南人間的食物暴動，並使日軍情勢，大感困窘。

越南事件呈現一幅美、英在東方互相衝突的政策之明顯圖象。在日本進擊後不久，我派遣十四航空隊的情報員入越南去和法軍接觸。他們乘坐著一架細小的蚱蜢式飛機（grasshopper plane）降落在森林裏的跑道上，並已經安排定空投軍火醫藥用品和食物給正在撤退著的法軍。這時戰區總部有命令來，著令無論在任何情況下，不准以軍火彈藥供應法軍。但我仍被准許繼續「正常」的行動，對付越南日軍，倘若不涉及供應法軍的話。第十四航空隊盡它的可能掃射和轟炸日軍以減輕退走的法軍所受之壓力。最後，我們又被准許由空中疏散法國婦孺。魏德邁不許供應法軍的命令直接來自陸軍部。顯然，這是那時的美國政策以爲法屬越南在戰後會成爲托管地區而不會交還法國的。美國政府看到法國被迫退出越南，大爲重視，認爲這樣，戰後他們的殖民地分離問題的處理便容易得多了。在另一方面來說，英國人卻決定維持遠東的殖民地制度，並認爲法國人在越南的失敗對他們自己的帝國威信，實有損害。爲了美國運輸機避開越南，英國人便派飛機從加爾各答沿途空投衝鋒槍、手榴彈和迫擊砲給法國軍隊。

我澈底遵守命令，但任令法國人在森林裏被屠殺的念頭究竟令我不大快樂，雖說我被官方壓迫去忽視他們的苦況。

四月，日軍發動在中國的最後攻勢。一小股軍隊佔領我們在老河口北面的最前進的基地，我們是用這基地來作攻擊北方鐵道系統的跳板的。約在同時，一支約有五萬人的遠較龐大的軍隊開動去奪取芷江。這個基地是突出於日軍華東走廊使日軍備感痛苦的荆棘，它是空襲那些供養走廊裏敵軍的供應線之最合適地點，並且是我們在極東的遂川、長汀和建甌機場的唯一供應據點。

抵禦日軍進攻的是第六戰區的衣衫襤褸的軍隊，在一九四三年常德之戰和一九四四年夏季戰役裏，這些華軍都受過重大損失。支持這些地上部隊的是中美混合總隊的第五戰鬥機中隊，和兩個B-25轟炸機中隊，這些空軍寫下十四航空隊支持地上華軍的長期作戰紀錄之最後一章。經過六個星期苦戰後，這陸空組合卒遏止日軍對芷江之攻勢，並轉變他們之撤退爲浴血的潰敗，戰後日本司令官們說中美混合機隊的空襲已把他們部隊的機動性削弱一半，令到他們不得不避免白晝行動，只在夜間前進和攻擊罷了。芷江之戰紀錄出我們首次廣泛地使用納帕姆彈（napalm bomb，凝固汽油彈）——一種厲害非常的膠狀汽油的組成品，能夠在一百碼半徑內把人們燒成灰燼，並把日間躲在洞穴和戰壕裏的日軍燒死。

魏德邁給予我們在芷江的各空軍部隊以完全的軍需和運輸上的支持，以便進行這個戰役，甚至削弱其他在華的活動，亦在所不計。中美混合總隊有充足的軍用品去保持每天晝夜不停地向敵軍和敵人供應線重擊。我派遣第三〇八大隊去粉碎敵人在寶慶的主要供應中心，這一次出動是他們在中國天空裏的最後一次了，繼續的攻擊使敵人的機場建築燃燒三天不熄。在寶慶出動後的五月十二日，魏德邁命令第三〇八大隊離開中國，爲了他們消耗太多的補給品。中美混合總隊居然能夠遏止敵人佔領一個在華機場之企圖，這事實給與我雙重的滿足，因爲它供給一個不用辯論的證明，即是：混合總隊的基本觀念是卓越的，而中美兩國人，甚至在最不利的情況下，也能有效地共同工作和戰鬥的。雖然，一隊由史迪威訓練的軍隊由空中趕運到芷江（編者按：即新六軍），可是來得太遲，來不及參加戰鬥。最後的勝利是由中國將官率領的衣服破爛、配備惡劣的第六戰區軍隊得來的。

到了三月，我們對運輸之襲擊開始生效了。平漢線只能運送最低限度的必需品之百分之廿五往漢口區域，同時津浦線的運量減低至只能運送京滬區所需的百分之六十，這是我們對鐵道網的其他部分之襲擊所致。由漢口至北平的軍隊運輸在一九四四年是祇需一週而現在要三個月了。在五月初離開漢口的日本第六戰車旅團，在一九四五年十月戰爭完結後，仍在往北平的途中，漢口南京間的長江交通，較正常狀態低百分之六十，自從一九四五年一月起，十四航空隊已毀壞二千五百輛機車和五千節車廂，粉碎三百七十三座橋樑，摧毀卡車二千輛。

熟練的鐵道工人在轟炸後逃亡的情況日漸嚴重，以致日本軍隊不得不在四月接管中國所有的鐵路。爲了修理工廠的被炸和工人之逃亡，華北各鐵路之修復能力，被削減至只及以前的百分之二十五。

至三月底，漢口以南走廊地帶的日軍接到的補給品不及爲他們延續殘喘所必需的一半。日本華中派遣軍司令高橋中將在戰後說，爲了我們的攻擊，他預料在五月間，祇能獲得他的軍隊的最小需要的一半罷了。

但，爲了當時估計鐵路實際因空襲而致之破壞，實有困難，而貯存軍需以備中美華東聯合攻勢，亦甚急切。專爲十四航空隊攻擊運輸的補給配額被大大地削減了。直至戰後審問駐華日軍指揮官的時候，十四航空隊空襲日軍運輸的效果才能顯現出來。爲了我們的補給品被削減，結果，日軍在五月份實際獲得其需要量的百分之八十，六月份得到百分之七十。但，高橋正計劃在九月份完全放棄對中國鐵路之利用，而另尋運輸軍隊與補給品的方法。

五月底，我們的空中壓力令敵人戰線發生初次裂縫。日軍撤離我們以前的南寧空軍基地，並在五月十六日開始向柳州撤退，同時把威脅著華西的軍隊撤回柳州，雙方沒有發過一顆子彈，而普遍向北的移動漸在進行中。戰後，日軍司令官說這一次之命令撤退，是爲了漢口以南的軍隊不再獲得供應所致，日本統帥部決定在美機空襲的強度令到軍隊行進成爲不可能之前，把他們撤走。至五月下旬，日軍一度完整的走廊出現一百哩的缺口了，這時候是在華軍地上攻勢決定開始前的兩個月。中國部隊很小心地開入日軍撤走後的眞空地帶，但這和兩方軍隊換防差不多，日軍在北撤時的唯一恐懼是我們飛機的陰影。當日軍在六月初由廣州北撤時，他們寧由贛州一路殺出，通過贛江流域到達長江下游，而不願循百戰得來的走廊北上漢口，這是他們畏懼美空軍的顯著證據。

飢餓是驅逐日軍向北竄退的鞭子，敵人像蝗災一樣掃過華東走廊。爲了生存，日本人屠殺中國人的水牛、豬雞，當他們在六月離開柳州的時候，他們還吃掉狗和貯備次年播種的穀子。

退走的日軍在途中的每一哩路都備受痛苦，十四航空隊中型轟炸機和戰鬥機掃蕩一切爲撤退的敵人所用的河道和公路。無論何時，軍隊給發現了，空襲便日夜不停地向著他們進行，直至他們潰不成軍爲止。中國情報說，因爲這空中困擾的結果：「敵軍鮮血令北江（近廣州）水爲之赤，已有一週。」又，「贛江（近贛州）爲敵屍及破船所阻塞，許多船隻在南寧廣州間之西江裏沉沒，以致除舢板外，一切航運盡行停止。在遂川，一師日軍的殘兵，迂迴繞過機場，不敢和那邊保衛飛機降落區的薛岳部隊碰頭。」

疾病也是退走的敵軍人數漸趨減少的因素：華南炎熱的初夏帶來瘧疾、霍亂和傷寒，營養不足且因空襲而疲于奔命的士兵很容易受這些病魔侵襲。敵人退得如是之急速，以致留下大量沒有掩埋的屍體，這是在中國作戰中前所未有之現象。隨著在華日軍態勢漸轉低潮而來的訊號，就是我充任美國駐華空軍司令官的時日也恐怕不多了。使我離開指揮的企圖並非新事，甚至早在一九四二年我未就任之前，陸軍部已開始有這企圖。自此以後，這些企圖正以各種不同的形式在繼續著。

我現在所遭遇的情勢，自史迪威帶著那最後失敗的餘痛抵達華盛頓時已經在醞釀著的了。有三點是構成他們堅決反對我繼續任職的因素：

一、史迪威說服馬歇爾，說我對於大部份他（史氏）和中國人所起的糾紛，是要負起主要責任的。又說我不能防守華東，可悲實甚，而我個人的品格，也有疑問云云。史氏在華府最高軍事圈裏重覆申述他的胡言杜撰，說我曾承諾只用空軍堅守華東而卒遭敗績。他永不提及他並沒有把汽油、駕駛員、飛機和炸彈供給十四航空隊，未將軍火供應華軍——這些物資，我曾告訴他，是防守華東所必需。史氏新任陸軍地面部隊總司令，自不乏知名的聽衆，聆取他一片自以為是的胡言。史氏對於我的觀感，也得一批同時給魏德邁免去在中緬印的職務所謂「中國通」的支持。

二、緬甸之戰結束。得華盛頓航空隊總部強有力支持的斯特拉特梅耶少將在印度和緬甸沒有任何任務了，他的野心勃勃的屬僚自然看上中國，當做仍然可以施展身手的唯一的亞洲地方。

三、中國境內的戰爭，就實際而言，可說是終結了。華南日軍全面撤退，十四航空隊的目標漸形缺少，甚至遠東空軍對中國目標的襲擊也時常像無的放矢一樣。在中國餘下的事情只是收穫勝利的果實而已。

當魏德邁在一九四五年二月到華盛頓去準備有關中國攻勢的會議的時候，我是馬歇爾眼中的討厭的人，他告訴魏氏說我不忠於史迪威，說我已經在華東完全失敗，又說他對我的個人的誠實，實深懷疑。他向魏氏聲明說他永不批准給與我的其他擢升或勳章。四月，在魏德邁攜著那些不啻宣布我在空軍服務的終結之計劃，重返中國後，我什麼都知道了。魏氏說他無法知道馬歇爾對於我的評語確實否，而自和我共同工作後，他卻找不出什麼來支持馬氏的論據。又說馬歇爾不許他有什麼轉圜，除了著令我走開之外。魏德邁對我誠實而坦白，我知道他會給予我全力支持的，若果他能夠這樣做的話。

倘若馬歇爾的指責是對的話，我應受軍事審判的，而馬歇爾不下令審判是有乖職守的。我告訴魏德邁說，我願意接受審訊。他勸我說，因爲事情全部都是不公開而且非正式的，還是把它忘卻了好。

替魏德邁設計的計劃是可笑的，斯特拉特梅耶把他的擁有二千四百屬員的加爾各答總部裏的二千人帶到重慶，去建立中國戰區陸軍航空隊司令部，自己充任魏德邁的空軍顧問。他將指揮一個新創造的帝國，包含第十航空隊（將調離緬甸），十四航空隊，和駐華空軍勤務指揮部（China Air Service Comand），空運指揮部的駐華總隊，中國空軍。後者特別令人困惑，因爲蔣主席以前曾經兩次建議，給予我中國空軍指揮權，陸軍部兩次都拒絕准許我接受。我獲得羅斯福總統的批准，充任中國空軍的參謀長，有兩年之久。

這個計劃等於在早已嚴重的供應情況之下再增加空軍人員二萬三千五百名，計爲：斯特拉特梅耶總部工作人員二千名，第十航空隊一萬八千名，和空軍勤務指揮部三千五百名。這需要每月增多駝峰負擔一萬一千噸去給養這班駐華人員——這噸數大過十四航空隊在華東作戰最惡化時當時所獲的全部軍用品噸數。當這個計劃擬定了的時候，十四航空隊正因供應缺乏，祗能用其能力的百分之八十來出動而已。

這計劃的眞實的目的在它的詳細要項上顯露無遺：十四航空隊要調往長江之北，設總部於成都。那時抵達中國的駝峰噸數裏約有百分之二十是運往長江以北的。當 B-29 機駐成都的時候，一切想要當地供應成都的企圖都可悲地失敗了。此外，十四航空隊的精銳戰鬥機大隊——中國作戰裏最老資格的第二十三和第五十一大隊——要和兩隊最好的 B-25 中隊一起移交給第十航空隊。第十航空隊將要在長江之南作戰，那裏可獲大量補給品。而且，一切在這計劃下的戰鬥也擬定了，這計劃是準備使十四航空隊在枝上枯死，倚靠著它所熟習的捱餓食料的一半苟延殘喘，又沒有目標可資攻擊，而同時，第十航空隊卻可以協同華軍地上攻勢，向最後勝利邁進！

爲修飾門面，掩人耳目起見，十四航空隊被貼上「戰略的」航空隊的標記，而第十航空隊便是「戰術的」。在中國的唯一戰略的空軍單位——第三〇八轟炸大隊，已早在一個月前被調離本戰區了。第十航空隊和第十四航空隊都是一樣的裝備著B-25和P-51式機，我向斯特拉特梅耶建議，他可以把十四航空隊的野馬式機和B-25式機髹上「戰略的」字樣，以便和第十航空隊的「戰術的」飛機有所分別。當有人提議，把第十航空隊直接由緬甸調往成都，使兩個航空隊不致都要調動以便節省巨量的駝峰噸額的時候，這提議竟被拒絕，理由是：第十航空隊最熟習於支持華軍地上部隊。

這個計劃據說是在華盛頓有關中國攻勢的設計會議當中起草的。實際上，卻出自斯特拉特梅耶的加爾各答總部官員們之手。那群官員以史東（Charles Bertody Stone III）准將為首，沒有一個有在中國一天的經驗。這計劃給華盛頓方面蓋印了，然後由五月一日的一紙命令——命令設立斯特拉特梅耶的重慶總部和調動第十航空隊和第十四航空隊——成為中國戰區的政策。

十四航空隊在五月初開始鬱鬱不樂的移動。載重卡車總處擠滿運輸的箱籃，貨車輸送隊已向北開動，打前站的也已抵達成都了，這時忽然接到暫停移動的命令。空運指揮部曾向魏德邁宣稱他們不能運輸前所應允的噸額。魏氏便在重慶召開統計官員的會議，策劃新的分配事宜，斯特拉特梅耶不派遣一個統計官而派他的參謀長史東去參加會議。史東試從昆明溜入，略去他的飛機的出動和受汽油的紀錄，免被我察覺。自然，我知道他的迂迴行動，便派遣赫根伯格（Albert Hegenberger）准將（他繼承格倫做我的參謀長）和艾索普上尉到重慶去與史東相抗。

會議變成論戰了。第十四航空隊的代表證明斯特拉特梅耶的計劃是在一個荒謬的補給基礎上建立的，就實際能獲得的軍用品來說，實無法可予實施。當雙方論戰開始的時候赫根伯格和艾索普，在克拉維斯（Frank Kravis）中尉（我們的統計代表）協助下，舉出證據，指明這是最不周密的補給計劃。在計算由中國西部的空運終點運輸軍用品到華東地上，部隊的消耗上已犯了嚴重的錯誤了。一九四五年夏季攻勢所擬定的地點是位於昆明附近各主要駝峰終站之東約一千五百哩，而橫越這一千五百哩地區運送的補給品配額只佔駝峰總噸數的百分之二十而已。實地試驗證明這個橫越中國的運輸要消耗駝峰噸數的百分之五十。我在會議的最後一天到達，並說明斯特拉特梅耶計劃如付諸實施，實際上所得的空戰出動會比十四航空隊當時正進行著的還少百分之五十。

魏德邁聆聽之下，大感震動，他命他的屬員，去反駁他們的理論。他們一言不發，一個將官粗聲宣稱，他和補給沒有關係。魏氏對他的屬員，甚覺厭惡。我不曉得魏氏在會議後對他們講些什麼，但他立刻下一道命令暫停調動各航空隊，並寫信給馬歇爾說，在目前情況下，執行華府批准的中國境內空軍計劃實不可能。

魏氏在領教了重慶會議的結果後，要十四航空隊總部移到重慶去，以備諮詢有關空軍事宜。他連忙在重慶替我和我的屬員找房子，並著令米恩斯（Howard Means）上校和艾索普上尉（兩個都隸屬十四航空隊的設計部分的）重行釐定中國戰區的補給表冊。

五月廿九日，我接到魏德邁下列的信息，指示出十四航空隊總部遷往重慶事仍策劃中：「你和你的部份屬員的永久駐所約在六月廿日左右才可備好。能在六月一日應用的有一幢房屋，傢具僕役，和廚子俱全，可供赫根伯格或你和約近十二名官佐之用，它可用到你的永久駐所準備完竣的時候。」

魏德邁的轉變是十四航空隊的一個大勝利，它使斯特拉特梅耶陷入窘境。斯氏在重慶的失敗因一切調動命令之被擱置而成爲公開之秘密。爲了他的新指揮職務的緣故，擢升他爲中將之議很迅速被參議院通過。他具備三顆星，但沒有指揮職務去配合它們，這消息一傳出去，馬歇爾可能和安諾德會要回答議員們的詢問而備感窘迫哩。斯特拉特梅耶請魏德邁陪他到馬尼拉去，那邊安諾德將軍正視察著遠東空軍。魏氏沒有答應他，並向斯氏建議，我可以用中國戰區空軍代表身分同往。斯氏婉謝其議，最後單獨飛往馬尼拉去會晤安諾德。馬尼拉和華盛頓間電報交馳，斯氏急返重慶，攜來一封安諾德給魏德邁的信件。

六月二十日，就是我的重慶房子預料可以準備好的一天。魏德邁在成都召集一切在華美軍將領開緊急會議，這是嚴格的「只許耳聽」的會議，副官和速記員不許參預，只有將官們才准出席，並沒有會議紀錄，會議過程十分簡短。

魏德邁宣讀安諾德的專人傳遞的函件，說安諾德和馬歇爾的願望是：駐華空軍的改組事宜「不管後果如何」必須依原定計劃實現。這短句在我記憶裏燃燒著，我不相信他們竟讓這麼率直措詞見於文牘上，但事實果然是，他們決心不顧一切地來轟走我。魏氏明顯地表示他除順從安諾德和馬歇爾的「願望」外，沒有選擇餘地。他們倆都沒有權力去向魏氏發施命令，但他（魏氏）是一個次級的戰區司令，他的軍事高位是靠馬歇爾得來的，而且安諾德的信裏既表示得如是之坦率，他更不能公然蔑視馬歇爾的意旨。馬歇爾根據史迪威的報告做他的立場，決計弄去我在華的任何負責的職務。

我飛往昆明，眞是別有一番滋味在心頭：我想及留在後頭的一切黯淡底歲月，和在地平線上初次顯現的輝煌燦爛底勝利光芒；我想及數千美國航空人員：他們現在要坐在中國、印度，投閒置散，煩躁無聊，看著一位將官威武地在肩上佩上三顆寶星；我想及斯特拉特梅耶的屬僚，他們全數行將晉昇了……我覺得悵惘莫似。

魏德邁客氣地讓我任滿三年的駐華空軍司令。七月六日，美國駐華空軍隊到中國第三週年的後兩天，五月一日的命令才發表。該命令設立斯特拉特梅耶的重慶總部和調動第十四與第十航空隊。如今，十四航空隊行將設總部於距重慶不及四十哩的白市驛，以便新設的空軍總部易加監視了。

七月八日（八年前此日，我初到中國服務），我寫信給魏德邁，請求退出現役，並第二次自陸軍中退休。我自願仍留工作，直至斯特拉特梅耶對他的新問題徹底認識時爲止。

我的退休理由十分簡單，我已在八年前脫離陸軍，祇爲了戰爭我才重返服役，我絕無意在日本潰敗後繼續任職。安諾德和馬歇爾已經清楚地宣示說他們的在華政策的主要之一是「不論後果如何」轟走我了。在白市驛的新形勢裏，十四航空隊被削成像一個正常的總隊一樣大小。其實，我也許替代著我的一位工作卓越的總隊長指揮哩！一切的措施，在軍事上絕無是處。安諾德在他給魏德邁的信裏也曾審愼地承認這一點。所謂利用這些調動，來增加在華的空軍勢力云云，在重慶會議裏已被證明是虛假的。魏氏一知道調動全沒有軍事價值的時候，便直截地拒絕它，馬歇爾和安諾德硬把進行這個計劃的決定塞入魏氏咽喉裏，使他即有較好的判斷，亦無能爲力。當調動實施時，所謂「在華空軍實力將告增加」的一派胡言，證明全是空話。

第十航空隊祇遷動其司令部來中國，並祇接收十四航空隊的幾個戰術單位。許多第十航空隊的飛機都飛往菲律賓去增援遠東空軍，因爲缺乏汽油不能把它們飛到中國去。其餘的飛機連同幾千員兵在印度投閒置散，歷時多月。當調動完成的時候，在中國的空軍果然增加了兩個冗員充塞的司令部，幾個運兵機中隊，但沒有一個新的戰鬥單位。

當敵人的機場已空無一物，而地上部隊開始在五月中北撤的時候，我在中國的任務——把日軍打敗，已告完成。至七月，柳州的日軍已撤走了，一個駐華空軍所餘下的唯一的工作是對敗退的日軍的不斷襲擊而已。我有一個自然的期望，想繼續留任直至勝利給正式宣布的時候，這樣我可以在多年艱苦作戰後，嘗嘗凱旋的滋味。馬歇爾和安諾德已把事情弄得十分清楚：——陸軍永沒有前途給我了，我會被褫奪共享勝利的榮幸了，這正是我走開的時候了。

我提出健康不良作爲退休的理由，我知道中國人對那點會很明白，因爲這是他們在同一情形下應用的傳統理由。只要戰爭繼續一天，我一天不願意縱容我個人的惱怒，而使它爆發，以免美國在華所殘餘的些微戰爭力量會遭受損害。

斯特拉特梅耶通知我說，七月三十一日以後，他不用我服務，也能夠自己做了。史東被擢升爲少將，並被提名指揮第十四航空隊。我的老朋友赫根伯格亦被擢升少將，並在戴維遜因心臟病回華盛頓之後，指揮第十航空隊。

成都會議的淡淡輕煙，飄浮遠及華府，引起短暫的怒潮，無數的作家、議員和市民都需要知道我在勝利前夕退休的理由。於是陸軍部又把它的糖漿照例佈施一頓。

陸軍部助理次長柏德遜（Patterson）宣稱：這調動純係中國戰區內部的事情，免我職的決定是魏德邁在戰區裏定下的，華盛頓祇負批准之責而已。當然，這種說法是和事實不符的，雖說我敢斷言柏德遜對內幕是全不知情的。他又說「斯特拉特梅耶對於應付一個駐華的較龐大的軍隊之補給問題，較爲能幹」云，他又鄭重對參議院某委員會確言，說這次指揮的更動，絕無「個人的」意味存在，不過「純然是軍事」而已。

當成都的勝利者正在檢點他們的戰利品的時候，我出發中國各地，作辭別旅行。不久之前，我曾經首次飛越敵人的前線和薛岳將軍會晤。他步行了兩天，抵達我降落的江西境內機場。薛岳仍然嘗試著取得充足的武器去向那時正沿贛江流域北竄的日軍反攻。再次，我要告訴他所有的美國軍火都到華西的新軍那邊去，也許他不會得到援助了。當我準備離去的時候，薛岳由他的臨時長官總部和我一同步行下山坡，向著我的飛機走去。我們大家各有千般心事在心頭，但大家都不知怎樣說出它來才好。在我爬上運輸機前，我把我的一條戰前空軍制服上的腰帶送給薛岳。當他佩上它時，淚珠簌簌地滾落在那堅強的鬥士的兩頰了。

我辭別重慶的那一天是我永遠不會忘記的。在我抵達後，蔣主席請我跟他一起住在他的鄉間別墅裏，我婉卻了。我在十四航空隊宿舍裏和我的將士消磨我在中國戰時首都的最後一夕。第二天，蔣主席派他的私人汽車來接我，由幾哩外的鄉村來的老百姓已經步行入重慶來向我送別。黃泥巴的彎曲的街道塞滿幾較市區正常人口多一倍的群衆，灰色的建築和脆弱的竹棚上，中美國旗迎風招展，巨大的飛虎，和邱吉爾的著名的勝利之V字點綴著灰色的山城。

這時想駕駛著蔣主席的汽車通過街市而不撞傷群衆是簡直不可能的。司機把機器熄火，任由群衆把我們推過狹窄的街道，而到市區內的峭峻山坡上去。其時，鞭炮爆炸之聲，震耳欲聾，空氣裏充滿辛辣的火藥味和白茫茫的硝煙。我極目向四周一望，盡是跳動著、歡呼著的中國人面孔。

▶魏德邁為陳納德授橡葉勳章。

群衆把我的車子推到廣場裏，那邊有成千成萬的中國人齊集在炎熱的夏日下，開會歡送我，由上午至下午，他們幾乎把搭成的高臺磨滑了。高臺周圍裝飾著飛虎隊徽，和一個松枝與鮮花紮成的圓拱門，許多人送上名貴禮品：如玉石、漆器、古玩和圖畫等，還有許多卷軸和絲質旗，用手寫上或繡上他們所代表的一個團體或一鄉村的「去思」（sentiment）。他們都倣效西俗，和我作生硬的握手。

那天晚上，在一個宴會上，蔣主席把中國最高的青天白日勳章授給我。魏德邁在我的特殊功勳勳章上還加上第二個橡葉叢。在散會之前，蔣主席拉開我，作私人談話。

蔣主席極可看出是很憂愁的。當他像要摸索一個開始的話題的時候，我們漫無目的閒談一會。最後，他突然說：「對於這，我眞覺得抱歉，倘若蔣夫人在這兒的話（那時她在巴西），她會能夠把事情弄得淸楚些，我希望你能夠明白。」

我明白，我告訴蔣主席說，我絕對沒有因已發生的種種而對他和他的人民有半點意見。而且，倘若再用得著我的話我甚願考慮重來中國。許多人表示詫異：爲什麼蔣主席沒有出頭干預去使到成都的會議失效。以前，他曾兩次干涉過那更動駐華空軍司令之議。但是這時他對史迪威事，已贏得偉大的勝利。而且，中國畢竟取得了眞正所需的軍事援助方式了。蔣主席有一個美國參謀長和他有效地合作，而在中美戰線上，一切都是和諧無間的。爲了我的事件而干涉美國統帥部，會損害一切艱苦得來的成就和中國本身的前途。若果我希冀蔣主席爲我個人的滿足而犧牲了這些事情，那末免太卑鄙了。我願意靜靜地離開這舞臺，倘若這對中國有較大的幫助的話。

由重慶起，我遍訪各主要十四航空隊基地——白市驛、西安、成都、陸良和昆明。除向我的戰術司令官員們和他的員兵道別外，我向每個地區的中國人講話，多謝他們的幫助，使到美空軍在華的有效力的出動成爲可能。我向他們誓言：最後的勝利已在望了，而日本人不能支持到聖誕節後，我那時還沒有關於原子彈的消息。雖說蘇聯會跳進去分嘗勝利之果是顯然的了，我勸告中國人去擴大他們用來作戰的堅韌底努力去在和平期間重建他們的國家，並要向奴役人民、犧牲國家的任何政府形式作殊死戰。

每一地方來會的中國人都很多。各種階層的中國人混合在歡送會席上，——軍人、商人、農人和力伕。在西安，有一個農人詢問那和我一起旅行的黃仁霖，是否陳納德眞的要離開中國了，黃氏說，這消息是眞的。

「哎，哎，」那農夫叫著：「這眞令人發愁，東洋鬼子又要來了！」

當我們返抵昆明時，黃氏對我說：「自馬哥孛羅後，沒有一個外國人曾得過中國人這樣的愛慕的。」

八月八日，我在昆明——這個駐華空軍最初駐地，向我的屬員道別，並把我的C-47運輸機載滿我這次道別旅行所獲得的名貴禮品（戰後，我把全部蒐集品贈送路易斯安那州立大學）。

當我的C-47開上昆明的跑道時，數百雲南人站立起飛區域的兩旁，燃放爆竹，替我祓除不祥。當我的私人機師：卡爾登中校（"Tex" Carleton），把那架滿載的C-47飛離機場的時候，我能夠看到矗立在昆明湖彼岸的老人峰的紅臉正在陽光下閃著光輝。極目而南，黑色的大雷雨正在緬甸那邊鼎沸著。下面，昆明山谷間的黃綠稻田，正波濤起伏。後面留下一個在第二次大戰的空戰史裏未被超越過的紀錄——一個由二百五十人和一百架飛機而增至二十萬人和一千架飛機的航空隊，把它的翅膀的陰影橫掃整個亞洲大陸。

在三年出動中，它因作戰而損失五百架飛機，同時卻擊毀敵機二千六百架，可能擊毀的有一千五百架強；擊沉及損壞二百二十三萬噸敵人商船，四十四艘海軍艦艇，和一萬三千艘一百噸以下的內河船艇；擊斃六萬六千敵軍，和摧毀五百七十三座橋樑。

它的最好的證明書來自在我們手上受苦最重的人——日本華中派遣軍司令高橋中將。——戰後，高橋中將說：「就我的軍隊在華所遭受的一切困難而論，包括游擊隊、地面軍隊、運輸缺乏、艱險的山區、中國人的不合作，我認爲十四航空隊的活動構成在中國對我們最有效的敵對勢力的百分之六十至七十五，沒有遭遇空軍，我們會能夠隨意所之，絕不忌憚。」云云。

這是每一個佩帶飛虎肩章的人，所引爲驕傲的！

正當我在從特拉維夫（Tel Aviv）到雅典途中，飛過尼羅河三角地帶上空的時候，日本投降的消息由我們的機上無線電抵達了。

我停落羅馬去謁見教皇，在柏林會晤克萊（Clay）將軍，在倫敦訪問英空軍的朋友。英空軍元帥波特爾（Sir Charles Portal）爵士，請我暫留英倫數星期去對英空軍將領講演第十四航空隊怎樣去靠貧乏的供應而長期作戰。

「倘若再有一次戰爭，我們將要做那種我所恐懼的事情哩！」他歪著嘴說。

但我無意在英倫逗留，便替 C-47 創造西渡大西洋的紀錄。一天早上我在英國吃早餐，在冰島吃午餐，而在拉布達（Labrador）的白鵝灣（Goose Bay）吃晚膳，第二天早晨九點鐘我飛達長島的米契爾機場（Mitchel Field）了。

我帶著十二分的憤怒和失意離開中國。八年來我唯一的野心是打敗日本，而現在我卻被褫奪參與那最後的勝利的權利。在戰勝日本日，我熱切希望能夠在東京灣登上密蘇里號戰鬥艦，看著日本人正式宣稱他們的戰敗。一月後的十月十日（中國的雙十節國慶紀念），我檢閱在紐約的華僑集體巡行，看著一列一列的康健的、紅褐色的臉孔，在我身旁行進，我想及我在中國所見的那些營養不足的、患瘧疾的、病容滿面的臉孔，我想及留在後頭的慘澹的歲月，及在前頭的長期艱苦打來的和平——焚毀的城市，破碎的橋樑和扭曲的路軌，和一切需要抹去的戰爭創痕。本來我預定把打獵和在路易斯安那的田薩斯（Tansas）河上垂釣去消磨我的退休時光的，但我願意重返中國去幫助這些人民重建他們的破碎的土地。

第二十二章 再來中國

有朋自遠方來，不亦樂乎？

——論語・學而

我於一九四五年十月第二次從陸軍正式退休後，開始一個短時的演講旅行。在邁阿密享受了數星期的陽光，在路易斯安那州垂釣。聖誕節後不久，我首途返舊金山，並循現在已行旅頻繁的通路，橫渡太平洋。

一九四六年一月返華後，我重再循著三年前轉徙作戰的征途，溯江西上，由上海取道南京、漢口而至重慶，歷時數週。我所見到沿途的破壞和飢饉的情況，甚至對一個見慣中國哀愁的人，也覺怵目驚心。長沙已一半被毀，桂林、柳州、零陵、衡陽變成斷壁殘垣，瓦礫遍地——給中國人實行焦土政策，我們的炸彈炸毀，然後再給撤退的日軍破壞，所有較小的鄉村和市鎮都給燒成平地了。

這並不是單獨因稻米歉收而致的普通飢荒，這是永恒的危難。日本人在撤退時已把鄉間食物搶掠一空。現在中國人正在剝樹皮和吃青草。稻草成了珍饈，泥土在市場出售，因爲把它加在那些絕無營養「食品」上，便得到充足的份量去減輕中國人肚子裏的飢餓痛苦了。甚至沒有喪家之犬或瑟縮的老鼠摸索在廢墟上。一切都老早給飢餓的人們吃光了。日軍殺盡黃牛做食物，並吃盡剩餘的穀子，使中國農夫們無法下種。農夫家人自己裝上牛軛，試牽曳著沉重的木造犁鈀，輾轉於禾田泥塗裏，但他們的半飢餓的身體是不適於這任務的。一切都發生於這平常出產有剩餘穀米以餵養半個中國的地區。

在我旅程中，我和許多在戰爭中所認識的中國領袖們會談，蔣主席和夫人返南京了，在八年前，我曾在那邊初次和他們會面。

無論到中國什麼地方，我聽到同一的故事：運輸是最急需之事。戰前內河船隻，大半在戰爭中已遭沉沒，建造船隻的木料要從國外入口的。沒有東西從中國輸出，輸入是不可能的。鐵路是損壞這麼厲害，恢復正常狀態需得在不受內戰阻礙下集中力量修理三年至五年之久才行。公路情況很壞，可用的卡車不多。空運是十二分貧乏，全國只有四十架商用運輸機，在戰爭終止時給予中國空軍的一百二十架運輸機正忙著供應戰地的軍隊，並不能用來從事救濟工作。

所殘餘的運輸，行動緩慢得像牛步。現代化運輸之缺乏癱軟了商業，妨礙有效救濟之進行，使中國經濟生活正迅速地向後滑退。只有一些近海城市有生意可做。聯合國救濟物資從太平洋流入，堆積在沿海口岸裏無法內運。重要的貨物在沿海堆棧裏堆積如山，不能運入內地，同時，數百萬人民卻紛紛因疾病和飢餓而死亡。

五月，我離滬返美，帶著一個能有助於中國最緊急的問題的新鮮主意。我打算組織一個應急空運隊，輸送救濟物資到內地去，並擬應用上海、廣州的舊日敵機場做基地和位於被蹂躪的內地的舊時美軍機場聯絡——這恰和我的戰時活動方向相反。我認爲只有空運才能夠有效地、迅速地打破那個困難。

返美後，我覺到他們對這計劃殊少熱心。一般官員不願考慮任何不循常軌的冒險，還有那些自我一九三七春季降落上海的那一天起，便一直聽到的熟習的悲觀論調。許多用意叵測的勸告貢獻給我，力陳我所擬的計劃將不可能在戰後中國的政治經濟的混亂高潮裏有成就。

倘若我在一九三七年聆聽那些論及中國的永恒悲觀者的話，我會老早搭船返家了。他們在一九四六年夏季的勸告，不比早九年的或今天的高明得多少。有些動人的商務上的建議也提出了，可是那時我決心把救濟空運線辦成，即使它表示我在五十六歲之年才開始經營空運的新事業，亦在所不計。還有許多中國的特殊問題，令到創辦空運的正常的困難更爲複雜，我亦在所不計。直至我和那時的聯合國善後救濟總署（UNRRA）署長拉加第亞（Fiorello La Guardia）會談後，我的計劃才有大希望。他願意聽取我的計劃。拉加第亞本人從前也是航空界人士，所以明白我的獻議的實際性。經過六個月的官場例行公事的阻礙，最後中國行政院才批准空運隊的設立，開始的合約在一九四六年十月簽字。

空運隊最初是在行政院善後救濟總署與魏勞爾和我自己構成的「合夥」之間所訂立的合同下組織的。

這空運隊稱爲「行總空運大隊」（CNRRA Air Transport），不久即被稱爲民航空運隊。最初的資本是來自「行總」的二百萬美元貸款。這貸款是用來購買飛機和其他設備的——飛機和設備就是貸款的擔保品了。經營業務的資本是由美國的和中國私人供給的。「行總」獲得民航隊的一切空運優先權，運費多寡由合同規定。不爲「行總」活動所需的機位，可以由民航隊售出，運載費依政府規定收受，民航隊要由商業上的收入，償還「行總」貸款。

我們自夏威夷和馬尼拉的戰爭剩餘物資裏買了十五架C-46機和四架C-47機，在美國雇用人員把這些飛機修理，並把它們飛到中國，在上海設立總辦事處。飛行人員是混合前時美志願隊、十四航空隊的夥伴，和空運指揮部和運兵機中隊的退役員——他們都有駕駛C-46的良好經驗。後來，我們雇用退役的海軍陸戰隊員以從事在華運輸。至一九四八年的秋天，民航隊有一千一百名職員分佈全中國，其中有百分之八十五是中國人。

一九四七年一月底，第一批救濟物資在新設計而較馴良的飛虎標記下由廣州西飛。至十一月，民航隊每月運載一百萬噸哩（即運輸的噸數乘哩數之積），一九四九年四月達二百萬噸哩，六月達四百萬噸哩的紀錄。一九四八年的最初六個月間，民航隊動用二十架C-46和兩架C-47共獲得一千四百零六萬三千零九十二噸哩，這是一個在世界上祇給德克薩斯的斯力克（Slick）航空公司和美國航空公司超過的紀錄。雖說民航隊的業務主要是貨物，但在一九四八年八月間它飛運三千位旅客。

我們所面對的困難是巨大的，但問題太熟習了，所以不會引起灰心。一切中國航空業務的舊問題仍然存在著：人員住屋的缺少，惡劣天氣，便利交通和航行的設備的缺乏，簡陋的保養，設置狹小的機場，甚至有一個戰爭存在。我們在廣州的保養工廠仍然要不時填補民航隊飛機鐵皮上的彈孔。駐大連的蘇聯戰鬥機幾次阻截民航隊的運輸機，最少有一次用機槍射我們的一架C-46。從民航隊駕駛員攝取的照片，可以清楚地認出那架蘇機是P-63式，它是美國布法羅（Buffalo）的貝爾飛機製造公司（Bell Aircraft Co.）建造而在戰時租借法案下移交給蘇聯的。

早期的業務全是由廣州和上海運輸大量救濟物資入內地的衡陽、柳州、西安、昆明、蘭州和北平機場。民航隊飛運數千噸種子、藥品、食物、農場用具和鈔票到孤立的地區去。政府官吏和救濟人員和技術人員被運往他們的內地工作站。當運輸食米給湘江區域的飢饉民眾，四百輛載重車因保養和車胎的缺乏，將臨停頓的時候，民航隊立刻由上海趕運車胎和需要的零件到衡陽去。我們還飛運牛群和羊群入內地以復興畜牧。早期出動約有百分之七十是運救濟物資，約有百分之三十是商務性的，大部份是在運去救濟物資後回程運返貨品。在回程裏，我們載運著與日俱增的桐油、豬鬃、棉花、羊毛、煙草、生絲和茶葉。在戰爭期間，雲南農人曾經給鼓勵去推進牲口出產，以供應駐在那邊的喜吃肉類的美國人。戰後，他們沒有商場去推銷他們推廣了的牲口出產，民航隊運輸機利用它們的回程，載運雲南火腿和牛肉到上海的新市場去。民航隊在運送機械到蘭州去擴大華西甘肅機場後，歸程載滿美味的甘肅西瓜，二十四小時後便把它們供應上海市場了。一九四八年開始，民航隊每月從內地運回價值一百萬元的出口品到沿海城市。

中國政府和共產黨的內戰使到民航隊負擔加重。當山東戰事把天津與青島的棉織廠和他們的原料來源地西安及濟南隔絕的時候，民航隊立刻填補這一空缺，越過共軍戰線飛運棉紗到各工廠去，並在歸途，運返棉織製成品，數逾兩萬的中國人繼續在廠工作，沒有民航隊工廠恐怕要關門了。在山西省，省主席閻錫山已給共軍團困了兩年。他的省會太原是中國西部的最大工業集中地之一，有兵工廠、鋼鐵廠、水泥廠和棉織廠，都是由本地供應原料的。民航隊曾運輸食鹽、食物，和各工廠主要東西，如給水泥廠用的漂白粉，鋼鐵廠用的合金，棉織廠用的棉紗等，使太原工業照常進行。回程飛行裏，我們的運輸機把製成品運往沿海市場，閻氏並在太原建築一個新機場去增加民航隊活動。

當共軍圍困瀋陽的時候，民航隊就是六個月來這城市的主要和外間的聯絡線。最初，我們把七千個企圖恢復東北工業的中國技術人員撤離東北。此後，更運入一萬二千多噸的麵粉、藥品、錢和運出難民與傷兵。

中美報章上，常有許多謠言說我重返中國後，我已計劃著再組織一個美志願隊，去替政府軍打共黨。無中不能生有，我對這工作不感興趣。在現在情況下，對中國空軍之援助如當作一件官方中美計劃，其形式正如美國正式軍事代表團之參預土耳其和希臘事情一樣，則不能實施，這也許是一個正規的美國空軍將領的工作。我無意去把「退休」字樣從我少將的官銜上移去。

靠了民航隊我現在對中國現時的需要，正竭盡棉薄，以求有所裨益。民航隊協助重整被戰爭破壞的地區，運輸原料，使工業迅速復員，並把內地最好的出產運到沿海各地去，以提高中國的輸出量。

這就是現在需要做的工作，在多年來以飛機作破壞的武器的體驗後，現在能為建設的目的而應用它，對我真是一個快樂！——有了這個目的，它能夠建立一個國家，而不把它炸成平地。

中國人對民航隊之替他們的國家效勞，甚為重視。政府已經延長我們的合同，並准許我們改稱民航空運隊（Civil Air Transport）。內地各處中國人業經請求民航隊把服務延展到他們的地區裏去，甚至遙遠的接近西伯利亞疆界的新疆，穆斯林也曾經要求民航隊運輸五百噸為開始農業改進計劃之用的物資。

在新疆是沒有航空汽油的。但我們正在對這種運輸問題找尋解答，——這問題和我們在戰時所遭遇的無大分別。在最近的將來，我敢確定民航隊必能帶給新疆的穆斯林以他們所需的。他們將必驚喜地看到民航隊能夠把他們的出產運到新市場去的。民航隊的機位在六個月前已預定一空，因為近日對空運之需求十倍於現今在中國營業著的三家商業航空公司的總能量。空運前途，實未可限量。

不及兩年之久，民航隊已經從一個空運救濟物品的應急組合而成為一個在中國的千瘡百孔且負擔過重的運輸系統裏的重要連鎖。雖說民航隊的救濟業務仍然如許龐大，它的活動已擴充至發展一個商業的貿易了。——當許多落後地區因沒有運輸來供給重要的原料或使它的製成品到達有利的市場而致經濟生活面臨崩潰之厄的時候，民航隊所展開的貿易使到那些地區如常進行經濟生活，危機盡泯。民航隊已經證明一小組的美國人怎樣應用現代工業的方法和跟中國人合作的適宜技巧，在中國竟能從微小中得到偉大的收穫。

民航空運隊在短期的存在裏的成功，可在和平期間證明戰時為美志願隊所表現的中美合作的精神和技巧能夠被繼續而成為中國所面向著艱巨的重建任務。我竭誠希望飛虎的標記永遠高揚天空，並希望它時常給太平洋西岸的人們記憶著，當做兩個偉大的民族在戰爭及和平時向著一個共同目的工作的象徵。

書後

陳納德將軍是抗戰快將勝利時離開重慶的，回美後的一段時期裏即開始寫他在中國的回憶錄。書名 *Way of A Fighter*。一九四九年初在美國出版，大受歡迎。其時，曾經在中國指揮過中國陸軍的史迪威將軍已作古，他的寡妻將他的在華日記發表，名曰《史迪威日記》（*The Stilwell Papers*）。與陳將軍所著書差不多同時在美國問世。陳將軍為了非常坦白地揭發了國際共產黨與中國共產黨在抗戰時期危害中國的陰謀，書出之後，曾受左派人士的毒意誹謗。然而，我們相信，正義是永存的，許多人看了陳將軍的書後才真正瞭解八年抗戰在中國是多麼悲壯的一頁歷史，同時也看到中美合作的忠實報導。

兩年前，我就著手翻譯這本長達二十萬言的回憶錄，因為種種關係，時作時輟，到了去年秋才算完成。我相信，不但在抗戰時期與陳將軍並肩作戰的朋友們會喜歡看這本書，即使淪陷後方的人民也想翻閱那八年的可歌可泣的經驗。朋友們曾經一再問我譯本的出版日期，如今，我如釋重負地對關心這本書的人說：「我交卷了。」

多謝潘煥昆先生為全書校正，這是一樁非常艱巨的工作，何況他又是《中央日報》裏的忙人。

對日抗戰早已結束，我國對日關係又面臨新的形勢。願追求光明的人、追求正義的人永遠不要忘記歷史的殘酷教訓吧。

陳香梅

國家圖書館出版品預行編目資料

陳納德將軍與中國 / 陳納德 (Claire Lee Chennault) 著 ; 陳香梅譯 . -- 初版 . -- 新北市 : 傳記文學 , 民 103.03
面 ;　公分 . -- (傳記系列 ; 14)
譯自 : Way of a fighter : the memoirs of Claire Lee Chennault
ISBN 978-957-8506-76-3(平裝)

1. 陳納德 (Chennault, Claire L.) 2. 傳記
785.28
102024898

傳記系列 014

陳納德將軍與中國

著者：陳納德（Claire Lee Chennault）
譯者：陳香梅
出版者：傳記文學出版社股份有限公司
傳記文學出版社社長：成嘉玲
責任編輯：Xramjian
特約美編：YiWenPeng
封面設計：YiWenPeng

地址：231 新北市新店區復興路 43 號 1 樓
客服部電話：(02) 8667-5461
編輯部電話：(02) 8667-6489
傳真：(02) 8667-5476
E-mail：nice.book@msa.hinet.net；biogra-phies@umail.hinet.net
郵政劃撥：00036910 • 傳記文學出版社股份有限公司
登記證：局版臺業字第〇七一九號

總經銷：聯合發行股份有限公司
地址：231 新北市新店區寶橋路 235 巷 6 弄 6 號 4 樓
電話：(02) 2917-8022
印刷：祥新印刷股份有限公司
地址：新北市中和區立德街 309 巷 8 號
電話：(02)8228-6368；傳真：(02)3234-5296

定價：新台幣四五〇元
出版日期：中華民國一百零三年三月三十日再版

版權所有 • 侵害必究 Printed in Taiwan
ISBN 978-975-8506-76-3